普通高等教育经济管理类专业“十二五”规划教材

管　理　学

主　编　罗素娟　梁　雯
副主编　王燕子　何艳梅　连　旭
余国华　叶　青

华中科技大学出版社
中国·武汉

内容简介

管理学是一门综合性的交叉学科，是一门系统研究管理活动的基本规律和一般方法的科学。管理学是为了适应现代社会化大生产的需要而产生的，也是现代对人类社会经济发展影响最为重大和深远的学科之一。本书根据应用型经济管理类专业的培养目标和特点，将系统性和实用性相结合，突出了科学性和时代性。

本书分为管理概述、管理思想与管理理论发展、决策、计划、战略计划与管理、组织、人力资源管理、领导、控制、创新共十章，汲取了近年来管理学教材与社会活动中创立的新思想，同时为满足相关专业教学的需要，各章结尾均附有本章小结、重要概念、复习思考题、学习拓展，并选择与之相配套的案例供学习讨论。

全书结构合理、适用性强，内容讲述层次分明、重点突出。本书既可作为应用型经济管理类专业本科、专科学生的教材，也可作为各企业管理人员的培训教材。

图书在版编目(CIP)数据

管理学/罗素娟，梁雯主编. —武汉：华中科技大学出版社，2014.5(2019.7 重印)
ISBN 978-7-5680-0140-3

Ⅰ.①管… Ⅱ.①罗… ②梁… Ⅲ.①管理学-高等学校-教材 Ⅳ.①C93

中国版本图书馆 CIP 数据核字(2014)第 100213 号

管理学 罗素娟 梁 雯 主编

策划编辑：范 莹
责任编辑：陈元玉
封面设计：李 嫚
责任校对：张会军
责任监印：周治超
出版发行：华中科技大学出版社(中国·武汉) 电话：(027)81321913
武汉市东湖新技术开发区华工科技园 邮编：430223
录 排：华中科技大学惠友文印中心
印 刷：武汉科源印刷设计有限公司
开 本：710mm×1000mm 1/16
印 张：19.5
字 数：400 千字
版 次：2019 年 7 月第 1 版第 3 次印刷
定 价：39.80 元

前　言

管理学是一门具有独立知识体系和极高实用价值的课程，是一门应用非常广泛的科学。进入21世纪以来，管理学作为一门系统地研究人类管理活动的普遍规律、基本原理和一般方法的科学，获得了深入的发展和人们的普遍重视。本书根据应用型经济管理类专业的人才培养目标和特点编写，在编写过程中突出以下几个特点。

第一，合理的编排体系。每章首先明确学习目标，通过开篇案例导入关键概念与正文，结尾处总结重要概念，并罗列相关文献资料以帮助学生更好地进行学习拓展。

第二，鲜明的时代特色。本书编写过程中参考了大量有代表性的管理学经典著作。尤其是导入案例、阅读材料及所列举的案例更具有时代性，也更好地反映了管理理论在当今企业管理中的新发展。

第三，本书将大量阅读材料穿插于教材中，不仅增加了本书的可读性，帮助学生在学习过程中更形象地理解抽象的管理理论；同时增加了课堂讨论主题，帮助教师在授课过程中更好地开展启发式教学。

本书由南昌大学科学技术学院的老师负责编写，具体的编写分工为：何艳梅负责第一章（管理概述）、第十章（创新）的编写；梁雯负责第二章（管理思想与管理理论发展）、第九章（控制）的编写；连旭负责第三章（决策）的编写；余国华负责第四章（计划）、第五章（战略计划与管理）的编写；王燕子、叶青负责第六章（组织）、第七章（人力资源管理）的编写；罗素娟负责第八章（领导）的编写。罗素娟、梁雯负责确定全书的编写体例，并负责全书的统稿与定稿工作。叶青负责校对以及教学课件的制作。

本书适用性强，它既可作为应用型经济管理类专业本科、专科学生的教材，也可作为各企业管理人员的培训教材。

在本书的编写过程中，我们引用、参考了大量中外文献和网络资料，在此谨向为本书提供学术借鉴与资料参考的各位作者表示最真诚的谢意。

付梓之际，我们也清醒地认识到书中也一定存在不足之处，这为本书内容今后的提高与深化提出了更高要求。为此，我们恳请广大同仁和读者提出宝贵意见，不吝赐教，以帮助我们取得更大的进步。

编　者

2014年5月

目　录

第一章　管理概述

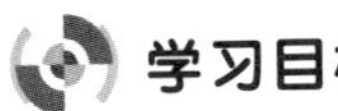

学习目标

- 掌握管理的含义、性质及职能。
- 了解管理者的角色与技能。
- 熟悉管理的环境。
- 了解组织的道德与社会责任。

导入案例

海尔集团 OEC 激活“休克鱼”

1995 年，红星厂整体划归海尔集团，根据张瑞敏“盘活资产先盘活人”的管理理念和 80/20 原则，从海尔集团派去的柴永森凡事从转变人的观念入手，而且企业里发生的任何过错，要求管理者承担至少 80% 的责任。一段时间之后，红星厂的不少干部深有感触地说：企业要发展，关键在人，人的问题关键在干部，红星厂干部的问题关键在于从来没有动过真格。

1995 年 7 月 12 日，某质检员由于责任心不强，造成开关插头插错，被罚款 50 元。海尔集团要求先检查管理上的问题，即质检员的上级要负责任，只有这样才能使下面的员工减少差错。

《海尔报》点名指出质检员的“上级应负什么责任?”。这件事在红星厂引起强烈反响。在此之前，该厂从未因产品质量问题而追究过其上级领导的责任，其他工作也一样，从未有 80/20 原则的思路。因此，人们都很震惊。当然，多数工人认为这样做公平，因为“领导就必须承担领导责任”。海尔集团分管洗衣机质量的负责人触动很大，决定自罚 300 元，并做了书面检讨，同时，制定措施，从体系上对洗衣机的质量进行整改。这样，不是采用简单的撤换管理人员的办法，而是采用公开监督、披露信息的办法，促使海尔集团 OEC 管理模式在红星厂建立起来。

海尔集团 OEC 管理法也称日清日毕管理法，其含义是全方位地对每人每日所做的每件事情进行控制和清理，做到“日事日毕、日清日高”，今天的工作今天必须完成，今天的效率应该比昨天的有提高，明天的目标要比今天的目标高。

案例启示

红星厂从“休克鱼”变成“大活鱼”，是因为引入了海尔集团的管理理念和经营模式，转变了职工的思想观念，调动了人的积极性。这足以说明在相同的资源条件下，企业能否成功很大程度取决于管理水平的高低，我们也可从中感受到管理的重要性。

1.1 管理的概念、性质与职能

管理起源于人类的共同劳动，自古就有。当人们开始组成集体去达到共同目标时，就必须有管理，以协调集体中每个成员的活动。缺乏管理，人类社会就无法存在，更谈不上发展。但什么是“管理”，人们从不同的角度出发，有着不同的理解。从汉语词义来看，管理一词是“管辖”“处理”的意思。但这种字面解释是不可能严格表达出管理本身所具有的完整含义的。

1.1.1 管理的概念

1. 管理的含义

长期以来，许多管理学家从不同的研究角度出发，对管理作出了不同的解释，直到目前为止，管理还没有一个统一的定义。特别是 21 世纪以来，各种不同的管理学派，由于理论观点的不同，对管理概念的解释更是众说纷纭。

1）关于管理定义的各家之言

“科学管理之父”泰罗：管理就是确切地知道你要别人去干什么，并使他用最好的方法去干。

德鲁克：管理是把一群乌合之众变成一个有效率、有目的、有生产力的特殊过程。

孔茨：管理是设计和维持一种良好的环境，使人在群体里高效率地完成既定目标。

“诺贝尔经济学奖”获得者西蒙：决策贯穿管理的全过程，管理就是决策。

罗宾斯：管理是指同别人一起，通过别人使活动更有效地完成的过程。

2）本书的观点

虽然不同学者对“管理”的解释不尽相同，但都有其合理和可取之处。他们从不同角度丰富和发展了管理思想，对管理实践产生了积极的指导作用。综合各家观点，我们认为，可对管理的概念做如下表述。

管理就是管理者在特定的环境下对其所辖范围内的组织资源通过计划、组织、领导和控制及创新等行为活动进行优化配置，以达成有效实现组织目标的创造性社会活动。

这一表述包含了管理者、管理环境、组织资源整合及其手段（计划、组织、领导和控制及创新）、组织目标、创造性社会活动等几个要素。此观点汲取了系统理论的思想，从环境中利用资源是任何组织的共性，这些资源包括人力、财力、物力和信息资源，而管理就是通过组织和协调这些资源以达成组织目标的过程和活动。

课堂讨论 1-1

你认为什么是管理?

2. 管理的内涵与特性

管理是社会组织中为了实现预期的目标，以人为中心进行的协调活动。它包括四个含义:①管理是为了实现组织未来目标的活动;②管理的工作本质是协调;③管理工作存在于组织中;④管理工作的重点是对人进行管理。从管理的概念中可以提炼出它具有以下五大特性。

(1) 客观性　管理活动是在特定的组织内外部多变的客观环境的约束下进行的。

(2) 目的性　管理是一项有目标的活动，管理的核心就是实现组织的各种目标。

(3) 职能性　职能是职责与功能的概括。管理是实施计划、组织、领导、控制和创新的过程。

(4) 有效性　有效实现目标的手段是通过管理配套和利用资源，使组织的一切职能活动既有效率，又有效果。

(5) 主体性　管理的主体是管理者。虽然管理者在行使管理职能时受诸多因素的影响，但管理者的素质与组织的运行绩效有着密切的关系。

阅读材料 1-1

麦当劳:把所有经理的椅子靠背锯掉

麦当劳快餐店创始人雷·克罗克，是美国社会最有影响的十大企业家之一。他不喜欢整天坐在办公室里，大部分工作时间都用在“走动管理”上，即到各公司、部门走走、看看、听听、问问。

麦当劳公司曾有一段时间面临严重亏损的危机，克罗克发现其中一个重要原因是公司各职能部门的经理有严重的官僚主义倾向，习惯躺在舒适的椅背上指手画脚，把许多宝贵时间耗费在抽烟和闲聊上。于是克罗克想出一个“奇招”，将所有经理的椅子靠背锯掉。开始很多人骂克罗克是个疯子，不久后大家明白了他的一番“苦心”。他们纷纷走出办公室，深入基层，开展“走动管理”，及时了解情况，现场解决问题，终于使公司扭亏为盈。

1.1.2　管理的性质

1. 管理的两重性

管理是组织共同劳动的需要，贯穿于生产过程始终。生产过程是由生产力和生产关系组成的统一体，这决定了管理具有组织生产力和协调生产关系的两重功能，从而决定了管理既具有同生产力和社会化大生产相联系的自然属性，又具有同生产关系、社会制度相联系的社会属性，这就是所谓管理的两重性。

1）自然属性

自然属性是指管理过程中要处理好人与自然的关系，要合理组织生产力，因此自然属性又称为生产力属性。之所以称为自然属性，是因为与生产力相联系的生产力配置、生产力诸要素的结合形式、手段和方法在任何社会制度下都没有本质区别，不随社会形态的变化而变化，也不以人的意志而转移，完全是一种客观存在，任何时期、任何国家都是相同的，这是管理的共性，或称管理的一般性。例如，一些在资本主义企业采用的现代化的管理方法与技术，在社会主义企业中，只要合适，就完全可以采用。

2）社会属性

这是由管理具有协调生产关系的功能所决定的。在管理过程中，为了维护生产资料所有者的特殊利益，就需要调整人们之间的利益分配，要处理好人与人之间的关系，管理思想和管理目的随社会制度及生产关系的不同而不同，或多或少地体现着统治阶级的意志，带有明显的政治性，所以称为管理的社会属性或生产关系属性，也称为管理的特殊性。资本主义企业管理与社会主义企业管理的区别主要就反映在管理的社会属性上。

管理的两重性理论对我国的管理理论和实践的发展有着十分重要的指导意义。首先，要明确西方的管理理论是人类长期生产实践的产物，是智慧的结晶，是不分国界和社会制度的。因此，我们要在继承和发展我国过去科学的管理经验和管理思想的同时，注意学习、引进国外先进的管理理论、技术和方法，使其适应我国的国情，成为我国管理科学体系的有机组成部分。其次，由于管理总是在一定的生产关系下进行的，有一个“为谁管理”的问题，因此，要科学地鉴别管理的社会属性，不能简单地照搬西方的一切，而要有鉴别地、有选择地取我所用，走自己的道路。同时，要清楚任何一种管理理论、技术和方法的出现总是同一定的生产力水平相适应的，因此在学习和运用时，必须结合本部门、本单位的实际情况，因地制宜，这样才能取得预期的效果。管理的两重性决定了管理可以移植但不能复制。

2. 管理的科学性与艺术性

自从 20 世纪初泰罗的科学管理理论产生以来，管理知识逐渐系统化，并形成了一套能反映管理活动内在规律性的理论体系。这个由一系列的基本概念、管理原理和管理方法等组成的理论体系，在此后的管理实践中，一方面用于指导人们的管理实践，使人们的管理水平得到不断的提高，另一方面又随着人们管理实践的不断丰富而得到不断的发展和完善。因此，从这个意义上说，管理学是一门科学，它是人们在长期的管理实践中，经过无数次的成功和失败，总结出来的一系列可供人们学习和传授的反映管理活动客观规律的管理理论和一般方法。例如，通过本书的学习，你将学到许多作为管理者要用到的管理知识,懂得应如何决策,如何编制计划,如何设计组织结构,如何激励下属,如何进行有效的控制与协调等。

然而,毋庸置疑管理学是一门不精确的科学。人们在认识管理活动的内在规律性的过程中所形成的概念、原理、原则、方法等不可能像自然科学的原理和定理那样通过实验加以提炼和验证。因此,一方面,当管理者应用管理理论指导管理实践时,不可能像自然科学应用其定理和原理去指导自然科学实践那样严谨、精确和一丝不苟,而是要求管理者在管理过程中灵活地运用管理理论进行具体问题具体分析。

另一方面,管理又具有很强的实践性,由于管理工作对象的复杂性,管理问题和管理环境的多变性,管理学所能提供的专业手段和方法又是极其有限的,因此,这也需要管理者有丰富的能根据实际情况行事的技巧,这就是说管理是一种艺术。艺术是指能够熟练地运用知识并且通过巧妙的技能来达到某种效果,或者达到某种预期效果的"诀窍"。正如其他技能一样,管理工作也需要利用系统化的知识,根据实际情况加以运用,以获得预期的效果。这就是说,在管理实践中,如果只凭书本知识来诊断,仅仅借助原则来设计,靠背诵原理来管理,是远远不够的。只有将管理知识与具体的管理实践相结合,发挥管理者的积极性、主动性和创造性,才能进行有效的管理。所以,管理的艺术性就是强调管理活动除了要掌握一定的理论和方法外,还要有灵活运用这些知识的技巧和经验。

因此,我们说管理学既是一门科学,又是一种艺术,是科学与艺术的有机结合。管理的这一特性,对于学习管理学和从事管理工作的管理者来说是十分重要的,它可以促使人们既注重对管理理论的学习,又不忽视在实践中因地制宜地灵活运用管理的理论和方法。

阅读材料 1-2

透视:是管理技术还是流行风尚?

管理风尚可以定义为,在一段时间里人们狂热追求的管理方式。但是,风尚盛衰无常,有些风尚存在的时间长,有些则存在的时间短;有些风尚能延续下来,有些则很快被人弃之一旁。在所有的管理职能中,都能找到这些管理风尚。《商业周刊》列出了一些已经过时的风尚和一些正在流行的风尚。现在我们来看看在各种管理职能中目前正在流行的风尚。

(1) 计划方面的风尚。在企事业单位里流行的口号之一是战略联盟。它的主要意思是指,公司之间的合作就像组成合资企业那样,这些联盟甚至超越国界:美国的电话电报公司和意大利的奥利维蒂公司结成联盟(这一联盟并不成功,于 1989 年解散);美国的通用汽车公司和日本的丰田汽车公司联合生产轿车。

(2) 组织方面的风尚。企业文化也成为流行风尚。企业文化是指雇员们所共有的价值观和信念及其普遍的行为模式。

(3) 人事方面的风尚。组织配备的人员，不仅要有能力而且要身体健康。这就需要实施保健或健康方案以及劳逸结合。美国的500家大型公司中，90%以上的公司都设有保健计划，或者正在帮助其雇员应付压力，改进健康。论功付酬也是目前流行的方法，指的是依个人的贡献大小而给予相应的报酬。另外一个人们时常会听到的词是“下岗”，这是指辞退雇员或使管理人员降级的一种委婉的说法。

(4) 领导风尚。吉福德·平肖杜撰了这个词，专门用来形容喜欢幻想的人。这种幻想家亲自负责组织内的各种创新活动，他们也可能是创造者或发明家，但总是盘算如何把幻想变成盈利现实的人。

(5) 控制风尚。人们羡慕成功。管理人员往往盲目地向日本寻求提高生产率和质量的解决方法。因此，日本人广泛使用的质量管理小组，被看成是提高质量并使美国产品更具竞争力的手段。

风尚可以成为方法，可能会有利于发挥组织职能的作用。一方面，如果把风尚看作解决几种很深问题的短期办法或是迅速奏效的方法，那么，人们就会对其作用产生疑问。另一方面，如果能将这些风尚融入全面管理体系而真正达到最佳管理，那么风尚就会成为有用的方法。

1.1.3　管理的职能

管理的职能是指管理者为了实现有效管理所必须开展的基本活动，它是具体回答管理者“干什么”和“怎么干”的问题。

管理活动到底包括哪些职能？不同学者对此有不同的回答与观点。法国的亨利·法约尔最早提出“五职能说”，他在1916年发表的《工业管理与一般管理》一书中指出：“管理，就是实行计划、组织、指挥、协调和控制。”此后，研究管理职能就成为管理学的重大研究课题之一。由于各管理学者强调的重点不同，因而对管理职能的具体提法也各不相同。1934年美国的戴维斯等人提出管理的“三职能说”，即“计划、组织、控制”。1937年美国的另一学者古利克认为管理应当分为计划、组织、人事、指挥、协调、报告(沟通)、预算七项职能。这里古利克根据行为科学学派的理论将人事、报告(沟通)作为独立的职能提出来，以强调管理中人的因素的重要性。在当时，古利克的“七职能说”具有代表性。到了20世纪40年代以后，由于系统论、控制论、信息论的问世及其在管理中的应用，管理决策学派开始形成；同时，行为科学学派也进一步发展。有关管理职能的表述，也就有了新的内容。如美国的希克斯等人认为，管理职能除了计划、组织、控制外，还应加进决策、创新、激励等职能。其他还有许多国内外学者对此也做了许多有益的探索。

以上种种关于管理职能的学说表明，管理的职能是随着社会、经济的发展，科学技术的进步和管理理论与实践的发展而不断发展变化的。目前理论界对管理职能的具体表述也没有统一的说法。随着现代企业的竞争日益激烈，对企业创新的能力要求越来越高，基于此，本教材认为，管理职能主要包括计划、组织、领导、控制、创新，其中计划、组织、领导、控制是四项基本职能。管理职能发展变化过程如表 1-1 所示。

表 1-1　管理职能发展变化过程

年份	学者姓名	职能划分											
		计划	组织	指挥	协调	控制	激励	人事	调集资源	沟通	决策	创新	组织与领导
1916	法约尔	△	△	△	△	△							
1934	戴维斯	△	△			△							
1937	古利克	△	△	△	△	△		△		△			
1947	布朗	△	△	△		△			△				
1947	布雷克	△			△	△	△						
1949	厄威克	△	△			△			△				
1951	纽曼	△	△	△		△							
1955	孔茨和奥唐纳	△	△			△		△					△
1964	艾伦	△	△			△							
1964	梅西	△	△			△		△			△		
1966	希克斯	△	△			△	△			△		△	
1972	特里		△	△		△	△						△
1976	海曼和斯科特	△	△			△	△	△					
1998	杨文士	△	△			△		△					△

1. 计划

计划就是确定组织未来的发展目标以及实现目标的方式。计划解决工作的所有方面，包括预测未来趋势、估计现有的和潜在的资源、开发实现远期绩效的项目和目标。随着外部环境的日趋复杂，制定目标和计划变得比从前更重要。所以，管理者需要投入时间和精力来制定组织或组织某一部分的发展目标，这些发展目标是通过一系列的行动目标体现出来的。

2. 组织

服从计划，并反映着组织计划完成任务的方式。这是通过决定怎样分配时间和精力使抽象的计划更接近现实的行为。它包括设计与建立组织结构、合理分配职权与职责、选拔与配置人员、推进组织的协调与变革。合理的组织结构是实施管理、实现目标的组织保证。因此,不同层次、不同类型的管理者总要不同程度地承担组织职能。

3. 领导

运用影响力激励员工以便促进组织目标的实现。同时,领导也意味着创造共同的文化和价值观念,在整个组织范围内与员工沟通组织目标和鼓舞员工树立起谋求卓越表现的愿望。凡是有下属,管理者都要履行领导职能。管理的领导职能是一门非常深奥的艺术,它贯穿整个管理活动中。

4. 控制

对员工的活动进行监督,判定组织是否正朝着既定的目标健康地向前发展,并在必要的时候及时采取矫正措施。控制职能一般包括制定标准、衡量工作、纠正出现的偏差等。在执行计划的过程中,由于受各种因素的干扰,常常使实际活动偏离原来的计划,为了保证目标的实现,就需要有控制职能。不同层次和不同类型的管理者控制的重点和方式有很大差别。

5. 创新

所谓创新,就是改变现状。管理创新是一种新的更有效的资源整合模式,这种模式既可以是新的有效整合资源以达到组织目标的全过程管理,又可以是新的具体资源整合及目标制定等方面的细节管理。创新职能一般包括:创新的含义、创新的领域、创新的过程、创新的策略和创新技法等。从管理的动态角度看,创新职能在管理循环中处于轴心地位,成为推动管理活动的原动力。

对于管理的职能,不同学者有不同的划分,本书主要从五个方面进行划分,即计划、组织、领导、控制和创新。对职能的这种分类,也是本书划分章的依据。至于每一项职能的具体内容将在各章中分别详细论述。

课堂讨论 1-2

为什么计划是首要职能?

1.2 管理者的角色与技能

1.2.1 管理者的含义及其分类

1. 管理者的含义

对于谁是管理者这个问题,传统观点认为,管理者是“对其他人的工作负有责任的人”,或者指在一个组织中主要从事指挥别人工作的人员。管理者与非管理者的区别在于前者有下属，后者则没有。

管理者的传统定义强调的是以正式职位和职权为基础的有权指挥别人的人员。然而，现实的情况是，有一些管理者，他们并不一定仅仅是对其他人的工作负责，而是以他们的职位和知识影响组织的决策和成果，以个人的方式作出贡献。如大公司的财务主管，他可能有下属，从这个意义上，用传统的定义衡量，他算是一个管理者。他的主要工作是负责及运用公司的资金，绝大部分是财务管理工作，主要职责并非领导多少下属。但是，无可否认，他是公司高层管理班子中的一位。从这点来看，传统管理者的定义存在明显的不全面。

德鲁克："如果你理解管理理论，又不具备管理技术和管理工具的运用能力，你还不是一个有效的管理者；反过来，如果你具备管理技巧和能力，而不掌握管理理论，那么充其量你只是个技术员。"他认为"管理者是企业最基本的、最稀有的、最昂贵的，而且是最易消逝的资源……"，管理者就是指那些从事管理过程的实现，而且对组织内的员工进行领导、组织协调和监督其实施的人员。

综上所述，从广义上讲，管理者的含义应是泛指所有执行管理职能，并对组织目标实现作出实质性贡献的人。这个概念既包括执行传统意义上的管理职能，对他人工作负有责任的人，又包括承担特殊任务，而不对他人工作负有责任的人，或者介于这两者之间的人。只要他利用其职位和知识，以个人的方式对组织作出实质性的贡献，使该组织工作有成果，就是一位管理者，而不管他对他人是否具有管理监督的权力，是否有下属。

阅读材料 1-3

不同领域的管理人才

CEO：chief executive officer，首席执行官。

COO：chief operating officer，首席运营官。

CFO：chief finance officer，首席财务官。

CTO：chief technology officer，首席技术官。

CIO：chief information officer，首席信息官。

CHRO：chief human resource officer，人力资源总监。

CBO：chief business officer，首席商务官。

CCO：chief communication officer，首席沟通官。

2. 管理者的分类

组织中从事管理工作的人可能有很多，根据管理层次和管理范围的不同，可将管理者分为多种类型，他们分别承担着不同的职责。

1）管理者的层次分类

按管理者在组织中所处层次不同，管理者可分为高层管理者、中层管理者和基层管理者。

（1）高层管理者：对整个组织的管理负有全部责任的人。他们的主要职责：制定组织的总目标、总战略；掌握组织的大政方针并评价整个组织的绩效；与外界交往中，他们往往代表组织，以“官方”的身份出现（董事会主席、CEO、校长）。

（2）中层管理者：处于高层管理者与基层管理者之间的一个或若干个中间层次的管理人员。他们的主要职责：贯彻执行高层管理者所制定的重大决策，监督和协调基层管理者的工作。与高层管理者相比，中层管理者更注意日常的管理事务，在组织中起承上启下的作用。

（3）基层管理者：组织中处于最低层次的管理者，所管辖的范围仅仅是给下属作业人员分派具体工作，保证各项任务的有效完成。

2）管理者的领域分类

按管理范围与职责领域划分，管理者可分为综合管理者和职能管理者。

（1）综合管理者。综合管理者是指负责整个组织或部门全部管理工作的管理者。他们是一个组织或部门的主管，对整个组织或部门目标实现负有全部责任，有权指挥和支配该组织或部门的全部资源与全部职能活动，例如厂长、车间主任、工段长等。

（2）职能管理者。职能管理者是指在组织内只负责某一种职能的管理者，只在本职能或专业领域里行使职权，指导工作。职能管理者大多具有某种专业或技术专长，例如，工厂的总工程师、财务处长等。

3）管理者的职权分类

按职权关系的性质，管理者可分为直线管理者和参谋人员。

（1）直线管理者。直线管理者是指有权对下级进行直接指挥的管理者，简称直线人员。他们与下级之间存在着领导隶属关系，是一种命令与服从的职权关系。直线管理者的主要职能是决策和指挥，他们是组织等级链中的各级主管，如企业中的总经理、部门经理、班组长等就是典型的直线管理者。

（2）参谋人员。参谋人员是指对上级提供咨询、建议，对下级提供专业指导的管理者。参谋人员通常是各级职能管理者。在实际管理中，参谋人员往往也可能同时还是直线管理者。例如，财务处长对其他部门来说是参谋人员，是职能管理者，因其只是在财务领域内进行专业指导；而在财务处内部，财务处长由于对本部门工作人员有直接指挥的权力，所以他又是直线管理者。

课堂讨论 1-3

以学校为例，找出高层、中层和基层的管理者有哪些？

1.2.2 管理者的角色

美国著名管理学家彼得·德鲁克1955年首先提出“管理者角色”这个概念。所谓管理者的角色实际上是指管理者在组织体系内从事各种活动时的立场、行为表现等的一种特性归纳。

到了20世纪70年代，加拿大管理学家亨利·明茨伯格等人开创了经理角色学派，它以对经理所担任的角色的分析为中心来考察经理的职务和工作。经过长期研究，明茨伯格认为，管理者扮演着十种不同但却高度相关的角色，这十种角色可以归纳成人际关系、信息传递、决策制定等三个方面，如表1-2所示。

表1-2 明茨伯格的十种管理角色

种类	角色	行为
人际关系方面	代表人	迎接来访者，签署法律文件
	领导者	领导和鼓励下属，培训、建议和影响他人
	联络者	维持组织内和组织外的信息联系
信息传递方面	收集者	寻找和接收信息，浏览报纸和报告，保持人际关系
	传播者	向他人传递信息，举行信息交流会
	代言人	代表团体向外界发表演说或报告
决策制定方面	企业家	发起新工程，认准机会，确认经济发展的领域
	混乱驾驭者	危机时采取措施，解决职员中的矛盾，进行内部调整
	资源分配者	决定谁掌握资源，设置优先权
	谈判者	与工会进行合同谈判

1）人际关系方面的角色

人际关系方面的角色是指所有的管理者都要在组织中履行礼仪性和象征性的义务，包括挂名首脑、领导者和联络者三种。

（1）挂名首脑。这是经理所担任的最基本的角色。由于经理代表正式的权威，是一个组织的象征，因此要履行这方面的职责。作为组织的首脑，每位管理者有责任主持一些仪式，比如接待重要的访客、参加某些职员的婚礼、与重要客户共进午餐，等等。很多职责有时可能是日常事务，然而，它们对组织能否顺利运行非常重要，不能被忽视。

（2）领导者。管理者还要扮演领导者的角色，因为他们是管理活动的触发者，通常负责雇佣和培训职员，负责激励或者引导员工，以某种方式使他们的个人需求与组织目的达到和谐。

(3) 联络者。这指的是经理同他所领导的组织以外的无数个人或团体维持关系的重要网络。通过对各种管理工作的研究发现，管理者花在同事和单位之外的其他人身上的时间与花在自己下属身上的时间一样多。这样的联络通常都是通过参加外部的各种会议和各种公共活动等来实现的。实际上，联络角色一是用于建立管理者自己的外部信息系统，可以及时获得对组织有用的信息；二是可以为自己的组织开发关系资源。

2) 信息传递方面的角色

信息传递方面的角色是指管理者在某种程度上，都要从外部的组织和机构等接受和传递信息，而且还要从组织内部某些方面接受和传递信息，可以划分为三种类型，即收集者、传播者和发言人。

(1) 收集者。管理者询问联系人和下属，通过各种内部事务、外部事情和分析报告等主动收集信息。

(2) 传播者。管理者必须分享并分配信息，要把外部信息传递到企业内部，把内部信息传给组织内更多的人。当下属彼此之间缺乏便利联系时，管理者则会分别向他们传递信息。

(3) 发言人。管理者把一些信息发送给组织之外的人，而经理作为组织的权威，要求对外传递关于本组织的计划、政策和成果信息，使得那些对企业有重大影响的人能够了解企业的经营状况。例如，管理者可能要向媒体发布信息，要就财务状况向董事会和股东报告，对外界进行演讲，等等。

3) 决策制定方面的角色

管理者最重要的角色就是制定决策，可分为企业家、混乱驾驭者、资源分配者和谈判者等四个方面。

(1) 企业家。企业家角色指的是经理在其职权范围内充当本组织变革的发起者和设计者，是指具有一种捕捉发展机会的能力，进行战略决策并承担责任的管理者，通常指高级的职业管理者，如总裁、总经理等。

(2) 混乱驾驭者。混乱驾驭者是指善于处理组织内混乱事件并通常能获得成功的管理者，即要能够控制迫在眉睫的罢工、某个主要客户的破产或某个供应商违背了合同等变化。这种危机很少在例行的信息流程中被发觉，大多是一些突发的紧急事件。实际上，每位管理者必须花大量时间对付突发事件。

(3) 资源分配者。管理者负责在组织内分配责任，负责设计组织的结构，分配下属的工作。

(4) 谈判者。组织要不停地进行各种重大的、非正式化的谈判，这多半由经理带领进行。在各个层次进行的管理工作研究显示，管理者花了相当多的时间用于谈判。一方面，因为经理的参加能够增加谈判的可靠性；另一方面，因为经理有足够的权力来支配各种资源并迅速作出决定。谈判是管理者不可推卸的责任，而且是工作的主要部分。

这十种角色形成了一种完全形态，是一个整体，它们是互相联系、密不可分的。没有哪种角色能在不触动其他角色的情况下脱离这个框架。比如，人际关系方面的三个角色产生于经理在组织中的正式权威和地位；这又产生出信息方面的三个角色，使他成为组织内部信息的重要神经中枢；而获得信息的独特地位又使经理在组织作出重大决策（战略性决策）中处于中心地位，使其得以担任决策方面的四个角色。

1.2.3 管理者的技能

一个管理者的管理工作是否有效，取决于他是否具备了管理者应该具备的管理技能。这些技能主要有技术技能、人际关系技能和概念形成技能等三种。

1. 技术技能

技术技能是指从事自己管理范围内所需技术和方法的工作，即承担某项具体任务技能的责任，包括基本知识、基本方法和计算工具等，并把这些知识和技能运用到实际工作中去。例如，工厂的生产车间主任，就必须懂得有关操作机器方面的知识，必须懂得各种操作技术，以及必须要负责示范下属等。

相对来说，管理层次越低的管理人员越需要具备技术技能，特别是基层管理人员，他们必须知道如何去做下属所做的各种工作，这样才能成为下属所尊重的有效的管理人员。

2. 人际关系技能

人际关系技能就是指管理者与各种人打交道的能力，包括对外要有与有关的组织进行沟通的能力，对内要有与下属沟通和协调的能力，以及善于激励下属积极性的能力，简称为人际技能。

许多研究表明，各层次管理者的大部分时间和活动都是在与人打交道，因此人际技能是管理者必备技能中最重要的一种，对各层次管理者具有同等重要的意义。

3. 概念形成技能

概念形成技能是指管理者进行抽象思考、形成概念的能力，简称概念技能。该技能要求管理者能快速敏捷地从混乱而复杂的环境中辨清各种因素的相互联系，能抓住问题的实质，并根据形势和问题果断地作出正确的决策。对事物的洞察、判断、抽象和概括能力是概念技能的重要表现形式。

这三种技能对任何管理者来说都是应当具备的。但不同层次的管理者，对三种技能的需要程度并不完全相同。对高层次的领导者来说，概念方面的要求高一些，而技术方面的要求低一些；对基层的管理者来说，技术方面的要求高一些，而概念方面的要求可以低一些。但无论是高层、中层还是基层的领导者，对人际方面的要求都比较高，如图 1-1 所示。

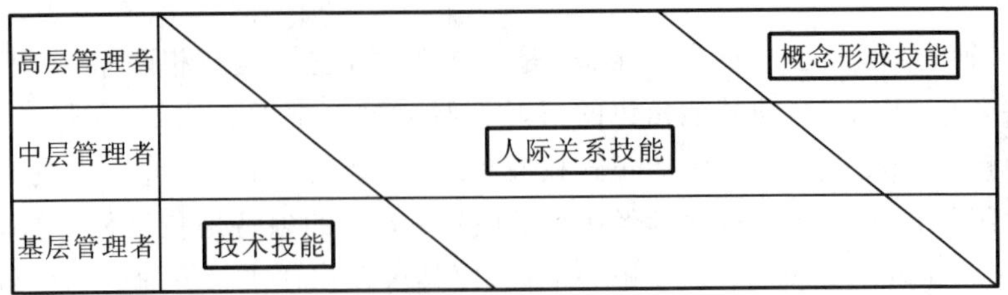

图 1-1　不同管理层次对管理技能要求的比例

阅读材料 1-4

透视:21 世纪对新的管理者的要求

工作的本质,即人们作为组织的成员而工作——正在迅速地发生变化。原美国劳工部长罗伯特·勒奇将这称为“新的工作”现象。“新的工作”包括减少机械方法的重复,增强问题解决的能力。为适应顾客的需要而不断改进产品和服务的质量以使价值得以增加。技术会使新的工作得到改进而非陷于危机。技术不可能在国外立即得到复制,因为它取决于一种在这个国家内部与我们长期共处的资源——我们的精神。

(1) 公司一般会变得更小,雇用员工也会更少。

(2) 传统的等级制度组织形式将让位于多种不同的组织形式,其中主要的形式是专家网络。

(3) 技术人员,包括计算机维护人员、辐射治疗专家等,将成为工作人员的精华而取代制造工人。

(4) 垂直的劳动分工将被水平的劳动分工所取代。

(5) 商业运作模式将从制造产品转向提供服务。

(6) 工作本身将被重新定义为经常的学习、更多的高层次思考、更少的早晨九点上班晚上五点下班的智力活动模式。

这些变化也展示了另外一种方式。通过这种方式,这个充满各种关系的世界会随着时间的流逝而呈现出新的含义,并为 21 世纪的管理者和其组织提供新的机会。

1.3　管理学的研究对象、内容和研究方法

1.3.1　管理学的研究对象与内容

管理学是一门系统地研究管理活动的基本规律和一般方法的科学。我们知道,管理活动千差万别,如一个政府的首脑和一个公司的经理要处理的问题可能有本质

差别，但他们都要通过一定的计划、组织、领导、控制等职能来实现组织的目标；在实施这些管理职能时，其内容会有不同，但要遵循的基本原理及原则却是一样的，这就是管理的共性，也就是管理学所要研究的对象。

根据管理学研究的对象、性质和特征，管理学在研究管理的基本规律时，具体涉及了以下内容。

1. 生产力方面

管理学主要研究生产力诸要素之间的关系，即合理组织生产力的问题；研究如何合理配置组织中的人、财、物等各要素，使各生产要素充分发挥作用的问题；研究如何根据组织目标、社会的需要，合理使用各种资源，以求得最佳经济效益和社会效益的问题。可见，合理组织生产力，是管理学研究的一个极其重要的内容。

2. 生产关系方面

管理学主要研究如何正确处理组织中人与人之间的相互关系；研究如何激励组织内成员，从而最大限度地调动各方面的积极性和创造性；研究如何完善组织机构与各种管理体制问题；研究组织与组织之间的关系，提供妥善处理这些关系的准则，为实现组织目标服务。

3. 上层建筑方面

管理学主要研究组织的规章制度，如何反映经济基础的要求，使其与社会的政治、经济、法律、道德的要求保持一致，从而维持正常的生产关系，促进生产力的发展。

本书以管理的基本职能为主线，重点叙述管理活动的基本规律和方法，强调理论和实际的结合，全面、系统地阐述一个组织如何适应环境变化，合理组织和有效利用人力及其他资源，以实现组织的目标，取得良好的绩效。

1.3.2 管理学的研究方法

根据管理学研究的对象及内容，我们对管理学的研究，总的来说是要以马克思主义唯物辩证法为指导，从社会主义市场经济条件下的管理实际出发，同时大胆借鉴国外的先进经验，实事求是，勇于探索。在这一前提下，还要有一套科学的、具体的研究方法。这些具体研究方法主要有以下几种。

1. 唯物辩证法是学习和研究管理学的方法论基础

唯物辩证法是我们学习和研究管理学的强大的思想武器。管理学源于管理的实践活动，在长期的管理实践中，人们运用历史的、全面的、发展的观点去观察和分析各种管理现象和管理问题，通过感性积累的经验的加工提炼，上升为理性认识即管理理论；反过来又能动地运用有关管理理论去指导管理实践，验证管理理论的正确性和有效性，并进一步发展和完善管理理论。因此，学习和研究管理学，必须以唯物辩证法为总的方法论基础，坚持实事求是的科学态度，深入管理实践，进行调查研究，总结管理实践经验并运用判断和推理的方法，使管理实践经验上升为管理理论。在学习和研究中还要认识到一切现象都是相互联系和相互制约的，一切事物也都是不断发展变化的。因此，必须用全面的、联系的、历史的、发展的观点去观察和分析管理问题，重视管理学的历史，考察它的过去、现状及其发展趋势，不能固定不变地看待组织及组织的管理活动。

2. 系统方法是学习和研究管理学的主要思维方法

所谓系统方法，是指用系统的观点和方法来研究和分析管理活动的全过程。系统是由相互作用和相互依赖的若干组成部分结合而成的、具有某种特定功能的有机整体。系统本身，又是它所从属的一个更大系统的子系统。

从管理的角度看，系统有两层含义。第一层含义指系统是一种实体，如组织系统。作为实体系统的组织，一般具有整体性、目的性、动态性、层次性、开放性、功能性、结构性等特征。既然组织是个系统，为了更好地研究组织与组织管理，我们就必须用系统理论来理解、分析和研究组织。第二层含义指系统是一种方法或手段，它要求在研究和解决组织管理问题时，必须具有整体观、过程观、"开放"与相对"封闭"观、反馈观、分级观等有关系统的基本观点。

因此，学习研究管理学，必须用系统方法作为主要的思维方法。我们在学习与研究管理理论和管理活动时，应首先把组织与组织管理活动看成一个系统，对影响管理过程的各种因素及其相互之间的关系进行总体的、系统的分析研究，对管理的概念、职能、原理、方法等管理理论进行系统的分析和思考。唯有如此，才能形成科学的管理理论和有效的管理活动。

3. 理论联系实际的方法

管理学是一门应用性、实践性很强的科学，它是科学性与艺术性的统一。这决定了管理学应更多地采用理论联系实际的研究方法，具体说可以是管理案例的调查和分析、边学习管理理论边从事管理实践，以及带着问题来学习等多种形式。通过这种学习方法，有助于提高学习者运用管理的基本理论和方法去发现问题、分析问题和解决问题的能力。同时，由于管理学是一门生命力很强的尚在建设中的学科，因而还应以探讨研究的态度来学习，通过理论与实践的结合，使管理理论在管理实践中不断地加以检验，同时，通过对管理实践经验的总结和提升，不断丰富、深化和发展管理理论。

4. 案例研究的方法

案例分析法是指在学习研究管理学的过程中，通过对典型案例的分析，从中总结出管理的经验和方法。实践证明，案例分析法对管理学的研究是行之有效的。在西方管理理论的研究中，从古典管理理论到现代管理理论，其中许多结论都是从大量的案例分析中得出的。例如，泰罗所提出的定额管理原理、计件工资原理、操作标准化原理等都来自于他对伯利恒钢铁厂的大量案例分析。又如，权变理论中所提出的"超Y"理论和行为科学理论中所提出的"人是社会人"的结论，也都是通过大量的实际案例分析所得出的。由此可见,案例分析法是管理理论研究的一种最基本、最常用的方法。这种方法的最大优点是能够体现理论联系实际的原则,把一般管理原理的抽象建立在大量的实际案例分析基础上。

5. 比较研究的方法

有比较才有鉴别。比较法是科学研究中常用的一种研究方法。它把不同的或相似的事物放在一起进行比较,用以鉴别事物之间的异同,分辨出一般性和特殊性的东西、可为我借鉴的东西和不可为我借鉴的东西。从西方古典管理理论的形成到现在,出现了许多不同的管理理论和流派,观点各不相同。如何从这种纷繁的现象中理出头绪,就需要采用比较法,以找出各学派的特色,区别其实质,真正做到兼收并蓄,丰富我国管理学的内容。

总之,研究和学习管理学,要以马克思主义的唯物辩证法为总的方法论进行指导,同时综合运用各种方法,吸收和采用多学科的知识,从系统的观点出发,理论联系实际,实事求是,这样才能真正掌握和发展管理科学,为提高我国的管理水平作出有益的贡献。

阅读材料 1-5

巴菲特的管理学

巴菲特是投资大师。他所管理的基金,几十年来资金以平均每三年就翻一番。巴菲特对投资有自己独特的看法,他所信奉的集中投资原则,被许多投资者奉为金科玉律。但我们谁也不曾听过巴菲特有什么管理学的理论。事实上,如果仔细研究他的投资原则,就会发现,这些原则也是企业家应该遵循的原则。

巴菲特的第一条投资原则是“找出杰出的公司”。在无数的可能中找出那些真正优秀的公司和优秀的管理者。这条原则用于企业,我们需要做的不是像大部分人买股票一样——抓住一切可能的市场机会,而是耐心、细致地寻找出“最杰出的市场机会”,然后苦心经营。

巴菲特的第二条原则是“少就是多”。他认为只要有三家企业的股票就够了。你对一家企业关注越深,你的风险越低,收益就越好。应用到企业上,就是要集中和专注于少数几个自己最有优势的领域,而不是盲目地多元化以求降低风险。

巴菲特的第三条原则是“押大赌注于高概率事件上”。当你坚信遇到了可望而不可即的大好机会时,唯一正确的做法是大量投资。企业家也具备这样的素质,就是看准方向之后会集中自己的力量取得突破,而不是照常人的思维分散自己的资源以求保险。

巴菲特的第四条原则是“要有耐心”。他有一种说法,就是短于5年的投资是傻子的投资,因为企业的价值通常不会在这么短的时间里充分体现出来。同样,创办一个企业，也要有耐性。世界上只有20%的创业企业能坚持5年以上，通常能坚持下来的企业都有很好的回报。

1.4 组织与环境

组织如同生物有机体一样，生存于一定的环境中。同样，组织的管理活动不是在真空中进行的，而是在一个开放的系统中展开的，组织所处的复杂环境及其变动对组织内有限资源配置的效果有很大的影响。可以说重视研究组织环境及其变化，是每一个管理者的基本课题。

那么，何谓组织环境？按照现代系统论，环境是系统边界以外所有因素的集合。组织环境是指影响一个组织生存和发展的各种外部因素和内部条件的总和。因此，管理者必须加强对内外部环境的分析，能动地适应环境，谋求组织目标、内部条件与外部因素的动态平衡。组织环境可分为宏观环境和微观环境两大类。

1. 宏观环境

宏观环境是那些在任何时期对任何组织均能产生影响的外部环境因素，这些因素应属于高层管理者注意的范畴。高层管理者的职责就是在组织和周围环境之间起桥梁作用，主要包括经济环境、社会文化环境、政治法律环境、技术环境等，故又称为一般环境。

1）政治法律环境

影响组织的政治法律环境的因素有国家政治体制、政治的稳定性、国际关系、法制体系等。其中，国家政治体制是指国家的基本制度以及国家为有效运行而设立的一系列制度，如国家的政治和行政管理体制、政府部门结构以及选举制度、经济管理体制等，特别是经济管理体制对企业的经营影响很大。政治的稳定性包括政局的稳定性（国家领导人是否经常更换、国家是否经常政变等）和政策的稳定性（政府的政策是否朝令夕改）两个方面。特别是法制体系因素，政府、企业、消费者的行为都需要用法律制度来规范，政府每天都在行使法律，要求企业守法，这都可能损害公司的主要目标。所以我们说市场经济是法制经济，企业必须对所在地的有关法律、法规进行认真分析，守法经营，才不至于给企业带来不必要的损失。此外，优秀的管理者不仅能对法律作出快速的反应，而且能有一定的预见力，做好预案，及时调整自身的管理政策和管理方法。

2）经济环境

经济环境是指国家经济的总体状况，主要包括组织所在国家的经济体制、整个国民经济的发展状况和发展速度（用国民生产总值及其增长速度来衡量）、市场规模（人均国民收入、消费者的消费倾向和消费结构等）、要素市场的完善程度（商品市场、资金市场、劳动力市场、技术市场、房地产市场和信息市场）、经济政策（如哪些产业国家是鼓励发展的，哪些产业国家是进行抑制的）、国家的货币和物价总水平的稳定状况、通货膨胀（物价上涨）等。

3）社会文化环境

风俗习惯、文化传统、教育程度、价值观念、道德伦理、宗教信仰等构成了组织的社会文化环境。其中，文化传统是一个国家或地区长期形成的道德、习惯、思维方式的总和，它会对人的行为产生巨大的制约和影响。由于文化的不同及其变化，就会形成有的人喜欢从事某种工作而不愿从事另一类工作的现象，有的要求对自己的工作有更大的支配权等，这些都会影响到一个组织的管理。

4）技术环境

技术一直对组织及其管理工作具有重要的影响。组织为了达到其既定目标，它所进行的一切经营性活动和非经营性活动都与一定的技术密切相关。技术包括生产技术、管理技术、生活技术和服务技术等内容。管理者必须注意总环境中技术方面的问题，掌握当前新技术发展的趋势，以使自己处于最新技术的领先地位。

2. 微观环境

宏观环境的影响比较间接，而微观环境更能直接给一个组织提供有用的信息情报，所以大多数组织更加注意微观环境。它是与某一具体的决策活动和处理转换过程直接相关的各种特殊力量，是与组织目标制定和实施直接相关的因素，故微观环境又称为具体环境，包括竞争对手、顾客、资源供应者、相关公众等因素。

1）竞争对手

竞争对手是指与本组织争夺顾客的对手。如一汽、二汽、大众汽车公司之间，以及同美国的通用、福特，日本的丰田都是彼此的竞争对手。大学不但可以把同性质的学校，还可以把各种培训中心看成是自己的竞争对手。

2）顾客

提供产品是为了使顾客（或单位）满意。所以必须对顾客的含义和重要性有足够的了解。顾客是那些购买本组织产品或服务的个人或组织。顾客会因受教育水平、收入水平、生活方式等因素的影响而对组织的产品和服务提出不同的要求，作为管理者，必须充分关注顾客。

3）资源供应者

资源供应者是指向组织提供资源的人或单位。例如，航空公司的材料供应者包括提供飞机上各种食品的服务部门和当地的加油公司等。资源包括资金、人力、信息等。因此，必须尽力了解资源供应者，与资源供应者建立相互信赖、通力合作的新型关系，共同为顾客提供高质量的产品与服务。而组织应把资源供应者纳入组织的生产体系中。

4）相关公众

相关公众是指政府代理机构和一些利益代表组织（或社会公众机构）。这些管理部门对一个组织的政策和活动有着控制作用。

政府代理机构：如政府有关的各个部，如财政、商业、轻工业、物价、税务等机构，它们有特殊的官方权力。

利益代表组织：如妇女组织、老年人协会、消费者协会、新闻机构等，它们虽然没有政府代理机构这么大的权力，但是它们可以通过宣传工具制造舆论而对企业产生巨大的影响。

3. 环境分析

组织的外部环境变动，由于蕴藏着更多的不确定性，事先难以准确预料，组织不可自控，因此要求组织首先要通过分析环境来认识环境，主动适应环境的变化，寻求和把握组织生存和发展的机会，或尽快地选择环境，改变甚至创造组织发展所需要的新环境，只有这样，组织才能在激烈竞争的环境中求得生存和发展。因此，分析环境是对环境进行管理的第一步。常用的是"五种力量模型"的分析方法。

迈克尔·波特教授提出的"五种力量模型"是一种特别有效的工具。按照迈克尔·波特的观点，一个行业存在五种基本竞争力量，这五种竞争力量能经常为企业提供机会或产生威胁，它们分别是现有企业之间的竞争、替代品的威胁、潜在加入者的威胁、购买者讨价还价的能力和供应者讨价还价的能力。这五种竞争力量是决定产业盈利能力的五种竞争作用力，如图 1-2 所示。该模型能帮助人们深入分析行业竞争压力的来源，使人们更清楚地认识到组织的优势和劣势，以及组织所处行业发展趋势中的机会和威胁。

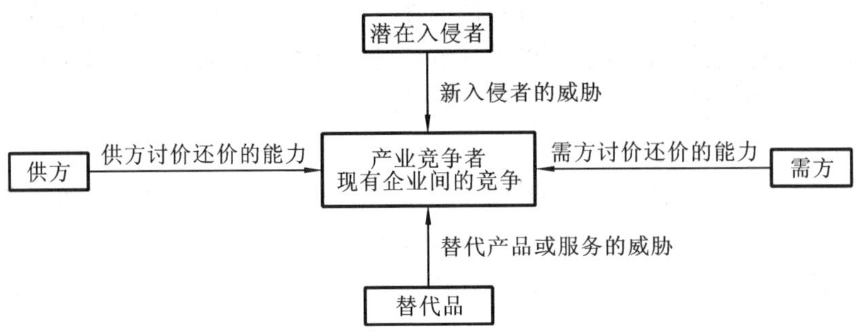

图 1-2　迈克尔·波特教授的五种力量模型

1.5　组织的社会责任

1.5.1　问题的由来

组织作为社会环境的一个子系统，既要适应环境的发展和变化，又要对环境的发展和变化作出自己的贡献，即要承担一定的社会责任。

企业的社会责任问题是伴随着西方国家工业化进程中出现的问题而提出来的。工业革命使得“工厂制度”作为一种社会生产方式诞生了。在工业革命的初期，新的工业管理者对他们尚没有经验的组织活动会产生的副产品，并没有明确的意识和政策。早期工业体系中的“成本”只包括极有限的内容，即只包括资本家不得不支付的费用，如原材料、工资、设备折旧等。至于其他费用，却置之不理。于是，工业废水随意排放，流入江河；不加处理的炼铁炉渣，小山似地堆积在矿场或铁场附近；工厂排放的令人窒息的废气在空气中弥漫。但是空气的污染，废水、废渣的排放，当时并没有引起人们的注意。这是由于工业化规模和消费品产量还不够大，空气和江河湖海还能够净化工厂所排放的污物。

工业革命的发展和市场的不断扩大加速了城市化的进程，一批工业城市出现了。城市的扩大使企业开始懂得了人口的大量集中能够给生产经营带来巨大的利益。大量的劳动力、迅速的原材料供应、便于交易的市场，所有这一切都能够降低生产成本。于是，企业纷纷涌向城市。在新兴的工业城市中，由于人口的过分集中，生产和生活的垃圾造成祸患成倍地增加，烟尘、迷雾、噪声等恶劣的劳动条件，高强度的体力劳动，再加上工人收入低，贫民窟肮脏破烂的居住环境，各种疾病流行，诸多社会问题纷至沓来。在这一历史时期，尽管一些国家对企业所引发的社会问题采取了立法及政策管制措施，但企业社会责任问题还远没有引起社会的重视。

进入 20 世纪，特别是 40 年代以来，世界各国经济普遍发展。现代科学技术在能量、电子、化学合成及交通运输等方面的广泛应用，更使人类的生产与消费水平迅速提高，企业对物资资源的需求量和废物的排出量都达到了空前的程度。1952 年，有毒的烟雾降临伦敦，3 000 多人死于呼吸道疾病。20 世纪 70 年代的能源危机给许多国家和人民生活带来了重大影响。20 世纪 80 年代中期美国联合碳化公司的毒气泄漏和苏联契尔诺贝利核电站爆炸，酿成人间两大悲剧。现代社会中企业的经营管理与环境问题、社会问题、政治问题乃至国际间关系都融合到一起，而且许多问题都直接关系到一个国家、一个地区的经济发展、社会安定、人民的健康幸福，乃至整个人类社会的生存与发展。因此，企业活动的社会后果越来越受到普遍的重视。H. R. 鲍恩(Howard R. Bowen)的《工商业家的社会责任》一书的出版，大大推动了有关社会责任的研究。

1.5.2 企业社会责任的定义

对企业社会责任的定义，目前人们还没有取得一致的看法。西方国家在这方面的代表人物——基思・戴维斯(美国)对此是这样定义的：企业的社会责任就是指企业决策者在追求自身利益发展的同时所必须承担的一种义务，即保护和改善公众利益的义务。据《哈佛商业评论》杂志的一项调查表明，大多数人认为企业社会责任是企业合法的和可实现的目标，此外还必须考虑企业的使命。据对 439 名主管调查后的答案来看,其中68%的主管都同意下述定义:"企业的责任就是认真地考虑企业的一举一动对社会的影响。"尽管对企业或公司的社会责任的定义有所不同,但是这里应当明确所谓的"责任"不应当理解为法律或法学意义上的法律责任,它不完全具有强制性的特征,而是一种社会规范,属于广义社会学的范畴。

由于企业所在的行业及所在的区域不同,所处时代的政治、经济、文化背景不同,其特定条件下企业的具体社会责任也不尽相同。因此,想要列出一个包罗万象的企业社会责任一览表是不大可能的。但是,我们可以从企业所处的纷杂的社会关系中抽象出一些共同面临的一些主要社会问题,这些问题既可能是由于企业行为所导致的,也可能是由于社会本身机能失调而作用于组织的。这样我们就可以找到企业所要承担社会责任的两个领域:一个领域是企业对社会的影响;另一个领域是社会对企业的影响。第一个领域涉及企业对社会做了什么,第二个领域涉及企业能为社会做什么。但不管是企业影响社会,还是社会影响企业,这些问题都涉及企业与社会、国家的利益问题,甚至涉及整个人类生存发展的根本利益。

阅读材料 1-6

全球首个企业社会责任国际标准——SA 8000

社会责任国际标准体系(Social Accountability 8000 International Standard,SA 8000)是一种基于《国际劳工组织宪章(ILO宪章)》、联合国《儿童权利公约》《世界人权宣言》而制定的,以保护劳动环境和条件、劳工权利等为主要内容的管理标准体系。

1997年,总部设在美国的社会责任国际组织(Social Accountability International,SAI)发起并联合欧美跨国公司和其他国际组织制定了SA 8000(社会责任国际标准体系),它是全球首个道德规范国际标准。其宗旨是确保供应商所供应的产品,皆符合社会责任标准的要求。SA 8000标准适用于世界各地、任何行业、不同规模的公司。其依据与ISO 9000质量管理体系及ISO 14000环境管理体系一样,是一套可被第三方认证机构审核之国际标准。

1.5.3 企业社会责任的内容

企业社会责任的内容与范围是十分丰富和广泛的。除了企业经营绩效之外,还可以列出被称为企业"永恒的社会责任"的四大类问题,即企业与职工关系、企业与消费者关系、企业与社区关系和企业与生态环境关系。

1. 企业对职工的社会责任

企业与职工的关系在企业生产经营成本中仅仅表现为工资和若干福利费用。然而,在实际社会生活中,企业与职工的关系就要复杂得多。从企业和职工所建立的关系来看,聘用或雇佣的原则和标准乃至程序就反映了企业的社会责任观念。例如,对性别、民族、肤色、年龄、文化水平、技术才能、社会背景等的考虑，就涉及男女平等、民族平等、未成年人保护等一系列社会的、政治的问题。在企业内部，职工对工作的满意程度、工作环境对职工安全与健康的保障、职工劳动素质的培养和提高及职工参与企业管理等，都涉及劳动者法定权益是否受到企业的尊重与切实保证。企业与职工间劳动关系的解除，无论是企业经营中出现的问题还是企业解聘职工，或是职工自我选择的结果，都存在着企业对劳动者应承担的责任。企业不能只关心职工在生产经营中的使用情况，还必须重视政治、文化、科技等多方面素质的培养与提高。从这个意义上说，好的企业也是一所好的学校。

2. 企业对消费者的社会责任

企业是通过提供商品和劳务而与社会发生直接关系的。在企业所处的各种社会关系中，主要是企业与消费者的关系而建立起来的各种社会关系。因此，商品和劳务便成为联结企业与消费者的中介和纽带，从而引出企业对社会多方面的影响。企业承担保护消费者利益的社会责任，是一个涉及多方面的复杂问题，表现形式也多种多样，如人们一般从商品的规格、品种、质量、价格及服务等方面来评价。实际上，远远不止这些。社会责任还进一步从公平、守信、合法，尤其是从道义上来要求企业。例如，鞋子坚固耐穿，并不一定符合消费者利益。假如鞋底的寿命是10年，鞋帮的寿命只有2年，把鞋底多余的劳动计入成本，就在一定程度上侵犯了消费者利益。因为鞋帮坏了，虽然鞋底完好，但这双鞋还是不能穿了，除非能提供修补如初的服务。即使鞋帮、鞋底寿命相同，都能穿10年、20年，但却因此而提高了鞋的价格，这在无形中就侵犯了人们消费不断变化的利益要求。因此，从社会责任的角度看，企业应当努力实现功能与成本的最佳配合。

企业对消费者的社会责任核心是保护消费者权益。自西方发达国家倡导消费者利益主义以来，保护消费者权益运动已风靡世界。消费者权益包括消费者的权利和利益两层含义。消费者权利是指经法律确认并由法律保护的、消费者在实现其消费目的活动过程中的行为尺度；消费者利益则是消费者通过权利的履行而实现的消费需求的满足。消费者的权利和利益互相依赖，前者是基础，后者是目的，两者合起来称为消费者权益。

消费者权益的实质内容是消费者消费需求的满足。因此，企业有责任使消费者从消费其商品和劳务的过程中获得最大的效用和满足。但在现实生活中，损害消费者权益的问题大部分都是企业造成的。因此，企业必须遵守经营道德，承担起所应当承担的社会责任。

3. 企业对生态环境的社会责任

20世纪以来，特别是20世纪40年代以来，世界各国普遍面临着严重的生态环境恶化问题。在人类以全球范围的规模、以前所未有的速度与深度改造大自然的同时，大自然也面临着被破坏甚至被毁灭的危险。在企业经营中，存在着人类对大自然的征服与损害的尖锐矛盾。企业对维护生态平衡、保护环境有着不可推卸的责任。维护生态平衡，主要是指保护自然环境和控制工业污染。企业在维护生态平衡方面，首先，要严格遵守一切有关维护生态平衡的法规，在减轻噪声和减少"三废"排放量上不断采取措施，尽可能减轻对生态环境的污染。其次，要重视物质资源的开发利用，提高原材料、燃料的利用率。再次，要以积极的态度与政府相配合，承担起保护环境的社会责任。

4. 企业对社区的社会责任

企业是存在于具体的社会环境之中的，这就产生了企业与社区的关系问题。对工商企业来说，其员工大部分来自所在地区，其顾客也主要是社区居民。因此，重视社区利益是企业永恒的社会责任。

企业作为社区的"居民"，在社区内从事生产经营活动，凭借社区实现其经济目标，自然也应当尽到社区的社会责任。这包括响应社区政府的号召、为公益事业做力所能及的贡献、为社区居民承担义务等。

企业社会责任的内容涉及广泛，内容具体复杂。以上列举企业四个方面的社会责任主要是从企业角度来认识的。当然，企业的社会责任还有相当一部分来自社会问题的影响、来自社会对企业的要求。例如，当物价涨势过猛、通货膨胀严重时，企业如何参与通货膨胀的治理，就成为企业社会责任的重要内容。

本章小结

1. 管理就是管理者在特定的环境下对其所辖范围内的组织资源通过计划、组织、领导和控制等行为活动进行优化配置，以达成有效实现组织目标的创造性社会活动。

2. 管理的职能是计划、组织、领导、控制和创新。不同层次或类别的管理者对五项职能的履行程度和重点是有所不同的。

3. 管理者从不同角度有不同的分类：从纵向看，有高层、中层和基层管理人员；从横向看，包括销售管理、财务管理、业务管理、人事管理，以及行政和专业方面的管理人员等，而这些管理人员按管理范围又可划分为综合管理者和职能管理者；按职权关系可划分为直线管理者和参谋人员等。

4. 管理者的角色主要包括处理人际关系方面（代表组织身份例行公事，指挥领导和联络）、信息传递方面（追踪信息情报、传递和发布信息情报）、决策制定方面（进行决策，解决矛盾，调配资源，对外谈判和对内协调等）。

5. 管理人员必须具备：技术、处理人际关系、概念的技能。

6. 管理环境包括内部环境与外部环境。外部环境又包括宏观环境和微观环境。宏观环境又称为一般环境，微观环境又称为具体环境。

7. 管理学是一门系统地研究管理活动的基本规律和一般方法的科学。管理学的研究方法主要有唯物辩证法、系统法、理论联系实际法、案例研究法及比较研究法。

8. 企业的社会责任就是指企业决策者在追求自身利益发展的同时，还必须承担的一种义务，即保护和改善公众利益的义务。企业社会责任的内容包括对职工的社会责任、对消费者的社会责任、对生态环境的社会责任和企业对社区的社会责任等。

重要概念

管理　管理的二重性　管理者　管理职能　管理者技能　管理者角色　组织环境　组织社会责任

复习思考题

1. 什么是管理？你对管理是怎样理解的？
2. 管理的基本职能有哪些？相互之间的关系是什么？
3. 管理者在管理过程中通常扮演哪些角色？
4. 管理学研究方法有哪些？
5. 试论管理的二重性。
6. 管理者需要具备哪些技能？
7. 试论组织环境的内容。
8. 组织的社会责任内涵有哪些？

学习拓展

[1] 叶萍. 管理学基础[M]. 北京：电子工业出版社，2007.

[2] 斯蒂芬·P. 罗宾斯，玛丽·库尔特. 管理学[M]. 11 版. 李原，孙健敏，黄小勇，译. 北京：中国人民大学出版社，2012.

[3] 卢昌崇. 管理学[M]. 大连：东北财经大学出版社，2010.

案例分析

案例 1-1　升任公司总裁后的思考

郭宁最近被所在的生产机电产品的公司聘为总裁。在准备接任这职位的前一天晚上，他浮想联翩，回忆起他在该公司工作 20 多年的情况。

他在大学时学的是工业管理，大学毕业后就到该公司工作，最初担任液压装配单位的助理监督。他当时感到真不知道如何工作，因为他对液压装配所知甚少，在管理工作上也没有实际经验，他感到几乎每天都手忙脚乱。可是他认真好学，一方面仔细参阅该单位所订的工作手册，努力学习有关的技术知识；另一方面监督长也对他主动指点，使他渐渐摆脱了困境，胜任了工作。经过半年多时间的努力，他已有能力独担液压装配的监督长工作。可是，当时公司没有提升他为监督长，而是直接提升他为装配部经理，负责包括液压装配在内的四个装配单位的工作。

在他当助理监督时，他主要关心的是每日的作业管理，技术性很强。当他担任装配部经理时，他发现自己不能只关心当天的装配工作状况，还得做出此后数周乃至数月的规划，以及要完成许多报告和参加许多会议，没有多少时间去从事他过去喜欢的技术工作。当上装配部经理不久，他就发现原有的装配工作手册已过时，因为公司已安装了许多新的设备，引入了一些新的技术。这令他花了整整1年时间去修订工作手册，使之切合实际。在修订手册的过程中，他发现要让装配工作与整个公司的生产作业协调起来还需要做很多工作。因此，他主动到几个工厂去访问，把学到的新的工作方法修订到工作手册中去。由于该公司的生产工艺频繁发生变化，工作手册也不得不经常修订，郭宁对此都完成得很出色。他工作几年后，不但自己学会了这些工作，而且还学会如何把这些工作交给助手去做，这样，他可以腾出更多的时间用于规划工作和帮助他的下属把工作做得更好，可以花更多的时间去参加会议、批阅报告和完成自己向上级的工作汇报。

在他担任装配部经理6年后，正好该公司负责规划工作的副总裁辞职应聘于其他公司，郭宁便主动申请担任这一职务。在同另外5名竞争者较量之后，郭宁被正式提升为规划工作副总裁。他自信拥有担任该职位的能力，但由于此高级职务工作的复杂性，仍使他在刚接任时碰到了不少麻烦。例如，他感到很难预测1年之后的产品需求情况。可是一个新工厂的开工，乃至一个新产品的投入生产，都需要在数年前做好准备，而且，在新的岗位上他还要不断处理市场营销、财务、人事、生产等部门之间的协调事务，这些他过去都不熟悉。他在新岗位上强烈感到：越是职位上升，越难于仅仅按标准的工作程序去进行工作。但是，他还是渐渐适应了，做出了成绩，以后又被提升为负责生产工作的副总裁，而这一职位通常是由该公司资历最深的、辈分最高的副总裁担任的。现在，郭宁又被提升为总裁。他知道，当上公司最高主管职位之时，应该自信自己有处理可能出现任何情况的才能，但他明白自己尚未达到这样的水平。因此，他不禁想到自己明天就要上任了，今后数月的情况会怎样？他不免为此担忧！

问题：

1. 郭宁担任助理监督、装配部经理、规划工作副总裁和总裁这四个职务，其管理职责各有何不同？能概括其变化的趋势吗？请结合基层、中层、高层管理者的职能进行分析。

2. 你认为郭宁要胜任公司总裁的工作，哪些管理技能是最重要的？你觉得他具有这些技能吗？试加以分析。

3. 如果你是郭宁，你认为当上公司总裁后自己应该补上哪些欠缺才能使公司取得更好的绩效？

案例 1-2 生活中的管理学

有一个早餐摊点，只有一对四十岁左右的夫妇，男人负责蒸包子、炸油条以及收钱，女人负责煮馄饨、给客人盛稀饭，以及收拾桌子。一般客人去了只需要告诉女人要吃什么，女人负责把食品端到客人桌上，吃完后客人离开经过门口时把钱给男人，然后女人抽空收拾桌子。在中国各个城市的大街小巷，有无数这样的“夫妻档”早餐摊点，运营得井井有条。

曾经有一家三星级酒店的餐厅，早晨兼卖早餐，服务员是酒店的服务员，制作食品的也是餐厅厨师，光台前就有四五个人。客人去了先要在一个由专人负责的点餐处点餐，交钱打出小票，然后拿着小票去领餐处和若干客人挤在一起找几个手忙脚乱的服务员领餐，交钱的时候还经常看见收钱的专职人员扯着脖子问领餐的人：“包子还有没有？”桌子没有人收拾，经常听到客人端着盘子喊服务员收拾桌子，盘子也洗得不干不净。

两个早餐点，占地面积和服务的客户数差不多，前者的硬件设施远落后于后者的，但是人均效率、利润以及客户满意度等，又远远高于后者的。

问题：

从以上的案例对比中，我们能看到管理学中的哪些基本理论的应用？

实践训练

调查访问

实训目的

通过对实际企业调查访问的开展，使学生加深对管理理论的认知和管理活动的理解，培养学生的管理意识和管理思维。

实训内容

1. 由学生自愿结合成小组，每组 5～8 人，并选出小组长，实行小组长负责制。利用课余时间，到当地一中小企业进行调查访问。

2. 在调查访问之前，每组需根据课堂所学知识经过讨论制定调查访问的提纲，包括调研的主要问题与具体安排，主要包括三项内容。

(1) 至少访问两位企业管理者，了解他们的工作内容、工作职位、工作职责，以及他们的工作职位需要的技能，并重点分析他们的工作职责和工作技能的不同。

(2) 调查该企业现在的管理环境和以前(至少是 1 年前)的管理环境，重点是外部环境，并重点分析全球性经济危机给该企业带来的变化和影响。

(3) 该企业有哪些管理机制，哪些是你认为合理的，哪些是不合理的，请做简要分析。

训练考核

1. 每组要制定合理的调查提纲或调查问卷，每位成员要写出调研报告，调查报告需包括上述三项内容，字数不少于1500字。

2. 在调查结束后，通过讨论的形式组织一次交流会，并根据发言者的语言能力、逻辑能力和管理观点给予现场打分。

3. 结合以上两项成绩，给出每位成员的该项实训课成绩。

第二章　管理思想与管理理论发展

学习目标

- 了解各个时期主要管理思想的演变历程。
- 了解西方管理理论的主要内容。
- 理解和掌握主流管理理论的内容及其产生的背景。

导入案例

中国古代管理案例

《淮南子道应训》记载，楚将子发爱结交有一技之长的人，并把他们招揽到麾下。有个其貌不扬，号称“神偷”的人，也被子发待为上宾。有一次，齐国进犯楚国，子发率军迎敌。交战三次，楚军三次败北。子发旗下不乏智谋之士、勇悍之将，但在强大的齐军面前，简直无计可施了。

这时“神偷”请战。他在夜幕的掩护下，将齐军主帅的睡帐偷了回来。第二天，子发派使者将睡帐送还给齐军主帅，并对他说：“我们出去打柴的士兵捡到您的帷帐，特地赶来奉还。”当天晚上，神偷又去将齐军主帅的枕头偷来，再由子发派人送还。第三天晚上，神偷连齐军主帅头上的发簪子都偷来了，子发照样派人送还。齐军上下听说此事，甚为恐惧，主帅惊骇地对幕僚们说：“如果再不撤退，恐怕子发要派人来取我的人头了。”于是，齐军不战而退。

案例启示

许多西方管理理论都可以在中国古代管理思想中找到类似的论述，而这些中国古代管理思想是先于西方许多年提出来的，有些管理思想至今还具有借鉴意义。在学习管理思想的时候，一方面要认真学习西方管理思想，另一方面要充分挖掘中国古代管理思想宝库。

2.1　西方管理理论的产生与形成

西方文化起源于古希腊、古罗马、古埃及、古巴比伦等文明古国，它们在公元前 6 世纪即建立了高度发达的奴隶制国家。世界上最早的一部完整保存下来的成文法典，古巴比伦国王汉谟拉比颁布的法律汇编——《汉谟拉比法典》被认为是当时国家管理的经典。苏格拉底很早就认识到“管理私人事务和管理公共事务仅仅在量上有所不同”。亚里士多德在探讨家庭管理时，也谈到了管理一个国家和管理一个家庭时有相通的艺术——唯一不同的仅仅是管理范围的差异。柏拉图认为，每个人在理想国里都能执行一种最适合他的天性的职务。

从公元600年到公元1500年，封建制度和天主教会渐渐支配了西方社会。在这个被称为中世纪的时期中，经济和社会的发展基本停滞不前，这种局面一直持续到十字军东征开辟了新的商业贸易通道，而商业活动中的自利性使人们的热情从上帝转向利益。随着城镇的兴起，家庭式的生产组织和劳动分工推动工场产生，新的阶级萌芽，政治秩序的恢复，直到16世纪新教伦理、自由伦理和市场伦理战胜传统而建立新的时代精神。所有这些物质和文化财富，为工业时代的到来创造了先决条件。

阅读材料 2-1

马基雅维利是中世纪晚期意大利新兴资产阶级的代表，主张结束意大利在政治上的分裂状态，建立强大的中央集权国家。他在其代表作《君主论》中认为：共和政体是最好的国家形式，任何制度的存在都是依赖人民群众的支持(认为权力是由下而上的，权力接受论)；要使国家强，就需有内聚力和控制力；提出领导有两种，即天生型领导和后天获得的技术型领导。

进入18世纪60年代以后，以英国为代表的西方国家开始了第一次产业革命，生产力得到很大提高，随之而来的是管理思想和管理方法、手段的创新，出现了一批卓有成就的思想家、经济学家和管理学家。西方出现了工厂制度，大机器生产代替了传统的手工业作坊生产，发展了专业化协作，生产组织发生了很大的变化，因而企业管理应运而生。新的工厂制度面临着许多管理问题，其中最迫切要解决的问题：由于劳动分工的需要，每个工人只能从事某一项工作；由于大批量生产，产品的零件应具有互换性；大机器生产要求工人严格遵守劳动纪律和操作规程，接受新的监督制度，要求工作速度应均衡，操作方法应准确和标准化等。所有这一切都要求对每个人的工作进行有效的组织、指挥和协调。

传统管理主要是解决怎样实现分工协作，保证生产过程正常进行；怎样充分利用人力、物力和财力，减少耗费、降低成本，以取得更多的盈利。因此，生产管理、工资管理和成本管理便成为当时企业管理的主要内容。

1. 亚当·斯密的劳动分工观点和“经济人”人性假设

最早对经济管理思想进行论述的学者中，亚当·斯密在1776年出版的《国民财富的性质和原因的研究》一书中，系统阐述了劳动价值理论和劳动分工理论。他认为，分工的主要益处如下。

(1) 劳动分工可以使工人重复完成单项操作，从而提高劳动熟练程度，提高劳动效率。

(2) 劳动分工可以减少由于变换工作而损失的时间。

(3) 劳动分工可以使劳动简化,使劳动者的注意力集中在一种特定的对象上,有利于创造新的工具和改进设备。

此外,亚当·斯密还认为,经济现象是由具有利己主义的人们的活动产生的。在经济行为中,人们追求的完全是私人利益。他曾经这样描述人与人之间的相互关系:"人类几乎随时随地都需要同胞的协助,若只想依赖他人的恩惠,那是肯定不行的","他如果能刺激他们的利己心,使他们有利于他,并告诉他们,为他做事对他们自己也有利,他要到达目的就容易多了"。

阅读材料 2-2

亚当·斯密研究劳动分工问题时,列举了当时的针制造业。他发现,针制造业所要用到抽线者一人,直者一人,截者一人,搓锋者一人,钻鼻者一人。但要钻鼻,需有两三种不同的工作。搓之使利,擦之使白,乃至针刺于纸上的工作,都成了一种职业。这样,制针的重要作业,就分成约十八种操作。我见过这样一个小制造厂,其内只雇佣十个工人,其中有些人要做两三种不同的操作。尽管该厂必要的机器设备都不完备,但只要他们勤勉努力,一天就能制成大约 12 磅针,每磅合中等针 4000 枚甚至以上。这十个工人,每日可制成针 48000 枚以上,也就是说,每人每日成针 4800 枚以上。如果他们分别独立地工作,其中任何人都不熟悉一种特殊的业务,那么,不论是谁,别说一日 20 枚,可能连 1 枚也制不成。

2. 查尔斯·巴贝奇的作业研究和报酬制度

英国数学家查尔斯·巴贝奇在亚当·斯密劳动分工理论的基础上,又进一步对专业化问题进行了深入研究。

他在 1832 年发表的《论机器与制造业经济学》一书中,对专业化分工、机器与工具使用、时间研究、批量生产、均衡生产、成本记录等问题都进行了充分论述,并强调要注重人的作用,分析颜色对效率的影响,应鼓励工人提出合理化建议,等等。该书是管理史上的一部重要文献。巴贝奇赞同亚当·斯密的劳动分工可以提高劳动效率的观点,但认为亚当·斯密忽略了劳动分工可以减少支付工资这一好处。巴贝奇对针制造业进行了典型调查。把针制造业的生产过程划分为七个基本操作工序,并按工序的复杂程度和劳动强度雇佣不同的工人,支付不同的工资。如果不实行分工,整个制造过程由一个人完成,那就要求每个工人的技艺全面,都能完成制造过程中技巧性强的操作工序,同时又有足够的体力来完成繁重的操作。工厂主必须按照全部工序中技术要求最高、体力要求最强的标准来支付工资。由此,巴贝奇提出了"边际熟练"原则,即对技艺水平、劳动强度定出界限,作为报酬依据。

在劳资关系方面,他提出一种固定工资加利润分享的制度,认为这种制度有以下好处。

(1) 每个工人同工厂的发展和利润的多少有直接的利害关系；

(2) 每个工人都会关心浪费和管理不善的问题；

(3) 能促使每个部门改进工作；

(4) 鼓励工人提高技术和品德，表现不好者减少分享的利润；

(5) 由于工人同雇主的利益一致，能消除隔阂，共求繁荣。

3. 罗伯特·欧文的人事管理

1850年，英国空想社会主义者罗伯特·欧文在苏格兰一座棉纺厂中，开始一种新的实验，这一做法大大减轻了职工的劳动强度，改善了职工的劳动条件，为职工提供了较多的福利设施。他认为，工厂是由员工组成的，把员工有效地组织起来，相互合作，就能产生最大的效果。欧文对管理学的贡献是，摈弃了过去那种把工人当成工具的做法，着力改善工人的劳动条件，诸如：提高童工参加劳动的最低年龄；缩短雇员的劳动时间；为雇员提供厂内膳食；设立按成本向雇员出售生活必需品的模式，从而改善当地整个社会状况。由于他较早注意到企业中的人事管理问题，被后人称为“人事管理之父”。

 **课堂讨论 2-1**

经济人人性假设的出现在当时是否具有进步意义？

2.2 西方管理理论的发展

随着生产力的发展、科学技术的进步，自由竞争的资本主义也逐步走向垄断的资本主义。企业规模和竞争范围在不断扩大，竞争对手也在增多，单凭经验进行生产和管理已经不能适应，这就迫切需要改进企业管理，以增强企业的竞争力。

2.2.1 科学管理的历史背景

科学管理的产生是管理发展史中的重大事件，也是管理从经验走向科学的第一步，它对管理的发展产生了巨大的推动力。科学管理理论是19世纪末20世纪初在美国形成的，19世纪的最后10年中，美国工业出现了前所未有的资本积累和工业技术进步。但是，当时企业管理者却被两大问题困惑，一是如何发展、组织、控制和管理这些工业资源，以期获得更高的生产效率。另一个问题是如何发挥劳动者的潜力。当时工人和资本家之间的关系严重激化：资本家对工人态度蛮横，工人生活艰苦，而资本家却过着奢侈的生活；工人则不断用捣毁机器和加入工会组织领导的大罢工来争取自己的权利。劳资关系的对立严重影响了企业的劳动生产率。对于如何解决发挥劳动者潜力的问题，有人主张使用优良机器替代劳动力，有人主张试行分享利润计划，还有一些人主张改进生产的程序、方法和体制。

2.2.2　费雷德里克·温斯洛·泰勒的科学管理理论

费雷德里克·温斯洛·泰勒(Frederick Winslow Taylor,1856—1915),是一位管理人员和工程师,是美国工程师协会的成员,很了解人们提出的解决上述问题办法,并在此基础上提出了他的具有划时代意义的科学管理理论和方法。

泰勒在他的主要著作《科学管理原理》(1911)中提出了科学管理理论。20 世纪以来,科学管理在美国和欧洲大受欢迎。100 多年来,科学管理思想仍然发挥着巨大的作用。

1. 科学管理理论的核心

泰勒认为,管理者必须遵守四条科学管理原则。

(1) 对工人操作的每个动作进行科学研究,用以替代老的单凭经验的方法;

(2) 科学挑选工人,并进行培训和教育,使之成长;

(3) 摒弃只顾自己的思想,与工人亲密协作,以保证一切工作都按照已发展起来的科学原则去办;

(4) 管理人员和工人都必须对各自的工作负责,明确资方和工人之间在工作中的权力和职责,并最终形成双方的友好合作行为。

实施科学管理的结果是提高了生产效率,而高效率是雇员和雇主最大限度实现富裕的基础。因此,泰勒认为只有用科学化、标准化的管理替代传统的经验管理,才是实现最高工作效率的手段。

泰勒对科学管理进行了这样的定义,“诸种要素——不是个别要素的结合构成了科学管理,它可以概括如下:科学,不是单凭经验的方法。协调,不是不和别人合作,不是个人主义。最高的产量,取代有限的产量。发挥每个人最高的效率,实现最大的富裕”。这个定义,既阐明了科学管理的真正内涵,又综合反映了泰勒的科学管理思想。

2. 科学管理理论的主要内容

1) 工作定额原理

在当时美国的企业中,由于普遍实行经验管理,由此造成一个突出的矛盾,就是资本家并不知道工人一天到底能干多少活,但总嫌工人干活少、拿工资多,于是就通过延长劳动时间、增加劳动强度来加重对工人的剥削。工人,也不确切知道自己一天到底能干多少活,但总认为自己干活多、拿工资少。当资本家加重对工人的剥削时,工人就用“磨洋工”消极对抗,这样企业的劳动生产率当然不会高。

泰勒认为管理的中心问题是提高劳动生产率。为了改善工作,他提出如下观点。

(1) 企业要设立一个专门制定定额的部门或机构,这样的机构不但在管理上是必要的,而且在经济上也是合算的。

(2) 要制定出有科学依据的工人的“合理日工作量”,就必须通过各种试验和测量，进行劳动动作研究和工作研究。其方法是选择合适且技术熟练的工人；研究这些人在工作中使用的基本操作或动作的精确序列，以及每个人所使用的工具；用秒表记录每一基本动作所需的时间，加上必要的休息时间和延误时间，找出做每一步工作的最快方法；消除所有错误动作、缓慢动作和无效动作；将最快最好的动作和最佳的工具组合在一起，成为一个序列，从而确定工人“合理的日工作量”，即劳动定额。

（3）根据定额完成情况，实行差别计件工资制，使工人的贡献大小与工资高低紧密挂钩。

当制定工作定额时，泰勒是以“第一流的工人在不损害其健康的情况下，维护较长年限的速度”为标准，这种速度不是以突击活动或持续紧张为基础，而是以工人能长期维持的正常速度为基础。通过对个人作业的详细检查，在确定做某件事的每一步操作和行动之后，泰勒能够确定出完成某项工作的最佳时间。有了这种信息，管理者就可以判断出工人是否干得很出色。

2）挑选头等工人

为了提高劳动生产率，必须为工作挑选头等工人，这既是泰勒在《科学管理原理》中提出的一种重要思想，也是他为企业的人事管理提出的一条重要原则。

泰勒指出，健全的人事管理的基本原则是使工人的能力同工作相适应，企业管理当局的责任在于为雇员找到最合适的工作，培训他们成为第一流的工人，激励他们尽最大的力量来工作。为了挖掘人的最大潜力，还必须做到人尽其才。因为每个人都具有不同的才能，不是每个人都适合于做任何一项工作的，这和人的性格特点、个人特长有着密切的关系。为了最大限度地提高生产率，对某一项工作，必须找出最适宜干这项工作的人，同时还要最大限度地挖掘最适宜于从事这项工作的人的最大潜力，才有可能达到最高效率。因此，对任何一项工作首先必须要挑选出“第一流的工人”即头等工人；然后再对第一流的人利用作业原理和时间原理进行动作优化，以使其达到最高效率。

对于第一流工人，泰勒是这样说明的：“我认为那些能够工作而不想工作的人不能成为我所说的‘第一流的工人’。我曾试图阐明每一种类型的工人都能找到某些工作，使他成为第一流的工人，除了那些完全能做这些工作而不愿做的人。”所以泰勒指出，人具有不同的天赋和才能，只要工作合适，都能成为第一流的工人。而所谓“非第一流的工人”，泰勒认为只是指那些体力或智力不适合他们工作的人，或那些虽然工作合适但不愿努力工作的人。总之，泰勒所说的第一流的工人，就是指那些最适合又最愿意干某种工作的人。所谓挑选第一流工人，就是指在企业人事管理中，要把合适的人安排到合适的岗位上。只有做到这一点，才能充分发挥人的潜能，才能促进劳动生产率的提高。这样，重活、体力活让力气大的人干，而精细的活只有找细心的人来做。

对于如何使工人成为第一流工人，泰勒不同意传统的由工人挑选工作，并根据各自的可能进行自我培训的方法，而是提出管理人员要主动承担这一责任，科学选择并不断地培训工人。泰勒指出："一方面，管理人员的责任是细致地研究每一个工人的性格、脾气和工作表现，找出他们具有的能力。另一方面，更重要的是发现每一个工人向前发展的可能性，并且逐步地、系统地训练，帮助和指导每个工人，为他们提供上进的机会。这样，使工人在雇用他的公司里，能担任最高、最有兴趣、最有利、最适合他们能力的工作。这种科学地选择与培训工人并不是一次性的行动，而是每年要进行的，是管理人员要不断加以探讨的课题。"在进行搬运生铁的试验后，泰勒指出：现在可以清楚的是，甚至在已知的最原始的工种上，也有一种科学。如果仔细挑选了最适宜于干这类活计的工人，而又发现了干活的科学规律，仔细选出来的工人已培训得能按照这种科学去干活，那么所得的结果必然会比那些在"积极性加刺激性"的计划下工作的结果丰硕得多。可见，挑选第一流工人的原则，是对任何管理都普遍适用的原则。

3. 标准化原理

泰勒认为，科学管理是过去曾存在的多种要素的结合。他把老的知识收集起来加以分析组合并归类成规律和条例，于是构成了一种科学。工人提高劳动生产率的潜力是非常大的，人的潜力不会自动跑出来，怎样才能最大限度地挖掘这种潜力呢？方法就是把工人多年积累的经验知识和传统的技巧进行归纳整理并结合起来，然后进行分析比较，从中找出其具有共性和规律性的东西，然后利用上述原理将其标准化，这样就形成了科学的方法。用这一方法对工人的操作方法、使用的工具、劳动和休息的时间进行合理搭配，同时对机器安排、环境因素等进行改进，消除种种不合理的因素，把最好的因素结合起来，这就形成一种最好的方法。

泰勒还进一步指出，管理人员的首要责任就是把过去工人自己通过长期实践积累的大量的传统知识、技能和诀窍集中起来，并主动把这些传统的经验收集起来、记录下来，并编成表格，然后将它们概括为规律和守则，有些甚至概括为数学公式，然后将这些规律、守则、公式在全厂实行。在经验管理的情况下，对工人在劳动中使用什么样的工具、怎样操作机器缺乏科学研究，没有统一标准，而只是凭师傅教徒弟的传授或个人在实际中摸索。泰勒认为，在科学管理的情况下，要想用科学知识代替个人经验，一种很重要的措施就是实行工具标准化、操作标准化、劳动动作标准化、劳动环境标准化等标准化管理。这是因为，只有实行标准化，才能让工人使用更有效的工具，采用更有效的工作方法，从而达到提高劳动生产率的目的；只有实现标准化，才能使工人在标准设备、标准条件下工作，才能对其工作成绩进行公正合理的衡量。

要让每个人都用正确的方法作业，必须对工人操作的每一个动作进行科学研究，用以代替传统的经验方法。为此应把每次操作分解成许多动作，并继而把动作细分为动作要素，即动作是由哪几个动作要素组成的，然后再研究每个动作的必要性和合理性，去掉那些不合理的动作要素，并对保留下来的必要成分依据经济合理的原则加以改进和合并，以形成标准的作业方法。在动作分解与作业分析的基础上进一步观察和分析工人完成每项动作所需要的时间，考虑到满足一些生理需要的时间和不可避免的情况而耽误的时间，为标准作业的方法制定标准的作业时间，以便确定工人的劳动定额，即一天合理的工作量。

泰勒不仅提出了实行标准化的主张，而且为标准化的制定进行了积极的试验。在搬运生铁的试验中，泰勒得出一个适合做搬运工作的工人在正常情况下，一天至少可搬 47.5 吨铁块的结论；在铁锹试验中，他得出铁锹每次铲物重 21 磅时劳动效率最高的结论；在长达 26 年的金属切削试验中，他得出影响切割速度的 12 个变量及其反映它们之间相关关系的数学公式等，为工作标准化、工具标准化和操作标准化的制定提供了科学依据。

泰勒认为标准化对劳资双方都是有利的，不仅每个工人的产量大大增加，工作质量大为提高，得到更高的工资，而且建立的这种科学的工作方法，使公司获得更多的利润。

4. 差别计件工资制

在差别计件工资制提出之前，泰勒详细研究了当时资本主义企业中所推行的工资制度，如日工资制和一般计件工资制等，其中包括在他之前由美国管理学家亨利·汤提出的劳资双方收益共享制度和弗雷德里克·哈尔西提出的工资加超产奖金的制度。经过分析，泰勒对这些工资方案的管理方式都不满意。泰勒认为，现行工资制度所存在的共同缺陷，就是不能充分调动员工的积极性，不能满足效率最高的原则。例如，实行日工资制，工资实际是按职务或岗位发放，这样在同一职务和岗位上的人不免产生平均主义。在这种情况下，"就算最有进取心的工人，不久也会发现努力工作对他没有好处，最好的办法是尽量减少做工而仍能保持他的地位"。这就不可避免地将大家的工作拖到中等以下的水平。又如在传统的计件工资制中，虽然工人在一定范围内可以多劳多得，但超过一定范围，资本家为了分享迅速生产带来的利益，就要降低工资率。在这种情况下，尽管工人努力工作，也只能获得比原来计日工资略多一点的收入。这就容易导致这种情况：尽管管理者想千方百计地使工人增加产量，而工人则会控制工作速度，使他们的收入不超过某一个工资率。因为工人知道，一旦他们的工作速度超过了这个数量，计件工资迟早会降低。

于是，泰勒在 1895 年提出了一种具有很大刺激性的报酬制度——"差别计件工资制"方案。其主要内容如下。

(1) 设立专门的制定定额部门。这个部门的主要任务是通过计件和工时的研究，进行科学的测量和计算，制定出一个标准制度，以确定合理的劳动定额和恰当的工资率，从而改变过去那种以估计和经验为依据的方法。

(2) 制定差别工资率。即按照工人是否完成定额而采用不同的工资率。如果工人能够保质保量地完成定额，就按高的工资率付酬，以资鼓励；如果工人的生产没有达到定额，就将全部工作量按低的工资率付给，并给以警告，如不改进，就要被解雇。例如，某项工作定额是10件，每件完成给0.1元。又规定该项工作完成定额工资率为125%，未完成定额率为80%，那么，如果完成定额，就可得工资为10×0.1×125%元=1.25元；如果未完成定额，哪怕完成了9件，得到的工资也只能为9×0.1×80%元=0.72元。

(3) 工资支付的对象是工人，不是根据职位和工种来支付工资，也就是说，每个人的工资尽可能地按他的技能和工作所付出的劳动来计算，而不是按他的职位来计算。其目的是克服工人"磨洋工"现象，同时也是为了调动工人的积极性。要对每个人在准时上班、出勤率、诚实、快捷、技能及准确程度方面作出系统和细致的记录，然后根据这些记录不断调整他的工资。

泰勒为他所提出的差别计件工资制总结了许多优点，其中最主要有以下三点。

第一，有利于充分发挥个人积极性，提高劳动生产率，能够真正实现"高工资和低劳动成本"。

第二，由于制定计件工资制与日工资率是经过正确观察和科学测定的，又能真正做到多劳多得，因此这种制度就能更加公平地对待工人。

第三，能够迅速地清除所有不适合的工人，吸收适合的工人来工作。因为只有真正好的工人，才能做到又快又准确，可以取得高工资率。泰勒认为这是实行差别计件工资制最大的优点。

为此，泰勒在总结差别计件工资制实施情况时说："制度(差别计件工资制)对工人士气影响的效果是显著的。当工人们感觉受到公正的待遇时，就会更加英勇、更加坦率和更加诚实，他们会更加愉快地工作，在工人之间和工人与雇主之间建立互相帮助的关系。"

5. 劳资双方的密切合作

泰勒在《科学管理原理》一书中指出："资方和工人的紧密、亲切和个人之间的合作，是现代科学或责任管理的精髓。"他认为，没有劳资双方的密切合作，任何科学管理的制度和方法都难以实施，难以发挥作用。

那么，怎样才能实现劳资双方的密切合作呢？泰勒指出，必须使劳资双方实行"一次完全的思想革命"和"观念上的伟大转变"。泰勒在《在美国国会的证词》中指出："科学管理不是任何一种效率措施，不是一种取得效率的措施，不是一批或一组取得效率的措施；它不是一种新的成本核算制度；它不是一种新的工资制度；它不是一种计件工资制度；它不是一种分红制度；它不是一种奖金制度；它不是一种报酬的方式；它不是时间研究；它不是动作研究……我相信它们，但我强调指出这些措施都不是科学管理，它们是科学管理的有用附件，因而也是其他管理的有用附件。"

泰勒进一步宣称，"科学管理在实质上包含着要求在任何一个具体机构或工业中工作的工人进行一场全面心理革命——要求他们在对待工作、同伴和雇主的义务上进行一种全面的心理革命。此外，科学管理也要求管理部门的人——工长、监工、企业所有人、董事会——进行一场全面的心理革命，要求他们在对管理部门的同事、对他们的工人和所有日常问题的责任上进行一场全面的心理革命。没有双方的这种全面的心理革命，科学管理就不能存在”“在科学管理中，劳资双方在思想上要发生的大革命就是：双方不再把注意力放在盈余分配上，不再把盈余分配看作最重要的事情。他们将注意力转向增加盈余的数量上，使盈余增加到使如何分配盈余的争论成为不必要。他们将会明白，当他们停止互相对抗，转为向一个方面并肩前进时，他们的共同努力所创造出来的盈利会大得惊人。他们会懂得，当他们用友谊合作、互相帮助来代替敌对情绪时，通过共同努力，就能创造出比过去大得多的盈余”。

也就是说，要使劳资双方密切合作，关键不在于制定什么制度和方法，而是要使劳资双方在思想和观念上根本转变。如果劳资双方都把注意力放在提高劳动生产率上，那么，劳动生产率提高了，不仅工人可以多拿工资，而且资本家也可以多拿利润，从而可以实现双方“最大限度的富裕”。

例如，在铁锹试验中，每个工人每天的平均搬运量从原来的 16 吨提高到 59 吨；工人每日的工资从 1.15 美元提高到 1.88 美元。而每吨的搬运费从 7.5 美分降到 3.3 美分，对雇主来说，关心的是成本的降低；而工人关心的则是工资的提高，所以泰勒认为这就是劳资双方进行“精神革命”、从事合作的基础。

6. 建立专门计划层

泰勒指出：“在老体制下，所有工作程序都由工人凭他个人或师傅的经验去干，工作效率由工人自己决定。”由于这与工人的熟练程度和个人的心态有关，即使工人能十分适应科学数据的使用，但要他同时在机器和写字台上工作，实际上是不可能的。泰勒深信这不是最高效率，必须用科学的方法来改变。为此，泰勒主张，“由资方按科学规律去办事，要均分资方和工人之间的工作和职责”，要把计划职能与执行职能分开并在企业设立专门的计划机构。泰勒在《工厂管理》一书中为专门设立的计划部门规定了 17 项主要负责的工作，包括企业生产管理、设备管理、库存管理、成本管理、安全管理、技术管理、劳动管理、营销管理等各个方面。所以，泰勒所谓计划职能与执行职能分开，实际是把管理职能与执行职能分开；所谓设置专门的计划部门，实际是设置专门的管理部门；所谓“均分资方和工人之间的工作和职责”，实际是让资方承担管理职责，让工人承担执行职责。这也就进一步明确了资方与工人之间、管理者与被管理者之间的关系。

泰勒把计划的职能和执行的职能分开，改变了凭经验工作的方法，而代之以科学的工作方法，即找出标准，制定标准，然后按标准办事。要确保管理任务的完成，应由专门的计划部门来承担找出和制定标准的工作。

具体来说，计划部门要从事全部的计划工作并对工人发布命令，其主要任务如下。

(1) 进行调查研究并以此作为确定定额和操作方法的依据。

(2) 制定有科学依据的定额和标准化的操作方法与工具。

(3) 拟订计划并发布指令和命令。

(4) 把标准和实际情况进行比较,以便进行有效的控制等工作。在现场,工人或工头则从事执行的职能,按照计划部门制定的操作方法的指示,使用规定的标准工具,从事实际操作,不能自作主张、自行其是。泰勒的这种管理方法使得管理思想的发展向前迈出了一大步,将分工理论进一步拓展到管理领域。

7. 职能工长制

泰勒不但提出将计划职能与执行职能分开,而且还提出必须废除当时企业中军队式的组织而代之以职能式的组织,实行职能式的管理。

泰勒认为在军队式组织的企业里,工业机构的指令是从经理经过厂长、车间主任、工段长、班组长而传达到工人。在这种企业里,工段长和班组长的责任是复杂的,需要有相当的专门知识和具备各种才能,所以只有本来就具有高素质并受过专门训练的人才能胜任。泰勒列举了在传统组织下作为一个工段长应具有的几种素质,即教育、专门知识或技术知识、机智、充沛的精力、毅力、诚实、判断力或常识、良好的健康情况等。但是每一个工长不可能同时具备这 9 种素质,但为了事先规定好工人的全部作业过程,必须使指导工人干活的工长具有特殊的素质。因此,为了有效地发挥工长职能,就要进行更进一步的细分,使每个工长只承担一种管理的职能,为此,泰勒设计出 8 个职能工长,来代替原来的 1 个工长。这 8 个工长中有 4 个在车间、4 个在计划部门,在其职责范围内,每个工长可以直接向工人发布命令。在这种情况下,工人不再听一个工长的指挥,而是每天从 8 个不同头头那里接受指示和帮助。

泰勒的职能工长制是根据工人的具体操作过程进一步对分工进行细化而形成的。他认为这种职能工长制度有三个优点。

(1) 每个职能工长只承担某项职能,职责单一,对管理者培训花费的时间较少,有利于发挥每个人的专长。

(2) 管理人员的职能明确,容易提高效率。

(3) 由于作业计划由计划部门拟订,工具和作业方法标准化,车间现场工长只负责现场指挥与监督,因此非熟练技术的工人也可以从事较复杂的工作,从而降低了整个企业的生产费用。

尽管泰勒认为职能工长制有许多优点,但后来的事实也证明,这种单纯职能型的组织结构容易形成多头领导,造成管理混乱。所以,泰勒的这一设想虽然对以后职能部门的建立和管理职能的专业化有较大的影响,但并未真正实行。

8. 例外原则

泰勒认为,规模较大的企业不能只依据职能原则来组织和管理,而必须应用例外原则。所谓例外原则,是指企业的高级管理人员把一般的日常事务授权给下级管理人员去负责处理，而自己只保留对例外事项、重要事项的决策权和监督权，如重大的企业战略问题和重要的人员更替问题等。泰勒在《工厂管理》一书中曾指出："经理只接受有关超常规或标准的所有例外情况的、特别好和特别坏的例外情况的、概括性的、压缩的及比较的报告，以便使他得以有时间考虑大政方针并研究他手下的重要人员的性格和合适性。"

泰勒提出的这种以例外原则为依据的管理控制方式，后来发展为管理上授权原则、分权化原则和实行事业部制等管理体制。

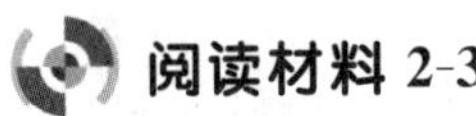

阅读材料 2-3

秒表骑士的工时研究

伯利恒钢铁厂有一个 75 人的生铁搬运小组，每人每天装货约 12.5 吨。泰勒通过工时研究，计算出每个生铁搬运工每天能够搬运的定额为 47～48 吨。要达到提高定额这一目的，而且要使工人不致因任务过重而罢工，做到管理人员不与工人发生任何争吵，使工人在以新的每天 47 吨的速度干活时比过去以每天 12.5 吨的速度干活感到更为高兴和更为满足，这就是泰勒想要达到的目的。

泰勒的具体方法如下：首先，他安排一位聪明的、受过大学教育的管理人员来跟踪搬运生铁的具体过程，在一个"头等工人"以最快速度进行工作时，用秒表准确记录一天的工作过程。在准确测时的基础上，把工作分解成小的基本动作，研究这些动作的最合理、最省力的具体做法，再把各个基本动作所耗费的时间联系起来，求出正常工作的速率，进而计算出标准定额。其次，还要估算出一天中休息时间应占的百分比，以及为意外情况或不可避免的迟延而留出相应的时间。然后，在工时研究的基础上，对工人的操作动作进行设计，用科学的方法合理安排工作程序、操作技巧以及进展速度，减少不必要的体力消耗，省略多余的动作，节约工人的劳动。再次，恰当地挑选实验对象，他挑选了一位人称"斯密特"的外籍移民工人，让他严格按照管理人员的指示进行工作，由一名拿着秒表的管理者掌握斯密特工作中的动作、程序和间隔休息时间。这样，斯密特在一天之内完成了 47.5 吨生铁的搬运工作，其工资也由过去的 1.15 美元增加到 1.85 美元。在这种实验里，秒表成了必不可少的工具，因而，泰勒也就有了"秒表骑士"的雅号。

在搬运生铁实验中，泰勒发现了一个重要的现象，就是工人干活时的疲劳程度与他完成的工作量不成正比。人们一般会想当然地认为，干活越多，疲劳程度越高。但泰勒却在实地测量中发现，并不是干活越多就越累，有的工人可能只搬了 10 吨生铁就精疲力竭，而有的工人可能搬了 20 吨也若无其事。为了弄清其中的奥妙，泰勒的助手巴思把工作中的所有可能导致疲劳的影响因素都绘成曲线图，用数学方法寻找答案。最后的结论是：工人的疲劳程度与负载的间歇频率相关，而不是与负荷重量相关。由此,泰勒发现了一个合理安排工人负载的新思路,可以在不增加疲劳程度的前提下大大提高工作量。

当然,泰勒的科学管理理论也有其一定的局限性,如研究的范围比较小,内容比较窄,侧重于生产作业管理。另外,泰勒对于现代企业的经营管理、市场、营销、财务等都没有涉及。更为重要的是,他对人性假设的局限性,泰勒只重视个人的作用,忽视人的集体行为,他认为工人劳动只有在"个别化"时,才能达到最高的工作效率,而工人在一起劳动时,往往磨洋工,工作效率低。他认为人的一切活动都是出于经济动机,工人追求的是高额的工资收入,这就是泰勒"经济人"的观点。泰勒还认为工人是接受管理人员命令和从事作业的被动生产工具,工人只能服从管理人员的权力,按照管理人员的决定、指示、命令进行劳动。因此,泰勒主张对工人实行多头领导,他低估了集中领导、统一指挥在管理中的重要作用。泰勒的这些观点和主张受到后来许多管理学者的批评,但这些也正是需要泰勒之后的管理大师们创建新的管理理论来加以补充的地方。

2.2.3 科学管理理论的其他代表人物

继泰勒之后,对科学管理作出贡献的还有吉尔布雷斯夫妇、甘特、福特等人。

1. 弗兰克·吉尔布雷斯夫妇

弗兰克·吉尔布雷斯(Frank B. Gilbreth,1868—1924)是美国一位工程师兼营造商,妻子利莲·吉尔布雷斯(Lillian M. Gilbreth,1878—1972)是一位管理心理学家,他俩对工人的操作进行了科学的"动作研究"与"时间研究",提出了制定劳动定额的科学方法,同时还总结出改进操作的五项经济动作原则。

(1) 尽量减少动作的种类、数量和方向的变化,缩短动作的长度;

(2) 力求减少动作引起的疲劳;

(3) 要使动作习惯成自然;

(4) 各种动作应有一定的标准,并且事前给予正确的训练;

(5) 应充分注意改进提高产品质量的动作。

吉尔布雷斯夫妇的这些贡献为后来资本主义企业劳动定额的科学制定和工效学的形成奠定了基础。

2. 亨利·甘特

亨利·甘特(Henry L. Gantt,1861—1919)是美国一位机械工程师,1887 年进入伯利恒钢铁厂工作,与泰勒共事 14 年,是泰勒的亲密合作者。甘特十分注重用图表的方法来进行管理,他在科学管理上的主要贡献是发明了掌握生产计划完成情况的作业指示图表——甘特图,从而大大改进了企业的生产管理技术,克服了生产管理混乱的缺点,提高了管理工作效率。另外,甘特还提出了比泰勒的差别计件工资制更优越的计件奖励工资制,他主张工人完成当日的定额后,除日工资外,超过定额的则增发一定比例的奖金；完不成定额者，日工资照发，但不予处罚。这是一种用工作安全感来激励工人更好工作的制度。

3. 亨利·福特

亨利·福特(Henry Ford，1863—1947)是美国汽车垄断资本家，福特汽车公司的创始人。他在科学管理上的主要贡献是，在1913年借助于传送带建立了世界上第一条汽车流水装配线，工人操作时无须移动位置就可以从旁边和高架的供应线上获取各种零部件和工具，从而大大提高了生产效率和降低了汽车生产成本，为组织现代化大生产提供了样板。

 **课堂讨论 2-2**

差别计件工资制和计件奖励工资制的区别有哪些？你更倾向于接受哪种？为什么？

2.2.4 法约尔的管理过程和管理组织理论(古典组织理论)

泰勒的科学管理开创了西方古典管理理论的先河，在其被传播之时，欧洲也出现了一批古典管理理论及其代表人物，其中影响最大的首推法约尔及法约尔的一般管理理论。

亨利·法约尔(Henri Fayol，1841—1925)是欧洲的一位极为杰出的经营管理思想家。法约尔在一个煤矿公司当了30多年的总经理，创办过一个管理研究中心。法约尔一生的著述很多，其中影响力最大的是《工业管理与一般管理》(1916)等。

法约尔的研究与泰勒的不同：泰勒的研究是从工厂管理的一端——“车床前的工人”开始实施，从中归纳出科学的一般结论，重点内容是企业内部具体工作的效率。而法约尔则从总经理的办公桌旁，以企业整体作为研究对象，创立了他的一般管理理论。他认为，管理理论是指“有关管理的、得到普遍承认的理论，是经过普遍经验检验并得到论证的一套有关原则、标准、方法、程序等内容的完整体系；有关管理的理论和方法不仅适用于公私企业，也适用于军政机关和社会团体”。这正是其一般管理理论基石。他的主要贡献在于首次提出了管理职能，并确立了管理的基本原则。

“管理过程和管理组织”理论主要内容如下。

1. 指出经营与管理是两个不同的概念

法约尔认为，经营是指导或引导一个整体趋向一个目标，经营的内容共有六项活动，而管理只是其中的一项，所以经营的范围大，管理的范围小。

企业经营的六项活动如下。

(1) 技术活动：包括设计、工艺和加工。

(2) 商业活动：包括购买、销售、交换。

(3) 财务活动：包括资金的筹集和运用。

(4) 安全活动:包括机器设备和人员的保护。

(5) 会计活动:包括财产清点、资产负债表制作、成本核算和统计等。

(6) 管理活动:包括计划、组织、指挥、协调、控制等五项职能。

法约尔认为,经营的这六项活动,是企业上至高层领导,下至普通工人,每个人都不同程度地要从事的活动,只不过随着职位高低的不同而各有所侧重。例如,普通工人侧重于技术活动,而高层领导人侧重于管理活动。

2. 全面系统地论述了管理的职能

法约尔指出,管理是经营六项活动中的一项,而且是最重要的一项,处于核心地位。什么是管理? 法约尔给管理下了一个十分明确的定义,即“管理就是实行计划、组织、指挥、协调、控制”,同时还对此做了详细的论述。

法约尔是第一个全面、系统提出管理5项职能的人,他为西方管理学的建立奠定了理论基础。

3. 总结、归纳出14项一般管理原则

约尔根据自己的工作经验,归纳出简明的14条管理原则。

(1) 分工。他认为这不仅是经济学家研究有效地使用劳动力的问题,而且也是在各种机构、团体、组织中进行管理活动所必不可少的工作。

(2) 职权与职责。他认为职权是发号施令的权力和要求服从的威望。职权与职责是相互联系的,在行使职权的同时,必须承担相应的责任,有权无责或有责无权都是组织上的缺陷。

(3) 纪律。纪律是管理所必需的,是对协定的尊重。这些协定以达到服从、专心、干劲以及尊重人的仪表为目的。就是说组织内所有成员通过各方所达成的协议对自己在组织内的行为进行控制,它对企业的成功与否极为重要,要尽可能做到严明、公正。

(4) 统一指挥。统一指挥指组织内每一个人只能服从一个上级并接受他的命令。

(5) 统一领导。统一领导指一个组织对目标相同的活动,只能有一个领导,一个计划。

(6) 个人利益服从整体利益。个人利益服从整体利益,即个人和小集体的利益不能超越组织的利益。当三者不一致时,主管人员必须想办法使他们一致起来。

(7) 个人报酬。报酬与支付的方式要公平,给雇员和雇主以最大可能的满足。

(8) 集中化。这主要指权力的集中或分散的程度问题。要根据各种情况,包括组织的性质、人员的能力等,来决定“产生全面的最大收益”的那种集中程度。

(9) 等级链。等级链指管理机构中最高一级到最低一级应该建立关系明确的职权等级系列,这既是执行权力的线路,也是信息传递的渠道,一般情况下不要轻易违反它。

(10) 秩序。秩序指组织中的每个成员应该规定各自的岗位，做到“人皆有位，人称其职”。

(11) 公正。主管人员对其下属仁慈、公平，就可能使下属对上级表现出热心和忠诚。

(12) 保持人员的稳定。如果人员不断变动，工作目标将达不到良好的效果。

(13) 首创精神。这是提高组织内各级人员工作热情的主要源泉。

(14) 团结精神。团结精神指必须注意保持和维护每一集体中团结、协作、融洽的关系，特别是人与人之间的相互关系。

法约尔强调指出，以上 14 条原则在管理工作中不是死板和绝对的，关键是尺度问题，应当注意各种可变因素的影响。因此，这些原则是灵活的，是可以适应于一切需要的，但其真正的本质在于懂得如何运用它们。这是一门很难掌握的艺术，它要求有智慧、经验、判断和注意尺度(即“有分寸”)。

法约尔认为，人的管理能力可以通过教育来获得，也可以像技术能力一样，首先在学校里，然后在车间里得到。为此，他提出了一套比较全面的管理理论，首次指出管理理论具有普遍性，可以用于各个组织之中。他把管理视为一门科学，提出在学校设置这门课程，并在社会各个领域宣传、普及和传授管理知识。

2.2.5 韦伯的理想的官僚行政组织体系理论

马克斯·韦伯(Max Weber，1864—1920)，是德国的政治经济学家和社会学家，被公认是现代社会学和公共行政学最重要的创始人之一。他在管理理论上的研究主要集中在组织理论方面，其主要贡献是在他的代表作《社会组织和经济组织理论》一书中提出了“理想的官僚行政组织体系”理论。韦伯的这一理论，对泰罗、法约尔的理论是一种补充，对后来的管理学家们，尤其是组织理论学家有很大影响，他被称为“组织理论之父”。

在马克斯·韦伯看来，理想的官僚行政组织制度是指一种以分部—分层、集权—统一、指挥—服从等为特征的组织形态，是现代社会实施合法统治的行政组织制度。

韦伯认为组织的合法权威有三种来源：习俗惯例、个人魅力、法规理性。法理权威的最适宜的组织形式是官僚制。

1. 理想的官僚行政组织特征

理想的官僚行政组织特征如下。

(1) 合理的分工。在组织中明确划分每个组织成员的职责权限并以法规的形式将这种分工固定下来。

(2) 层级节制的权力体系。在组织中实行职务等级制和权力等级化，整个组织是一个层级节制的权力体系。

(3) 依照规程办事的运作机制。在组织中，任何管理行为都不能随心所欲，都要按章行事。

（4）形成正规的决策文书。在组织中一切重要的决定和命令都以正式文件的形式下达，下级易于接受明确的命令，上级也易于对下级进行管理。

（5）组织管理的非人格化。在组织中，管理工作是以法律、法规、条例和正式文件等来规范组织成员的行为，公私分明，对事不对人。

（6）合理合法的人事行政制度。量才用人，任人唯贤，因事设职，专职专人，以及适应工作需要的专业培训机制。

2. 理想的官僚行政组织制面临的挑战

理想的官僚行政组织制作为行政组织的一种"经典组织范式"，在管理机构得到了广泛推广。然而，进入21世纪以来，伴随着新公共管理运动的兴起，官僚制面临着极大的挑战，主要集中在如下几个方面。

（1）过分强调层级节制体制，要求下级对上级绝对服从，忽视了下级人员的主动性和积极性，缺乏民主精神。

（2）过分强调组织利益和组织效率，难以应付社会个性化的发展要求，难以应付多样化的社会需求。

（3）过分强调专业分工和职能权限的划分，忽视了宏观协调以及消除本位主义的问题。

（4）过分强调人员的稳定性，无过失便终身任职的制度，最终造就出不求有功但求无过的管理人员，造成管理人员得过且过混日子的状况。

阅读材料 2-4

韦伯承认这种"理想形式"是一种抽象的产物，但他主张任何想要了解特定社会现象的人都必须有这种理想形式，因为与物理的现象不同的是，社会科学还牵涉复杂万分的人类行为，而这只有可能以理想形式的方法来加以解释。理想形式的概念，加上他的反实证主义的立论，可以视为是他对"理性的经济人"的方法论假设的辩护。

韦伯还公式化了社会阶层的三大要件理论，主张社会阶级、社会地位和团体（或政党）在概念上是不同的要件。

社会阶级是以在经济上与市场的互动所决定的（物主、承租人、员工等）。

社会地位是由非经济的成分如荣誉、声望和宗教构成的。

政党则指一个人与政治界的联系。

这三种要件都会影响到韦伯称为"生涯机会"的结果。

2.2.6　行为科学理论

1. 行为科学理论的前奏：人际关系理论

在人际关系理论以前，各种管理理论主要强调管理的科学性和严密性，轻视人的作用，把工人看作机器的附属品。人际关系理论则注重人的因素，研究人的个体行为和群体行为，强调满足职工的社会需求，而这些结论的重要依据来自于梅奥著名的霍桑实验。

乔治·埃尔顿·梅奥(George Elton Mayo,1880—1949)，美国管理学家，原籍澳大利亚。尽管梅奥从事过不同的职业，但使他闻名于世的还是他对霍桑实验所做的贡献。在霍桑实验的基础上，梅奥分别于1933年和1945年出版了《工业文明的人类问题》和《工业文明的社会问题》两部名著。霍桑实验揭示出工业生产中的个体具有社会属性，生产率不仅与物质实体条件有关，而且与工人的心理、态度、动机，与群体中的人际关系以及领导者与被领导集体的关系密切相关。人际关系理论的主要内容如下。

1）工人是"社会人"而不是"经济人"

梅奥认为，人们的行为并不单纯出自追求金钱的动机，还有社会方面的、心理方面的需要，即追求人与人之间的友情、安全感、归属感和受人尊敬等，而后者更为重要。因此，不能单纯从技术和物质条件着眼，而必须首先从社会心理方面考虑合理的组织与管理。

课堂讨论 2-3

比较"经济人"和"社会人"人性假设的差异。

2）企业中存在着非正式组织

企业中除了存在着古典管理理论所研究的为了实现企业目标而明确规定各成员相互关系和职责范围的正式组织之外，还存在着非正式组织。这种非正式组织的作用在于维护其成员的共同利益，使之免受其内部个别成员的疏忽或外部人员的干涉所造成的损失。为此非正式组织中有自己的核心人物和领袖，有大家共同遵循的观念、价值标准、行为准则和道德规范等。

梅奥指出，非正式组织与正式组织有重大差别。在正式组织中，以效率逻辑为其行为规范；而在非正式组织中，则以感情逻辑为其行为规范。如果管理人员只是根据效率逻辑来管理，而忽略工人的感情逻辑，必然会引起冲突，影响企业生产率的提高和目标的实现。因此，管理当局必须重视非正式组织的作用，注意在正式组织的效率逻辑与非正式组织的感情逻辑之间保持平衡，以便管理人员与工人之间能够充分协作。

3）新的领导能力在于提高工人的满意度

在决定劳动生产率的诸因素中，置于首位的因素是工人的满意度，而生产条件、工资报酬只是第二位的。职工的满意度越高，其士气就越高，从而效率就越高。高的满意度来源于工人个人需求的有效满足，不仅包括物质需求，还包括精神需求。

梅奥等人的成就可以一分为二来看：一方面，人际关系理论也可称为组织行为学的先驱，在尊重人、关注人的方面进行了有力的提倡；另一方面，人际关系理论的缺陷则过于强调人。但综合来看，梅奥等人的研究仍然是古典管理学向行为科学管理学过渡的鲜明标志，其霍桑实验及人际关系学说具有里程碑的意义。实质上，它是从一种以物为中心的“物本”管理到以人为中心的“人本”管理的转变与发展，这在知识经济时代具有特别重要的意义。

 **阅读材料 2-5**

霍桑实验的四阶段

第一阶段：工场照明实验（1924—1927 年）。该实验选择一批工人并分为两组：一组为“实验组”，先后改变工场照明强度，让工人在不同照明强度下工作；另一组为“控制组”，工人在照明度始终维持不变的条件下工作。实验者希望通过实验得出照明度对生产率的影响，但实验结果发现，照明度的变化对生产率几乎没有什么影响。这个实验似乎以失败告终。但这个实验得出了两条结论。

(1) 工场的照明只是影响工人生产效率的一项微不足道的因素；

(2) 由于牵涉因素太多，难以控制，且其中任何一个因素足以影响实验结果，故照明对产量的影响无法准确测量。

第二阶段：继电器装配室实验（1927 年 8 月至 1928 年 4 月）。旨在试验各种工作条件的变动对小组生产率的影响，以便能够更有效地控制影响工作效果的因素。通过材料供应、工作方法、工作时间、劳动条件、工资、管理作风与方式等各个因素对工作效率影响的实验，发现无论各个因素如何变化，产量都是增加的。其他因素对生产率也没有特别的影响，而似乎是由于督导方法的改变，使工人工作态度也有所变化，因而产量增加。

第三阶段：大规模的访问与调查（1928—1931 年）。2 年内他们在上述试验的基础上进一步开展了全公司范围的普查与访问，调查了 2 万多人次，发现所得结论与上述实验所得相同，即“任何一位员工的工作绩效都受到其他人的影响”。于是研究进入第四阶段。

第四阶段：接线板接线工作室实验（1931—1932 年）。以集体计件工资制刺激，企图形成“快手”对“慢手”的压力以提高效率。公司给他们规定的产量标准是焊合 7312 个接点，但他们只完成 6000～6600 个接点。实验发现，工人既不会为超定额而充当“快手”，也不会因完不成定额而成“慢手”，当他们达到他们自认为是“过得去”的产量时就会自动松懈下来。其原因是：生产小组无形中形成了默契的行为规范，即工作不要做得太多，否则就是“害人精”；工作不要做得太少，否则就是“懒惰鬼”；不应当告诉监工任何会损害同伴的事，否则就是“告密者”；不应当企图对别人保持距离；不应当过分喧嚷等。根本原因则有三：一是怕标准再度提高；二是怕失业；三是为保护速度慢的同伴。这一阶段的实验,还发现了"霍桑效应",即对于新环境的好奇和兴趣足以导致较佳的成绩,至少在初始阶段如此。

通过四个阶段历时近8年的霍桑实验,梅奥等人认识到,生产效率不仅要受到生理方面、物理方面等因素的影响,更重要的是要受到社会环境、社会心理等方面的影响,这个结论的获得是相当有意义的,这对"科学管理"只重视物质条件,忽视社会环境、社会心理对工人的影响来说,是一个重大的修正。

2. 行为科学学派的主要理论

1) 需要层次理论

亚伯拉罕·马斯洛(Abraham Harold Maslow,1908—1970)在1943年发表的《人类激励理论》一文中提出了需要层次理论。

在马斯洛看来,人类价值体系存在两类不同的需要:一类是沿生物谱系上升方向逐渐变弱的本能或冲动,称为低级需要和生理需要;另一类是随生物进化而逐渐显现的潜能或需要,称为高级需要。

2) 双因素理论

弗雷德里克·赫茨伯格(Frederick Herzberg,1923—2000)在管理学界的巨大声望,是因为他提出了著名的激励与保健因素理论,即双因素理论。他通过考察一群会计师和工程师的工作满意度与生产率的关系,通过伴有组织性的采访,他积累了影响这些人员对其工作感情的各种因素的资料,表明了存在两种性质不同的因素。

3) X理论和Y理论

X理论和Y理论由美国心理学家道格拉斯·麦格雷戈(Douglas McGregor)于1960年在其所著《企业中人的方面》一书中提出来。这是一对完全基于两种完全相反假设的理论,X理论认为人们有消极的工作原动力,而Y理论则认为人们有积极的工作原动力。

行为科学学派的主要理论和思想将在本书的相关章节进行详细讲述。

2.2.7 管理理论的"热带丛林"

第二次世界大战后,随着现代科学技术的发展、生产和组织规模的扩大,生产力迅速发展,生产社会化程度日益增加,引起了人们对管理理论的普遍重视。20世纪50年代以来,在已有的古典管理理论、行为科学理论的基础上,又出现了许多新的理论和学说,形成了许多学派,这些学派大大小小总起来可能不下100个,其中的主要学派,有人将其概括为6个,也有人将其归纳为8个或11个。美国著名管理学家哈罗德·孔茨(Harold Koontz)把这一现象形象地描述为管理理论的"丛林"。学派的划分主要是为了便于理论上的归纳与研究,并不意味着彼此独立、截然分开,它们在内容上是相互影响、彼此交叉的。

下面重点介绍几种现代管理理论学派。

1. 管理过程学派

管理过程学派又称为管理职能学派，是孔茨和西里尔·奥唐奈首先提出的。这一理论是在法约尔的一般管理理论基础上发展而来的。法约尔将管理活动分为计划、组织、指挥、协调和控制等五大管理职能，孔茨和奥唐奈在仔细研究这些管理职能的基础上，将管理职能分为计划、组织、人事、领导和控制五项，而把协调作为管理的本质和五项职能有效综合运用的结果。

管理过程学派的主要特点是将管理理论同管理人员所执行的管理职能，也就是管理人员所从事的工作联系起来。因此，管理过程学派把管理的职能作为研究的对象，他们先把管理的工作划分为若干职能，然后对这些职能进行研究，阐明每项职能的性质、特点和重要性，论述实现这些职能的原则和方法。

2. 社会系统学派

社会系统学派代表人物是美国的切斯特·巴纳德，代表作为《经理人员的职能》。他被誉为“现代管理理论之父”，该学派的主要观点包括以下内容。

(1) 组织的实质。组织是一个系统，是由人的行为构成的整体的协作系统的一部分和核心。这一协作系统由人的系统、物的系统和社会系统所组成。

(2) 组织要素。作为一个组织，必须具备三个要素，即协作的意愿、共同的目标、成员间的信息沟通。经理是组织成员协作活动相互联系的中心，他的基本任务是，建立整个组织的信息系统并保持其畅通，保证其成员进行充分协作，确定组织目标。

(3) 权限接受论。权力来源于生产资料的占有者；权力发出后被接受的程度，这不是上级授予的，而是来自下级接受的程度。

(4) 组织平衡论。组织平衡论包括：①组织对内平衡，即组织对个人的诱因要大于或等于个人对组织所作的贡献；②组织对外平衡，即组织内部效率产生外部效能，以及它与外部环境间的平衡。

3. 决策理论学派

决策理论学派的主要代表人物是曾获 1978 年度诺贝尔经济学奖的赫伯特·西蒙。西蒙虽然是决策学派的代表人物，但他的许多思想是从巴纳德的理论中吸取来的，他发展亅巴纳德的社会系统学派，并提出了决策理论，建立了决策理论学派。决策理论学派的主要观点包括以下内容。

(1) 决策贯穿管理的全过程，决策是管埋的核心。西蒙认为，任何作业开始之前都要先做决策，制订计划就是决策，组织、领导和控制也都离不开决策，整个管理过程即为决策过程。

(2) 系统阐述了决策原理。西蒙对决策的程序、准则、程序化决策和非程序化决策的异同及其决策技术等进行了分析。西蒙提出的决策过程包括四个阶段：搜集情况阶段、拟订计划阶段、选定计划阶段、评价计划阶段。这四个阶段中的每一个阶段本身就是一个复杂的决策过程。

(3) 在决策标准上，用“令人满意”的准则代替“最优化”准则。以往的管理学家把人看成是以“绝对的理性”为指导，按最优化准则行动的理性人。西蒙认为这是做不到的，应该用“管理人”假设代替“理性人”假设，“管理人”不考虑一切可能的复杂情况，只考虑与问题有关的情况，采用“令人满意”的决策准则，从而作出令人满意的决策。

(4) 一个组织的决策根据其活动是否反复出现可分为程序化决策和非程序决策。经常性的活动的决策应程序化以降低决策过程的成本，只有非经常性的活动，才需要进行非程序化的决策。

4. 经验主义学派

经验主义学派认为管理学就是研究管理经验，认为通过对管理人员在个别情况下成功的和失败的经验教训的研究，会使人们懂得在将来相应的情况下如何运用有效的方法解决管理问题。因此，这个学派的学者把对管理理论的研究放在对实际管理工作者的管理经验教训的研究上，强调从企业管理的实际经验而不是从一般原理出发来进行研究，强调用比较的方法来研究和概括管理经验，其代表人物有：欧内斯特·戴尔，代表作是《伟大的组织者》；彼得·德鲁克，主要作品有《管理实践》、《管理——任务、责任和实践》等。

2.2.8 现代管理理论的新思潮

进入 20 世纪 90 年代，现代管理理论的新思潮当数公司再造和学习型组织。有人甚至认为这是管理的革命，将导致传统管理理论与实践出现全面革新。

1. 公司再造

美国麻省理工学院原教授迈克尔·哈默与詹姆斯·钱皮于 1994 年出版了《公司再造》(Reengineering the Corporation—A Manifesto for Business Revolution)一书。该书一出版便引起了管理学界和企业界的高度重视，并迅速流传开来。

按照迈克尔·哈默与詹姆斯·钱皮的定义，公司再造是指“为了飞越性地改善成本、质量、服务、速度等重大的现代企业的运营基准，对工作流程(business process)进行根本性重新思考并彻底改革”，也就是说，“从头改变，重新设计”。为了能够适应新的世界竞争环境，企业必须摒弃已成惯例的运营模式和工作方法，以工作流程为中心，重新设计企业的经营、管理及运营方式。

流程的改革建立在信息技术高度发达的今天，因为信息技术的发展不一定产生于分工，而有可能产生于整合之中。为了针对某一类问题而特设部门进行处理，使得本来膨胀了的组织机构更加繁多，进而使管理成本上升，协调困难，效率低下。在信息技术发达的今天，人们已经准备了对综合性问题进行整合处理的方案，这也是流程再造可以进行的基础。

公司再造流程可分为五步。

1）确认顾客的核心需求

核心需求是指顾客购买产品真正的出发点，不只是产品所直接提供的用途，还包含了消费心理层面的需求。如购买名牌包的人绝大部分不是因缺包用，而是喜欢牌子背后象征的尊贵奢华。

2）决定改造的关键流程

透过上述分析后，对照组织目前提供的产品或服务，便能理清公司产品满足消费者欲望的着力点，发掘需要进行改造的关键流程。

3）拟定流程改造的学习对象和目标

不限于相同产业，跨产业也可。

4）重新设计流程

新流程的价值在于适用性与创造力，即便个人决策责任归属明确，企业流程再造时，仍强调众人参与群体决策，脑力激荡，如此不仅能集思广益，也能更易激发创新观点。

5）改变思维，塑造新文化

设计完善后，仍要加以推广和深植才能回收成效。想要员工改变，就要先改变僵化的思考模式，如管理者透过演说鼓励、安排训练课程、定期举办读书会等，刺激员工的学习意愿，塑造新的组织文化。

2. 学习型组织

学习型组织由美国学者彼得·圣吉（Peter M. Senge）于1990年在《第五项修炼》（The Fifth Discipline）一书中提出此管理观念。企业应建立学习型组织，其含义为面临剧烈变遭的外在环境，组织应力求精简、扁平化、弹性因应、终生学习、不断自我组织再造，以维持竞争力。知识管理是建设学习型组织的最重要的手段之一。

学习型组织不存在单一的模型，它是关于组织的概念和雇员作用的一种态度或理念，是用一种新的思维方式对组织的思考。在学习型组织中，每个人都要参与识别和解决问题，使组织能够进行不断的尝试，改善和提高它的能力。学习型组织的基本价值在于解决问题，与之相对的传统组织设计的着眼点是效率。在学习型组织内，雇员参加问题的识别，这意味着要懂得顾客的需要。雇员还要解决问题，这意味着要以一种独特的方式将一切综合起来考虑以满足顾客的需要，组织因此通过确定新的需要并满足这些需要来提高其价值。它常常是通过新的观念和信息而不是物质的产品来实现价值的提高。

彼得·圣吉提出了学习型组织的五项修炼，认为这五项修炼是学习型组织的技能。

（1）建立共同愿景（building shared vision）：愿景可以凝聚公司上下的意志力，透过组织共识，大家努力的方向一致，个人也乐于奉献，为组织目标奋斗。

（2）团队学习（team learning）：团队智慧应大于个人智慧的平均值，以作出正确的组织决策，透过集体思考和分析，找出个人弱点，强化团队向心力。

(3) 改变心智模式(improve mental models)：组织的障碍，多来自于个人的旧思维，如固执己见、本位主义，唯有透过团队学习，以及标杆学习，才能改变心智模式，有所创新。

(4) 自我超越(personal mastery)：个人有意愿投入工作，专精工作技巧的专业，个人与愿景之间有种"创造性的张力"，正是自我超越的来源。

(5) 系统思考(system thinking)：应透过资讯搜集，掌握事件的全貌，以避免见树不见林，培养综观全局的思考能力，看清楚问题的本质，有助于清楚了解因果关系。

课堂讨论 2-4

你认为心智模式可以改变吗？

2.3 中国古代管理思想

中国是世界上历史最悠久的文明古国之一。早在5000多年前，中国就拥有了人类社会最古老的组织——部落，进而有了部落的领袖，因而也就有了管理。从管理学的角度来看，历史给我们留下了有关管理国家、巩固政权、统帅军队、组织战争、治理经济、发展生产、安定社会等方面极为丰富的经验和理论，至今仍闪耀着光辉的管理思想。

中国的文化以儒、道、释为中心，以墨、农、名、兵、纵横、阴阳为复线，形成了一个多元文化体系和最外层的民族特色的文化，我们以儒、法、道三家的思想体系为代表进行分析。需要强调的是，他们的管理思想不能称为科学，它们只属于经验研究，研究的主要内容是为人处世、经邦定国之道。

1. 儒家的管理思想

儒家思想的特点是着重于对人的精神文化进行研究。作为一元化管理体制的维护者，积极主张恢复周王朝初期的管理模式，并赋予自己的理想于其中。

1) 儒家管理思想的核心是"治人"

人的管理和施行管理的人是儒家理论的核心。"天地之性人为贵"正是儒家哲学的反映。儒家十分重视人在管理过程中的地位，可以说对人的管理和施行管理的人是儒家理论的核心。有了人才有管理，这种观点和儒家的哲学是分不开的。一切管理活动都是围绕着治人而展开的。儒家对人性的假设主要有孟子的"性善论"和荀子的"性恶论"。

孟子认为，从人的本性来看，人是可以成为善良人的，至于人的不善不能归于他的本性，这是由于后天的各种原因使他的善良天性被遮盖起来了。另外，他认为恻隐之心人皆有之，而且，如果一个人对善求则得之，舍则失之。

荀子主张“性恶论”，他认为人的本性是恶的：“人之性恶，其善者伪也。”荀子的“性恶论”是直接为儒家的“礼”服务的，并非和孟子进行争论，而是在于为实现国家的管理活动提供必要的理论依据。因为人的本性是恶的，所以，作为圣人的管理者们，必须对一般的老百姓进行正确的引导、教化和管理。这样才能使之从善，才能把国家治理好。

2）儒家管理重视仁政和德治的重要作用

儒家主张实施仁政，其中的重要内容是反对苛政和任意刑杀，认为“苛政猛于虎”，倡导用道德感化的方式治理国家，进而主张“德治”。

“仁政”学说是对孔子“仁学”思想的继承和发展。孔子的“仁”是一种含义极广的伦理道德观念，其最基本的精神就是“爱人”。孟子从孔子的“仁学”思想出发，把它扩充发展成包括思想、政治、经济、文化等各个方面的施政纲领，就是“仁政”。“仁政”的出发点可以认为是对人性进行复杂的假设，把人看成是具有多种需要的人，既包括了作为“经济人”的需要，也包括了作为“社会人”的需要。

“德治”是人治的理想模式，是中国古代的治国理论。它要求统治者集团以身作则，注意修身和勤政，充分发挥道德感化作用；重视对民众的道德教化，“为政以德”，德主刑辅。要想充分发挥德治的优点，政府官员应该勤奋、敬业和具有高尚的人格魅力。

3）儒家管理的重要手段——礼制

儒家认为，人人遵守符合其身份和地位的行为规范，便“礼达而分定”，达到孔子所说的“君君臣臣父父子子”的境地，贵贱、尊卑、长幼、亲疏有别的理想社会秩序便可维持了，国家便可以长治久安了。反之，弃礼而不用，或不遵守符合身份、地位的行为规范，“礼不行则上下昏”，那么儒家认为的理想社会和伦常便无法维持了，国家也就不可得而治了，因此儒家极端重视礼在治理国家上的作用。

在封建时代，礼维持社会、政治秩序，巩固等级制度，调整人与人之间的各种社会关系和权利义务的规范和准则。礼是除法律外，统治集团管理国家的重要手段。

阅读材料 2 6

孟子的“性善论”与荀子的“性恶论”

水性无分于东西，无分于上下乎？人性之善也，犹水之就下也。人无有不善，水无有不下。今夫水，博而跃之，可使过颡；激而行之，可使在山。是肤水之性哉？其势则然也。人之可使为不善，其性亦犹是也。

——《孟子·告子上》

人之性恶，其善者伪也。今人之性，生而有好利焉，顺是，故争夺生而辞让亡焉；生而有疾恶焉，顺是，故残贼生而忠信亡焉；生而有耳目之欲，有好声色焉，顺是，故淫乱生而礼义文理亡焉。然则从人之性，顺人之情，必出于争夺，合于犯分乱理，而归于暴。故必将有师法之化，礼义之道，然后出于辞让，合于文理，而归于治。用此观之，人之性恶明矣，其善者伪也。

——《荀子·性恶篇》

2. 法家的管理思想

以韩非子为代表的法家，作为新生地主阶级的代言人，试图用法律制度和法制手段建立和维护新的多元化的管理体制，提出以下观点。

1）崇尚君权

韩非子在理论上把君权绝对化，使君臣、君民在利害关系上处于完全的对立之中，把尊君当作制法的目的。在韩非子看来，道是至高无上的，应当把君权视为像道一样的自在自为的存在本体，民的一切行为、思想都必须遵从君主的意志，以之为标准。《韩非子》一书的一切立论都是为了维护君主的至高无上、独一无二的绝对权威，毫无疑问，最终目的是为推行法制、刑治的管理思想寻求实施主体和保障条件。

2）重视法律的作用

法家认为，法律的第一个作用就是“定纷止争”，也就是明确物的所有权。其中法家之一慎到就做了很浅显的比喻：“一兔走，百人追之。积兔于市，过而不顾。非不欲兔，分定不可争也。”意思是说，一只兔子跑，很多人去追，但对于集市上的那么多的兔子，却看也不看。这不是不想要兔子，而是所有权已经确定，不能再争夺了，否则就是违背法律，要受到制裁。

第二个作用是“兴功惧暴”，即鼓励人们立战功，而使那些不法之徒感到恐惧。兴功的最终目的还是为了富国强兵，取得兼并战争的胜利。

3）人性论评价

法家认为人都有“好利恶害”或者“趋利避害”的本性。像管子所说，商人日夜兼程，赶千里路也不觉得远，是因为利益在前边吸引他；打渔的人不怕危险，逆流而航行，百里之远也不在意，也是追求打渔的利益。有了这种相同的思想，所以商鞅才得出结论：“人生有好恶，故民可治也。”

法家的管理思想十分丰富，其管理方略对中国的历史发展有着重要意义。秦朝用法家的治国理论建立了中国第一个中央集权的封建国家，意义深远。汉以后，中国社会主流思想独尊儒术，但也不是完全摒弃法家的治国思想，只是使法家的管理方略由显变隐，国家暴力披上道德外衣，以弥补德治教化的不足。

3. 道家的管理思想

老庄哲学的最高范畴是“道”，“道”是宇宙的本体，是宇宙间一切事物赖以形成的最终根源。“无为”是道家管理哲学的最高原则。

1）“无为”管理思想的特点

（1）“无为”是普遍适用于任何管理过程的原则。

道家反对法令滋彰“其政察察，其民缺缺”“法令滋彰，盗贼多有”“民不畏威”“民不畏死，奈何以死惧之”；反对以礼教作为治国手段，“礼者，忠信之薄而乱之首”“绝圣弃知”“绝仁弃义”。

(2) “无为”原则适用于一切人，但首先是对上层统治者尤其是对君主的要求。

“太上不知有之，其次亲之、誉之，其次畏之，其次侮之”“功成事遂，百姓皆为我自然”。

(3) “无为”作为一条宏观的管理原则，其目的是把私人的活力和积极性尽量减弱和减小。

“小国寡民，使有什伯之器而不用，使民重死而不远徙；虽有舟舆，无所乘之；虽有甲兵，无所陈之；使人复结绳而用之，甘其食，美其服，安其居，乐其俗。邻国相望，鸡犬之声相闻，民至老死不相往来”。

2) “无为”思想的派生管理原则

清静。“清静为天下正”“我好静而民自正”。

寡欲。“见素抱朴，少私寡欲”“不欲以静，天下将自定”。

下民。“贵以贱为本，高以下为基”“欲上民必以言下之，欲先民必以身后之”“江海所以能为百谷王者、以其善下之”，

愚民。“古之善为道者非以明民，将以愚之”。

课堂讨论 2-5

你更加倾向于接受哪种管理思想？

本章小结

1. 研究管理历史，可以帮助你理解今天的管理理论和实践，还可以帮助你了解当今的管理理论是如何一步步演变而来的。

2. 第一次产业革命前后，随着生产力的发展，管理思想和管理方式随之创新，出现一批卓有贡献的经济学家和管理学家。例如，亚当·斯密的劳动分工观点以及“经济人”人性假设，查尔斯·巴贝奇的作业研究和报酬制度，罗伯特·欧文的人事管理等。

3. 19 世纪末 20 世纪初，西方国家开始系统形成管理思想和管理理论。其中，泰勒的科学管理体现在两个方面：作业管理和组织管理。作业管理上，泰勒提出制定科学的管理方法，科学选择第一流的工人，循序渐进地培训第一流的工人，实行刺激性的差别计件工资制度。

4. 法约尔的“古典组织理论”和马克斯·韦伯的“行政组织”理论的人性假设基础都是“经济人”。

5. 20 世纪 20 年代开始的霍桑实验，宣告了另一种人性假设的诞生。梅奥在此

基础上，总结并提出了人际关系学说，使人们看到“人”的重要性和特殊性。

6. 当代管理理论的发展不仅包括了现代管理理论的“热带丛林”，也包括了在信息技术高度发达和知识经济大行其道的今天，管理理论的百家争鸣。

7. 中华民族在漫长历史过程中积累了丰富的管理实践经验和许多影响深远的管理思想、管理理论，为人类社会的进步和管理科学的发展作出了重要贡献。

8. 无论是管理实践还是管理理论，都是随着社会的发展而发展的。在现代的管理实践过程中，应注意根据实际情况灵活运用各种管理思想和管理理论。

重要概念

经济人　社会人　科学管理理论　现代管理理论的“热带丛林”

复习思考题

1. 综合分析亚当·斯密和巴贝奇关于劳动分工的研究。
2. 泰勒的科学管理理论的主要内容有哪些？为什么泰勒是“科学管理之父”？
3. 法约尔提出了哪些管理职能和管理原则？
4. 马斯洛的需求层次理论有什么现实意义？
5. 人际关系学说的主要内容是什么？霍桑实验带给我们什么启示？
6. 现代管理理论主要包括了哪些学派？各学派的主要观点是什么？
7. 公司再造的流程是什么？
8. 中国古代儒、法、道三家管理思想的主要内容是什么？

学习拓展

[1] 斯蒂芬·P. 罗宾斯. 管理学[M]. 9版. 北京：中国人民大学出版社，2008.
[2] 周三多. 管理学——原理与方法[M]. 5版. 上海：复旦大学出版社，2011.
[3] 芮明杰. 管理学——现代的观点[M]. 2版. 上海：上海人民出版社，2005.
[4] 马基雅维利. 君主论[M]. 王水，译. 上海：上海三联书店，2008.
[5] Hammer·M.，Champ·J.. 企业再造[M]. 王珊珊，等，译. 上海：上海译文出版社，2007.
[6] 姚威. 从人性假设的演变看西方管理思想发展史. 台声·新视觉，2005，1期.

案例分析

案例2-1　加薪之后

加薪后有一天，副总经理对人事部经理说：老王，自从上个月加薪及增加员工福利后，员工都很高兴吧！我应该给他们训勉些什么话才不辜负公司这番苦心？

王经理决定亲自调查员工的感受，如下。

小倩说：自从公司装了冷气后，我的脖子就酸痛不停，跟主任讲了多次能不能改下出风口，但他都不当一回事。

小钱说：在公司3年了，餐厅的菜几乎没有变化，现在一想到中午吃饭就觉得没胃口。

老吴说：我必须弯腰才能捡到这些零件，1个月前我就和领班建议装个简单的料架，既可省掉无谓的动作，又可以避免我一直弯下身子，但没下文。

阿洪说：厂内那么多员工，平时除了工作也没交流的机会，建议办些活动，但都被各种理由打回。

美美说：这份工作我已经做了5年，闭着眼睛都能做，一点意思也没有，我自己都不知道还要做多久。

小力说：上次参加同学会，同学名片一拿出来就是经理、主管等，我在公司7年了，好不容易才升到组长，名片实在不敢拿出来。更不服气的是，他们的薪水也不见得比我多。

问题：

1. 副总经理在涉及加薪问题时使用了怎样的人性假设？与员工期望有何差距？为什么加薪之后，员工依然有抱怨？

2. 如果你是王经理怎样回复副总经理？

案例2-2　贝塔斯曼败走中国

2008年6月13日，贝塔斯曼宣布其旗下分布于中国18个城市的36家零售门店于当年7月31日前全部关闭。贝塔斯曼，这个在中国图书业曾经响亮的名字变成了历史。这个雄心勃勃的公司在中国市场遭遇了滑铁卢。

1995年，世界最大传媒巨头之一——德国贝塔斯曼集团进入中国市场，成立了上海贝塔斯曼文化实业有限公司，1997年建立了中国第一个合资书友会，首次将风行全球的书友会经营理念带入中国。从此，会员制、精美印刷邮册、买书折扣、邮购，以至后来的网上购书等全新的图书销售概念在中国盛行起来。

贝塔斯曼进入中国之前，中国图书销售基本是传统的零售书店的形式，而从21世纪初开始，网上购书这一全新的理念吸引了更多消费者，尤其是年轻消费者。在这两个时段中间隔的几年时间，就是书友会这一理念大行其道的时段。只要入了贝塔斯曼书友会，消费者足不出户就能接收到最新图书资讯，可以依据免费目录挑选心仪的书本，享受购书折扣以及免费送货上门及货到付款。这一整套全新的购书理念使中国消费者有机会接触到在欧洲流行的书友会经营模式，告别传统的零售书店购书的形式。但随着中国社会文化环境的逐渐变化，使书友会这一概念在过了新鲜感的时期后，慢慢地不再受到读者欢迎。更重要的是，它的服务和定位没有跟上市场的变化。具体来说,贝塔斯曼的商品价格不占优势,服务的灵活性不占优势,消费者的定位也比较混乱。

相比于网上书店,贝塔斯曼既无价格优势(其一般只能提供9折左右的图书,而当当网平均折扣是6～7折),选择范围又小(会员一般只在宣传册上选择图书,容量十分有限),服务也不突出(有强制消费嫌疑,每季度必须购买其推荐的图书)。虽然随后贝塔斯曼也推出了继目录订购,门店销售外的第三种购书渠道——网上购买,但与当当网和卓越网相比,贝塔斯曼被远远地抛在身后。同时,中国消费者的文化娱乐休闲模式发生了巨大的变化,越来越多的人,尤其是年轻人把传统的图书阅读的时间花在了上网上。聊天、网络游戏、网上冲浪等娱乐休闲模式成为大多数年轻消费者的首选,甚至不少读书爱好者也转向了既经济又方便的网上阅读和电子书,导致了其他渠道的图书销售大受影响,这种影响不可避免地冲击了贝塔斯曼在中国的生存环境。

问题:该案例是如何体现中西方管理思想和管理理论差异的?

实践训练

训练项目

查阅有关管理思想、管理理论与实践方法的文献资料。

训练目的

通过文献资料的查阅,掌握某些管理思想和管理理论的观点及其发展趋势,初步培养学生分析管理思想、管理理论、实践方法的能力。

训练内容

1. 学习查阅文献资料的出处、方法与步骤。
2. 要求学生分析某管理思想或管理理论的主要观点。
3. 分析评价有关管理思想或管理理论的贡献的局限性。

训练考核

要求每位学生写一份训练小结,并交由老师评阅。

第三章 决　　策

学习目标

- 了解决策的有效性标准
- 理解决策的概念和特点。
- 理解及掌握决策的过程。
- 掌握决策的各种类型。
- 掌握及正确应用定性决策方法。
- 掌握及正确应用确定型、风险型和非确定型决策方法。

导入案例

哈默的具有远见的决策

哈默在20世纪30年代初从苏联回到美国，预见罗斯福会上台，禁酒令会被解除，市场对酒的需求量将空前激增。由于多年禁酒，所以美国市场缺少特制的白橡木酒桶。哈默想到苏联有大量优质的桶板可以出口，价格便宜，于是制订了建立酒桶加工厂的计划。根据计划，他从苏联订购了几船桶板，抓紧生产酒桶。果然，罗斯福上台，禁酒令被解除，各地酒厂急需酒桶，哈默的酒桶就成了抢手货。几年以后，第二次世界大战爆发，为了保证粮食需求，美国政府要求不准用谷物酿酒。但当时股市上酿酒行业股票的股息是烈性威士忌，每股为一桶，而威士忌酒是用谷物酿造的。哈默预见此酒马上会成为珍品，于是又有了新的计划。他以每股90元的价格购进了5500股，并得到了作为股息的5500桶酒。不久后，市场上威士忌酒果然短缺。哈默将桶装酒改为瓶装酒出卖，买酒的人在他的店门前排起了长长的队伍。当5500桶酒卖得剩下3000桶时，一位名叫埃森伯格的化学工程师建议哈默在威士忌中掺入20%的廉价的土豆烧酒，不仅数量可以增加，而且口感也不错，而当时的土豆生产过剩，很多土豆在地里没人收。哈默便修改计划，以非常便宜的价格买进一家因不让用谷物酿酒而倒闭的酒厂，转而生产土豆烧酒，并把它掺在威士忌酒里出卖。这种混合酒仍然很受欢迎，买酒的人仍排起了长队。因为奇货可居，每人每次限购2瓶。第二次世界大战结束，美国政府放开谷物酿酒，混合酒“失宠”了，有人预测哈默的计划该泡汤了，但哈默又一次显示了其卓越的预测能力。他认为第二次世界大战虽然结束，但美国经济不可能很快恢复，谷物酿酒放开的时间不会太长，于是他继续生产混合酒。果然，美国谷物酿酒政策如昙花一现，混合酒又成为酒类市场上的宠儿。哈默的预见性确实让人佩服。正是这种有预见性的计划使哈默成了亿万富翁。

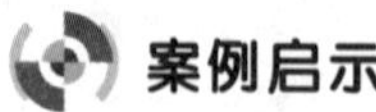

我们知道，在商战中，一个决策的正确与否很可能关系到企业的前途和命运。如果管理者单纯地模仿他人的成果，就会失去先机，总是处于被动挨打的地步。

3.1 决策概述

有这样两个案例：一是某企业准备开发两种新产品，据初步市场调查，这两种产品均有好的市场前景，但该企业目前只有开发一种产品的经济实力，那么，企业该决定开发哪种产品呢？二是某企业生产的高科技产品准备在两个国家销售，其中一个国家的销售量大，获利丰厚，但该国局势不够稳定；另一个国家的销售量比前一个国家的小，但该国局势稳定，那么，如何确定该企业的长期营销方针呢？

上述两个案例的共同点：每个案例都有一个问题，而每个问题都有几种可能的解决办法，如何从多种方案中选择一种最优方案，这就是决策问题。对于一个企业的管理者来讲，永远都有问题出现，一旦有问题，就要作出决策。决策是否正确与及时，决定着企业的生死。

阅读材料 3-1

世界闻名的克莱斯勒汽车公司，规模仅次于通用汽车公司和福特汽车公司，1979年9月亏损达7亿美元，公司面临倒闭的危险。原因是当世界性的石油危机到来时，克莱斯勒公司仍生产耗油量大的大型汽车，造成此种汽车大量积压。该公司聘任福特公司总经理艾科卡主持工作后，由于公司果断采取向政府申请贷款、解雇数万名工人和产品改型换代等重大决策，最终使克莱斯勒公司起死回生。

3.1.1 决策的含义

“决策”二字的含义是“决定对策”。“决定”的意义就是从众多对象中选择自己需要的，并放弃那些不需要的；“对策”的意义就是对付问题的方法。“兵来将挡，水来土掩”，决策自古有之。比如，战略决策有诸葛亮做《隆中对》三分天下，战术决策如孙膑为田忌赛马献策而胜齐威王。

决策贯穿在管理者的所有管理活动中，在计划、组织、领导、控制的管理职能中存在着一系列的决策（见表3-1）。因此，人们常常将管理者称为“决策者”，美国著名的经济学家西蒙在谈到管理的本质时指出：“决策是管理的心脏，管理是由一系列决策组成的，管理就是决策”。

表 3-1　管理职能中的决策示例

职　能	决策内容
计划	组织的长远目标是什么？什么战略能够最好地实现这些目标？ 组织的短期目标是什么？每个目标的困难程度有多大？
组织	直接向我报告的下属有多少人？组织中的集中程度应多大？ 职务应如何设计？组织应何时实行改组？
领导	应当如何对待缺乏积极性的雇员？ 在特定的环境中，哪一种领导方式最有效？ 一种具体的变化将如何影响工人的生产力？ 何时是解决冲突的最恰当时机？
控制	组织中的哪些活动需要控制？ 如何控制这些活动？ 绩效偏差达到什么程度才算严重？ 组织建立哪种类型的管理信息系统？

由表 3-1 可以看出，决策在管理活动中无处不在，管理者在每天的管理过程中要不断地进行大量的决策。

那么，什么是决策？美国学者艾伯斯认为："决策有狭义和广义之分。狭义地说，决策是在几种行为方针中作出选择；广义地说，决策还包括在作出选择之前必须进行的一切活动（包括调查研究、预测、分析研究问题、设计与选择方案，直至付诸实施等一系列活动）。"管理学教授里基格里芬在《管理学》一书中指出："决策是从两个以上备选方案中选择一个的过程。"我国的管理学者从不同的角度来定义决策："从两个以上的备选方案中选择一个的过程就是决策"（杨洪兰，1996）；"所谓决策，是指组织或个人为了实现某种目标而对未来一定时期内有关活动的方向、内容及方式的选择或调整过程"（周三多等，1999）。

本书将决策定义为：管理者为实现组织目标，运用科学的理论和方法，制定若干种可行性方案，通过分析评价选择或综合出优化方案，并加以实施的一系列活动和过程的总称。

3.1.2　决策的特征

从决策的定义中，我们可以分析出决策具有以下特征。

1. 有明确而具体的决策目标

决策都是为了达到一定的预期目标或实现某种目的，无目标就无从决策，如果决策的目标是模糊的，甚至是模棱两可的，就无法以目标为标准评价方案，更无从选择方案了。所以,决策都是有针对性的。

2. 以了解和掌握信息为基础

一个合理的决策以充分了解和掌握各种信息为前提,即通过组织外部环境和组织内部条件的调查分析,根据实际需要和可能选择切实可行的方案。可以说,决策的过程就是信息的输入、加工和输出的过程。决策前,信息作为资源和条件;决策中,信息表现为依据和前提。能否提出尽可能多的解决问题的方案,很大程度上取决于能否收集到及时、准确和全面的信息。

阅读材料 3-2

李嘉诚投资的政治嗅觉

1965 年,“中共即将武力收复香港”的谣言四起,香港人人心惶惶,触发了自第二次世界大战后第一次移民潮。移民以有钱人居多,他们纷纷贱价抛售物业。新落成的楼宇无人问津,整个房地产市场卖多买少,有价无市。地产、建筑商们焦头烂额,一筹莫展。

拥有数个楼盘、物业的李嘉诚忧心忡忡,他不时看报纸,密切关注事态发展。香港传媒透露的全是“不祥”消息。李嘉诚知道,香港的“五月风暴”与内地的“文化大革命”有直接关系。那时,不少内地小报通过各种渠道流入香港,李嘉诚从中获悉,内地自 8 月起渐渐得到控制,趋于平息。那么,香港的“五月风暴”也不会持续太久。作为资产者,最关注的莫过于“中共会不会以武力收复香港”。“不可能,中共若想武力收复香港,早在 1949 年就可趁解放广州之机一举收复,何必等到现在?香港是内地对外贸易的唯一通道,中共并不希望香港局势动乱”。

李嘉诚经过深思熟虑后,毅然采取惊人之举:人弃我取,趁机吸纳。李嘉诚又一次判断正确。1977 年,内地“文化大革命”结束,这是李嘉诚事业上不寻常的一年。香港境外的大气候由阴转晴,世界性石油危机已成为历史;中国内地已从十年动乱中走出来,提出“四个现代化”口号,显现了改革开放的端倪。

香港经济以 11.3%的年增长率持续高速发展。百业繁荣刺激了地产的兴旺;地产的兴旺又带动了整个经济的增长。地产成为香港的支柱产业,举足轻重,李嘉诚以他丰富的经商经验和敏锐的政治嗅觉,为自己的地产事业又增添了辉煌的一笔。

3. 有两种以上的备选方案

决策总是在若干种有价值的方案中进行选择,一种方案,就无从选择;没有选择,无从优化。所以,决策都有选优性。

4. 对备选的方案进行综合分析和评估

实现目标的每种可行方案,都会对目标的实现发挥某种积极作用和产生影响,也会产生消极作用和影响,必须对每种可行方案进行综合分析和评价,即进行可行性研究。决策,其目的就是能够更好地实现预期的目标,对行动方案进行对比。因此,决策的过程是备选方案的一个选优的过程。

5. 追求的是最可能的优化效应

人们做任何事情,都不可能做到完美无缺。对于决策者来说,同样不能以最理想的方案作为目标,而只能以足够好的达到组织目标的方案作为准则,即在若干备选方案中选择一种合理的方案。决策时只有在提出来的若干可行方案中进行比较和优选,才能得到合理方案。决策总是在确定的条件下,寻找优化目标和优化所要达到的途径和手段,不追求优化,决策是没有意义的。所以,决策都具有优化性。

6. 是一个动态的过程

决策不是一刹那的行为或想法,而是一个从遇到问题——设计解决问题的各种方案——选择并实施方案的过程,而且不能忽视的是一次决策的执行会反馈到下一次决策,因此决策本身是一个循环不断的过程。作为过程,决策是动态的,没有真正的起点,也没有真正的终点,决策的主要目的是使组织活动的内容和方法能不断适应环境的要求。因此,在内外部环境不断变化的情况下,决策者必须研究这些变化,把握这些变化,并从中找出可以利用的机会来调整组织的活动,实现组织与环境的动态平衡。

课堂讨论 3-1

决策是主观判断过程还是客观判断过程?

3.2 决策的类型

环境、组织和活动的复杂性及多样性导致决策有着多种多样的类型,为了把握不同决策之间的共性和个性特征,为了给不同情况的决策提供依据,根据不同的标准,可以将决策进行以下分类。

3.2.1 战略决策、战术决策和业务决策

从决策调整的对象和涉及的时间来看,决策可分为战略决策、战术决策和业务决策。

1. 战略决策

战略决策又称为宏观决策或全局决策,是指对全局性、根本性和影响深远的重大问题进行的决策,这些决策涉及组织的方方面面,具有长期性和方向性。如企业的长、中期经营方向和目标的制定、新产品的开发、技术革新方案、企业的联合和改组、新市场的开拓等。战略决策的正确与否,直接决定经济活动系统的发展方向及成败。

2. 战术决策

战术决策又称为管理决策,是指有关实现战略目标的方式、途径措施的决策,是

在组织内贯彻的决策，属于战略决策执行过程中的具体决策，旨在实现组织中各环节的高度协调和资源的合理使用，如机构重组、人事调整、新产品的定价。

3. 业务决策

业务决策又称为执行性决策，是指组织为了提高日常业务活动效率而作出的决策。业务决策是日常工作中为提高生产效率、工作效率而作出的决策，涉及范围较窄，只对组织产生局部影响，如工作日程的安排与监督、广告策划、材料的采购等。

战略决策、战术决策和业务决策是相互依存和相互补充的。

3.2.2 长期决策与短期决策

按决策影响时间的长短，决策可分为长期决策和短期决策。

1. 长期决策

长期决策，一般为3～5年，有时甚至更长，是指有关组织今后发展方向的长远性、全局性的重大决策，又称长期战略决策，如投资方向的选择、人力资源的开发和组织规模的确定。

2. 短期决策

短期决策，一般在1年以内，是指为实现长期战略目标而采取的短期策略手段，又称短期战术决策，如企业日常营销、物资储备和生产中的资源配置等。

3.2.3 高层决策、中层决策与基层决策

按照制定决策的层次，决策可分为高层决策、中层决策和基层决策。

1. 高层决策

高层决策，指组织中最高层管理人员作出的决策。这类决策大多是有关全局以及与外界有密切联系的重大问题，例如，确定企业的生产规模、营销市场的扩大、技术革新、职工培训等经营目标问题，以及为达到这些目标而采取的方针政策。

2. 中层决策

中层决策，指组织内处于高层和基层之间的管理人员作出的决策。

3. 基层决策

基层决策，指基层管理人员作出的决策。这类决策一般用于解决日常工作中的问题。它包括两方面的内容：一是经常性的作业安排，如每日每班的任务安排和设备使用等；二是生产过程中，如何解决非正常的偶发事件，如设备发生故障，原材料、配件供应不上等。

一般来说，越往高层的决策越具有战略性的、非常规性的、非确定性的特点；而越往低层的决策，就越具有战术性的、常规性的、确定性的、技术性的特点。

3.2.4 程序化决策与非程序化决策

组织中的管理问题可以分为两类：一是例行问题，即组织中重复出现的、日常的

管理问题，如订货、退货处理等；二是例外问题，指那些偶然发生的新问题，如投资、产品开发、产品质量隐患等。根据组织管理问题的性质，决策派管理学家西蒙把决策分为程序化决策和非程序化决策。

1. 程序化决策

程序化决策，是指决策可以程序化到呈现出重复和例行的状态，可以程序化到制定出一套处理这些决策的固定程序，以至每当它出现时，不需要再进行重复处理，如签订购销合同等。一个企业订购原材料，需要先了解哪些企业生产或供应这种原材料，进而了解每个企业提供的材料质量、价格、运输、交货条件等，进行综合比较，然后执行发出订单、交纳货款、材料运送到达、进入仓库等程序。

2. 非程序化决策

非程序化决策表现为决策的新颖、无结构，具有不寻常影响，处理这类问题没有灵丹妙药，因为这类问题在过去尚未发生过，是一种例外问题。非程序化决策往往是有关企业重大战略问题的决策，如新产品开发、产品变更、市场开拓等决策。这类决策问题是偶然发生的，或者是第一次作出的决策，无先例可循，只能在问题提出时进行特殊处理。例如，微软公司在中国大力推行"维纳斯计划"，梦想开辟中国的巨大的处女市场，这与公司以往所做的任何营销决策不同。微软公司为"维纳斯计划"所制定的成百个决策是前所未有的，因此，它们显然是非程序化决策。一般来说，越是高层决策机构和决策者，面临的非程序化问题越多。这类决策正确与否、决策效果如何，往往取决于决策者的首创精神、经营管理的气魄和决策方法的科学性。

阅读材料 3-3

只要有可能，管理决策都应该程序化

一家销售额达几十亿美元的公司，在遍布美国的 40 多家工厂中都设有一个主计员（总会计师），每位主计员有 3～6 个监督员向他汇报，并管理 25～50 个职员。你估计那些主计员能挣多少钱？如果你知道在 1994 年，大多数主计员的年薪仅为 38000 美元时，你会惊讶吗？这对那种责任的报偿似乎太低了，但公司已成功地把主计员的几乎全部决策高度程序化了。大多数主计员仅受过高中教育，他们并非聪明过人，但能遵从指导。公司已制定了一份 4000 页的会计手册，并且不断更新。它告诉每一位主计员绝大多数问题应如何处理。如果处理问题的程序在手册里找不到，主计员就会向总部请示，总部会指导他该怎么做。总部在收到有关新问题的请示 1 个月后，原有手册就被增补，以指导其他工厂可能会遇到同样问题的主计员。在这家公司中，高代价的人才集中在总部，制定所有的非程序化会计决策。当这些问题变为重复性问题时，他们就制定标准作业程序并发给所有工厂的主计员。这样，该公司在无须雇佣取得过大学文凭、硕士文凭或注册会计师证书的有经验人员的情况下，就能够获得一

致的、胜任的决策。否则那些人的年薪要付65000美元或更多。

3.2.5 确定型决策、风险型决策和不确定型决策

按决策问题具备的条件和决策结果的确定性程度，决策可分为确定型决策、风险型决策和不确定型决策。

1. 确定型决策

当对决策问题的未来情况已有完整的信息、没有不确定因素时，这类问题的决策称为确定型决策。在这种情况下，每种决策方案只产生一种确定的结果，根据决策目标可以作出肯定的抉择。由于每一方案的结果是已知的，所以，管理者能作出理想而精确的决策。但这并不是做大多数决策的情况，它比实际情况更理想化。确定型决策可以采用微分法、线性规划、非线性规划、排队论等数学方法，并借助计算机按照程序进行操作，对备选方案进行优化选择。

课堂讨论 3-2

某电子玩具公司推出了一种新产品，年生产能力为9万件，产销固定成本为210万元，每件产品生产所花的人工费、材料费、电费等费用为50元。该厂在全国订货会上已有7万件的订单，每件价格为80元。最近有一外商要求用比较低的价格订一批货，如果价格为60元，他就订购1万件；如果价格为50元，他就订购2万件，价格再高，他一件也不要。是否应接受外商订货呢？

2. 风险型决策

风险型决策是指影响决策的主要因素在客观上存在几种可能情况（一般为自然状态），这些可能情况事先虽可知道，但决策后出现什么样的结局，决策者事先却不能完全知道，所以又称为随机型决策。例如，天气好坏对企业生产经营的影响。如果天气好，企业产品的销售量就大；如果天气坏，产品的销售量就很小。在这两种未来的可能性中，如何进行分析判断，以选择最佳生产量，就属于一种风险型决策。许多管理决策的影响因素较为复杂多变，因而决策的约束条件就带有较大的随机性，备选方案的结果也存在随机性。当人们在认识这种随机性规律的基础上，能估计出不同约束条件下方案的（各种）结果及其出现的概率时，就可使不确定性程度减小，但这时仍存在着一定的决策风险。

3. 不确定型决策

不确定型决策是指决策方案面临多种自然状态，而决策者难以确定其出现的概率，需要进行综合分析，作出决策。它与风险型决策类似，只是它对未来可能出现的自然状态，不像风险型决策那样可以预先知道。这类决策问题常常存在多种不可控因素，决策约束条件难以确定，不存在固定的决策程序和方法，决策方案也不易拟定、评价和选优，实施结果的风险更大。不确定型决策一般难以进行量化分析，主要依靠

决策者的经验和判断分析能力完成决策。

阅读材料 3-4

最后一壶水

有一个探险者在沙漠里行走，水越来越少，他必须有计划地使用这些水，他抬头望天，烈日高照，四周都是滚烫的沙子。他舔了舔因缺水而干裂的嘴唇，一丝绝望油然而生。他只剩一壶水了，而这壶水只能维持他3天的生命。他必须尽快找到水源。当他精疲力竭的时候，终于在一堵残破的石墙后发现了一口压力井，他兴奋极了，奔过去压水，却一无所获。他失望透顶，正要离开，却发现断墙上写着一行字：先倒一壶水进去，才能打上水来。他恍然大悟：压力井是要先倒入水才能抽上水来的。可是他只剩下这一壶水了，倒进去如果压不上水怎么办？他实在不愿做这样的选择：必须拿生命作为赌注。犹豫再三，他还是照着墙上写的做了，将仅剩的一点水倒进井里后，开始吃力地压，一会儿，果然压出了汩汩的流水。

案例启示

这个探险者的决策在管理学中称为不确定性决策。作出不确定性决策相当难，有时只能凭决策者的学识、智慧、胆略甚至是运气来作出，就像故事中的探险者，他凭着冒险精神和胆略作出了决策。

3.2.6 初始决策和追踪决策

从决策问题的起点来看，决策可分为初始决策和追踪决策。

1. 初始决策

初始决策是指从零起点出发，在有关活动尚未进行且环境未受影响的情况下进行的决策。初始决策是组织对从事某种活动或从事该种活动的方案所进行的初次选择。

2. 追踪决策

追踪决策是指在初始决策实施以后且组织环境也发生变化的情形下，对组织活动的方向、内容或方式的重新调整的非零起点决策。

3.2.7 个人决策和群体决策

从决策主体来看，决策可分为个人决策和群体决策。

1. 个人决策

个人决策是指在决策过程中，最终方案的选择仅由一个人决定，即决策的主体是一个人，也称为独裁决策。在独裁决策中，常常要运用直觉决策，即从经验中提取精华的无意识过程。在独裁决策中,管理者运用专业知识和过去已习得的与情境相关的经验,在信息非常有限的条件下迅速作出的决策选择。因此,个人决策受决策者个人经验、知识水平、决策能力、思想观点、欲望、意志等因素的影响,具有强烈的个人色彩。

管理者在何种情况下最有可能使用独裁决策的方法?研究者确定了以下 7 种情况。

(1) 时间有限,但又有压力要作出正确决策时;

(2) 不确定性水平很高时;

(3) 几乎没有先例存在时;

(4) 难以科学地预测变量时;

(5) 事实有限,不足以明确指明前进道路时;

(6) 分析性资料用途不大时;

(7) 当需要从几种可行方案中选择一个,而每一种方案的评价都不错时。

优点:决策速度快,责任明确。

缺点:容易出现因循守旧、先入为主等问题。

2. 群体决策

群体决策是指由多人共同参与决策分析和决策制定的整个过程。群体决策的决策者是相互制约、相互补充的人群的共同体。群体决策时的决策能力不仅取决于诸如学识、胆略、经验等个人素质,还取决于集体中上述个人素质的组织所形成的集体整体智力结构和决策方式,以及特有的群体心理现象(如舆论、从众现象、默契、情绪、士气等)。

 **阅读材料 3-5**

通用电气的全员决策

美国通用电气公司总裁杰克·韦尔奇曾经在公司内部展开了一项名为“群策群力”的活动,就是发动全体员工动脑筋,想办法提建议,以此来提升工作效率的活动。这种活动有多种模式,最常见的模式称为“市政会议”,即公司执行部门从不同层次不同岗位抽出几十人或上百人到宾馆参加为期 3 天的会议。第一天,部门负责人向参加会议的职工简单介绍会议的目的、方法和程序,然后离开会议,让与会职工分五六个小组讨论工作中存在的问题及解决方案。这种讨论进行 2 天,第三天各小组向大会报告其讨论结果与建议,部门负责人当众回答问题,并且必须选择三种答复之一:其一是当场拍手同意;其二是否决;其三是需要了解情况,但需要在双方认可的日期内答复。部门负责人在答复问题时,其上司也要出席会议,但不发表评论,只是来了解职工的意见和观察下属的决策问题的能力。

会场上，有意识地将职工的座位安排为背对他的上司，这使他在答复问题时，无法与上司交换意见。这种“群策群力”讨论会的结果明显，不仅带来显著的经济效益，而且能让职工广泛参与管理，从而大大提高职工的工作热情。现在，“群策群力”讨论会已成为通用电气公司一种日常性的活动，随时都可以根据需要举行，参与人员也从职工扩大到顾客、用户和供应商。

对现代的一些决策问题，特别是对一些复杂的大科学、大工程、大企业的决策问题，不能依靠个人决策，而需要采用群体决策。决策群体中的一部分从事信息收集、处理、分析、归纳与综合工作。同时，群体中还要有富于决策经验的密切合作的领导者和各方面的专家，由这些人组成决策机构智囊团，并发挥整体功能作用，以制定决策方案，合理而又及时地作出决策。决策群体中的每一个成员对决策问题享有平等的决策权，每个人都可自由地、充分地、无拘无束地发表意见，整个群体不受某一成员的领导和控制。

优点：可以掌握更多的信息；产生更多的可选方案；使参与者更好地了解制定的决策方案，使满意度提高，利于决策的实施；提高合法性。

缺点：决策所用的总时间一般比个人决策的要长；过多地依赖群体决策，会限制管理者迅速采取行动的能力；容易出现屈从压力、责任不清的问题。

阅读材料 3-6

伊索分遗产——高层决策从贤不从众

有个富人养了三个女儿，彼此各有爱好。一个爱喝酒，一个好打扮，一个则爱管家务。富人在临死之前，写下遗嘱把家产分成相等的三份，并规定每个女儿在把自己所得的财产出售后，要各自给她们的母亲一笔现金。

父亲撒手归西了，这三个女儿急不可耐地跑去看遗嘱。遗产分成三份，第一份是乡下的别墅，有葡萄棚下的餐桌、银餐具、面盆、水壶和一个酒窖，另加侍候吃喝的佣人。第二份有时髦的用具、华丽的房子、考究的家具、梳头姑娘，还有无数的珠宝和精致的衣物。第三份是一个农场和全套的生产农具、牲口和牧场，以及勤快的农夫。这正好符合三姐妹的爱好，于是所有的亲戚和朋友都同意三姐妹各自挑一份自己喜好的财产。当时雅典城里的男女老幼都赞成这个决定。伊索却摇头叹气，说：“一个自称非常聪明睿智的民族把一份遗嘱做了相反的解释。”说完话，伊索主持了家产的重新分配工作：他给每个姐妹一份她不喜欢的财产。爱打扮的得到了爱喝酒的财产；爱喝酒的则分到了牲畜；爱管家务的分得了梳头姑娘。三姐妹因为不喜欢手中的财产，于是把财产售出。当她们手中有了钱，就凭大量的现金与门当户对的人联姻，然后每人拿出一笔现金支付给自己的母亲。这就是所立遗嘱的初衷，也就是让姐妹们得到自己不喜欢的一部分家产，这样她们才不会因为玩物丧志而放弃了自己的婚姻和对母亲的责任。

案例启示

真理有时掌握在少数人手中。高层决策在这个问题上要小心处理，所谓"从众"和"从贤"无非是看正确的方向。一般人往往按照固定思路去办事情，而高层决策者却能够从其他思路上找到一条更好的道路。在这种情况下，必须是"从贤不从众"。在决策作出之后，决策者必须为全体员工解释决策的含义，得到大家的谅解。这样，才能避免"独裁"的名声，维护企业的内部团结。

课堂讨论 3-3

用你所了解的有关决策的案例或事例说明到底是个人决策好，还是群体决策好？为什么？

3.2.8 静态决策和动态决策

按决策的时态，决策可分为静态决策和动态决策。

1. 静态决策

静态决策，指一次性决策，即对所处理的问题一次性敲定处理办法，如公司决定购买一批商品等。

2. 动态决策

动态决策，指对所要处理的问题进行多期决策，在不断调整中决策，如公司分三期进行投资项目的决策等。

课堂讨论 3-4

请同学们列举一个本人曾经作出或了解别人作出的决策，并指出属于哪种决策类型。

3.3 决策的有效性标准

阅读材料 3-7

决策的有效标准

猪圈里有两头猪，一头大猪，一头小猪。猪圈的一边有个踏板，每踩一下踏板，在远离踏板的猪圈的另一边的投食口就会落下少量的食物。如果有一只猪去踩踏板，另一只猪就有机会抢先吃到一边落下的食物。当小猪踩动踏板时，大猪会在小猪跑到食槽之前吃光所有的食物；若是大猪踩动踏板，则还有机会在小猪吃完落下的食物之前跑到食槽，争吃到另一半食物。

那么，两只猪各会采取什么策略？答案是：小猪将选择“搭便车”策略，也就是舒舒服服地等在食槽边；而大猪则为一点残羹不知疲倦地奔忙于踏板和食槽之间。

原因何在？因为小猪踩踏板将一无所获，不踩踏板反而能吃上食物。对小猪而言，无论大猪是否踩动踏板，不踩踏板总是好的选择。反观大猪，明知小猪是不会去踩动踏板，自己亲自去踩踏板总比不踩强，所以只好亲力亲为。

“小猪躺着、大猪跑”的现象是由故事中的游戏规则导致的。规则的核心指标是：每次落下的食物数量和踏板与投食口之间的距离。

如果改变一下核心指标，猪圈里还会出现同样的“小猪躺着、大猪跑”的景象吗？

改变方案一：减量方案，投食数量仅为原来的一半。结果是小猪、大猪都不去踩踏板了。小猪去踩，大猪将会把食物吃完；大猪去踩，小猪也会把食物吃完。谁去踩踏板，就意味着为对方贡献食物，所以谁也不会有踩踏板的动力了。

改变方案二：增量方案，投食数量为原来的一倍。结果是小猪、大猪都会去踩踏板。谁想吃，谁就会去踩踏板，反正对方不会一次把食物吃完。小猪和大猪相当于生活在物质相对丰富的“共产主义”社会，所以竞争意识不会太强。

改变方案三：减量加移位方案，投食数量仅为原来的一半，但同时将投食口移到踏板附近。结果是，小猪和大猪都在拼命地抢着踩踏板，等待者不得食，而多劳者多得，每次的收获刚好消费完。

在管理学界，对于决策的有效标准问题有三种代表性观点。

3.3.1 “最优”标准

这种代表性观点是由科学管理的创始人泰罗首先提出的，并为运筹学家和管理科学家们一贯坚持的“最优”决策标准。在泰罗看来，任何一项管理工作都存在一种最佳的工作方式。应该肯定，追求最佳是决策者的一种优良的心理品质。为此，为了最优决策，决策必须理性，必须符合客观和逻辑。最优决策假定：不存在目标冲突；确定所有的选择标准，并能列出所有的可行性方案；决策标准和备选方案的价值可以数量化，并能以决策者的个人偏好来排序；偏好稳定，最终选择效果最佳的方案，以最大限度地达到目标。

必须指出的是，并非所有的管理问题和管理工作都能够数字模型化，从而求出最优解来。管理既是科学，又是艺术。对决策来说，也是如此。所谓“最优”只能是有条件的，并且是在有限的、极为严格的条件下达到的，它是一种理想状态下的决策准则。在现实的实施中带有较大的局限性，决策时不能完全遵循该准则。

3.3.2 “满意”标准

这种代表性观点是由西蒙提出的。他对运筹学家们的“最优”决策标准提出了尖锐的批评，他认为最优决策往往只是理论上的幻想，因为它要求：决策者了解与组织活动有关的全部信息；决策者能够准确地辨识全部信息的有用性，了解其价值，并能据此制定出没有疏漏的行动方案；决策者能够准确地计算每种方法在未来的执行结果；决策者对组织在某段时间内所要达到的结果具有一致而明确的认识。上述条件在现实中是难以具备的，因此，在决策活动中，在方案数量有限、执行结果不确定的条件下，人们难以作出最优选择，只能根据已知的全部条件，加上人们的主观判断，作出相对满意的选择。于是，西蒙提出了他的"满意"决策标准，他认为，对于运筹学方法来说，不需要什么精确性，只要能够给出一个近似的、比不用数学而单靠常识得出的那种结果要更好，而这样的标准是不难达到的。

"满意"决策的实质是，当面对复杂问题时，决策的做法是把问题降低到易于理解的水平，从所有收集到的信息中抽取主要内容，在此基础上构建简化模型，选择行动方案。当选择行动方案时，决策者往往以熟悉而习惯的方式考虑备选方案，直到他确定了一种令人满意的方案，他满足于一种"足够好"的可接受方案。这是目前最被人们所接受的观点。

然而，西蒙在提出他的"满意"决策标准之后，也注意到了这个概念的模糊性，容易使人们对决策产生某种误解，所以他又进一步进行了补充：如果认为某事物在本质上就是定性的，那么在应用数学家作出尝试之前不能将其简化为数学形式，否则是危险的。

3.3.3 "合理性"标准

这种代表性观点是美国管理学家哈罗德·孔茨提出的。他对"合理性"决策标准的解释：首先，主管人员必须力图达到如无积极的行动就不可能达到的某些目标；其次，主管人员必须对现有环境和限定条件下依循什么方针去达到目标有清楚的了解；再次，主管人员必须有情报资料的依据，并有能力根据所要达到的目标去分析和评价抉择方案；最后，主管人员必须有以最好的办法解决问题的强烈愿望，并选出最能满意达到目标的方案。由于决策的未来环境包含不肯定性因素，因此，做到完全合理是很难的。孔茨认为，主管人员必须确定的是有一定限度的合理性，是"有界合理性"。尽管如此，主管人员还应在合理性的限度内，根据各种变化的性质和风险大小尽其所能地作出最好的决策。

孔茨的"合理性"决策标准的实质，是强调决策过程各个阶段的工作质量最终决定了决策的正确性和有效性，而不仅仅在于进行方案抉择时采用"最优"还是"满意"的决策标准，这个观点是很有指导意义的。

课堂讨论 3-5

请同学们对这三种决策标准进行比较，认为哪种标准更适合现代企业？是否还会有其他决策标准？

3.4 决策过程

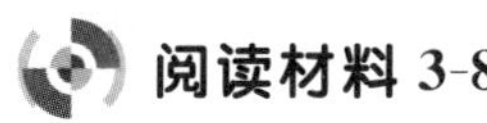

阅读材料 3-8

海州建盐场

据《梦溪笔谈》记载：海州知府孙冕很有经济头脑，他听说发运司准备在海州设置三个盐场，便坚决反对，并找出了许多理由。后来，发运使亲自来海州谈盐场设置之事，还是被孙冕顶了回去。当地百姓拦住他的轿子，向他诉说设置盐场的好处，他解释道："你们不懂得做长远打算，官家买盐虽然能获得眼前的利益，但如果盐太多，卖不出去，30年后就会自食恶果了。"然而，孙冕的警告并没有引起人们的重视。他离任后，海州很快就建起了三个盐场，几十年后，当地刑事案件大大上升，徭役赋税等都大大加重。由于运输、销售不通畅，囤积的盐日益增加，盐场亏损，负债很多，许多人都破了产。这时，百姓才开始明白，在这里建盐场确实是个祸患。一时的利益显而易见，人们往往趋利而不考虑后果。这种现象，古今皆然。看到什么行当赚钱，就一窝蜂上，结果，捷足先登者也许能获利，步人后尘者往往自食恶果。这样的例子可以说是数不胜数。作为企业经营者，在制定一个经营决策的时候，一定要综合考虑各方面的因素，而不能被一时的利益蒙蔽了眼睛。一个团队的领导者一定要学会发挥集体的力量，特别是在做事关企业命运的决策的时候，万万不可因头脑一时发热，拍拍脑袋就制定一个错误决策而毁掉自己经营一生的成果。决策时拍脑袋，指挥时拍胸脯，失误时拍大腿，追查时拍屁股。这种"四拍"型领导需要反思。

决策并非主观武断或盲目"拍板"。科学的决策应当经过认真的研究、实事求是的分析，去粗取精，去伪存真，由此及彼，由表及里，把握住事物变化的规律，从而作出合理、可行的决断。因此，为了保证决策的正确性和合理性，应按照科学的程序进行，并且决策过程的每一阶段都要有一定的基本要求。决策制定过程如图3-1所示。

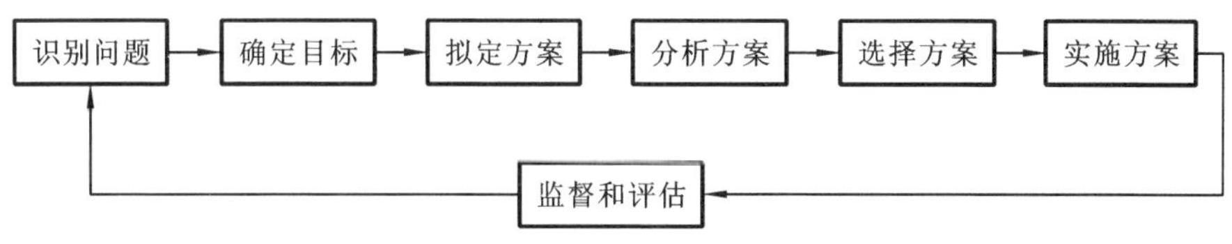

图3-1 决策制定过程

3.4.1 识别机会或诊断问题

决策者必须知道哪里需要行动，因此决策过程的第一步是识别机会或诊断问题。

管理者通常密切关注与其责任范围有关的数据，这些数据包括外部的信息和报告以及组织内的信息。实际状况和所期望状况的偏差提醒管理者潜在机会或问题的存在。识别机会或诊断问题并不总是简单的，因为要考虑组织中人的行为。有些时候，问题可能根植于个人的过去经验、组织的复杂结构或个人和组织因素的某种混合。因此，管理者必须要特别注意尽可能精确地评估问题和机会。还有些时候，问题可能简单明了，只要稍加观察就能识别出来。

3.4.2 确定目标

目标体现的是组织想要获得的结果，要是要将结果的数量和质量都要明确下来，因为目标的这两个方面都最终指导决策者选择合适的行动路线。实践证明，决策的失败往往是由决策目标不正确或不明确导致的。

目标的衡量方法有很多种，如我们通常用货币单位来衡量利润或成本目标，用每人时的产出数量来衡量生产率目标，用次品率或废品率来衡量质量目标。

根据时间的长短，目标可分为长期目标、中期目标和短期目标。长期目标通常用来指导组织的战略决策，中期目标通常用来指导组织的战术决策，短期目标通常用来指导组织的业务决策。无论时间的长短，目标总指导着随后的决策过程。

3.4.3 拟订方案

一旦决策目标被正确地识别出来，管理者就要提出达到目标和解决问题的各种方案。而决策能否最终取得理想成效，在很大程度上取决于备选方案的质量。这一步需要创造力和想象力，在提出备选方案时，管理者必须把其试图达到的目标牢记在心，而且至少需要提出两种或两种以上的备选方案，决策者才可能从中进行比较，选出最理想的方案，这体现的是方案的多样性。同时，拟订方案还必须要有预见性和可行性，也就是为可能出现的情况拟订对策，并且经过努力可以办到。

管理者常常借助其个人经验、经历和对有关情况的把握来提出方案。为了提出更多、更好的方案，需要从多种角度审视问题，这意味着管理者要善于征询他人的意见。

备选方案可以是标准的和显明的，也可以是独特的和富有创造性的。标准方案通常是指组织以前采用过的方案。通过头脑风暴法、名义组织技术和德尔菲技术等，可以提出富有创造性的方案。

3.4.4 分析方案

决策过程的第四步是对拟定的备选方案进行评估以确定最优方案。这一阶段的工作，就是根据当前的情况和对未来发展趋势的预测，选用科学的评估方法对不同方案进行比较、分析、评价和选择，这是决策的关键。为此，管理者起码要具备评价每种方案的价值或相对优势和劣势的能力。在评估过程中,要使用预定的决策标准以及每种方案的预期成本、收益、不确定性和风险,最后对各种方案进行排序。

3.4.5 选择方案

在决策过程中,管理者通常要作出最后选择。这是从所列和评价的方案中选择最满意方案的关键步骤。但作出决定仅是决策过程中的一步。尽管选择一种方案看起来简单——只需考虑全部可行方案并从中挑选一种能最好解决问题的方案,但实际上,作出选择是很困难的。由于最好的决定通常建立在仔细判断的基础上,因此管理者要想作出一个好的决定,必须仔细考察全部事实,确定是否可以获取足够的信息并最终选择最优方案。由于所做决策的重要性不一样,因此,决策的决定是在不同等级的管理者间完成的。

阅读材料 3-9

布里丹效应

一头驴外出觅食,发现两堆相距不远的草料。东边是一大堆干草料,西边是一小堆新鲜的嫩草。驴很高兴,跑到大堆干草料处刚要吃,突然想,西边那堆草料那么新鲜,肯定好吃,此时不去可能会被别的驴吃掉,于是它就跑到嫩草堆边。刚要吃,它又想,这堆草虽然很嫩,可别的驴把那一大堆干草料吃光的话自己就要饿肚子了,还是回去吃干草吧!就这样,一会儿考虑数量,一会儿考虑质量,一会儿分析颜色,一会儿分析新鲜度,犹犹豫豫,来来回回。这只可怜的驴最后饿死在草堆旁。人们将这种选择上迟疑不决的现象称为“布里丹效应”。

3.4.6 实施方案

方案再好,如果不实施也是白搭。所以,决策过程也应该包括方案的实施。方案的实施也是检验决策正确与否的唯一途径。方案的实施是决策过程中至关重要的一步,在方案选定以后,管理者就要制订实施方案的具体措施和步骤。实施过程中通常要注意做好以下工作。

(1) 制订切实可行的实施计划:拟定实施决策方案的具体战略和步骤;制定相应的实施措施与方法;编制实施行动的程序或日程表。

(2) 向执行决策方案的人员传达实施要求,落实各项行动:确保与方案有关的各种指令能被所有有关人员充分接受和彻底理解;将决策目标层层分解,落实到每一个执行单位和个人;建立重要的工作报告制度,以便及时了解方案进展情况,及时进行调整。

课堂讨论 3-6

按以上程序作出的决策是否就是正确的决策?

3.4.7 监督和评估

一种方案可能涉及较长的时间，在这段时间内，形势可能发生变化，而初步分析建立在对问题或机会的初步估计上，因此，管理者要不断对方案进行修改和完善，以适应变化了的形势。同时，连续性活动因涉及多阶段控制而需要定期进行分析。由于组织内部条件和外部环境的不断变化，管理者要不断修正方案来减少或消除不确定性，定义新的情况，建立新的分析程序。具体来说，职能部门应对各层次、各岗位履行职责情况进行检查和监督，及时掌握执行进度，检查有无偏离目标，及时将信息反馈给决策者。决策者则根据职能部门反馈的信息，及时追踪方案实施情况，对既定目标发生部分偏离的，应采取有效措施，以确保既定目标的顺利实现；对客观情况发生重大变化，原先目标确实无法实现的，则要重新寻找问题或机会，确定新的目标，重新拟定可行的方案，并进行评估、选择和实施。

 **阅读材料 3-10**

莫里斯公司的决策

莫里斯公司是世界上规模最大、获利最丰厚的烟草公司之一，在美国同行中一直处于领先地位，它的主要产品——“万宝路”牌香烟风靡世界，为公司带来滚滚财源。但是进入 20 世纪 50 年代以后，莫里斯公司经营环境发生了急剧变化，医生把吸烟和癌症联系在一起，卫生组织认定吸烟对人体有害，美国国会也颁布了法令，禁止烟草公司在电视上打广告，这样，烟草公司的产品销售面临严峻的威胁。莫里斯公司意识到，若想生存下去，就必须设法进入新的市场领域，开展多元化经营。

美国米勒啤酒公司一直生产高级啤酒，产品浓度高，包装也相当考究，其广告宣传的主题是：豪华背景中有一位女士在温文尔雅地细品米勒啤酒。但是，不知为什么，米勒啤酒销路一直不好。1959 年，莫里斯公司作出一个重要决策：用 13 亿美元收购了米勒啤酒公司，并着手对米勒啤酒公司的主要产品进行研究和改造。莫里斯公司投入大量资金进行市场调查，结果发现美国 90%以上的啤酒是中下层人士饮用的，喝高级啤酒的人很少，高收入的人更倾向喝 XO、香槟之类。于是，擅长市场开发的莫里斯公司决定对米勒啤酒公司的主要产品进行调整，将其定位于大众化饮料，并在啤酒的浓度、包装、价格等方面进行相应更改。为使大众接受新型淡味啤酒，莫里斯公司投入大量广告经费，竭力对其新策划的一伙穿工作服的建筑工人在酒吧间痛饮米勒啤酒的广告进行广泛宣传。结果，在全国啤酒总销量仅增长 3%的情况下，米勒啤酒的销量却逐年递增，10 年间，市场占有率从同行第 7 位上升到第 2 位。接着，以米勒啤酒为基础，又生产出迎合各种顾客需要的莱特啤酒，这使莫里斯公司的销售量与利润都大幅度增加。

1978年,莫里斯公司又购买了七喜饮料公司,并把原来含咖啡因的七喜饮料改为无咖啡因的汽水类饮料,随后又开发出一种无咖啡因的可乐饮料,并大力宣传这种饮料,从而使其销量飞速上升。莫里斯公司成功地在软饮料行业获得了新的利润增长点。

课堂讨论 3-7

以本人亲身经历过的某一次决策项目为例,具体展开说明决策的详细过程。

3.5 决策方法

随着决策理论和实践的不断发展,人们在决策中所采用的方法也不断地得到充实和完善。当前,经常使用的企业经营决策方法一般可分为定性决策方法和定量决策方法两大类。前者注重于决策者本人的直觉,后者则注重于决策问题各因素之间客观的数量关系。把决策方法分为两大类只是相对而言的,在具体使用中,两者不能截然分开。两者密切配合、相辅相成,已成为现代决策方法的一个发展趋势。

3.5.1 定性决策方法

定性决策方法又称"软"方法,是一种直接利用决策者本人或有关专家的智慧来进行决策的方法。管理决策者运用社会科学的原理并根据个人的经验和判断能力,充分发挥各自丰富的经验、知识和能力,从对决策对象的本质特征的研究入手,掌握事物的内在联系及其运行规律,对企业的经营管理决策目标、决策方案的拟订以及方案的选择和实施作出决断。这种方法适用于受社会经济因素影响较大的、因素错综复杂以及涉及社会心理因素较多的综合性的战略问题,是企业界决策采用的主要方法。

其主要有头脑风暴法、名义小组技术法、德尔菲法、电子会议法。

1. 头脑风暴法

头脑风暴法,又称智力激励法、BS法,由美国创造学家奥斯本于1939年首次提出,于1953年正式发表的一种激发创造性思维的方法。此法经各国创造学研究者的实践和发展,已经变成有效的群体决策的方法。它是为了克服阻碍产生创造性方案而遵从压力的一种相对简单的方法。它是一种思想产生过程,鼓励提出任何种类的方案设计思想,同时禁止对各种方案的任何批评。

通常是将对解决某一问题有兴趣的人集合在一起,在完全不受约束的条件下,敞开思路,畅所欲言。头脑风暴法实施的四项原则如下。

(1) 对别人的建议不做任何评价,将相互讨论限制在最低限度内。

(2) 建议越多越好,在这个阶段,参与者不要考虑自己建议的质量,想到什么就说出来。

(3) 鼓励每个人独立思考,广开思路,想法越新颖、奇异越好。

(4) 可以补充和完善已有的建议,以使它更具说服力。

头脑风暴法的目的在于创造一种畅所欲言、自由思考的氛围,诱发创造性思维的共振和连锁反应,产生更多的创造型思维。这种方法的时间安排应在1～2小时,参加者以5～6人为宜。

阅读材料 3-11

头脑风暴法

有一年,美国北方天气格外寒冷,大雪纷飞,电线上积满冰雪,大跨度的电线常被积雪压断,严重影响了通信,许多人试图解决这一问题,但都未能如愿。后来,电信公司经理采用奥斯本发明的头脑风暴法,尝试解决这一难题。他召开了一种能让头脑卷起风暴的座谈会,参加会议的是不同专业的技术人员。

按照这种会议规则,大家七嘴八舌地议论开来。有人提出设计一种专用的电线清雪机;有人提出用电热来化解冰雪;也有人建议用振荡技术来清除积雪;还有人提出能否乘坐直升机去扫电线上的积雪。对于这种"乘坐飞机扫雪"的设想,尽管觉得滑稽可笑,但会上无人提出批评。相反,一个工程师在听到用飞机扫雪的想法后,大脑突然受到冲击,一种简单可行且高效率的清雪方法冒了出来。

这位工程师想,每当大雪过后,出动直升机沿积雪严重的电线飞行,依靠高速旋转的螺旋桨即可将电线上的积雪迅速扇落。他马上提出"用直升机扇雪"的新设想,顿时又引起其他与会者的联想,有关用直升机除雪的设想一下多了七八条,不到1小时,与会的10名技术人员共提出90多条新设想。

会后,电信公司组织专家对设想进行分类论证。专家认为设计专用清雪机,采用电热或电磁振荡等方法清除电线上的积雪,在技术上虽然可行,但研制费用大,周期长,一时难以见效。那种因"坐飞机扫雪"激发出来的设想倒是一种大胆的新方案,如果可行,将是一种既简单又高效的好办法。经过现场试验,发现用直升机扇雪真能奏效。一个久悬未决的难题,终于在头脑风暴会中得到了巧妙的解决。

2. 名义小组技术法

在群体决策中,若对问题的性质不完全了解且意见分歧严重,则可采用名义小组技术。在这种情况下,小组成员互不通气,也不在一起讨论、协商,此时小组只是名义上的,这种名义上的小组可以有效地激发个人的创造力和想象力。在问题提出之后,具体按照以下几步进行。

(1) 成员集合成一个群体,但在进行任何讨论之前,每个成员独立地写下他对问题的看法。

（2）经过一段时间的沉默后，每个成员将自己的想法提交给群体。然后一个接一个地向大家说明自己的想法，直到每个人的想法都表达完并记录下来为止（通常记在一张活动挂图或黑板上）。

（3）群体开始讨论，以便把每个人的想法弄清楚，并作出评价。

（4）每一个群体成员独立地把各种想法进行排序，最后的决策是综合排序最高的想法。

3. 德尔菲法

德尔菲法是20世纪60年代初美国兰德公司的专家为避免集体讨论存在的屈从于权威或盲目服从多数的缺陷提出的一种有效的群体决策的方法。

（1）决策程序如图3-2所示。

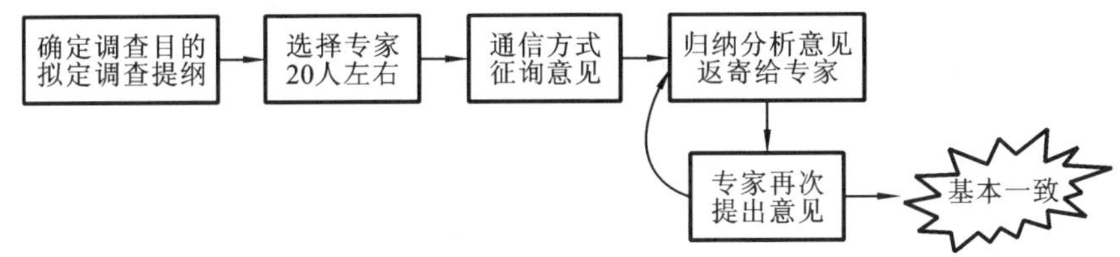

图3-2 德尔菲法决策程序

① 确定调查目的，拟定调查提纲。拟定要求专家回答问题的详细提纲，并同时向专家提供有关背景材料，如目的、期限、调查表填写方法及其他要求。

② 选择一批熟悉本问题的专家，一般为20人左右，包括理论和实践等各方面的专家。

③ 以通信方式向各位选定专家发出调查表，征询意见。

④ 对返回的意见进行归纳、定量统计分析后再寄给有关专家。

⑤ 看过结果后，再次请成员提出他们的方案。

⑥ 重复④、⑤两步直到取得大体上一致的意见。

（2）特点：匿名性、统计性、反复性。

（3）优点：避免集体讨论存在的屈从于权威或盲目服从多数的缺陷。

阅读材料3-12

用德尔菲法对专著销售量进行预测

该经销商首先选择若干书店经理、书评家、读者、编审、销售代表和海外公司经理组成专家小组。接着将该专著和一些相应的背景材料发给各位专家，要求大家给出专著最低销售量、最可能销售量和最高销售量三个数字，同时说明自己作出判断的主要理由。

将专家的意见收集起来，归纳整理后返回给各位专家，然后要求专家参考他人的意见对自己的预测重新进行考虑。从调查结果中看出，在得到第一次预测的汇总结果后，专家在第二次预测中都做了不同程度的修正。

在第三次预测中，大多数专家又一次修改了自己的看法。第四次预测时，所有专家都不再修改自己的意见。专家意见收集过程在第四次后停止，最终结果为最低销售量 26 万册，最高销售量 60 万册，最可能销售量 46 万册。

4. 电子会议法

最新的群体决策方法是将名义小组技术法与尖端的计算机技术相结合的电子会议法。

会议所需技术一旦成熟，概念就简单多了。多达 50 人围坐在一张马蹄形的桌子旁，这张桌子上除了一系列的计算机终端外别无他物。将问题显示给决策参与者，他们会把自己的答案输入在计算机屏幕上。个人评论和标数统计都投影在会议室的屏幕上。

电子会议的主要优点：匿名、诚实和快速；决策参与者能不透露姓名地输出自己所要表达的任何信息，一敲键盘，信息即显示在屏幕上，所有人都能看到；决策参与者能充分地表达他们的想法而不会受到惩罚；消除了闲聊和讨论偏题，且不必担心打断别人的“讲话”。

专家认为电子会议的效率比传统的面对面会议的高一倍甚至以上。但是，电子会议也存在缺点：打字速度慢的人相比打字速度快的人相形见绌；缺乏面对面口头交流所传递的丰富信息。目前，由于此项技术仍处于起步阶段，可以预计，未来的群体决策可能会广泛地使用电子会议技术。

3.5.2 定量决策方法

定量决策方法，即决策的硬方法，就是运用数学的决策方法。其核心是把与决策有关的变量与变量、变量与目标之间的关系用数学关系表示，即建立数学模型，然后通过计算求出答案，供决策者参考使用。近年来，计算机的发展为数学模型的运用开辟了更广阔的前景。现代企业决策中越来越重视决策的“硬”方法的运用，因此，学会运用数学方法进行企业决策是非常重要的。运用定量决策技术，可以把企业管理经常出现的常规问题编成处理的程序，供下次处理类似的问题时调用。因此，这种方法经常在程序化决策中被广泛应用。同时，它可以把决策者从日常的常规管理事务中解放出来，把主要精力集中在非程序化的战略决策问题上。

根据问题的性质、未来情况的可预测程序以及相应的解决方式，可以把定量决策方法分成三种典型的类型：确定型决策方法、风险型决策方法和不确定型决策方法。

1. 确定型决策方法

确定型决策是指已知未来情况条件下的决策。这类决策的每种备选方案，其结果是确定的，决策的任务就是从中找出结果最好的方案。构成确定型决策应当满足三种条件：一是决策问题中的各种变量及相互关系均能用计量的形式表达；二是决策结果的单一性，即每种备选方案只有一个确定的结果；三是决策方案能推导出最优解。确定型决策具有重复出现的特点，处理这类问题往往有固定的模式和标准方法。最常用的确定型决策方法有：直观判断法、盈亏平衡分析法、ABC 分类法、线性规划法、经济批量法、投资效果分析法等。下面主要介绍线性规划法和盈亏平衡分析法。

1）线性规划法

线性规划是在一些线性等式或不等式的约束条件下，求出线性目标函数的最大值或最小值的方法。其步骤为：第一，确定影响目标大小的变量；第二，列出目标函数的方程；第三，找出实现目标的约束条件；第四，找出实现目标函数达到最优的可行解。

【例 3-1】 某公司经市场调研，决定生产轴承甲、轴承乙两种产品，其单台利润分别为 60 元和 30 元，两种产品共享一种钢材、一台设备，其资源及获得利润情况如表 3-2 所示。

表 3-2 轴承甲和轴承乙的资源及获得利润的情况

	轴 承 甲	轴 承 乙	现 有 资 源
钢材消耗定额/(千克/台)	2	4	600 千克
台时消耗定额/台时	3	1	400
配件/(件/台)	2	0	250 件
利润/元	60	30	

假设市场状况良好，企业生产出来的产品能卖出去形成利润，这时的产量最大就是利润最大，试问何种组合的产品使企业利润最大？

这是一个典型的线性规划问题，建立数学模型的步骤如下。

第一步，确定影响目标大小的变量。在本例中，目标是利润 π，影响利润的变量是轴承甲数量 X 和轴承乙数量 Y。

第二步，列出目标函数方程。

表达式 $\text{Max}[\pi]=60X+30Y$。

第三步，找出实现目标的约束条件，建立数学模型。

$$2X+4Y\leqslant 600$$

$$3X+Y\leqslant 400$$

$$2X\leqslant 250$$

$$X,Y\geqslant 0$$

第四步，找出目标函数方程的最优解。通过代入法，求出上述线性规划问题的解

为 $X=100$ 和 $Y=100$，即生产 100 台轴承甲和 100 台轴承乙使企业的利润最大。

$$\text{Max}[\pi]=60X+30Y=(60\times100+30\times100)\text{元}=9000\text{ 元}$$

在日常工作中，大量问题都可以利用线性规划方法使之最优化。

2）盈亏平衡分析法

盈亏平衡分析的基本模型是研究生产、经营一种产品达到不盈不亏时的产量或收入决策问题。这个不盈也不亏的平衡点即为盈亏平衡点。显然，生产量低于这个产量时，则发生亏损；超过这个产量时，则获得盈利。如图 3-3 所示，随着产量的增加，总成本与销售额随之增加，当到达平衡点 A 时，总成本等于销售额（即总收入），此时不盈利也不亏损，正对应此点的产量口即为平衡点产量；销售额即为平衡点销售额。同时，以 A 点为分界点，形成亏损与盈利两个区域。此模型中的总成本是由固定成本和变动成本构成的。按照是以平衡产量 Q 还是以平衡点销售额 R 作为分析依据，可将盈亏平衡分析法划分为盈亏平衡点产量（销量）法和盈亏平衡点销售额法。

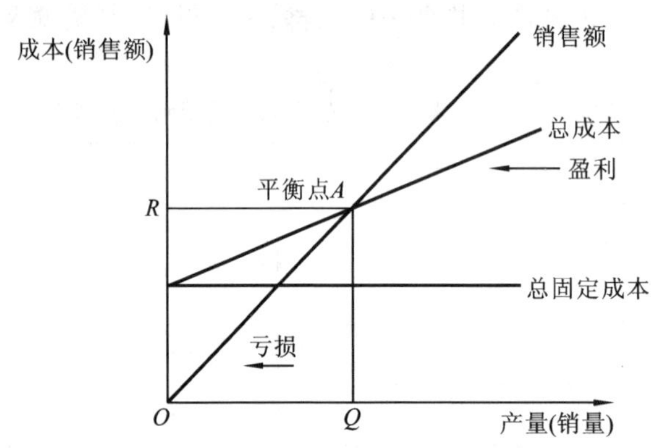

图 3-3 盈亏平衡分析基本模型

盈亏平衡点产量（销量）法，即以盈亏平衡点产量或销量作为依据进行分析的方法。其基本公式为

$$Q=\frac{C}{P-V}$$

式中：Q 为盈亏平衡点产量（销量）；C 为总固定成本；P 为产品价格；V 为单位变动成本。

当要获得一定的目标利润时，其公式为

$$Q=\frac{C+B}{P-V}$$

式中：B 为预期的目标利润额；Q 为实现目标利润 B 时的产量或销量。

盈亏平衡点销售额的计算公式为

$$S=PQ$$

式中：S 为盈亏平衡点销售额。

【例 3-2】 某厂生产一种产品。其总固定成本为 200000 元，单位产品变动成本为 10 元，产品销价为 15 元。

求：①该厂的盈亏平衡点产量应为多少？

② 如果要实现利润 20000 元，其产量应为多少？

解：①$Q=\frac{C}{P-V}=\frac{200000}{15-10}$件$=40000$ 件

即当生产量为 40000 件时，处于盈亏平衡点上。

②$Q=\frac{C+B}{P-V}=\frac{200000+20000}{15-10}$件$=44000$ 件

即当生产量为 44000 件时，企业可获利 20000 元。

2. 风险型决策方法

风险型决策方法主要用于人们对未来有一定程度的认识但又不能肯定的情况。这时，在未来实施方案时可能会遇到好几种不同的情况（自然状态）。每种自然状态均有出现的可能，人们目前虽然无法确知，但是可以根据以前的资料和经验来推断各种自然状态出现的概率。在这些条件下，人们计算的各方案在未来的经济效果只是考虑到自然状态出现的概率的期望收益，与未来的实际收益不会完全相等，所以决策结果要承担一定的风险。

风险型决策常用的方法是决策树法和决策表法。

1）决策树法

决策树法是指借助树形分析图，根据各种自然状态出现的概率及方案预期损益，计算与比较各方案的期望值，从而抉择最优方案的方法。

决策树法具体包括如下三步。

第一步，从左向右画出决策树图形。首先从左端决策点（用□表示）出发，按备选方案引出相应的方案枝（用“—”表示），每条方案枝上注明所代表的方案；然后，每条方案枝到达一个方案结点（用“○”表示），再由各方案结点引出各个状态枝（也称为概率枝，用“——”表示），并在每个状态枝上注明状态内容及其概率；最后，在状态枝末端（用“△”表示）注明不同状态下的损益值。决策树完成后，再在下面注明时间长度。

第二步，计算各种状态下的期望值。期望值的计算是沿决策树的反方向自右向左计算的，包括两步。首先，计算各概论分支的期望值，即用方案各自然状态下的收益值分别乘以各自然状态的概率；其次，将各概率分支的期望收益值相加，并将数字记在相应的自然状态点上。

第三步，剪枝决策。比较各方案的期望收益值，从中选择收益值最大的作为最佳方案，其余的方案枝一律剪掉，最终剩下一条贯穿始终的方案枝，即决策方案。

如果是多阶段或多级决策，则需要重复第二、三步工作。

【例3-3】 某公司计划未来3年生产某种产品，需要确定产品批量。根据预测估计，这种产品的市场状况的概率是，畅销为0.2、一般为0.5、滞销为0.3，各种状态下的收益值(单位:万元)如表3-3所示。现提出大、中、小三种批量的生产方案，求取得最大经济效益的方案。

表3-3 某公司的有关资料 单位:万元

	畅销(0.2)	一般(0.5)	滞销(0.3)
大批量	40	30	−10
中批量	30	20	8
小批量	20	18	14

第一步，根据表3-3中的数据绘制决策树，如图3-4所示。

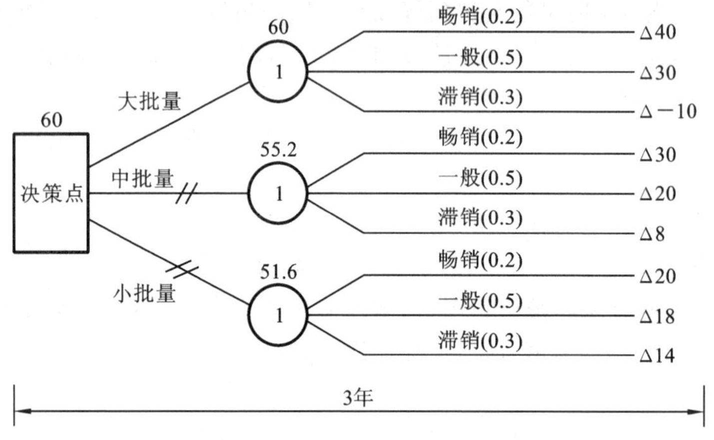

图3-4 决策树图

第二步，计算期望损益值。根据决策树资料，计算如下：

大批量生产期望值=[40×0.2+30×0.5+(−10)×0.3]×3万元=60万元

中批量生产期望值=[30×0.2+20×0.5+8×0.3]×3万元=55.2万元

小批量生产期望值=[20×0.2+18×0.5+14×0.3]×3万元=51.6万元

第三步，剪枝决策。将各方案的期望值标在各个方案的节点上，然后比较各方案的期望值，从中选择期望值最大的作为最佳方案，并把最佳方案的期望值写在决策点方框的上边，同时剪去(用"//"表示)其他方案枝。此例中，大批量生产期望值最大，所以选择该方案。

2）决策表法

决策表法，就是以决策矩阵为基础，将每种可行方案的期望值求出来，然后根据目标的要求，比较其期望值的大小，选择最大收益期望值或最小损失期望值的行动方案为最优方案。

【例 3-4】 某企业生产的是季节性产品，销售期为 90 天，产品每台售价 1.8 万元，成本 1.5 万元，利润 0.3 万元。但是，如果每天增加一台存货，则损失 0.1 万元。预测的销售量及相应发生的概率如表 3-4 所示，问企业应怎样安排日产量计划才能获得最大利润？

表 3-4 预测的销售量及发生概率

日销售量/台	完成该销售量的天数	相应概率
200	20	0.1
220	35	0.4
240	25	0.3
270	10	0.2
合计	90	1.0

解：根据表 3-4 编制收益表并计算期望利润，其结果如表 3-5 所示。

表 3-5 决策收益值表 单位：万元

自然状态	日销售量				期望利润
	200	220	240	270	
方案 \ 概率	0.1	0.4	0.3	0.2	
200	60	60	60	60	60
220	58	66	66	66	65.2
240	56	64	72	7	67.2
270	33	61	69	81	66.6

表 3-5 中的数字为收益值，计算方法为

收益值＝日销售量×每台利润－(日产量－日销量)×滞销损失

各方案期望利润的计算方法为

$$期望利润 = \sum 不同状态下收益值 \times 相应概率$$

从表 3-5 中可知，日产 240 台时，预计利润最大为 67.2 万元。所以决策的最优方案为日产 240 台。

3. 不确定型决策方法

不确定型决策是在对未来自然状态完全不能确定的情况下进行的。由于决策主

要靠决策者的经验、智慧和风格来确定，便产生不同的评选标准，因而形成了多种具体的决策方法。

【例 3-5】 某公司计划生产一种新产品。该产品在市场上的需求量有四种可能：需求量较高、需求量一般、需求量较低、需求量很低。对每种情况出现的概率均无法预测，现有三种方案：A 方案是自己动手，改造原有设备；B 方案是全部更新，购进新设备；C 方案是购进关键设备，其余自己制造。该产品计划生产 5 年。据测算，各个方案在各种自然状态下 5 年内的预期损益如表 3-6 所示。

表 3-6 各方案损益值表

单位：万元

自然状态 / 损益值 / 方案	需求量较高	需求量一般	需求量较低	需求量很低
A 方案	70	50	30	20
B 方案	100	80	20	－20
C 方案	85	60	25	5

(1) 乐观法(大中取大法)。这种方法的决策是建立在决策者对未来形势估计非常乐观的基础之上的，即认为极有可能出现最好的自然状态，于是争取好中取好。具体方法：先从每个方案中选择一个最大的收益值，即 A 方案 70 万元，B 方案 100 万元，C 方案 85 万元；然后，再从这些方案的最大收益中选择一个最大值，即 B 方案的 100 万元作为决策方案，如表 3-6 所示。

(2) 悲观法(小中取大法)。这种方法的决策是建立在决策者对未来形势估计非常悲观的基础上的，即从最坏的结果中选最好的。其具体方法：先从每个方案中选择一个最小的收益值，即 A 方案 20 万元；B 方案 －20 万元，C 方案 5 万元；然后，从这些最小收益值中选取数值最大的方案(A 方案 20 万元)作为决策方案，如表 3-6 所示。

(3) 平均法(等概率法)。这种方法的决策是将未来不明的自然状态出现的可能完全等同地加以看待，因此，各种自然状态出现的概率都相同，从而将其转化成风险型决策。

(4) 后悔值法(大中取小法)。这种方法的基本思想是如何使选定决策方案后可能出现的后悔达到最小，即蒙受的损失最小。各种自然状态下的最大收益值与实际采用方案的收益值之间的差额，称为后悔值。这种决策方法的步骤：先从各种自然状态下找出最大收益值，再用各个方案的收益值去减最大收益值，求得后悔值；然后，从各个方案后悔值中找出最大后悔值，并从中选择最大后悔值最小的方案为决策方案。如表 3-7 所示，三个方案最大后悔值分别为 30 万元、40 万元、20 万元。因为 C 方案的最大后悔值最小(20 万元)，故选中该方案。

表 3-7　各方案后悔值表　　单位:万元

方案 \ 损益值 \ 自然状态	需求量较高	需求量一般	需求量较低	需求量很低
A 方案	30	30	0	0
B 方案	0	0	10	40
C 方案	15	20	5	15

上述四种方法,在实际中往往同时运用,并将用四种方法决策被选中次数最多的方案作为决策方案。

本章小结

1. 有关决策的定义很多,一般认为决策就是管理者为实现组织目标,运用科学的理论和方法,制定若干种可行性方案,通过分析评价选择或综合出优化方案,并加以实施的一系列活动和过程的总称。

2. 适量的信息是决策的基本前提和有效依据,信息不足和信息过量都是有害无益的。决策依据的是满意原则而不是所谓的最优原则。

3. 决策按照不同的标准可以分为多种类型:战略决策、战术决策与业务决策,程序化决策与非程序化决策,群体决策与个人决策,确定型决策、不确定型决策和风险型决策,初始决策与追踪决策等。

4. 相比个人决策,群体决策体现出更多的优势,具体表现在信息更加完整、方案更多、对方案的接受度更高以及看起来更合法等,这也是为什么现代组织中普遍采用群体决策的原因所在。但是群体决策比个人决策更耗费时间,而且容易受少数人控制,会出现从众压力和责任不清等现象。

5. 决策制定是一个包括七步的过程:识别问题、确定目标、拟订方案、分析方案、选择方案、实施方案、监督与评估。

6. 改善群体决策的有效方法包括头脑风暴法、德尔菲法、名义小组技术法、电子会议法,但这些方法也并非无懈可击。

7. 决策的方法有很多种,但是在实际工作中,有的决策问题能够量化,有的决策问题则无法量化,于是就有了定性决策与定量决策之分。

8. 随着决策技术和手段的不断发展,特别是信息技术和计算机的广泛应用,强调决策精确性的许多定量决策方法得到越来越普遍的运用,线性规划法、盈亏平衡分析法、决策树法、决策表法、悲观法、乐观法等是本章介绍的有关定量决策的基本方法。

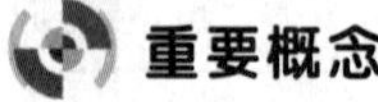

重要概念

决策　决策原则　决策类型　决策过程　定量决策　定性决策　确定型决策　风险型决策　不确定型决策　盈亏平衡分析法　决策树

复习思考题

1. 怎样理解决策的含义及其普遍性?

2. 为什么说决策是一个过程?

3. 管理与决策之间是一种什么样的关系? 你认为应该怎样去理解"管理就是决策"这种说法?

4. 决策过程中,哪些步骤对方案的质量和决策的成败有着重要的影响? 为什么?

5. 什么是最优决策? 什么是满意决策? 你更倾向于哪一种决策?

6. 与初始决策相比,追踪决策的特征是什么?

7. 不确定型决策与风险型决策的主要区别是什么?

8. 你作为组织的高层经理,是愿意为中层和基层经理制定范围广泛的程序化决策还是非程序化决策?

9. 请评价群体决策和个人决策的效果与效率。

10. 如果你对某件事的结果负责,而让别人做决策,你对此有何感想?

学习拓展

利用电子图书馆和互联网资源搜集有关决策的资料与案例,通过整理、归纳与分析,准确把握知识点和技能点,巩固所学知识与技能。

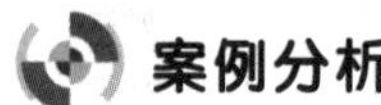

案例分析

案例 3-1　运输公司的麻烦

人人都认为灰狗运输公司遇到了麻烦。该公司利润少得可怜,虽然需求非常旺盛,但却没有钱安排空车或者买车和雇佣司机来满足这些需求。在总站,员工拿乘车人找乐,对这些人爱答不理,对他们的行李更是随意乱扔。为了削减经营成本和提高顾客服务质量,灰狗运输公司的高层领导一起制订了一个公司重组计划。根据这项计划,要大幅度裁员,减少服务的线路和服务内容,而且从顾客订票到车次的安排全部实行计算机管理。

但是,中层管理人员反对这项计划。很多中层经理认为,大幅度裁员将使本来就很差的顾客服务变得更加糟糕。负责计算机项目的经理敦促公司暂缓引进称之为"旅途"的计算机订票系统,以解决高度复杂的软件中所存在的一些小问题。人力资源部门指出，总站员工的受教育程度低，连高中毕业生都为数不多，要使他们能够有效地使用这个系统，必须对他们进行大规模培训。总站经理警告说，灰狗运输公司的乘客中许多是低收入者，他们没有信用卡或者电话，这样他们就无法接受公司计算机订票系统的服务。面对这些分歧，公司高层领导还是开始应用新的系统，并强调说，通过研究得到的数据表明，“旅途”计算机订票系统将改善顾客服务质量，使顾客买票更加方便，而且顾客还可以为特殊旅行预订位置。灾难降临了，订票的电话剧增，但由于新的接线系统存在机械上的问题，很多电话根本打不进来。许多顾客还是像往常一样，到总站直接买票上车，计算机仿佛陷入了泥潭，击一下键需要 45 秒，而打印一张车票则需要 5 分钟。这个系统经常瘫痪，售票员不得不用手来写票。顾客排着长队等候，看不到自己的行李，而且经常被迫在总站过夜。人员减少，使得售票员不得不穷于应付他们并不熟悉的计算机系统，对顾客不礼貌的事时有发生。公司的顾客急剧减少，竞争对手更是乘机抢夺那些对灰狗运输公司不满意的顾客。

问题：

1. 灰狗运输公司管理者所面临的是程序性决策还是非程序性决策？

2. 利用管理决策制定过程的七步来分析灰狗运输公司的案例。该公司高层领导对这七步给予足够的重视了吗？如果你是该公司的管理者，你将怎样做，为什么？

案例 3-2 柯达公司的命运

实际上，早在 1975 年，柯达公司就发明了世界第一台数码相机，其专业技术令全球同行仰望。但随着它在传统胶卷市场上大获全胜，柯达公司渐渐变成了一个掩耳盗铃者——它采取了一种自欺欺人的策略：封锁这些技术的民用推广，从而延缓普通数码相机的发展速度。这样，柯达公司就能延长传统胶卷的生命周期，从而使自己继续在这一行业赚取巨额利润。孰料日本富士公司、索尼公司等集团在数码领域一抢而入，柯达公司美梦烟消云散。

2003 年 9 月 26 日，有着 100 多年辉煌历史的全球传统影像业巨头柯达公司，正式对外公布了其“全力以数码为导向”的战略调整计划，至此，柯达公司首次承认其传统影像市场在萎缩，并郑重宣布不再向传统的胶卷业务进行任何重大的长期投资。2004 年，柯达公司被道琼斯除名并停止销售胶片相机以应对数码潮流，到 2005 年，柯达数码相机在美销售夺冠，盈利高达 57 亿美元，但到 2007 年跌至第四，2010 年跌至第七。2009 年，柯达公司停售历经 74 年之久的 35 毫米彩色胶片。2011 年，柯达公司仅能勉强维持市场份额，并受创于为职工发放巨额抚恤金，柯达股价跌幅超过 80%。2012 年，柯达公司依据美国《破产法》第 11 章向纽约一家破产法院申请破产保护。当地时间 2013 年 8 月 20 日，美国联邦破产法院批准美国柯达公司脱离破产保护，重组为一家小型数码影像公司的计划。昔日辉煌的影像业巨头黯然退出历史舞台。

其实,凭借柯达公司的实力,日系品牌不可能轻易胜出。但柯达公司何以至此?其一,它输给了自己。战与不战,柯达公司一直举棋不定,因为数码影像市场的利润率远远低于自己占垄断地位的传统胶卷市场的,柯达公司显然不愿放弃既得利益。其二,柯达公司销售数码相机,必然以牺牲自己的传统胶卷市场为代价。这一无奈选择让柯达公司痛苦不已……总之,柯达公司迷恋传统胶卷市场,几乎无心在数码相机上与富士等品牌对决。然而,数码相机取代传统相机,这又是必然趋势,柯达公司命中注定陷入了一个两难境地。而在两难中,柯达公司一次又一次地错过了改变自己命运的机会。

棋界有句话:“一着不慎,满盘皆输;一着占先,全盘皆活。”它喻示了一个道理,无论做什么事情,成功与失败取决于决策的正确与否。科学的经营决策能使组织充满活力、兴旺发达,而错误的经营决策会使组织陷入被动,濒临险境。

问题:

1. 决策的依据是什么?

2. 我们能从柯达公司失败的案例中获得哪些经验?

实践训练

实训项目

运用头脑风暴法确定开办饭店的类型。

实训目的

1. 给学生练习创造性地解决问题的机会。

2. 启发和引导学生的创造性思维。

3. 运用头脑风暴法培养学生的创新能力。

实训内容

你和你的同学试图决定在购物中心开设一家饭店。困扰你们的问题是,这个城市已有很多的饭店,这些饭店能够提供各种价位的不同种类的餐饮服务。你们拥有开设任何一种类型饭店的足够资源。你们所面对的问题是决定什么样的饭店是最成功的。

实训程序

1. 为了给参与者发挥先天的创造性大开绿灯,我们可以进行头脑风暴的演练,头脑风暴的基本准则如下。

(1) 不允许有任何批评意见。

(2) 欢迎异想天开(想法越离奇越好)。

(3) 我们所要求的是数量而不是质量。

(4) 我们寻求各种想法的组合和改进。

2. 有了这些基本概念后,将全体人员分成每组6人的若干小组。

3. 小组集体花5～10分钟来形成你们最可能成功的饭店类型。每位小组成员都要尽可能地富有创新性和创造力，对任何提议都不能加以批评。

4. 指定一位小组成员把所提出的各种方案写下来。

5. 再用10～15分钟讨论各种方案的优点与不足。作为集体，确定一种使所有成员意见一致的最可能成功的方案。

6. 在作出决策后，对头脑风暴法的优点与不足进行讨论，确定是否有产生阻碍的现象。

7. 指定一位发言人在老师提问时向全班报告你们小组的发现与结论。

实训考核

1. 当你在进行头脑风暴时还存在一些什么样的顾虑?

2. 你认为头脑风暴法适合于解决哪些问题?

3. 你现在能想到的在工作中可以利用头脑风暴法的地方有哪些?

第四章 计 划

学习目标

- 理解计划的概念、内容与作用。
- 认识计划的特点及计划的类型。
- 了解目标的概念、特征和作用。
- 系统掌握计划的制订过程。
- 掌握目标管理的概念和基本进程。
- 理解滚动计划法、甘特图法和网络计划法。
- 运用网络计划法解决实际问题。

导入案例

马拉松运动员的故事

山田本一是日本著名的马拉松运动员。他曾在1984年和1986年的国际马拉松比赛中分别夺得世界冠军。记者问他凭什么取得如此惊人的成绩，山田本一总是回答：“凭智慧战胜对手！”

马拉松比赛主要是运动员体力和耐力的较量，爆发力、速度和技巧都在其次。因此，对山田本一的回答，许多人觉得他是在故弄玄虚。

10年后，这个谜底被揭开了。山田本一在自传中这样写道：“每次比赛之前，我都要乘车把比赛的路线仔细地看一遍，并把沿途比较醒目的标志画下来，比如第一标志是银行；第二标志是一颗古怪的大树；第三标志是一座高楼……这样一直画到赛程的结束。比赛开始后，我就以百米的速度奋力地向第一个目标冲去，到达第一个目标后，我又以同样的速度向第二个目标冲去。40多公里的赛程，被我分解成几个小目标，跑起来就轻松多了。开始我把目标定在终点线的旗帜上，结果当我跑到十几公里的时候就疲惫不堪了，因为我被前面那段遥远的路吓倒了。”

案例启示

分解目标就能更好地落实。个人在制定目标时，要有最终目标，比如成为世界冠军，更要有明确的绩效目标，比如在某个时间内成绩提高多少，最终目标是宏大的、引领方向的目标，而绩效目标则是一个具体的、可衡量的目标。目标被清晰地分解后，其产生的激励作用就非常明显，因为当实现了一个个分目标时，就能及时得到一次次的正面激励，从而挑战目标的信心就越来越大。组织在实现总目标时也是如此。

4.1 计划职能概述

计划是管理的基本职能之一，对整个管理过程而言，它位于其他管理职能之首。计划职能的主要任务是确定组织的共同目标及其实现途径，为人们的共同努力提供行动方案。

4.1.1 计划的概念、内容和作用

1. 计划的概念

"计划"一词可以从名词和动词这两个方面去理解。从名词意义上说，计划是指用文字和指标等形式表达的，组织以及组织内不同部门和不同成员在未来一定时期内关于行动方向、内容和方式安排的各种管理文件。计划是决策所确定的组织在未来一定时期内的行动目标和方式的进一步展开，是组织、领导、控制和创新等管理职能的基础。

从动词意义上说，计划是指为实现决策所确定的目标而预先进行的统筹安排。这项安排主要有从时间和空间两个维度来分解任务和目标、选择任务和目标实现方式、规定进度、检查与控制行动结果等。我们有时用"计划工作"表示动词意义上的计划内涵。

管理大师哈罗德·孔茨曾形象地比喻："计划工作是一座桥梁，它把我们所处的此岸和我们要去的彼岸连接起来，以克服这一天堑。"有了计划工作这座桥，本来模糊不清的未来现在变得清晰实在，虽然不可能准确地预见到未来的一切，不可能制订最优计划，但是计划还是能保证组织中各种活动有条不紊地进行。

2. 计划与决策的关系

要理解计划，有必要认识清楚计划与决策的关系，两者之中谁先谁后？

有人认为，计划是一个较宽泛的概念，作为管理的首要工作，计划是一个包括环境分析和预测、目标确定、方案选择的过程，决策只是这一过程中某阶段的工作内容。

以西蒙为代表的决策理论学派则强调，管理就是决策，决策是管理的核心，贯穿于整个管理过程。确定目标、制订计划、选择方案，是目标及计划决策；机构设置、人事安排、权限分配，是组织决策；计划执行活动的检查及检查时点、检查手段的选择，是决策控制。因此，决策不仅包括计划而且包括整个管理，决策就是管理本身。

实际上，两种观点各有合理的成分，如果把两者结合起来看，两种观点并不矛盾。计划与决策是"你中有我，我中有你"的关系，这种关系体现在：决策的制定过程中，不论是对内部能力优势或劣势的分析，还是在方案选择时关于各种方案执行效果或要求的评价，实际上都已经开始孕育着制订计划。反过来，计划的编制过程既是决策的

组织落实过程，也是决策的更为详细的检查和修订的过程。无法落实的决策，或者说决策选择的活动中哪些任务无法安排，必然会导致计划必须做一定的调整。

因此，可以说决策是计划的前提，为计划的任务安排提供了依据。计划是决策的逻辑延续，为决策所选择目标的实施提供了组织保证。在实际工作中，决策与计划相互渗透，难以截然分开。

课堂讨论 4-1

一个良好计划应包括什么内容？

3. 计划的内容

计划的内容可以简要地概括为“5W2H”，也就是说，计划必须清楚地确定和描述如下内容。

What——做什么？

Why——为什么做？原因与目的。

Who——谁去做？具体的执行者。

Where——在什么地方做？执行地点。

When——在什么时间做？执行时间。

How——怎样做？执行方式和手段。

How much——需要多少成本？计划执行的预算。

阅读材料 4-1

给猫挂铃铛

组织开展计划工作一定要弄清“做什么，怎么做，谁去做”这三个核心问题。有一则古老的寓言：某地一群老鼠深为附近一只凶狠无比、善于捕鼠的猫所苦。有一天，老鼠们群聚一堂，讨论如何解决这个心腹大患。老鼠们颇有自知之明，并没有猎杀猫的雄心壮志，只是想探知此猫的行踪，早做防范。有只老鼠的提议立刻引来满堂的叫好声，说来也无甚高论，它建议在猫身上挂个铃铛，如此一来，当猫接近时，老鼠们就能预先做好逃跑的准备。在一片叫好声中，有只老鼠突然问道：“那么，谁来挂铃铛？”但无论什么高招，如高薪奖励、颁发荣誉证书等，都无法确定谁去执行这一计划任务。办法一个又一个地提出来，至今，老鼠们还在争辩不休，也经常举行会议……

4. 计划的作用

无论是大型组织还是小型组织，都离不开计划。计划在管理中的作用是不言而喻的，计划的作用主要体现在以下几个方面。

(1) 计划是管理者指挥的依据。计划是管理工作的基础，为管理者提供行动的依据。管理者在制订计划之后要根据计划分派任务，确定下级的权力和责任，要促使组织中的全体人员的活动方向趋于一致而形成一种复合的、巨大的组织行为，以保证达到计划所设定的目标。如企业要根据年度生产经营计划安排每月的生产任务、技术改造和新产品开发。

（2）计划是降低风险、掌握主动的手段，计划是面向未来的，而未来的情况在不断地变化，特别是当今世界处于一种剧烈变化的时代当中，社会、科技、人们的价值观念都在不断变化。"凡事预则立，不预则废"，计划就是"预"，尽可能地把"意料之外的变化"化为"意料之中的变化"。这就要求组织能及时发现机会或预见威胁，以便早做准备，以掌握主动或预防万一。在实际中，有些变化是无法事先预知的，而且随着计划期的延长，这种不确定性也就相应增大，但通过计划工作，进行科学的预测可以把将来的风险减少到最低限度。

（3）计划是减少浪费、提高效益的方法。组织在实现目标的过程中，各种活动往往会出现前后协调不一，联系脱节等情况，计划工作的一项重要任务就是要使未来的组织活动均衡地开展，通过设计协调一致、有条不紊的工作流程来克服上述情况的发生，以达到减少重复和浪费的目的。

（4）计划是管理者进行控制的标准。一份好的计划工作应包括确立目标和指标，这些目标和指标将被用来进行控制。虽然这些目标和指标在控制职能中不能直接被使用，但它确实提供了一种标准，可以说，控制中几乎所有的标准都来源于计划。如果没有既定的目标和规划作为衡量的尺度，管理者就无法检查组织目标的实现情况，也就无法实施控制职能。

课堂讨论 4-2

对计划的作用有体会吗？可否举例说明计划的作用？

4.1.2 计划的特点

1. 目标性

任何组织和个人制订计划都是为了有效地达到某种目标。目标是计划工作的核心，没有目标的计划是盲目的。在计划过程的最初阶段，首要任务是制定具体明确的目标，其后的所有工作都是围绕目标进行的。目标性是计划的出发点和归宿点。

2. 首位性

计划在管理职能中居首要地位，这主要是由于组织、领导、控制、创新等管理的其他职能都是为了支持、保证实现计划职能设立的目标。只有在明确了目标和途径之后，才能确定要建立何种组织结构、需要何种人员、领导下属走向何方及何时需要何种纠偏。

3. 普遍性

计划是普遍存在的，计划的普遍性主要表现在两个方面：一是组织的任何活动都需要计划。由于资源的有限性,人们在从事各种活动时,都需要先做好计划,才能有效地利用资源。二是组织中各级管理人员都需要计划。所不同的是,不同管理层次的管理者制订的计划类型不同,高层管理人员负责制订战略计划,而中基层管理人员则负责制订战术计划或生产作业计划。

4. 时效性

时效性是指任何计划都应有时间限制。计划工作必须在任务的计划期开始之前完成,同时必须慎重选择好计划期的开始和截止时间。比如,我国制定的"十二五"规划从 2011 年开始到 2015 年结束;再如,随着我国物流业的兴起,南昌市针对本地实际情况和发展目标,在 2007 年之前就提前制定了 2007 年至 2020 年的物流发展规划。

5. 动态性

动态性是指任何计划都不是一成不变的。由于任何人都不可能对未来作出全面而准确的判断,因此任何计划在执行的过程中,都会受到环境条件的影响,当外部环境发生变化时,计划就必须作出及时的调整。但调整不是盲目的,不是领导随意想出来的,应切合实际。

阅读材料 4-2

中途岛的失败

1942 年 6 月的中途岛之战可以算是第二次世界大战的转折点之一。当时美国海军由于受到珍珠港袭击,其实力不如日本海军的。日本海军舰队司令山本做了中途岛会战计划:日本海军必须占领中途岛,从而控制中太平洋航线,这是战略目标,前提是歼灭美国海军主力。由于珍珠港惨败,美国海军一直避免同日本海军决战,因此为了强迫美国海军前来应战,必须以中途岛为诱饵,迫其主力赶来增援,达到决战的目的。

中途岛计划既是战略上的目标,也是战术上的诱饵。但是,这只是山本的美好设想,日本各舰队间的无线电通信均被美国海军截获,日本的会战计划败露,最终输掉了这场战役。

6. 创造性

计划是对管理活动的设计。随着外部环境和内部条件的变化,管理活动中会不断出现新问题、新变化,要应对这些变化,计划就需要打破原有的模式,体现出创造性。另外,管理过程是循序渐进的,原来的计划完成后,就会制订新的计划,但这一计划不是原来计划的简单重复,而是一个创造的过程,这更是计划的创造性的体现。

4.1.3 计划的类型

由于组织活动的复杂性和多元性,不同时期、不同管理层次的计划类型也表现出复杂性和多样性。按照不同的分类标准,计划被分成不同的类型。值得说明的是,理论上虽然计划按某种标准分类,但现实中计划通常是综合的,计划工作必须追求时间与空间等方面的平衡。各种分类形式如表4-1所示。

表4-1 计划的分类

分类标准	计划类型
计划的期限	长期计划
	中期计划
	短期计划
计划的层次	战略计划
	战术计划
	作业计划
明确性程度	指导性计划
	指令性计划
程序化程度	程序性计划
	非程序性计划
职能标准	业务计划
	人事计划
	财务计划

1. 按计划的期限划分,可分为长期计划、中期计划、短期计划

一般来说,人们习惯把1年及1年以内的计划称为短期计划;1年以上5年以内的计划称为中期计划;5年以上(含5年)的计划称为长期计划。当然,这种划分并不是绝对的。比如,一项航天发展项目的短期实施计划可能需要5年;而一家小的服装厂,由于市场需求变化很快,它的长期计划可能仅适用1年。因此,尽管我们按上述时间界限划分出长期、中期和短期计划,在具体讨论各种期限的计划时还是应根据它们本身的性质而定。

2. 按计划的层次划分,可分为战略计划、战术计划和作业计划

战略计划是由高层管理者制定的,对组织全部活动所做的战略安排,为组织设立总体目标和寻求组织在所对应环境中的地位的计划,通常具有长期性、整体性和较大的弹性。战略计划需要全盘考虑各种确定性和不确定性的情况,谨慎制定指导组织的全面工作。

战术计划也称管理计划,是由中层管理者制定的,是指规定总体目标如何实现的细节的计划，其需要解决的是组织的具体部门或职能在未来各个较短时期内的行动方案。战术计划是在战略计划指导下制定的，是战略计划的落实。

作业计划是由基层管理者制订的，是战术计划的执行计划。虽然战术计划比较详细，但在时间、预算和工作程序方面还不能满足实际的需要，还必须制订相应的作业计划。作业计划根据战术计划设定的预算、利润、销售量、产量等具体的目标，来划分合理的工作单位、分派任务和资源以及确定权力和责任。战略计划和战术计划都要靠作业计划来完成，作业计划体现出组织具体的工作内容。

3. 按计划的明确性程度划分，可分为指导性计划和指令性计划

指导性计划只规定了一般的方针和行动原则，而不局限于具体的目标或特定的行动方案。这种计划可为组织指明方向、统一认识，但并不提供实际操作指南。指令性计划刚好相反，要求必须具有明确的可衡量目标及一套可操作的行动方案。指令性计划不存在模棱两可，不会出现引起误解的问题。比如，某公司一个增加销售额的指令性计划明确规定未来半年内销售额要增加15%，而指导性计划则规定未来半年内销售额要增加12%～16%。组织通常面临环境的不确定性，可选择制订这两种不同类型的计划。

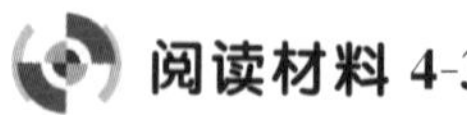

阅读材料 4-3

指令性计划和指导性计划　第一次登月

“休斯敦，川奎特基地，‘鹰号’已经着陆了。”这句话永远铭刻在全世界所有于1969年7月20日观看第一次人类登月的人们的记忆里。这一成功盛举背后的场面令人难以置信。因为看起来十分理想的顺利飞行，实际上，按照计划几乎面临着一场巨大的灾难。

把三个宇航员送入太空，其中两个驾驶太空飞船，然后着陆到月球上，这需要制订非常详细而周密的计划。从能量巨大的 Slaturn V 火箭倒计时和起飞，到太空飞船的精密操作，每个细节都制订了周密计划。当尼尔·阿姆斯特朗和巴兹·阿尔顿开始驾驶小型极易损坏的“鹰号”太空飞船向月球表面降落的时候出了差错。突然警报响了——一个“1202”报警声音。在指挥中心从地球上监控“鹰号”下降的一个人回忆说：“我不太清楚‘1202’到底是什么。”离月球表面着陆只剩下8分钟的时候，除了史蒂夫·比尔斯，一位26岁的技术专家，指挥中心没有一个人知道“1202”意味着什么。整个太空项目组只能等待，看比尔斯是否放弃月球着陆。比尔斯最后决定，问题是由于飞船上的计算机信息太多不能处理而引起的，只要计算机不完全关闭，他们就能成功地在月球上着陆。尽管响了警报，指挥中心还是按计划向“鹰号”发出了继续着陆的信号。

当“鹰号”离月球表面只有5000英尺(1英尺=0.3048米，下同)，且以100英尺/

秒的速度飞向月球时，另一个问题发生了。指挥中心的计算机引导飞船进入着陆区，但是当尼尔·阿姆斯特朗从飞船窗口看月球表面的时候，他没有看到任何事先研究月球表面时所能认出的东西。计算机制导系统正引导他们进入一个岩石地带——与事先计划的完全不同。着陆在像大众汽车那么大的岩石上，精密的月球着陆器将会粉身碎骨。在离月球表面350英尺时，尼尔·阿姆斯特朗没有与休斯敦的指挥部说一句话，就直接手动操纵飞船寻找着陆地点。指挥中心的工程师和技术人员只是坐着而不能给予任何帮助。当阿姆斯特朗离月球越来越近时，他能看到的还是岩石。

同时，在休斯敦，计算机显示“鹰号”着陆油箱里的燃料已经很少了。那天指挥中心的一位成员回忆说，“从那时起，我们什么忙也帮不上。我们能做的只是告诉他们还剩下多少燃料”。指挥中心的决定是，如果“鹰号”不能在60秒内着陆，登月行动即告失败。25秒，20秒，阿姆斯特朗离月球表面只有100英尺了，这时他找到了一个着陆地点，如果他能及时降落到那里的话似乎是安全的。那时，指挥中心异常的寂静，什么声音都听不到。紧接着，通信系统中传来尼尔·阿姆斯特朗平静、镇定、冷静的声音：“休斯敦，川奎特基地，‘鹰号’已经着陆了。”

4. 按计划的程序化程度划分，可分为程序性计划和非程序性计划

西蒙把组织活动分为两类。一类是例行活动，指一些重复出现的工作，如订货、材料的出入库等。这类活动的决策计划是经常反复的，而且有一定的稳定结构，因此可以建立一定的决策程序，甚至可以编成计算程序。每当出现这类工作或问题时，就可利用既定的程序来解决，而不需要重新研究。这类决策称为程序化决策，与此对应的计划是程序性计划。另一类组织活动属于非例行活动，不会重复出现，如新产品的开发、品种结构的调整、工作制度的改革等。这些问题或在过去从未出现过，或者因为其性质和结构极为复杂，或者因为其十分重要而需用个别方法加以处理。解决这类问题的决策称为非程序化决策，与之相应的计划称为非程序性计划。

5. 按计划的职能标准划分，可分为业务计划、人事计划和财务计划

人们通常用“人、财、物、供、产、销”六个字描述一个企业的必要要素，业务计划的内容涉及“物、供、产、销”，人事计划的内容涉及“人”，财务计划的内容涉及“财”。组织是通过从事一定业务活动立身于社会的，业务计划是组织的主要计划。长期业务计划主要涉及业务方面的调整或业务规模的扩大，短期业务计划则主要涉及业务活动的具体安排。比如，企业业务计划包括产品开发、生产作业及销售促进等内容，进一步划分，长期产品计划又关系到产品新品种的开发，短期产品计划主要涉及现有品种的结构改进和功能完善；长期营销计划涉及推销方式或销售渠道的选择与建立，短期营销计划则与现有营销手段和网络的充分利用有关。

人事计划和财务计划是为业务计划服务的，也是围绕业务计划展开的。人事计划研究如何为业务规模的维持或发展提供人力资源的保障，财务计划则主要分析如何提供和利用资本以促进业务活动的顺利开展。

6. 计划的表现形式

按照不同的表现形式，计划可分为使命、目标、战略、政策、程序、规则、规划和预算等几种类型，如图 4-1 所示。

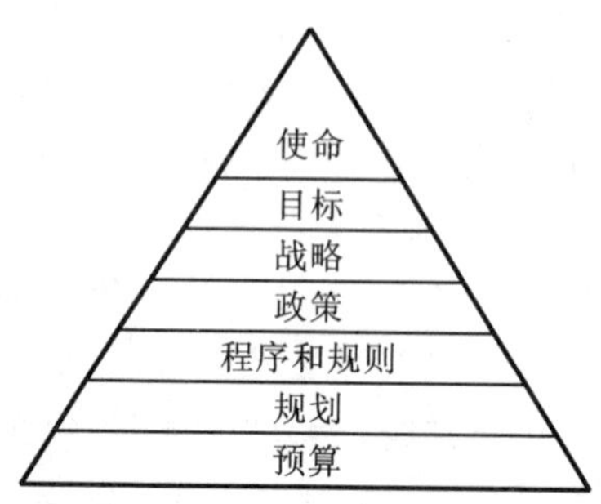

图 4-1　计划的表现形式

(1) 使命(或目的)。每个组织都有一个使命陈述，“使命陈述”解释了组织存在的目的，这种目的或任务是社会赋予它们的基本职能，它要回答组织是干什么和应该干什么。例如，大学的使命是教书育人和科学研究，医院的使命是治病救人。

(2) 目标。目标是在使命或目的指导下，提出的组织活动在未来一段时间内要达到的结果，目标是使命的具体化和数量化。

(3) 战略。战略是为实现总目标而作的重点部署和资源安排，是一种总的行动方案。

(4) 政策。政策指明了组织的活动范围和方针，表明组织鼓励和限制的方面。作为明文规定的政策，通常被列入计划之中，成为人们思考和行动的指南。政策具有稳定性，一经制定，就要持续到新的政策出台为止。

(5) 程序。程序规定了处理重复发生的例行问题的标准操作方法、步骤和时间顺序。通过制定程序，可以减轻各级主管人员的决策负担，明确组织中各个岗位在各个时期的工作职责和相互关系。由于程序通常是一种经过事先设计论证和检验修正的优化了的工作安排说明，这样，程序的制定和使用会对组织中大量的日常工作起到规范化的作用。组织中的每个部门都有程序，并且基层的程序更加具体化、数量更多。

(6) 规则。规则规定了执行程序时应当遵循的原则和规章。规则是在具体场合和具体条件下，允许或不允许采取某种特定行动的规定。“教室内禁止吸烟”就是一条规则。

规则和政策的区别：规则不留有任何的灵活处理空间，政策则保留一定的自由度。所以，规则对人的行为具有最强大的约束力。

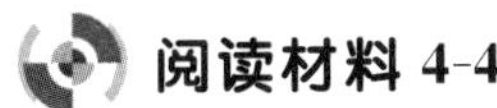

阅读材料 4-4

引进人才的政策、程序及规则

某学院为了引进人才，特制定了优惠政策，如：教授住房补贴 18 万元，安家费 2 万元，安排配偶的工作，科研启动费文科 3 万～5 万元，理科 5 万～7 万元；副教授住房补贴 16 万元，安家费 2 万元，科研启动费文科 1 万～3 万元，理科 3 万～5 万元……这些优惠政策通过报纸和互联网予以公布。

为了配合这个政策，该学院还有引进人才的一套程序。第一，应聘者需将自己的简历及证书复印件寄到该学院人事处；第二，人事处根据其专业将这些材料分送各院、系主管领导，院、系主管领导通知所需应聘者前来面试；第三，各院、系将已拟定录用的人员报告人事处，由人事处领导再找他们谈话，双方谈妥条件，签订有关协议；第四，人事处分批将录用人员名单上报院长办公会，最后定夺，并给已确定录用的人员发出通知。

该学院在引进人才的政策和程序中都有相应的规则，如：引进的人才必须是学科建设、专业建设和课程建设急需人才；引进人才一定要具备担当该项工作必需的能力和条件，在职称、学历、年龄、教学和科研方面都有具体要求。

(7) 规划。规划是综合性计划，指明组织如何利用一定资源，通过一定的工作活动来实现特定的目标。规划可大可小，比如，大到国家中长期人才发展规划，小到校园里的小零售店为向小型超市发展制定一个改变货架的规划，不同级别的组织都有自己的规划。

(8) 预算。预算是用数字表示预期结果的一种报告书，是一种数字化的计划。预算是企业及各类组织常要制定的。借助预算，可以对计划的内容加以数量化、精确化的规定，从而帮助管理人员细致地了解组织的资源条件、开支项目、工作重点和各个阶段的预期成果。此外，预算还可以直接作为控制工作的依据。所以，预算的编制受到了普遍重视。

4.2 计划的制订过程

计划制订本身也是一个过程。虽然计划的类型多种多样，但编制科学的完整的计划所遵循的步骤却具有普遍性(见图 4-2)，即使在制订一些简单的计划时，计划编制过程中也有必要采取科学的方法。

1. 机会分析

严格来说，机会分析虽不是计划工作过程的一个组成部分，但却是计划工作的真正起点，是在实际的计划工作开始之前就着手进行的。机会分析的内容包括：对将来

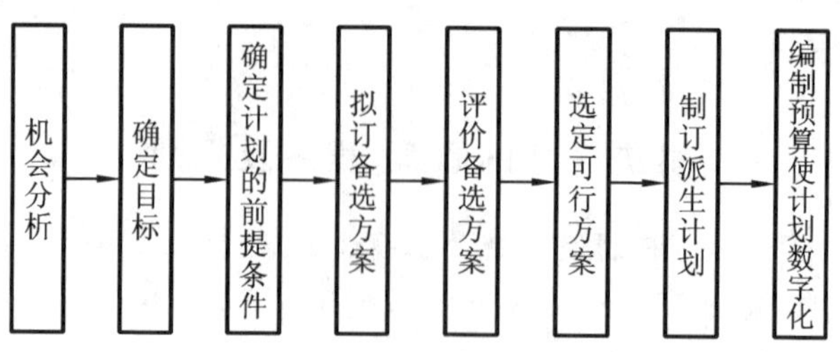

图 4-2 完整的计划工作程序

可能出现的变化及预示的机会和威胁进行初步探讨；衡量自身的优势和劣势；弄清楚竞争对手的动向和自身所处的地位，做到心中有数，知己知彼；不肯定因素有哪些，其发生的可能性和影响程度有多大。在机会分析的基础上，确定可行性目标。

2. 确定目标

计划工作的第一步是在机会分析的基础上，确立目标，即确定计划期望的成果。它是指明组织整体、各部门和各成员的发展方向，并作为标准来衡量实际工作绩效。计划工作的主要任务是确定组织战略目标并把目标分解落实到各个部门、各个活动环节，并将长期目标分解为各个阶段的分目标。在目标分解时应注意各个时期的具体目标能否保证长期目标的达成，各个部分的具体目标能否保证组织整体目标的实现。

3. 确定计划的前提条件

计划工作的第二步是确定计划的前提条件，并取得共识。所谓确定计划的前提条件就是实施计划时的预期环境。对前提条件了解得越清楚、越深刻，并能始终如一地运用它，计划工作就越有效、越协调。

根据组织的内外部环境，可将计划工作的前提条件分为外部前提条件和内部前提条件。内部前提条件通常是可控的，外部前提条件多为不可控或部分可控的，不可控的因素越多，不确定性就越大，就越需要预测其发生的概率及影响程度。

4. 拟订备选方案

目标确定后，就需要拟订多种行动方案，“条条道路通罗马”，这句话描述了实现某一目标途径的多样性。要挖掘多种高质量的方案必须发扬民主、集思广益、开拓思路，除了要借鉴过去的经验，但更重要的是依赖于创新，因为企业内外部环境的变化非常迅速，过去的方案不一定适应现在的要求，所以，计划方案必须创新。方案产生后，还有一个重要的工作就是对候选方案进行初步筛选，减少被选择方案的数量，以便把主要精力集中在少数最有希望的方案的分析上。

课堂讨论 4-3

备选方案越多越好吗？

5. 评价备选方案

评价备选方案的尺度有评价的标准和各个标准的相对重要性,即权数。在评价时应考虑以下几点:一是特别注意每一种方案的制约因素或隐患。二是在评估时,即将一种方案的预测结果和原有目标进行比较时,既要考虑许多有形的可以用数量表示的因素,也要考虑许多无形的不能用数量表示的因素。三是要用总体的效益观点来衡量方案。

根据目标和关键性前提条件,充分分析各种备选方案的优缺点,以作出评价和比较。在评价时应注意以下几点。

(1) 认真考察每一种方案的制约因素或隐患。

(2) 要用总体的效益观点来衡量方案。

(3) 将一种方案的预测结果和原有目标进行比较时,既要考虑有形的可以用数量表示的一些因素,又要考虑无形的不能用数量表示的另一些因素。

(4) 除了考虑方案执行所带来的利益因素外,还要注意损失方面,特别是潜在的、间接的损失。评价方法有定性和定量两类。

(5) 按一定的标准选择出一种或几种满意方案。满意方案是因为受未来的不确定性、人类理性的局限性和个人价值观的差异等影响,只能选择满意方案而不是最优方案。

(6) 若涉及的因素较多、较复杂时,还要依靠决策人员的经验,以及决策人员在实验中的研究结果进行比较。

6. 选定可行方案

为了保持计划的灵活性,往往可能会选择两种甚至两种以上的方案,这就需要确定先采用哪种方案,并将其他的方案进行细化和完善,作为后备方案。

7. 制订派生计划

选定方案后,并不意味着计划工作的结束,还必须制订派生计划。派生计划是总计划下的分计划和行动计划,是总计划的基础,而总计划需要派生计划的支持和保证。比如,某航空公司投资购进新喷气式飞机的计划,就离不开派生计划的支持,如制订维修备用零部件的计划,制订对维修人员、驾驶人员和机上工程人员进行培训的计划。此外,因为新购飞机而增加飞行时间,所以还要有增聘飞行人员的计划、修改飞行时刻表的计划、融资计划、投保计划。

课堂讨论 4-4

服装公司的总计划制订后,还要制订哪些分计划来保证总计划的完成?

8. 编制预算使计划数字化

计划工作的最后一步是把计划转变成预算,使计划数字化,如项目预算、采购预算、销售预算、工资预算等。通过编制预算,更加明确计划的指标体系,且更易控制计划的执行情况。定量计划往往在可比性、可控性和进行奖惩方面比定性计划更易操作，具有较强的约束，因此，预算可以成为汇总各种计划的工具和衡量计划是否完成的标准。

4.3 目标管理

4.3.1 目标的概念和作用

1. 目标的概念

目标是根据组织宗旨(社会对组织的要求)而提出的，组织在一定时期内通过努力要达到的理想状态或希望获得的成果。简而言之，目标就是关于组织未来的理想状态。宗旨规定了组织生存的目的和使命，反映了社会对组织的要求。

2. 目标的作用

(1) 指明方向。管理的起点是制定和选择目标，管理的终点是实现目标。没有明确的目标，管理就是杂乱无章的。因此，目标为管理工作指明了方向。

阅读材料 4-5

游泳的故事

1952 年 7 月 4 日清晨，加利福尼亚海岸起了浓雾。在海岸以西 21 英里(1 英里=1.609344 千米，下同)的卡塔林纳岛上，一个 43 岁的女人准备从太平洋游向加州海岸。她叫费罗伦丝·查德威克。

那天早晨，雾很大，海水冷得她身体发麻，她几乎看不到护送她的船。时间一个小时一个小时地过去，成千上万的人在电视上看着她。有几次，鲨鱼靠近了她，但被人开枪吓跑了。

15 小时后，她既累，又冷得发麻。她知道自己不能再游了，叫人拉她上船，而她的母亲和教练在另一条船上。他们告诉她离海岸已很近了，让她不要放弃。但她朝加州海岸望去，除了浓雾什么也看不到……

人们拉她上船的地点离加州海岸只有半英里！后来她说，令她半途而废的不是疲劳，也不是寒冷，而是因为她在浓雾中看不到目标。查德威克小姐一生中就只有这一次没有坚持到底。(资料来源：http://sh.china-b.com/yanxiu/mubiaoguanli/anli/243660.html。)

(2) 激励作用。组织的总目标通过层层分解，使组织内每个成员都了解具体目标。当组织目标充分体现了组织成员的需要时，就会成为成员努力实现组织目标的巨大动力。

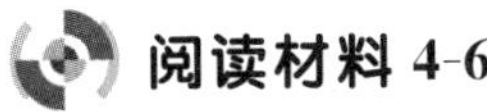

阅读材料 4-6

摸高试验

管理学家曾经专门做过一次摸高试验。试验内容是把 20 个学生分成两组进行摸高比赛，看哪一组摸得更高。第一组 10 个学生，不规定任何目标，由他们自己随意制定摸高的高度；第二组规定每个人制定一个标准，比如要摸到 1.60 米或 1.80 米。试验结束后，把两组的成绩全部统计出来进行评比，结果发现规定目标的第二组的平均成绩要高于没有制定目标的第一组。

摸高试验证明了一个道理：目标对于激发人的潜力有很大作用。

(3) 凝聚作用。组织的凝聚力会受到诸多因素的影响，组织目标就是其中之一。当组织目标与组织成员的共同利益一致时，组织成员就会心往一处想，力往一处使，扭成一股绳，使组织成为生机勃勃、团结互助的集体。

(4) 考核作用。目标是评价、考核组织成员工作绩效的重要客观标准。组织成员绩效的高低是根据其业绩是否符合组织目标及其对目标实现程度的估价。

课堂讨论 4-5

什么目标是最佳目标？

3. 目标的特征

(1) 目标的多样性。组织目标的多样性有两方面的含义。一方面，组织的总目标具有多样性。无论属于什么样的组织，其目标都不可能是单一的。因为组织在外部环境的制约下，必须适应外部环境的多方面要求。以企业为例，过去认为企业的目标就是利润。但是，今天的企业经营目标已经不仅仅是利润了。企业为了生存和发展，除了利润目标外，不可避免地要制定并且实现许多的非盈利性目标，如员工的发展、承担必要的社会责任(如就业、环保等)。可见，企业的目标已经多样化。另一方面，对于一个特定的总目标，它可以用不同的指标来全面地衡量。例如，如果一所大学的总目标为建成国际一流的大学，那么目标的多样性可以从总目标的不同侧面来反映，如招收高质量的学生、聘请国际一流教授、服务系统高效运行、运作经费充分等多个目标。

有人认为，一位主管不可能有效地追求过多的目标，以 2～5 个为宜。其理由是，过多的目标会分散管理人员的注意力，造成顾此失彼的后果，甚至会因为过多注重次要目标而不利于主要目标的实现。诚然，在追求目标的过程中，不应给予次要目标以主要目标的地位，但 2～5 个目标的结论并不是一成不变的。实践中，管理人员可能同时追求 10～15 个重要目标。面对多种不同的目标，管理人员的职责并不是去寻求某一个单一的正确目标，而是正确排列目标的优先次序，并在与下属人员协商的基础上将目标按优先次序分配给下属。

(2) 目标的层次性。目标从组织战略目标到具体的个人目标之间形成一个等级层次。处于目标层次顶端的是宗旨。宗旨是组织最重要的目标，它确定了组织要形成的长期形象，说明了这个组织为什么成立，以及要为社会做什么等基本问题。企业的宗旨包括两部分内容：一是社会宗旨，如要求组织以合理的价格提供商品或服务以满足人们的社会福利需要，提供足够多的就业岗位；二是企业宗旨，如为大众提供便捷、廉价的运输。一般而言，组织对宗旨的描述比较抽象。

处于目标体系第二层次的是任务。任务是宗旨的具体化，任务表述了一个组织的日常业务是什么。如一个企业的宗旨可能是为消费者提供高质量的家电产品，其任务可能表述为生产、销售及维修冰箱。企业所选择的实现其宗旨的途径是任务。通常情况下，宗旨和任务之间的区别很细微。因此许多实际管理工作者并不区分这两个词。宗旨和任务最终会被转化为企业的总目标。

目标体系的下一个层次是组织的总目标。总目标是组织实现其宗旨和任务的具体表述。比如，对家电制造业而言，其总目标可能会表述为设计、生产、销售、噪音低、性能可靠、低成本、省电的冰箱。通常组织总目标的实现有赖于许多更为具体目标的实现。彼得·德鲁克提出了八个关键成果领域，认为这八个领域必须制定业绩和绩效目标。它们是市场地位、革新、生产率、物力和财力资源、盈利率、管理人员的业绩和发展、工人的业绩和态度以及社会责任。近年来，另外两个领域(即服务和质量)也呈现出越来越重要的趋向。

目标的层次性与组织的层次性有关。组织通常可以分为四个层次：高层管理、中层管理、基层管理及基层作业层。与目标的层次体系相对应，不同等级的管理人员关注的目标不同。董事会关注的是企业的宗旨、任务和总目标。中层干部主要负责确立关键成果领域的目标、分公司及部门目标。基层管理人员关心的是部门或小组的目标及工作人员的个人目标。组织是在一定环境中为达到整体目标而存在的有机整体。总目标的实现需要子目标的支持，这就是目标的层次性。

(3) 目标的网络性。目标的网络性是指为了保证组织目标的实现，组织内部各部门、各单位的目标之间形成一个相互联系的网络。一个组织的总目标通常可以分解为许多分目标，这些分目标之间左右联系、上下贯通、彼此呼应，融汇成一个网络体系。如企业组织大多划分为生产部门、销售部门、财务部门、管理部门、后勤部门等，企业要求各个部门必须实现本部门的目标。例如，通过大批量生产低质量产品，生产部门可以取得低成本的生产目标，但低质量产品势必同销售部门要求高质量产品的目标相矛盾。这说明，如果各部门目标不相互连接，彼此支撑，那么各部门就很可能会采取对本部门有利而对整个组织不利的行为。目标网络性的特点要求各部门、各单位的目标要相互支持、相互协调，部门目标及其实现措施的制定以是否有利于总目标的实现作为判断的标准。

(4) 目标的可考核性。目标考核的途径是将目标量化,目标应尽可能用数量表示。如增加3%的销售额,减少2%的废品率等。定量目标对于组织成员的绩效考核比定性目标更明确,大大减少了组织内存在的不公平或误认为不公平的现象。但有些目标却不适合用数字表示,硬把这些目标量化、简单化是不可取的,它可能会将管理工作引入歧途,如关于中学是否以升学率作为主要目标的争论。因此,在组织活动中,定性目标也是不可缺少的,管理人员所处的层次越高,其定性目标可能就越多,如树立良好的企业形象、提高员工士气。

阅读材料 4-7

计划为目标服务

计划工作为目标服务。在计划工作开始之前,这种目标是不具体的,计划就是起始于这种不具体的目标,在计划工作之初就要制定具体明确的目标。

某家电信公司的老总希望明年的业务收入和利润额有较大的增长,这是一种不明确的目标,为此就要制订计划,根据过去的情况和现在的条件采用科学的预测确定一个可行的目标。比如业务收入增长30%,利润增长20%。这种具体的目标不能凭空想象,必须建立在科学的分析与预测的基础上。

(5) 目标的挑战性。富有挑战性的目标才能更好地激发组织成员的潜力,如果一项工作很容易完成,对执行者而言是件轻而易举的事,那么执行者对于完成该项工作就会失去动力。相反,如果目标定得过高、不切实际,往往会挫伤员工的积极性,导致工作效率低下和员工士气低落,因为不管多么努力地干,最后还是达不到目标。因此,适当难度的目标才能激励目标接受者,所谓“跳一跳,摘桃子”,说的就是这个道理。

挑战性的目标能够激发组织成员探索改进绩效的有效方法,能够激发人的潜能,给人以成就感,而且能提高员工的工作能力和自身素质,提升组织的竞争力。不同的成员或群体对目标挑战性的认识可能不同,在实践中,组织应根据具体情况确立相应的目标,以达到更佳的激励效果。

4.3.2 目标管理的概念和实质

目标管理(management by objectives,MBO)是一个全面的管理系统,其指导思想以Y理论为基础,即认为在目标明确的条件下,人们能够对自己负责。1954年,美国管理学家彼得·德鲁克在《管理的实践》一书中提出了“目标管理”和“自我控制”的思想。

1. 目标管理的概念

目标管理是一种综合的以工作为中心和以人为中心的系统管理方式;它是组织

的上下级管理人员和组织内的所有成员一起共同制定目标和相应的保证措施，形成一个目标体系，并在工作中实行“自我控制”，共同努力完成工作目标的一种管理制度或方法。

 **阅读材料 4-8**

目标管理的产生及发展

“目标管理”的概念是管理学家彼得·德鲁克于 1954 年在其名著《管理的实践》中最先提出的(我国企业于 20 世纪 80 年代初开始引进目标管理方法，并取得较好成效。目前，我国各级组织中实行的计划指标层层分解、归口管理的办法，类似于目标管理)，其后他又提出“目标管理和自我控制”的主张。他认为“企业的目的和任务，必须转化为目标”，如果“一个领域没有目标，这个领域必然被忽视。各级管理人员只有通过这些目标对下级进行领导，并以目标来衡量每个人的贡献大小，才能保证一个组织的总目标的实现，如果没有一定的目标来指导每个人的工作，则组织的规模越大，人员越多，发生冲突及浪费的可能性就越大”。因此，他提出，让每个职工根据总目标要求自己制定个人目标，并努力达到个人目标，就能使总目标的实现更有把握。为了达到这个目标，他还主张，在目标实施阶段和成果评价阶段中，应做到充分信任员工，实行权限下放和民主协商，使员工实行自我控制，独立自主地完成自己的任务；此外，成果的考核、评价和奖励也必须严格按照每个员工目标任务的完成情况和实践成果的大小来进行，以便进一步激励每个员工的工作热情，发挥每个人的主动性和创造性。德鲁克的以上见解，在当时的企业界和管理学家中产生了巨大的影响，并为目标管理的实际应用打下了坚实的基础。

目标管理方法一诞生，就被美国企业界视为一种起死回生的有效手段，迅速普及于工业、金融业、公用事业等大中小型企业。随后，目标管理方法又传到西欧和日本等地，成为世界上较流行的一种现代管理方法。早在 1957 年，日本玻璃公司(日本山村硝子株式会社)就引进了这种方法，该公司的东京芝浦电气股份有限公司等许多企业也相继采用，到 1965 年这种方法已经风靡整个日本产业界。日本的目标管理还具有本国特色，它是在以引进美国目标管理和本国传统管理制度相结合的基础上加以充实、提高、发展而形成的。所以，日本的目标管理的效率比美国的更高。

据说，日本人在总结战后经济腾飞的原因时，重点强调了两位外国学者的贡献。一位是彼得·德鲁克，他把目标管理介绍给了日本；另一位是全面质量管理理论的创造者戴明，他的全面质量管理理论在日本的经济腾飞中作出了巨大的贡献。美国总统布什在将 2002 年度的“总统自由勋章”授予彼得·德鲁克时，提到他的三大贡献之一就是目标管理。它已经在全世界众多公司中得到了成功的应用。

2. 目标管理的实质

(1) 重视人的因素。目标管理是一种参与的、民主的、自我控制的管理制度，也是一种把个人需求与组织目标结合起来的管理制度。实行这种制度能使员工发现工作的兴趣和价值，享受工作的满足感和成就感。上下级关系是平等、尊重、依赖、支持的，下级在承诺目标和被授权之后是自觉、自主和自治的。

(2) 建立目标锁链与层次体系。按照目标的层次性要求，主要目标与分目标，各部门目标之间要相互配合，方向一致，形成一个目标锁链与层次体系。每个管理人员和员工的分目标就是组织总目标对他的要求，同时也是他对总目标的贡献。只有每个人都完成了自己的分目标，组织总目标才有完成的希望。

(3) 重视成果。目标管理以制定目标为起点，以目标完成情况的考核为终结。工作成果是评定目标完成程度的标准，也是人事考核和奖评的依据，成为评价管理工作绩效的唯一标志。至于完成目标的具体过程、途径和方法，上级并不过多干预。因此，在目标管理制度下，监督的成分很少，而控制目标实现的能力却很强。

4.3.3 目标管理的基本过程

目标管理的基本过程分三个阶段：目标的设置、目标的实施和成果的评价。

1. 目标的设置

目标的设置是实施目标管理的第一个阶段，也是最重要的阶段。如果目标制定得合理、明确，则后两个阶段中的具体实施和评价就容易了。这一过程要求建立一个以组织总目标为中心的一贯到底的目标体系，由组织的最高管理层确定组织在未来一定时期内要达到的总目标，这个总目标体现了组织在未来一段时期各项工作的努力方向和管理目的，其实现必须依靠全体成员的共同努力。为了协调这些成员在不同时空的努力，各部门及其成员都要建立与总目标相应的分目标，由此，就要把组织总目标分解落实到下属各部门和员工个人，这是一个自上而下分解的过程，所产生的分目标只是上级给下级的一个初步目标，并不是最后决定了的目标。组织各层次、各部门、各成员可以依据自身情况并结合初步下达的目标提出自己的目标，然后按层级上报，这是自下而上的过程。组织将自下而上的目标与下达的初步目标进行比较，分析差异，征询下级意见，进行修订后再下达，下级各方仍可以修订并再次上报。经过多次上下协商，最终形成一个完整的目标体系。总体目标指导分目标，分目标保证总体目标，组织内部上下左右都有自己的具体目标。

2. 目标的实施

目标实施阶段主要包括两个方面的工作。

(1) 权限下放。目标体系确定之后，主管人员应授权给下级成员，因为在目标实施过程中，上级关心的是最终成果，至于下级采取什么方法和手段，通过什么途径来达到目标，则完全由下级自主选择决定，而目标管理活动的正常开展必须要利用一定的资源。因此，必须按照目标体系的要求授予相应的权力，为他们有能力调动和利用必要的资源创造条件。

（2）实施过程的检查和控制。目标管理靠执行者的自主管理去实现目标，但并不排除对他们的检查和控制。检查一方面可以促成各部门和个人认真地实现目标；另一方面可以及时发现问题，并采取相应的补救措施。

3. 成果的评价

目标管理过程中的业绩考评包括各层次、各部门、各个成员的自我考评，即自己对照目标和所取得的业绩来评价完成得如何，也包括上级部门对下级部门、下级部门对上级部门、同级关系部门之间的评价，考评方法也是对照工作业绩与相应的目标进行评判。

成果评价是实行奖惩的依据，对于成果显著的单位和个人，应予以表彰和奖励，以便鼓舞士气，为实施下一期的目标管理而努力，对没有按期完成目标任务的单位和个人，要给予必要的惩罚，但在追究责任的同时，应帮助其分析查找问题，指出今后努力的方向，激励其发挥出更大作用。

4. 新的循环

目标管理是一种不间断的、循环往复的过程，一个目标管理过程的结束，同时也是另一个目标管理过程的开始，根据对目标实施结果的考核情况，确定下一阶段新的目标体系，开始新的循环。

4.3.4 对目标管理的评价

目标管理是一种比较科学和有效的管理方法，在全世界产生了很大影响，但实施过程中也出现了很多问题。因此有必要客观分析其优缺点，以扬长避短、收到实效。

1. 优点

（1）有利于提升管理水平。因为目标管理是一种结果式管理，注重的是达成目标，并不规定实现目标的方式方法，从而给组织成员留出一个创新的空间。为了保证目标的实现，各级管理人员必然要深思熟虑、妥善安排相应人选以及调配适合的资源等，这就有效地提高了管理的效率。

（2）有助于改进组织结构的职责分工。为了取得目标成果，主管人员要尽可能地把主要目标落实到对实现目标负有责任的岗位上，由此容易发现职责不清与授权不足等缺陷。

（3）有利于调动人们的主动性、积极性、创造性和责任心。目标管理使组织成员不再只是做工作、执行命令，他们都亲自参与了目标制定，从而有效地调动了他们的主动性、积极性、创造性和责任心。

（4）有利于进行更有效的控制。有了一套可考核的目标体系，监督就有了依据，控制就有了准绳，也就有效解决了控制活动中的难题。

2. 缺点

（1）目标设置困难。许多岗位目标难以量化，制定较为困难，尤其是想要让各级管理人员设立的目标都能达到"不跳够不到""跳一跳够得到"的合理程度，是非常困难的。而这个问题恰恰又是目标管理能否取得成功的关键所在。另外，目标是为未来而设的，而未来的不确定性难以避免，这也增加了制定可行目标的难度。

(2) 注重短期目标。目标管理中的多数目标通常是一些短期目标，如年度目标、季度目标、月度目标等。短期目标相对于长期目标更具体、更容易分解，且短期目标易迅速见效。所以，在实施目标管理中，组织成员往往注重的是短期目标，这对组织发展很不利。短期目标会导致短期行为，有时甚至会以组织长远利益为代价来换取短期目标的实现。为防止这种现象的发生，高层管理人员设置各级目标时必须考虑长远利益，并对可能出现的短期行为作出某种限制性规定。

(3) 缺乏灵活性。目标一旦确定就不能轻易改变，否则容易导致组织的混乱。但是，如果在实施目标管理过程中，环境发生了重大变化、计划的前提条件已发生变化的情况下，还要求各级管理人员继续为原有的目标而奋斗，显然是不可取的。然而，由于目标是经过多方磋商确定的，要改变它不是轻而易举的事，也正因为如此，致使组织运作缺乏弹性，难以适应变化多端的外部环境。

(4) 目标管理的哲学假设不一定都存在。目标管理以 Y 理论为基础，它对于人类的动机假设是大多数人都能发挥潜力、承担责任、都有事业心，把工作中的成就看得比金钱更重要。而现实并不完全是这样，特别是将目标的考核和奖励联系在一起以后，往往是指标要低，出力要少，奖励要多。因此，目标管理所要求的承诺、自觉、自治气氛在很多情况下难以真正形成。

鉴于上述分析，在实际推行目标管理时，应注意把握工作的性质，分析目标分解和量化的可能；提高组织成员的职业道德水平，培养团结合作精神，建立健全各项规章制度，注意改进领导作风和工作方法，为目标管理的推行打下坚实思想基础和科学管理基础；要逐步推行，不断完善，长期坚持，从而使目标管理发挥预期的作用。

课堂讨论 4-6

你认为所在的组织能实行目标管理吗？在组织实施过程中，估计会碰到哪些问题？

4.4 制订计划的方法

计划工作效率的高低和质量的优劣相当程度上受制订计划方法的影响，计划制订的方法有很多，其中滚动计划法、甘特图法、网络计划法等是目前常用的几种方法。

4.4.1 滚动计划法

在计划的执行过程中，由于环境的不断变化，现实情况和预想的情况会有较大的出入，致使计划不能正确指导组织活动的开展。因此，有必要对计划进行修订，而滚动计划法就是一种较好地制订与修改计划的方法。

1. 滚动计划法的概念

滚动计划法是一种定期修订未来计划的方法，是根据计划的实际执行情况和客观环境的变化定期修改未来的计划，并逐期向前推移，使短期计划和长期计划紧密衔接的一种现代计划方法。

这种方法虽然会加大计划编制的工作量，但是随着计算机技术的发展，计划的制订或修改变得相对简单，从而使滚动计划法得到了迅速推广和应用。

2. 滚动计划法的编制方法

具体方法是：在已编制出计划的基础上，每经过一段固定的时期，如一年或一个季度等（这段固定时期称为滚动期），便根据组织内外部的环境变化和计划的实际执行情况，从确保实现计划目标出发，对原计划进行必要的修改、调整，使计划不断延伸，滚动向前，即每次调整时，保持原计划期限不变，只将计划期按时间顺序向前推进一个滚动期，而不是等全部计划执行完了后再重新编制下一期计划，如图 4-3 所示。

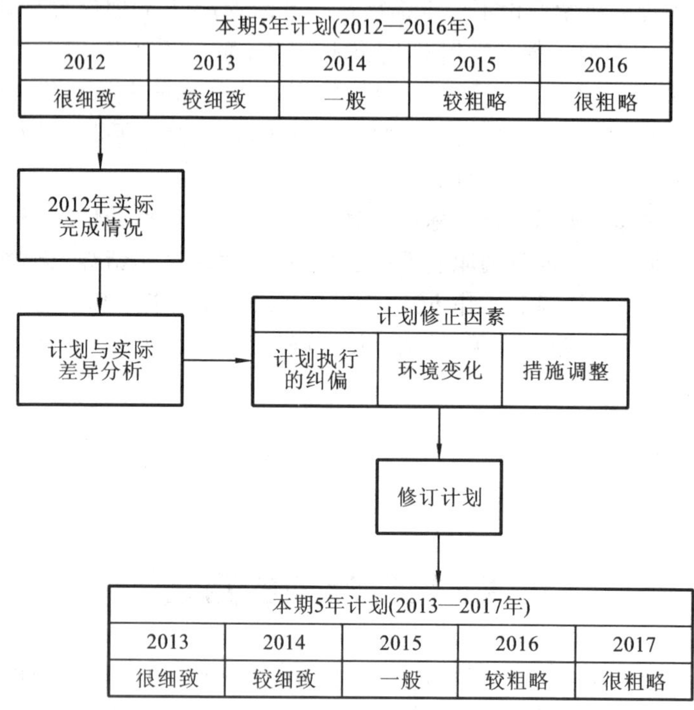

图 4-3 滚动计划法示意图

3. 滚动计划法的优点

（1）使计划符合实际。编制滚动计划，能连续地预测出下期存在的情况及问题，便于及早采取措施，克服不利因素，从而提高计划的质量。

（2）使各期计划基本保持一致。按照滚动计划法，本期计划是在总结上期实际执行情况的基础上制定的，既是上期计划的延续，又是编制下期计划的基础，因而可使前、后期计划密切衔接，各期计划得以基本保持一致。

（3）使计划更具弹性。在保持计划一致的基础上，根据环境变化的要求，与时俱进地调节不同阶段计划的具体安排，加强阶段之间的计划衔接，提高组织的应变能力。

4.4.2　甘特图法

甘特图是在20世纪由亨利·甘特开发的，它基本上是一种线条图，纵轴表示计划项目，横轴表示时间刻度，线条分别表示计划完成情况和实际完成情况。从甘特图中很容易看出，任务计划定在什么时候起始和结束，并可对实际进展与计划要求进行对比检查。虽然这种方法简单，但却是一种重要的作业计划与管理工具，它能使管理者很容易判断一项任务或项目还剩下哪些工作要做，这项工作是提前了还是拖后了或者按计划进行。另外，在绘制甘特图时，一定要注意各项活动之间的关系，哪些活动在前，哪些活动在后，哪些活动可以同时进行。图4-4所示的是为工厂建设而编制的甘特图。

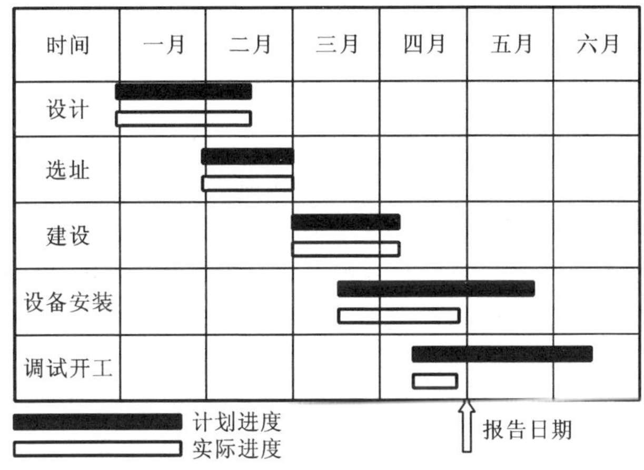

图4-4　甘特图

4.4.3　网络计划法

网络计划法是20世纪50年代后期在美国产生和发展起来的。这种方法在组织管理活动中被广泛地应用，包括各种以网络为基础制订计划的方法，具体包括关键路径法、计划评审技术法、组合网络法等。

1. 网络计划法的原理

网络计划法的原理是把一项工作或计划项目分成各种作业(活动、工序),然后根据作业顺序进行排列,通过绘制网络图进行网络分析,计算网络时间,确定关键活动和关键路线;然后利用时差,对网络进行工期、资源和成本的优化。在实施过程中,通过信息反馈进行监督和控制,以确定计划目标的实现。

2. 网络图的绘制

网络图是网络计划法的基础。在介绍网络图前,先看下例。

【例 4-1】 某飞机发动机维修项目,包括以下作业:

A. 拆卸,5 天; B. 电子器件检查,8 天;
C. 机械零件检查,10 天; D. 机械零件更换,6 天;
E. 机械零件维修,15 天; F. 电子器件更换,9 天;
G. 组装,6 天; H. 试车,3 天。

现画出如图 4-5 所示的网络图。

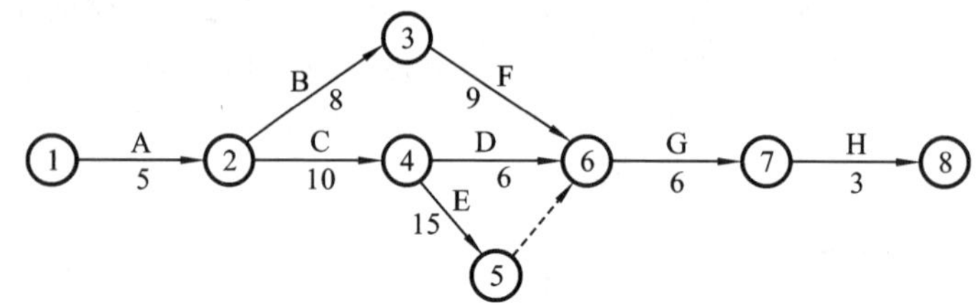

图 4-5 网络图

1) 网络图的构成要素

分析图 4-5 可以发现,网络图由以下部分构成。

(1) "→"代表工序(或作业或活动),箭线上面标写活动名称或代号,下面标写活动所消耗的时间或其他资源。活动是一项需要消耗资源并占用一定时间才能完成的具体工作,相邻排列的活动,前活动是后活动的近前(紧前)活动。此外,在图 4-5 中有一条虚箭线,它表示既不花费时间,也不消耗资源,虚设的工序也称为虚工序。

(2) "○"事项(或事件或节点)表示两个工序间的连接点,既不消耗资源,也不占用时间,只表示前一活动的开始、后一活动的结束的瞬间。

(3) 路线。路线是网络图中由起始点活动出发,沿箭线方向前进,连续不断地到达终点活动为止的一条通道,表示一个独立的工作流程。一个网络图中往往存在多条路线,如图 4-5 所示,从起始点①连续不断地走到终点⑧的路线有 3 条,即

a. ①→②→③→⑥→⑦→⑧

b. ①→②→④→⑥→⑦→⑧

c. ①→②→④→⑤→⑥→⑦→⑧

比较各路线的路长,可以找出一条或几条消耗时间最长的路线,这条路线称为关

键路线，关键路线上的工序称为关键工序。关键路线的路长决定了整个计划的任务时间，其中各工序完工时间提前或延迟都直接影响着整项工作能否按期完成。网络计划技术运用的主要目的就是要确定关键路线，据此合理地安排各种资源，并控制各工序活动的进度。

2）网络图的绘制规则

（1）箭线一般均指向右边，不允许出现反向箭头，也不能出现循环回路。

（2）任一箭线的箭尾节点编号必须小于箭头节点编号；整个网络图中的编号不能重复；编号可以不连续。

（3）两个节点之间只能有一条箭线，如果有两项平行活动，则应用虚箭线保证此规则不被破坏，如图 4-6 所示。

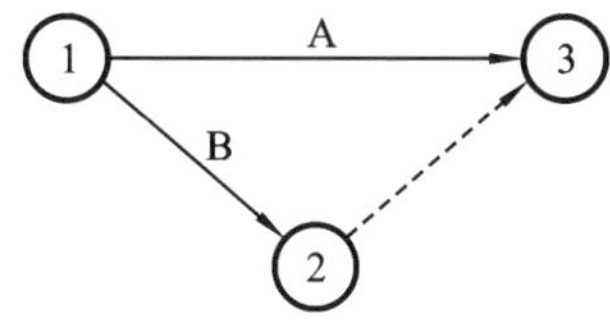

图 4-6 网络图中表示平行活动的虚箭线

（4）箭线不可交叉（见图 4-7）。

（5）一个网络图只能有一个起点和一个终点（见图 4-8）。

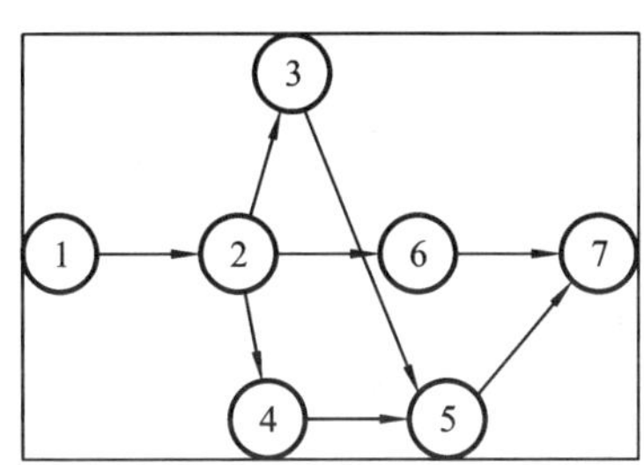

图 4-7 网络图的箭线交叉

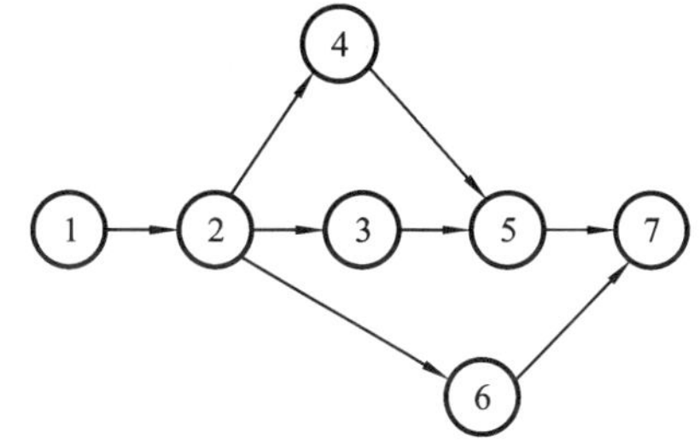

图 4-8 正确的网络图箭线

3）网络图的绘制步骤

（1）确定完成项目必须进行的每一项活动，并确定活动之间的先后次序。

（2）根据活动之间的关系绘制网络图（草图、美化图、节点编号）。

（3）估计和计算每项活动的完成时间。

（4）计算网络图的时间参数并确定关键路线。

（5）进行网络图优化。

3. 对网络计划技术的评价

网络计划技术涉及大量烦琐的计算，但随着计算机技术的发展和运用，这些计算大部分都已经程序化了。网络计划技术特别适用于工程项目，尤其是大的工程项目更能显示出它的优越性。

(1) 网络计划技术能清晰地表明整个工程的各个活动的时间顺序和相互关系,并指出了完成任务的关键环节和路线,让管理人员在制订计划时既可以统筹安排,又不失去重点。

(2) 可对工程的时间进度与资源利用实施优化。通过调动非关键路线上的人力、物力与财力来从事关键作业,既节省资源,又能加快工程进度。

(3) 可事先评估实现目标的可能性。网络计划技术指出了计划执行中可能出现的问题,以及这些问题对整项任务产生的影响,从而能准备好应急措施,降低不能完成任务的风险。

(4) 便于组织与控制。管理人员可以将工程项目,特别对于复杂的大项目,分解成许多子系统进行分别控制。

(5) 易于操作,适用于各行各业,以及各种任务。

本章小结

1. 计划是一项重要的不可或缺的管理职能。“计划”一词可以从名词和动词这两个方面去理解,从名词意义上说,计划是指用文字和指标等形式表达的,组织以及组织内不同部门和不同成员在未来一定时期内关于行动方向、内容和方式安排的各种管理文件。从动词意义上说,计划是指为实现决策所确定的目标而预先进行的统筹安排。

2. 计划的内容可以概括为“5W2H”:为什么做? 做什么? 谁去做? 在什么地方做? 在什么时间做? 怎样做? 要多少成本? 计划的特点有目标性、首位性、普遍性、时效性、动态性、创造性。

3. 按照不同的标准,可将计划分为不同的类型:按计划的期限划分,可分为长期计划、中期计划、短期计划;按计划的层次划分,可分为战略计划、战术计划和作业计划;按计划的明确性程度划分,可分为指导性计划和指令性计划;按计划的程序化程度划分,可分为程序性计划和非程序性计划;按计划的职能标准划分,可分为业务计划、人事计划和财务计划。按照不同的表现形式,可以把计划分为使命、目标、战略、政策、程序、规则、规划和预算。

4. 计划制订的过程包括:机会分析、确定目标、确定计划的前提条件、拟定备选方案、评价备选方案、选定可行方案、制订派生计划、编制预算使计划数字化。

5. 目标是根据组织宗旨而提出的,组织在一定时期内通过努力要达到的理想状态或希望或获得的成果。目标具有多样性、层次性、网络性、可考核性、挑战性等特征。

6. 目标管理是一种综合的以工作为中心和以人为中心的系统管理方式;它是组织的上下级管理人员和组织内的所有成员一起共同制定目标和相应的保证措施,形成一个目标体系，并在工作中实行“自我控制”，共同努力完成工作目标的一种管理制度或方法。目标管理的基本过程分三个阶段：目标的设置、目标的实施和成果的评价。

7. 目前常用的计划制订方法主要有滚动计划法、甘特图法、网络计划法等。

重要概念

计划　长期计划　短期计划　滚动计划法　网络计划法　目标　目标管理

复习思考题

1. 什么是计划？计划有哪些特点？
2. 计划有哪些类型？
3. 一项计划应该包括哪些内容？
4. 简述计划的表现形式。
5. 试述计划的制订过程。
6. 试述目标管理的基本过程。
7. 简述滚动计划法的编制方法。
8. 简述网络图的绘制步骤。

学习拓展

[1] 尤建新，陈守明. 管理学概论[M]. 3 版. 上海：同济大学出版社，2007.
[2] 张德. 现代管理学[M]. 北京：清华大学出版社，2007.
[3] 德鲁克. 卓有成效的管理者[M]. 许是祥，译. 北京：机械工业出版社，2009.
[4] 德鲁克. 管理：使命·责任·实务(实务篇)[M]. 王永贵，译. 北京：机械工业出版社，2009.

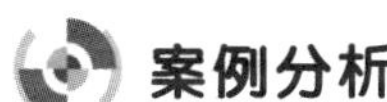

案例分析

案例 4-1　松下电器工业公司的故事

30 多年前，RCA 公司、通用电气公司和齐尼思(Zenith)公司等统治着美国的电视机市场。如今，这些公司的电视机产品都销声匿迹了，取而代之的是日本松下电器工业公司的 Panasonic 和 Quasar 等牌号的电视机。松下电器工业公司生产的各种录像机也充斥了市场。

松下电器工业公司是松下幸之助在第二次世界大战后建立的。其目标是成为当时正在浮现的电子学领域的领导者，重建日本强国的地位。20 世纪 50 年代初期，松下电器工业公司确立了控制美国电视机市场的目标，与其他日本电视机制造商组成了卡特尔，将进攻的焦点集中在了美国市场。

在20年的时间里，将它的美国竞争对手从25个削减到了6个，最终，所有的美国竞争对手不是破产就是被外国同行所兼并。目前，松下电器工业公司已经成长为世界第12位的大公司。1990年11月，又斥资60多亿美元买下了MCA公司，成为环球制片公司的母公司。

经过精心、长期的计划，使松下电器工业公司成为世界消费电子行业的巨人。实际上，该公司已经制定了250年的规划。

松下电器工业公司的管理当局把公司看成经久不衰的企业，它试图不给竞争对手有任何可乘之机。

松下电器工业公司的成功说明了什么？它说明了长期的计划如何促使一个公司巨人的创建。

问题：

1. 松下电器工业公司是如何取得成功的？
2. 说明计划对松下电器工业公司成功的作用？

案例4-2　目标管理

王勇曾经在一家有名的外商独资企业中担任过销售部经理，成绩卓著，几年前，他离开了这家企业，自己开设了一家建材贸易公司，由于有以前的底子，因此生意很不错。有一年年初，他准备进一步扩大业务，在若干个城市设立经销处，同时，准备扩大经营范围，增加花色品种。面对众多要处理的问题，王勇决定将部分权力授予下属的各部门经理。他逐一与经理们谈话，一一落实要达到的目标。其中他给采购部经理定下的目标：保证每一个经销处所需货物的及时供应；所采购到的货物的合格率需保持在98%以上；采购成本保持在采购额的5%以内。采购部经理当即提出异议，认为有的指标不合理。王勇回答说："你尽力就是了"。年终考核时发现，采购部达到了王勇给他们规定的前两个目标，但采购成本大大超出计划，约占当年采购额的8%。王勇问采购部经理，采购部经理解释说："有的事情只能如此，就目前而言，保证及时供应和货物质量比采购时花掉多少钱更重要"。

问题：

1. 你认为王勇在实施目标管理中存在什么问题？
2. 目标管理的关键是什么？结合案例，谈谈你给王勇的建议。

实践训练

实训项目

编制一份企业部门工作计划。

实训目的

1. 掌握计划的内容、制订计划的过程和方法。

2. 培养制订良好计划的能力。

实训内容

1. 联系一家企业,找一份该企业某一部门的往年工作计划。
2. 了解该部门计划制订的相关背景及实施情况。
3. 讨论该计划制订的科学性,在此基础上,重新编制一份该部门的工作计划。

实训考核

每个小组上交一份企业部门工作计划,评定小组成绩。

第五章　战略计划与管理

学习目标

- 了解战略计划的概念、战略计划的层次。
- 理解战略计划与长期计划的区别。
- 掌握战略管理的基本过程。
- 掌握 SWOT 分析法、波士顿矩阵。
- 掌握组织使命与战略目标的确定。
- 认识基本竞争战略、核心能力在企业内和企业外扩张的成长战略、防御战略。
- 理解战略实施与战略控制。

导入案例

诸葛亮的战略

刘备和关羽、张飞桃园三结义时发誓要“上报国家、下安黎庶”。他们作战英勇，斩黄巾、战吕布、救孔融、袭曹操，可总是没有成绩。为什么？就是因为没有战略上的打算，一会儿去北平投靠公孙瓒，一会儿去徐州投靠陶谦，一会儿又去平原投靠袁绍，一会儿又去荆州投靠刘表，将来如何，心里没底。后来听说了诸葛亮（诸葛亮，孔明者，卧龙也），于是三顾茅庐去请诸葛亮。诸葛亮给刘备分析了天下大势，制订了一个战略计划：“占据荆、益二州，安抚益州西部诸戎、南部夷越，整顿内政，外与孙权结好，等候北方又变故，荆州军就攻南阳、洛阳，而主力益州军划出兵秦一带，人心归附，天下可以渐定。”这就是历史上著名的“隆中对”。自此以后，刘备扭转了被动局面，三分天下又其一。

案例启示

刘备能彻底改变以前毫无头绪、发展路线混乱不清的局面，主要归功于诸葛亮的战略计划。战略计划如此重要，那么该怎么制订呢？本章将就此做些有益的探索。

5.1　战略计划概述

面对瞬息万变的复杂环境，人们发现，依靠传统的计划方法来制订未来的计划显得不合时宜了，组织要谋求长远的生存和发展，就必须审时度势地对内外环境作出分析判断，准确把握未来，制订出正确的战略计划。

5.1.1 战略计划与长期计划的区别

“战略”一词来源于军事术语，是指导战争全局的计划与策略。1965 年美国经济学家安索夫的《企业战略论》一书问世后，“战略”一词才被广泛应用于社会、经济、文化、教育和科技等领域。

战略计划是组织根据外部环境和内部资源条件而制定的涉及组织管理全局性的、长期的重大计划。战略计划把组织诸要素看成一个整体，战略计划是一种长期计划（通常为 5 年以上），但战略计划并不完全等同于一般意义上的长期计划，两者的区别如下。

1. 两者对未来的看法不同

战略计划并不认为未来一定比过去更好，应当根据内外部环境进行前景分析、竞争分析、战略组合分析以及多种经营分析，审时度势地做出最佳决策。长期计划则认为未来会比过去的效益更好，组织高层管理人员一般根据历史数据用外推法预测组织的未来。

2. 两者的制定过程不同

在长期计划中，组织要运用外推法来预测未来计划期内的综合指标，然后确定目标并将目标分解到行动项目、预算和利润计划之中，最后由组织的相关单位执行。在战略计划过程中，首先，公司要进行战略分析，使组织的前景与目标保持动态的平衡，在此基础上确定适宜的战略；然后，公司根据近期效益目标和战略目标，将战略目标分解为若干个战略阶段去实现，分别设立作业项目和预算，以及战略项目和预算，作业项目与战略项目分别由不同的单位与控制系统贯彻执行。

因此，长期计划适用于稳定的环境或可预期的环境，而战略计划则可应对环境的突变。

5.1.2 战略计划的层次

在规模比较大的组织中，战略计划在组织内部是分层的，即可分为公司层战略计划、事业层战略计划、职能层战略计划。

1. 公司层战略计划

公司层战略计划也称为最高层总体战略，公司层战略的研究对象是由一些相对独立的业务组合而成的组织整体。公司层战略是指导组织中长期整体发展的主要依据，是最高管理层指导和控制组织一切行为的最高行动纲领。公司层战略的主要内容包括如下两方面。

（1）我们应当去做什么业务。在确立组织使命和战略目标的前提下，合理地划分战略经营单位，选择组织活动的范围和重点。

(2) 如何发展这些业务。合理配置资源对公司层战略来说是至关重要的，因为资源投入到不同的业务领域，所取得的效益将大不相同。最高管理层的一项重要任务就是权衡每一项业务活动对组织内部资源的需要，按照轻重缓急合理地配置有限的资源。

2. 事业层战略计划

事业层战略计划也称为业务战略或竞争战略，是指将公司层战略具体化，形成业务单位具体的竞争与经营战略。事业层战略主要解决的问题是在特定的业务领域里如何竞争，以获取可持续的竞争优势。

3. 职能层战略计划

职能层战略是为贯彻、实施和支持公司层战略和事业层战略而在特定的职能部门制定的战略。职能层战略要解决的问题是：事业层战略怎么支撑、职能部门（如人力资源、市场营销、制造、财务等）的工作目标和行动策略应如何与事业层战略保持一致。

5.1.3 战略计划的重要性

战略计划对组织的生存和发展具有重大的影响。战略计划的重要性体现在：一是战略计划为组织提供了总体目标，指出了长远的发展方向，使组织在复杂多变的环境中不至于迷失方向，也使各部门、各成员有一致的愿景，集中精力去实现组织目标。二是战略计划可以帮助管理人员更好地应对不确定性环境。任何组织都要面临不断变化的环境，这些变化或大或小，管理人员无法避免，但可通过战略计划过程采取某种途径来应对它们。三是良好战略计划可以使组织有效地利用其资源。任何战略计划都会涉及资源的配置问题，管理人员可以依据战略计划提供的行动纲领，减少浪费，充分利用资源。

5.2 战略管理过程

战略管理过程可以分为战略环境分析、确定组织使命与战略目标、战略选择、战略实施与控制等阶段。

课堂讨论 5-1

环境和组织的关系是什么？环境给组织带来了什么影响（正面影响和负面影响）？

阅读材料 5-1

环境条件的重要性

《孙子兵法·谋攻篇》中，孙子曰："知己知彼，百战不殆；不知彼而知己，一胜一负;不知彼不知己,每战必殆”。毛泽东主席曾借用俗语说:“看菜吃饭,量体裁衣”“到什么山上唱什么歌”。巧合的是两位伟人都强调了掌握环境条件的重要性,也都引导着其事业从一个胜利走向又一个胜利。

5.2.1 战略环境分析

组织环境是组织生存发展的土壤,它既为组织活动提供必要的条件与发展的机会,也对组织活动起着制约作用,甚至带来威胁,因此有必要研究组织所处的环境。战略计划的制订以环境分析为前提,而战略环境分析可运用多种模型及技术进行综合分析和评价。这里主要介绍两种分析模型及技术:SWOT 分析法和波士顿矩阵法。

 **阅读材料 5-2**

这项创意为何失败了

快餐巨子麦当劳的管理者在 1994 年第十五届世界杯足球赛上企图抓住商机,一展身手。他们在食品包装上印了参赛的 24 国的国旗。按理说,此项创意必将受到各国球迷消费者的欢迎。不幸的是,在沙特阿拉伯的国旗上有一段《古兰经》经文,这引起了伊斯兰世界的抗议。因为使用后的包装袋油污不堪,被揉成一团后丢进垃圾桶,这被认为是对伊斯兰教的不尊重,甚至是对《古兰经》的玷污。面对严厉的抗议,这次所费不菲的行动泡了汤,麦当劳只有收回所有的包装袋。

1. SWOT 分析法

SWOT 分析法是由哈佛商学院的安德鲁斯教授于 1971 年在其《公司战略概念》一书中提出来的,它是战略管理中用得最多的工具之一。SWOT 分析法是一种对企业外部环境中存在的机会、威胁和内部环境的优势、劣势进行综合分析,并据此提出企业战略的有效方法。其中,S 代表 strength(优势),W 代表 weakness(劣势),O 代表 opportunity(机会),T 代表 threat(威胁)。

(1) 竞争优势是指企业所特有的能提高企业竞争力的能力,包括:①技术技能优势,指的是独特的生产技术、高超的革新能力、雄厚的技术实力、一流的客户服务技术、卓越的大规模采购技能和先进的物流系统等;②有形资产优势,是指拥有领先的生产流水线、现代化车间和设备、丰富的自然资源储备、充足的资金、齐全的资料信息;③无形资产优势,具有完美的品牌形象、良好的商业信用、积极向上的企业文化等;④人力资源优势,是指员工的学习能力强、团队意识强,关键领域拥有专长的职员等;⑤组织体系优势,是指具有完善的质量控制体系、先进的信息管理系统、忠诚的客户群、强大的融资能力;⑥竞争能力优势,指的是产品开发周期短,对市场环境变化的反应灵敏,有强大的经销商网络,有与供应商的合作伙伴关系,有领导地位的市场份额。

(2) 竞争劣势是指让企业处于劣势的某些条件。主要包括:缺少具有竞争意义的关键技能或技术;缺乏有竞争力的有形资产、无形资产、人力资源、组织资产,如设备陈旧、资金匮乏;关键领域里的竞争能力逐渐丧失。

在进行内部优劣势分析时,应从价值链的各个环节上将企业与竞争对手一一对比,如产品新颖性、制造工艺先进性、销售渠道畅通性。

(3) 外部机会是指外部环境中对企业有利的因素,如前向或后向整合、有吸引力的市场进入壁垒下降、市场需求增长势头强劲、政府支持等。

管理者应当认真对待每一个机会,评估每一个机会的成长和利润前景,选取能与企业财务和组织资源相匹配、使企业获得竞争优势的可能性最大的机会。

(4) 外部威胁是指外部环境中对企业不利的因素,如强大的新竞争对手的出现、供应商和买方的讨价还价能力提高、市场需求下降、经济衰退和人口特征的不利变动等。

管理当局应及时确认危及组织未来利益的威胁,做出评价并采取相应的战略行动来抵消或减轻它们所产生的不利影响,以免削弱企业的竞争力。

在对企业内外进行优势、劣势、威胁和机会的分析研究的基础上,形成了以下四种战略(见图 5-1)。

① SO 战略:依靠内部优势,利用外部机会。

② ST 战略:利用内部优势,避免或减轻外部威胁打击。

③ WO 战略:利用外部机会,克服内部劣势的缺点。

④ WT 战略:减少内部劣势的缺点,回避外部威胁。

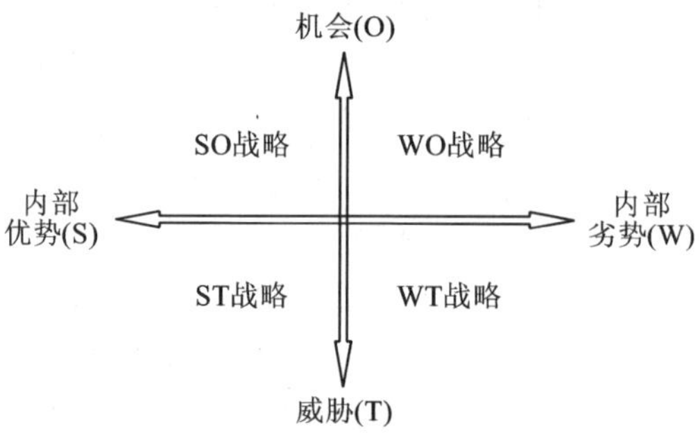

图 5-1 SWOT 分析矩阵

课堂讨论 5-2

如何获取关于竞争对手的信息?

2. 波士顿矩阵法

波士顿矩阵法是由波士顿咨询集团(Boston Consulting Group,BCG)于 20 世纪

70年代开发的一款战略分析工具，是一种用来规划企业产品组合的方法。波士顿矩阵法把企业所有的产品或经营业务看成一个整体，通过市场增长率和市场占有率两个指标分析相关产品或经营业务之间的现金流量平衡问题，以促进资金良性循环和产品发展。基本思想：市场份额高或者市场增长快的产品对企业的发展最有利，如图5-2所示。

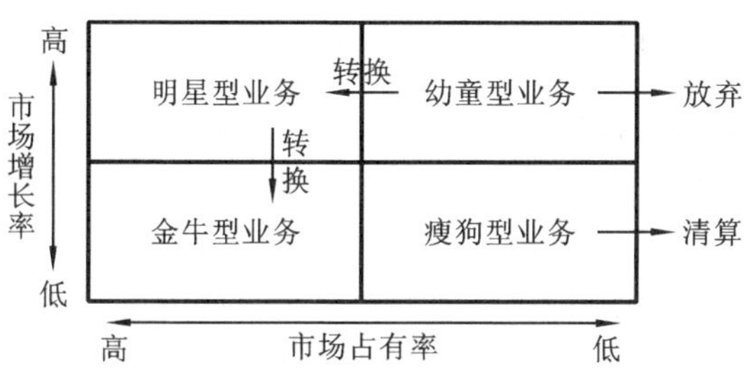

图5-2　波士顿矩阵

在波士顿矩阵图中，将坐标图划分为四个象限，分别代表企业的四种业务类型：幼童型业务、明星型业务、金牛型业务和瘦狗型业务。企业的任何一种产品或经营业务在该图中都对应一个位置，从而使企业能直观地认识现有产品的组合，且可对处于不同象限的产品做出不同的发展决策。

(1) 幼童型业务。幼童型业务是指市场增长率高但市场占有率低的业务。处在这个领域中的产品具有较高的风险，它的利润率可能很高，但较低的市场占有率只能提供较少的资金，高增长的市场又需要高投资，这就意味着需要大量的资金投入。如果"幼童"发展成"明星"的概率比较高，则应扩大市场份额，采取增长战略，使其业务尽快转变成"明星"业务，如果"幼童"成长为"明星"的可能性较小，就应该尽早放弃培养成为"明星"的梦想，以减轻负担，将有限的资源用于效益更高的业务。

(2) 明星型业务。明星型业务是指处于高市场增长率和高市场占有率象限内的业务，它能大幅度提升组织的利润。但高增长速度导致资金不足，需要加大投资以支持其快速发展。当市场增长率下降时，这类业务就会逐渐成为"金牛"。对于明星型业务，企业应采取发展或保持战略，重点投资、重点扶持、重点培育。

(3) 金牛型业务。金牛型业务是指市场占有率高但市场增长率低的业务。从市场生命周期的角度看，这类业务大部分都已经进入成熟期。其特点是：销售量大，利润率高，负债率低，能为企业带来大量的现金，而较低的市场增长率又不需要增加投资。正确的选择应该是采取收获战略，主要考虑如何回收资金，以支持其他业务的生存与发展。

(4) 瘦狗型业务。瘦狗型业务是指市场增长率和市场占有率都低的业务。一般情况下，这类业务是微利甚至是亏损的。所以从正常的经济效益角度分析，瘦狗型业务没有存在的必要，这类业务应该采取收缩战略，出售或清算资产，以便将资源转到更有发展的领域。

课堂讨论 5-3

SWOT 分析法和波士顿矩阵法有哪些共同点和不同点？应该如何在实践中灵活运用这两种分析方法？

5.2.2 确定组织使命与战略目标

1. 组织使命的内容与确定

对于任何一个组织，在制订战略计划之前一定要认识清楚组织的性质是什么，组织应承担什么社会责任，应从事什么业务，总之，要清楚组织的使命。组织使命是组织战略目标的起始点，是组织在社会进步和经济发展中所应承担的角色和责任。绝大多数的组织使命是高度抽象的，它不是组织经营活动具体结果的陈述，而是一种原则、方向和哲学。如华为公司使命：聚焦客户关注的挑战和压力，提供有竞争力的通信解决方案和服务，持续为客户创造最大价值。

1）组织使命的内容

（1）经营哲学。经营哲学也称为经营理念，是指组织为其经营业务方式而确立的价值观、态度、信念和行为原则。其主要内容一般包括处理组织经营过程中的各种关系的指导思想、基本观点和行为准则，比如关于组织与社会和国家关系的观点、与外部关系（供应商、顾客、竞争者、销售商等）的观点、与组织成员关系的观点，以及关于组织内部工作关系的观点等。

（2）组织宗旨。组织宗旨表明组织现在和未来应从事什么业务活动，以及应成为什么性质的组织或组织类型。如美国艾维斯汽车租赁公司将其宗旨表述为：我们希望成为汽车租赁业中发展最快、利润最多的公司。这一宗旨限定了艾维斯汽车租赁公司的经营业务是汽车租赁业，而不是从事租赁旅馆业、航空线路和旅行业务。

对于组织宗旨，高层管理人员要注意避免两个倾向：一是太狭隘的组织宗旨，它在某种程度上束缚着管理人员的经营思路，可能由此而丧失很多发展机会，如一个洗衣机生产商如果将自己的宗旨狭窄地定义在清洗衣物上，则不可能开发出其他更多功能的家电产品；二是太宽泛的组织宗旨，这种宗旨也不能有效地指导组织的发展，如一家出版商将自己的宗旨确立为国际语言交流公司，显然这个宗旨对组织方向的决策缺乏实际指导意义，因为它远远超出了企业的实际业务范围和能力范围。

组织宗旨应该先确认用户需求，再提供产品和服务满足这一需求，而不是在生产产品之后再为它寻找市场。

2）组织使命的确定

要确定组织使命，主要是根据“我们的组织是什么”“我们的组织将是什么”“我们的组织应该是什么”等问题的答案，以及这些答案体现出的理想状态与现实状态之间的差距。组织的规模不同、发展阶段不同，组织的使命也不同。

组织使命陈述主要包括顾客、产品或服务、市场技术、盈利水平、经营哲学、公众形象和对雇员的考虑等。

任何一个组织拥有的资源和运用资源的能力都是有限度的，"有所不为"才能"有所为"。因此，组织的使命应该综合权衡各行业领域的潜力与前景、这些领域的成功经营所需的条件，以及组织自身拥有的资源和能力状况等。

阅读材料 5-3

企业使命：在社会进步和经济发展中的责任

- IBM 就是服务——IBM
- 无论一小步，还是一大步，总是带动世界的脚步——IBM
- 我们出售的产品是进步——通用电气
- 塑造未来——Cisco
- 产业报国、光明正大、团结一致、奋斗向上、礼貌谦让、适应形势、感恩图报——松下
- 诚、和、开拓者精神——日立
- 通过化学为美好生活提供更美好的东西——杜邦
- 每个领导世界潮流的人都戴劳力士表——劳力士
- 让我们做得更好——飞利浦
- 决不扼杀一个主意，只能加以开导——3M

2. 战略目标的内容与确定

战略环境分析认识了组织所面临的机会与威胁，了解了组织的实力与不足。在确定了使命之后，下一步的工作就是确定组织的战略目标。组织的战略目标是组织在一定时期内，执行其使命时所预期达到的结果，也是组织的长期目标。正确的战略目标对组织的行为具有重大指导作用，表明了组织的行动纲领，它是组织制定战略的基本依据和出发点，也是组织战略控制的评价标准。为了对目标的实现程度进行客观的评价考核，战略目标应该具体化和可衡量。

(1) 战略目标的内容。组织的战略目标从不同角度反映了组织的自我定位和发展方向，组织采用的战略不同，其战略目标也不一样：既包括经济性目标，也包括非经济性目标；既包括定量目标，也包括定性目标。一般来说，盈利性的组织战略目标的内容主要包括以下几点。

① 获利能力：可用利润、投资收益率、销售利润率、每股平均收益等指标来衡量。例如，5 年内投资收益率增加到 15%。

② 竞争地位：可用市场占有率、销售额或销售量来表示。例如，5 年内微波炉的

销售量增加到100万台/年。

③ 生产率:可用投入产出比率或单位产品成本来表示。例如,5年内每个工人的日产量提高10%。

④ 产品或服务:用产品或服务的销售额和盈利能力、开发新产品的完工期表示。例如,5年后淘汰利润率最低的产品。

⑤ 资金:可用资本构成、现金流量、流动资本、新增普通股、回收期等来表示。例如,4年内流动资金增加到100万元。

⑥ 生产:可用工作面积、固定费用或生产量来表示。例如,5年内企业的生产能力提高20%。

⑦ 研究与开发:可用投入的货币量或完成的项目来表示。例如,10年内陆续投资1亿元开发一种新型轿车。

⑧ 组织:可用将实行的变革或将承担的项目来表示。例如,5年内构建一种分权制的组织机构。

⑨ 人力资源:可用缺勤率、迟到率、人员流动率、培训人数或将实施的培训计划数来表示。例如,5年内对200个员工进行培训的计划数达10次。

⑩ 社会责任:可用活动的类型、服务天数或财政资助来表示。例如,5年内对希望工程的捐助款增加200万元。

当然,并不是所有的组织都有上述目标领域,显然,未盈利性企业需要根据自身的特点设计相匹配的目标体系,特别在活动绩效和结果直接影响企业的生存与发展的领域,一定要制定出相应的战略目标。

总之,战略目标的描述必须清晰无误、简明扼要,让每一个组织成员都能清楚地理解领会组织的意图;战略目标应该涵盖组织活动的所有重要领域,而不仅仅局限于某一项活动;战略目标应当是动态的,随着环境条件的变化,它们应该被重新评价。

(2) 战略目标的确定。组织确定战略目标是为了将战略具体化、数量化,使组织总体的努力方向化为各部门全体职工的行动准则。战略目标是选择战略方案的依据,战略方案是实现战略目标的手段。要使战略目标与战略方案实现有机结合,战略目标的确定必须遵循以下步骤。

① 结合外部环境预测和内部条件评估,分析战略态势,确定战略目标的期望值。

② 在预测组织绩效水平的基础上,找出目标期望水平和未来预测水平之间的差距。

③ 制定缩小差距的战略方案。

④ 综合调整各项战略,并修改对组织未来绩效水平的预测。经过调整和修订,如果能够缩小期望水平和预测水平之间的差距,期望的目标水平就确定为战略目标;否则,组织就必须重新确定目标的期望值。

5.2.3 战略选择

战略选择是企业战略管理过程的重要环节之一。战略选择的实质就是企业选择恰当的战略，以达到扬长避短、趋利避害和满足顾客需要的目的。企业可供选择的战略类型有很多，包括基本战略、核心竞争能力在企业内和企业外扩张的成长战略、防御战略等，每种战略又可分为若干战略。

1. 基本战略

基本战略揭示企业如何为顾客创造价值，基本战略有成本领先战略、差异化战略和集中化战略。一种基本战略可能有多种实现形式，例如，一体化战略和多元化战略都可以实现成本领先或差异化。同样，一种战略形式可能为多种基本战略服务，例如，多元化战略既能实现成本领先战略，又能实现差异化战略。

(1) 成本领先战略。成本领先战略也称为低成本竞争战略，是指企业通过有效途径降低成本，使企业比竞争对手以更低的成本向客户提供可接受的产品或服务，从而在激烈的竞争中取得竞争优势的战略。比如，我国格兰仕微波炉低价策略以及美国西南航空公司的低成本竞争战略都是经典的商业成功案例。

低成本优势的培育途径主要包括：规模经济、提高效率、技术创新、降低人工成本、降低原材料价格等。

(2) 差异化战略。差异化战略就是将企业提供的产品或服务差异化，强调有别于对手的特色，比如高质量、技术专长、品牌魅力等，以赢得用户，赢得市场，从而获取竞争优势的一种战略。比如，德芙巧克力的价格相对较高，但由于德芙美妙的口感以及富有特殊魅力的品牌，它仍然比许多巧克力品牌更受欢迎。

差异化可能会带来高成本，但是只要差异化带来的较高边际利润能够补偿因追求差异化而增加的成本，这种差异化就可以维持。

(3) 集中化战略。集中化战略也称目标集聚战略，是指企业的经营活动集中于某个特殊的顾客群、产品线的某一个细分区段或某一地区市场上的一种战略。例如，教育领域的集聚趋势非常明显，中小学一般是按照地区、年龄段来划定自己的服务范围，很少是集中全部功能、服务各个地区的，如果生源越来越多，还要通过考试对服务对象进一步细分，用分数线作为集聚的有效手段。

企业可以采取以上三种基本战略中的任一种，具体选择哪一种战略取决于组织本身的长处以及竞争对手的短处。但是，既追求成本领先又追求差异化的“夹在中间”战略是不可能取得成功的，其原因是每种基本战略需要企业在组织、管理、文化等方面予以特别的支持。

无论采用何种基本竞争战略，企业的目的都是维持竞争优势，获得长远成功。而技术的变革、顾客需求的变化，尤其是某些竞争优势可能被竞争对手模仿，使得保持竞争优势并不容易。因此，不管采取哪一种战略，管理当局都不能因为一时的成功而得意忘形，管理当局必须继续努力，以让自己始终比竞争对手领先一步。

2. 核心竞争能力在企业内和企业外扩张的成长战略

1990年，C. K. 普拉哈拉德(C. K. Prahalad)和哈梅尔(Cary Hamel)在《哈佛商业评论》上发表了一篇具有创新性的文章，其中引入了“核心竞争能力”(core competitive competence)一词，指的是企业掌握的积累性的知识和技能，尤其是掌握的整合多种资源和技能以超越对手的独特能力。核心竞争能力具有不可模仿、不可复制、不可转移的特性。所以它对于一个企业的价值巨大，拥有了核心竞争能力就等于拥有了竞争中的主动权和对抗中的优势。

如何增强企业的能力？如何实现企业的成长呢？只有一个办法，就是充分利用核心竞争能力，将自己有限的人力、物力、财力围绕着核心能力来配置，让核心能力长出丰硕的果实。此外，充分利用企业外部的人力、物力、财力配置于自己非核心竞争能力之上，但核心竞争能力一般不能与别人分享。

核心竞争能力是企业成长的基础。核心竞争能力可以通过一体化、多元化和加强型等战略形式在企业内扩张，也可以通过出售核心产品、非核心竞争能力的虚拟运作和战略联盟等战略形式在企业外扩张。

 **阅读材料 5-4**

企业核心竞争能力的识别标准

企业核心竞争能力的识别标准有以下四个。

(1) 价值性。这种能力首先能很好地实现顾客所看重的价值，例如，能显著降低成本，提高产品质量，提高服务效率，增加顾客的效用，从而给企业带来竞争优势。

(2) 稀缺性。这种能力必须是稀缺的，只有少数企业拥有它。

(3) 不可替代性。竞争对手无法通过其他能力来替代它，它在为顾客创造价值的过程中具有不可替代的作用。

(4) 难以模仿性。核心竞争能力还必须是企业所特有的，并且是竞争对手难以模仿的，也就是说，它不像材料、机器设备那样能在市场上购买到，而是难以转移或复制。这种难以模仿的能力能为企业带来超过平均水平的利润。

(1) 核心竞争能力在企业内扩张的成长战略。

① 一体化战略。一体化战略是以企业当前活动为核心，主要通过在横向和纵向两个方面上合并或兼并其他企业，以取得规模经济增长的一种战略，它包括横向一体化战略和纵向一体化战略两种基本形式。

横向一体化战略也称为水平一体化战略，是指通过合并或兼并处于同一经营领域的企业来扩大经营规模、降低成本、巩固企业的市场地位、提高企业竞争优势的战略。其特点是与生产同一种产品或处于同一经营领域的企业实行一体化经营。比如，具有相同工艺、技术和技能的炼钢厂A与炼钢厂B就可以实行横向一体化战略。横向一体化战略有助于企业实现规模经济，迅速扩大其生产能力，提高市场占有率，但如果过分偏重同一种产品或经营领域，则易导致经营风险。

纵向一体化战略又称为垂直一体化战略，是企业在向前或向后两个方向或其中一个方向扩展现有经营业务的一种发展战略，是将公司的经营活动向后扩展到原材料供应或向前扩展到销售终端的一种战略体系。当朝着最终用户方向发展，自行生产其生产链条上的下游产品时，称为前向一体化，前向一体化有助于企业增强市场渗透力，保证销售的稳定或持续增长；当朝着生产的上游扩张，自行生产其生产链条上的上游产品时，称为后向一体化，后向一体化有助于减少对投入资源，尤其是关键性资源的依赖性。

纵向一体化战略能够大大强化企业在同行业中的竞争地位，在一体化战略中，企业整个经营业务仍限制在原行业范围内。

② 多元化战略。多元化战略就是企业基于对市场风险和环境的不确定因素的防范意识，而增加产品大类和品种，跨行业生产、经营多种产品或业务，以充分发挥企业优势，有效利用企业资源，保证企业的长期生存与发展。

多元化战略可以分为三种，即同心多元化、横向多元化、混合多元化。

同心多元化也称相关多元化，是指企业向现有市场提供新的相关产品或服务，即以现有的技术、特长和经验为"圆心"向外扩展经营业务，充分利用现有的技术、特长和经验开发新产品或服务。如IT企业由生产性电子产品向消费性电子产品发展，即属于同心多元化。同心多元化发展有利于发挥企业原有的技术优势，风险较小、成功概率高。

横向多元化是指企业向现有市场提供新的、与原有业务不相关的产品或服务，即针对现有市场和现有顾客，开发与企业现有产品在技术上不同的新产品。如海尔集团原来生产冰箱，后来业务范围扩展到了洗衣机、电视机。

混合多元化也称非相关多元化，是指企业向新市场提供新的不相关产品或服务。企业开发与现有业务、技术和市场无关的新业务或产品，把经营范围拓展到多个行业。如春兰公司原来生产空调，后来增产了摩托车、卡车等，一家制造企业同时经营房地产、旅游等新业务。

 **阅读材料 5-5**

美的集团开启多元化战略

美的集团创建于1968年，是一家以家电业为主，涉足物流等领域的大型综合性现代化企业集团，旗下拥有三家上市公司、四大产业集团，是中国最具规模的白色家电生产基地和出口基地之一。

2010年6月30日，白色家电巨头美的旗下美的日电集团与江西省贵溪市签署战略合作协议，同时美的日电集团并购该市的贵雅照明有限公司，并计划投入5亿元打造美的江西光源新基地，此举标志着美的集团进军照明产业的多元化市场战略全面启动。

课堂讨论 5-4

什么样的企业才适合采用多元化战略？

③ 加强型战略。加强型战略是指企业在原有生产领域内充分利用产品和市场方面的潜力，获得成长发展的战略。加强型战略主要有三种形式：市场渗透、市场开发和产品开发战略。

市场渗透是指企业在现有市场和现有产品上进一步渗透，提高现有产品或服务在现有市场上的市场份额。市场渗透的途径有：吸引潜在的顾客购买产品，从竞争对手那里争取顾客，使顾客增加产品使用量，增加产品新用途。

市场开发是指用现有产品或服务去开辟新市场。市场开发的途径有：用现有产品进入相关市场，用现有产品进入其他行业市场，用现有产品去开发新市场。

产品开发是指采用开发新产品或改进现有产品的办法，提高产品在现有市场上的销售量。其主要途径有：向现有市场提供相关产品，向现有市场提供其他行业已有的产品，向现有市场提供全新产品。产品开发中的品牌战略通常有两种：一是一品多牌策略，一个品种用多个牌子，如宝洁的洗发液有去头屑的海飞丝、含维他命原B_5的潘婷、柔顺的飘柔、保湿的沙宣。二是一牌多品，一个牌子用于多种产品，如娃哈哈有红豆沙、绿豆沙、八宝粥、纯净水，海尔有空调、冰箱、洗衣机、计算机。

一般来说，企业在选择上述成长战略时，应先考虑加强型战略，再尝试一体化战略，最后才思量多元化战略。

（2）核心能力在企业外扩张的成长战略。

① 战略联盟。战略联盟是指两个或两个以上的企业在研究开发、生产运作、市场销售等领域进行合作，在不失去独立的情况下利用对方资源，以达到互惠互利的目的。比如美国的IBM公司与英特尔公司建立战略联盟。

战略联盟是一种竞争与合作高度统一的合作型战略，其实施的基本原则为：合作对手的某些价值活动优越于自己，而这些价值活动正是企业需要的；企业已经构建了保护自己核心能力的壁垒；企业单独进行某价值活动的风险太高；某些价值活动具有较大的外部性，且易被对手模仿，从而独家难以专有。

② 虚拟运作。虚拟运作企业以合同、股权、优先权、信贷、技术支持等方式同其他企业建立较密切的关系，从而将企业价值活动集中于自己的优势方面，而将非专长方面外包出去。通过虚拟运作，企业将有限的资源投入最关键的功能上，从而使企业在激烈的市场竞争中能够最大效率地发挥优势，最大限度地提高竞争力。

虚拟运作在世界范围内被广泛采用，并扩展到社会与技术经济相关的各个领域中。许多国际知名品牌企业，正是借助于虚拟运作战略创造了辉煌的业绩。如美国的波音公司，作为世界知名的飞机制造公司，其本身只生产翼尖和坐舱，其余都是靠虚拟运作来完成的。

虚拟运作战略选择的主要条件包括：企业外包出去的价值活动不具有竞争优势；外包出去的价值活动需要较高的投资和较高的沉淀成本；外包出去的价值活动不是价值链系统中最重要的活动；行业中存在大量能承担企业外包出去的价值活动的企业；在顾客价值创造方面，企业所集中的价值活动拥有关键地位。

阅读材料 5-6

耐克公司的虚拟运作模式

耐克公司由一家规模较小、随时都有可能倒闭的企业发展成为赶超世界领导品牌的阿迪达斯、彪马的“运动新锐”，虚拟经营是其成功不可或缺的因素。

虚拟生产是虚拟经营的最初形式。它以外包加工为特点，努力将其产品的直接生产功能弱化，用外包的办法转移到别的企业去完成。耐克公司的管理者们从不为固定资产折旧与更换而发愁，也不必为生产库存绞尽脑汁，而是专注于集中本部的资源，专攻附加值最高的设计和研发。它们来往于世界各地，把设计好的样品与图纸交给劳动力成本较低的新兴国家，最后验收产品，贴上耐克公司的商标在世界范围内销售。

品牌虚拟经营可以实现品牌与生产的分离，从而使生产者更专注于生产，使品牌持有者从烦琐的生产事物中解脱出来，得以专注于技术、服务于品牌推广。从20世纪70年代初开始，耐克公司决定把精力主要放在设计与销售上，具体生产则承包给劳动力成本低廉的国家和地区的厂家，现在美国市场上出售的耐克运动鞋基本上都是在海外工厂生产的。正是这种虚拟经营，使耐克公司在国际市场上获得了强大的成本竞争优势。

③ 出售核心产品。企业仅生产核心产品或出售核心技术、品牌等，非核心产品既不生产也不外包。

出售核心产品的基本原则为：采用一体化经营的形式增加了企业经营成本，且降低了经营灵活性；行业技术进步迅速，产品生命周期短；企业能够保持其核心产品在行业中的领先地位；企业核心产品具有较高的附加值；企业核心产品在行业中拥有关键地位。

3. 防御战略

在企业成长的道路上，往往会采取一些防御战略，以退为进，以使企业更加健康地发展；通常采用的防御战略包括收缩、剥离和清算等方式。

收缩战略是指通过减少资产和成本对企业进行重组,以提升企业基本的和独特的竞争能力,同时也意味着减小经营规模或多元化经营的范围。收缩战略选择的原则主要是:企业拥有明显而独特的竞争优势,但在一定时期内并未充分发挥出来;企业在特定行业的竞争中处于弱势地位;企业业绩较差并持续一段时间;企业管理方面出现失误;企业已迅速地发展成为大型企业,需要大规模地改组。

剥离战略是指企业出售分部、分公司或任一部分,以使企业摆脱那些不盈利、需要太多资金或与公司其他活动不相适宜的业务。其选择原则包括:企业已采取了收缩战略但未收到成效;分公司为保持竞争优势而需投入的资源大大超出公司的供给能力;分公司失利导致公司整体业绩不佳;分公司与公司其他组织不相适宜;政府反垄断法已对公司造成威胁。

清算战略是指企业为实现其有形资产价值而将企业资产全部或部分出售。清算是所有战略抉择中最为痛苦的一种。对于单一经营企业来说,清算意味着结束企业的生存;对于多种经营企业来说,清算意味着关闭一定数量的经营单位和解雇一批员工。在继续经营毫无希望的情况下,早期的清算比被迫破产对股东的利益更为有利;否则,企业在该领域中继续经营下去,只能耗尽自己的资源。清算战略的选择原则包括:企业已经采取收缩战略和剥离战略,但均未成功(其他战略都无计可施的情况下才使用);企业除清算外的唯一选择只有破产;企业股东可通过出售企业资产而把损失降到最小。

5.2.4 战略实施与战略控制

1. 战略实施

(1) 战略实施与组织结构的关系。战略实施中碰到的首要问题是组织保证,组织结构是保证战略实施的必要手段。美国管理学家钱德勒(D. Chandler)教授对战略与组织结构关系的理论研究作出了重要贡献,他对美国70家大型公司,特别是通用汽车公司、杜邦公司、新泽西标准石油公司和西尔斯公司的发展历史进行了广泛而深入的研究,在这个基础上,得出了一个著名的结论:组织结构服从战略。不同的战略要求不同的组织结构与之相适应,比如,成本领先战略往往要求一种集权化的按职能划分部门的组织体制;差异化战略要求一种有利于激发创新精神的项目管理,或是分权化的按产品或市场划分部门的体制。如果将不同的战略混同在一种组织体制下实施,则难以形成各自的特色。另外,战略一旦制定出来,要正确认识组织结构具有一定滞后性的特点,管理人员不能操之过急,应努力缩短滞后的时间,尽快变革组织结构,从而使企业获取战略上的主动权。

(2) 战略实施与组织文化的关系。组织战略制定出来以后,必须通过全体成员积极有效地贯彻才能最终实施成功。组织文化作为一个组织特有的价值取向、风格、思维和行为方式的体现,有助于激发组织成员的热情,潜移默化地统一思想,对战略的实施起着重要的作用。不同的战略不仅要求不同的组织结构与之相适应，也要求组织文化能够与之相匹配。例如，一种以鼓励创新、支持变化和挑战现状为主题的文化对实施差异化战略是非常有利的；一种勤俭节约、遵纪守法和注重细节的组织文化对实施成本领先战略是非常重要的。

同组织结构一样，文化本身并无好坏之分，它是实施战略、获取竞争优势的一种手段。当一种组织文化与所选战略的成功实施不能相匹配时，就必须考虑尽快改变这种文化。

2. 战略控制

在战略实施过程中，战略的相对稳定性与战略环境的多变性之间的矛盾，再加上组织实施过程的复杂性，导致组织战略的实施结果与预期的战略目标存在一定程度甚至极大的差距。如果组织不及时采取措施加以纠正，战略就无法顺利实施，甚至彻底失败。为了实现预期的战略目标，组织必须对战略实施加强控制。

战略控制是指根据组织使命的要求，检查监督战略实施进程，及时纠正偏差，使战略实施结果符合预期的计划目标。当实施战略控制时，应考虑以下几个方面。

(1) 控制要求。战略控制的重点应当是有战略意义的关键性活动，而不是一些容易控制的问题。对不同层次的管理者有不同的控制要求。比如，向海外市场进军的行动要在战略层通过整体预算来控制，要求管理层主要控制支出和激励员工，执行层主要保证日常管理工作的正常开展。

(2) 控制量。每种控制方式要求的控制量不仅取决于最初的控制设计，而且取决于该方式对企业环境适应的程度。

(3) 控制成本。组织掌握的控制技能越熟练，成本费用就越低，为此，组织应加强控制系统管理。

本章小结

1. 战略计划是组织根据外部环境和内部资源条件而制定的涉及组织管理全局性的、长期的重大计划。战略计划并不完全等同于一般意义上的长期计划，两者的区别为：两者对未来的看法不同，两者的制定过程不同。

2. 在规模比较大的组织中，战略计划在组织内部是分层的，即可分为公司层战略计划、事业层战略计划、职能层战略计划。

3. 战略管理过程可以分为战略环境分析、确定组织使命与战略目标、战略选择、战略实施与控制等阶段。

4. SWOT 分析法是一种对企业外部环境中存在的机会、威胁和内部环境的优势、劣势进行综合分析，并据此提出企业战略的有效方法。波士顿矩阵法把企业所有的产品或经营业务看成一个整体，通过市场增长率和市场占有率两个指标分析相关产品或经营业务之间的现金流量平衡问题，以促进资金良性循环和产品发展。

5. 企业可供选择的战略类型有很多，包括基本战略、核心竞争能力在企业内和企业外扩张的成长战略、防御战略等，每种战略又可分为若干战略。

6. 在战略的实施过程中应注意：战略实施与组织结构的关系、战略实施与组织文化的关系。

7. 战略控制是指根据组织使命的要求，检查监督战略实施进程，及时纠正偏差，使战略实施结果符合预期的计划目标。

重要概念

战略计划　SWOT 分析法　波士顿矩阵法　成本领先战略　差异化战略　集中化战略　战略联盟　防御战略　战略控制　多元化战略

复习思考题

1. 什么是战略计划？
2. 战略计划与长期计划的区别是什么？
3. 如何利用 SWOT 分析法进行环境分析？
4. 波士顿矩阵图中的四个象限分别代表什么业务类型？
5. 简述基本战略。
6. 简述核心竞争能力在企业内和企业外扩张的成长战略。

学习拓展

[1] 迈克尔·波特. 竞争优势[M]. 北京：华夏出版社，1997.
[2] 徐二明. 企业战略管理[M]. 北京：中国经济出版社，2002.
[3] 王方华，陈继祥. 战略管理[M]. 上海：上海交通大学出版社，2003.
[4] 杰伊·巴尼，威廉·赫斯特里. 战略管理[M]. 李新春，张书军，译. 北京：机械工业出版社，2009.

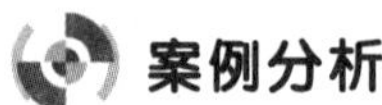

案例分析

案例 5-1　吉利的战略转型

战略转型意味着变革，意味着要打破旧有的企业发展机制，没有人会拒绝改变，但是人们都拒绝被改变。企业是由人组成的，因此，任何企业要成功实现战略转型都是极为阵痛的。战略的选择是有所为和有所不为，任何企业的战略转型都面临着阵痛。通过研究吉利的战略转型案例，我们来看看吉利是如何提升其品牌价值的。

其一，并购沃尔沃品牌。沃尔沃在全球豪华车品牌中居前四位，在近百年的历史中，还没有被一个初入市场的小汽车公司掌控过，特别是在各个方面都不如自己的公司。而吉利做到了，吉利此举不仅让其品牌知名度提升到了无与伦比的高度，更让其品牌影响力达到了前所未有的高度。有了这两个高度，吉利的品牌提升就变得轻松、容易多了。因为有了沃尔沃在其品牌后面撑着，吉利的品牌无形之中也得到了提升。

其二，品牌策略的转变。此时的吉利已有了明确的品牌管理意识，即不能再沿用过去母子品牌背书的形式搞产品，那样的方式很难，且不易达到目标。此前的一系列产品品牌，都是随做随丢，没有一个是可持续的，现在看来，发展初期的吉利，以多子多孙为福，但大多不长命，也不是成才的料。到了“影响力阶段”，吉利采用独立品牌模式；母品牌吉利更多的是公司品牌，似乎与产品品牌无关，新出台的品牌都与吉利划清界限，以全新的母品牌格式出现。如“英伦汽车”的格式，并在此格式下，发展更多的车型品牌。

从早期的混乱打法，到如今的正规军做法，吉利完成了一次重要的转型升级。这一次对产品线做了破釜沉舟式的调整，停产全部过去混乱发展的车型产品，垂直切换“新三样”远景、金刚、自由舰；(这些产品也随时准备淘汰)在品牌升级的当口，提出全球鹰、帝豪、英伦等三大独立产品品牌，同时吉利虽有沃尔沃，但并没有将其中国化。这使得沃尔沃依然发挥着它应有的魅力，并且用无需言说的力量，支持着吉利母品牌的发展。

毫无疑问，吉利不光是要做大，更是为了做强；不仅要做中国高端汽车品牌，还要做世界的。要做到这一点，吉利需要脱胎换骨的变化。这种变化在李书福的讲话中就可以感受到：“吉利的对手是丰田汽车、本田汽车、通用汽车、大众汽车、福特汽车和现代汽车”。

问题：

1. 战略计划在制订时要关注哪些事项？吉利是如何体现这些事项的？

2. 波士顿矩阵法在吉利的战略转型中有什么具体表现？

案例 5-2　动荡的航空业

航空业，甚至在今天，也仍然是企业界最动荡的行业之一。

1978 年的解除管制几乎重新构建、更新了航空业。这个行业在解除管制之前，航班被规定路线和费用，所有竞争者的利润是可以得到保证的。随着管制的解除，市场上的自由竞争开始受到鼓励。现在，解除管制 18 年之后，“动荡”的阴影仍然笼罩着这个行业。

由于更加激烈的竞争环境，通过较低价格和更多旅行可以受益的顾客发现，当他们旅行时，管理极端混乱、航班延误和长时间的等候令他们越来越失望。许多人抱怨航空公司不关注他们的顾客。例如，当航空业雇员罢工或怠工时，顾客抱怨自己就是受害者。这种情形让顾客失去了对航空业的信任。为了让顾客高度满意，并保持这种满意度，航空业必须加倍努力。

航空业还从来没有在一个绝对无动荡的环境中运作过。在解除管制的行业中，竞争是残酷的。这种竞争不仅来自国内航空业，而且更大程度上也来自全球航空业。为了保持其竞争优势，航空业必须严格控制其成本，但是雇员希望获得更多的报酬和利益。航空业不得不谨慎地关注成本，尽管如此，利润仍然是很微薄的。顾客希望有最低的价格、方便的旅行时间和地点以及有秩序的服务，这是对管理者的一个新的挑战。

问题：

利用 SWOT 分析法对航空业进行综合分析。

实践训练

分析某企业所处的行业竞争状况和最终利润潜力。

实训项目

对本市一家零售企业进行调研，分析该企业所处的行业竞争状况和最终利润潜力。

实训目的

1. 增强对波特的五力竞争模型的认识；

2. 培养五力竞争模型的运用能力。

实训内容

1. 与相关企业管理人员沟通，了解该企业的竞争对手，潜在入侵者，替代品生产商、供应商和顾客等情况。

2. 分析该企业所处的行业竞争状况和最终利润潜力。

实训考核

上交一份该企业所处的行业竞争状况的分析报告。

第六章　组　　织

学习目标

- 了解组织的基本概念、协调管理宽度与组织层次的关系。
- 掌握组织结构设计的原则和方法。
- 熟悉并应用最基本的组织结构进行组织管理。
- 了解组织变革并明确组织变革的力量。
- 掌握学习型组织的五项要素及其特点。

导入案例

西游记的“四人行”

唐僧是这个组织的核心。唐僧是一个对目标非常执著的人，任何时候他都没有说过放弃。唐僧还是一个十分自律的人，对自己要求十分严格，自我控制和自我约束能力极强。一个组织中，若没有唐僧这种对目标非常执著且又有极强自律的人，是很难有所作为的，尤其是作为一个组织的核心人物，这一点更加重要。

吴承恩先生显然很喜欢孙悟空，在孙悟空身上投入了许多的笔墨。孙悟空能量大，敢作敢为，富有创造力、闯劲、冲劲，没有孙悟空的能量，许多事情就没法办成。但是，吴先生为什么要在孙悟空头上套一个紧箍咒，其中可大有学问。孙悟空是一个比较任性的人，容易情绪化，比较容易偏离组织目标。若没有这个紧箍咒，孙悟空肯定是跟不到最后的。我们可以把这个紧箍咒比作组织的基本的价值取向，孙悟空受紧箍咒的约束，说明他对组织的基本价值观是认同的。孙悟空一偏离组织目标，唐僧就把紧箍咒一念，孙悟空就在地上打滚，从而回到组织目标的轨道上来。如同现实生活中，能力大的人，当然是组织的重要资源，但如果对组织的基本价值观不认同，那么这种人的破坏性会大于建设性。如果紧箍咒箍不住孙悟空，此人是断断不可用之人。

沙僧，是个老黄牛式的人物，本事不大，但勤勤恳恳、任劳任怨，勤奋、忠诚、可靠。沙僧可以视为本事不大但对组织的价值观强烈认同的人。组织中此种人也得有，而且是不可或缺之人。如果没有沙僧，那么那副担子恐怕只有唐僧自己挑了。孙悟空高兴时挑，不高兴就撂。给猪八戒挑吧，心里还不是很踏实的。别看沙僧本事不大，但须臾离开不得。沙僧的作用与肩上那副担子是紧紧联系在一起的。我们也规劝现实中的沙僧，千万不要撂担子，因为离开了担子，对组织就没有了价值。因为没有孙悟空的本事,没有猪八戒的脑袋那么灵光。

猪八戒,不细想,觉得这个人在现实中对组织没啥用,纯粹是吴先生为了加强文章的可读性,加进去的人物而已。其实,猪八戒的作用也同样是不可或缺的。有一个社会心理调查发现,男性比较喜欢孙悟空,而女性普遍比较喜欢猪八戒。人很丑,但很温柔。脾气好,天生乐天派,他总是给组织带来乐趣。假若没有猪八戒,组织气氛会没有活力,没有情趣,变得枯燥无味。唐僧因其个性和地位十分严肃,孙悟空任性,沙僧则比较内向。当一个组织面临巨大的外部压力时,猪八戒如同一个心理调节师,总是给组织带来快乐,营造欢乐的氛围。猪八戒还是处理人际关系的高手。这个组织经常出现的情节是,孙悟空闯祸了,唐僧一气之下把他撵走了,但真正遇到难事时,又想到孙悟空:要是孙悟空在就好了。此时猪八戒出现了,他善解人意,知道唐僧需要他出来说点什么。猪八戒说:师傅啊,你就把悟空叫回来吧,你就给我一个面子吧。试想这些话,都是唐僧自己想说的话,但碍于领导者的权威又无法说出来。沙僧因其个性原因是说不出这类话来的,也就只有猪八戒来说。假定没有猪八戒,这个组织不就分裂了?猪八戒还善于与外界打交道,许多外部力量的支持都是猪八戒争取来的。要完成西天取经这样的伟大事业,没有外部力量的支持是不可想象的。这些当然是仰慕这个组织从事的事业十分崇高,愿意支持他们的外部力量,但必须有人去穿针引线,牵线搭桥,这些事正是猪八戒做的,也是猪八戒之长。

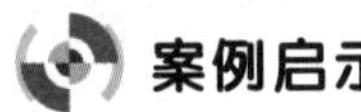

唐僧、孙悟空、沙僧、猪八戒四个人物,缺一不可,缺少任何一个,西天取经这项伟大的事业都不可能成功。真是各人有各人的用处。四个同一类型的人,同样也不会成功。四个唐僧不行,四个孙悟空也不行。要是四个孙悟空,恐怕走不出二百里路就会打起来分手,四个沙僧、四个猪八戒同样不行。正是个性、气质、能力各异的成员组合在一起,这个组织才是最理想的,也是高绩效的。吴承恩先生的《西游记》巨著中蕴涵的哲理,是与现代管理学组织设计的结论不谋而合的。

6.1 组织职能概述

6.1.1 组织职能的含义及内容

1. 组织职能的含义

从管理学的角度定义,组织就是在一定的环境中,为实现某种共同的目标,按照一定的结构形式、活动规律结合起来的具有特定功能的开放系统。简单来说,组织是两个以上的人、目标和特定的人际关系构成的群体。

管理的组织职能就是通过建立、维护并不断改进组织结构以实现有效的分工、合作的过程。所谓组织结构是组织的全体成员为实现组织目标，在管理工作中分工协作，在职务范围、责任、权利方面所形成的结构体系。组织结构犹如人体的骨架，由206块骨头组成的骨架在人体中起着支撑、保护的作用，正是在这一骨架中，消化、呼吸、循环等系统才能发挥正常的生理功能。

2. 组织职能的内容

管理的组织职能就是建立、维护并不断调整组织结构的过程。这一过程包括以下具体的内容。

(1) 职位设计。组织首先应明确组织目标的实现所必需的具体活动，并根据目标对各种活动进行分类，以便于对组织中的职位或岗位进行设计。

(2) 部门划分。组织不断扩大，职能越来越多，分工越来越细。为了组织目标的有效实现，需要反复考虑的内容是设置多少个管理部门；每个职能部门的职责权限是什么；应该建立几个管理层次；每一级的管理层次又起着什么样的作用。组织活动分类和组合方式的不同，就形成了各种不同的组织结构类型。

(3) 职权配置。在组织结构的设置过程中，还需要注重各单位和各部门所必需的职权授予，以确保组织高效有序地运转，实现职权责相一致。在组织工作中，职权的配置问题非常重要。

(4) 组织变革。组织活动是一个动态的过程，因此通过组织活动建立起来的组织结构不是一成不变的，而是随着组织内外部环境的变化而变化的。任何组织都是社会系统中的一个子系统，它不断地与外界环境之间进行着能量信息等的交换，外界环境的变化必然会引起组织目标的变化，当原有的组织结构不适应新的组织目标时，组织必须进行相应的变革。

6.1.2 组织的类型

组织按照不同的分类标准可以进行以下分类。

(1) 按组织的规模程度分类，组织可分为小型的组织、中型的组织和大型的组织。比如，同是企业组织，就有小型企业、中型企业和大型企业；同是医院组织，就有个人诊所、小型医院和大型医院；同是行政组织，就有小单位、中等单位和大单位。按这个标准进行分类是具有普遍性的，不论何类组织都可以进行这种划分。以组织规模划分组织类型，是对组织现象的表面的认识。

(2) 按组织的社会职能分类，组织可分为文化性组织、经济性组织和政治性组织。文化性组织是一种人们之间相互沟通思想、联络感情、传递知识和文化的社会组织，各类学校、研究机关、艺术团体、图书馆、艺术馆、博物馆、展览馆、纪念馆、报刊出版单位、影视电台机关等都属于文化性组织。文化性组织一般不追求经济效益，属于非盈利组织。经济性组织是一种专门以追求社会物质财富的社会组织，它存在于生产、交换、分配、消费等不同领域，工厂、工商企业、银行、财团、保险公司等社会组织都属于经济性组织。政治性组织是一种为了某个阶级的政治利益而服务的社会组织，国家的立法机关、司法机关、行政机关、政党、监狱、军队等都属于政治性组织。

（3）根据组织内部是否有正式分工关系分类，组织可分为正式组织和非正式组织。如果一个社会组织内部存在着正式的组织任务分工、组织人员分工和正式的组织制度，那么它就属于正式组织。政府机关、军队、学校、工商企业等都属于正式组织。正式组织是社会中主要的组织形式，是人们研究和关注的重点。而如果一个社会组织的内部既没有确定的机构分工和任务分工，没有固定的成员，也没有正式的组织制度等，这种组织就属于非正式组织。非正式组织可以是一个独立的团体，比如学术沙龙、文化沙龙、业余俱乐部等，也可以是一种存在于正式组织之中的无名而有实的团体。这是一种事实上存在的社会组织，这种组织现在正日益受到重视。在一个正式组织的管理活动中，应特别注意非正式组织的影响作用。对这种组织现象的处理，将会影响到组织任务的完成和组织运行的效率。

6.1.3 组织的作用

组织的作用，绝不仅仅是为了把个体力量简单地集合在一起，在管理系统中，不同类型的组织可能有完全不同的功效。组织的基本作用可以概括为以下几个方面。

1. 凝聚作用

社会中单个的人对于自然界来说，力量太渺小了，单个的人不仅不能发展自己的事业，有时甚至不能确保自己的生存。于是人们联合起来，互相协作，共同从事某项活动。这种联合与协作是以各种组织的形式完成的，它实际上是个人力量的一种凝聚，把分散的个人凝聚成为集体，进而在管理体系中实现个人价值的最大化。

2. 放大作用

人力凝聚起来的力量绝不等于个体力量的算术和，正如古希腊学者亚里士多德提出的命题：整体功能大于各个部分功能的总和。正是从这个意义上，组织具有一种放大人力的作用，即对凝聚起来的个体力量的放大。放大作用是人力之间分工和协作的结果，而任何的分工和协作都必须发生于一定的组织体系之中。

3. 交换作用

从个人的角度来看，往往要求得自于所服务组织的报酬大于其对该机构所做的投入；而从组织的角度来看，它要求取自于个人的贡献大于其为个人所投入的成本花费。这就必须借助组织工作的合成效应的发挥，使由个人集合成的整体在总体力量上大于所有组成人员的个体力量之和。个人与组织之间的关系，可以说是建立在一种相辅相成、平等交换的基础之上，形成双方都感到满意的关系。因此，人们将组织誉为与人、财、物三大基本生产要素并重的“第四大要素”。这一要素的成本花费相对较低，但它对机构所做出的贡献可能远远超过其他三大要素。

6.2 组织结构设计

6.2.1 组织结构设计的含义及任务

1. 组织结构设计的含义

组织结构设计是一个动态的工作过程，其基本功能就是要协调组织中人员与目标任务的关系，使组织成为一个既具有凝聚力又具有很强适应性的有机整体。

组织结构设计可能包括以下三种情况。

(1) 新建的企业需要进行组织结构设计。

(2) 原有组织结构出现较大的问题或企业的目标发生变化，原有组织结构需要进行重新评价和设计。

(3) 组织结构需要进行局部的调整和完善。

2. 组织结构设计的任务

设计组织的结构是执行组织职能的基础工作，其任务主要是提供组织结构系统图、职务说明书和组织手册。

(1) 组织结构系统图。它一般用树形图的形式表示组织内部的职权关系。图中常以方框来表示职务或部门，方框的垂直排列位置说明该职务或部门在组织层级中所处的位置，而上下两方框间相连的线条，表示这两个职务或部门之间的隶属和权力关系。

(2) 职务说明书。它一般以文字的形式规定某一职位的工作内容、职责和职权，与组织中其他职务或部门的关系，以及该职务担当者所必须具备的任职条件，如基本素质、学历、工作经验、技术知识、处理问题的能力等。职务说明书是一个组织建立的细胞，它能够缩短新聘员工熟悉工作的时间，也可以避免员工辞职对组织运行中断带来的危害。

(3) 组织手册。它通常是组织结构系统图与职务说明书的综合。它表示各部门的职责与职权、每一职务的职责与职权，以及各部门、主要职务之间的相互关系。

6.2.2 管理宽度与组织层次

 **阅读材料 6-1**

组织设计的层次

管理层次过多会阻碍组织中员工的反应速度，使他们无法为客户服务，因为他们受到的监督太多，没有足够的自主权。员工和客户之间的接触会受到限制，因为他们在行动前必须表现出主动性，并且采用标准化的程序来取悦客户。运用组织结构的一条有效规则就是，看高层管理者是在为业务活动创造价值还是减少价值。如果高层管理者能够改善质量或者连贯性，就是在增加价值；如果高层管理者减缓了为客户提供服务的流程，或者降低了低层员工为客户提供更好服务的主动性，就是在减少价值。通过赋予客户直接接触低层员工更多的职权，组织可以为客户提供更好的服务。高层管理者还了解到，他们需要更少的管理层次去监督员工。

1. 管理宽度

一位管理者能够有效地管理多少个下属？传统的观点是，管理者不能也不应当直接监督五六个甚至以上的下属。管理宽度问题非常重要，因为它在很大程度上决定了组织中管理层次的数目及管理人员的数量。假定其他条件不变，管理宽度越宽，组织就越有效率。管理宽度的对比如图 6-1 所示。

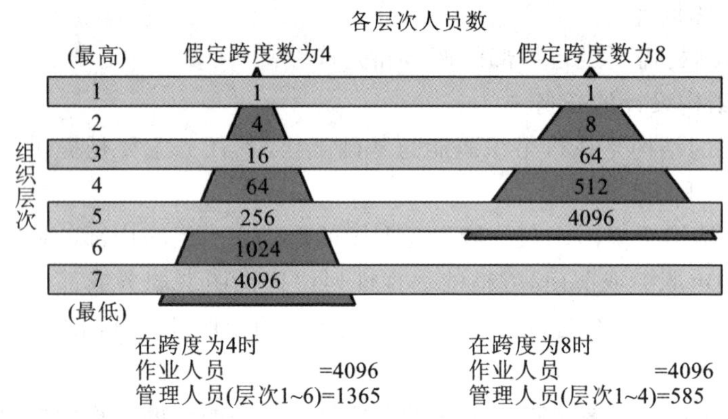

图 6-1 管理宽度的对比

2. 影响管理宽度的因素

关于管理宽度，现代观点认为，有许多因素影响着一个管理者能既有效率又有效果地管理下属人员的合适数量。这些因素包括以下几个方面。

(1) 主管与其下属双方的素质和能力。凡受过良好训练的下属不但所受的监督比较少，而且不会时时事事都向上级请示汇报，这样就可减少与其主管接触的次数，从而增大管理宽度。同理，素质和能力均强的主管在不降低效率的前提下，相比在相同层次担负类似工作的其他主管，管辖较多的人员也不会感到过分紧张。

(2) 面对问题的种类。主管人员若经常面临较复杂、困难的问题或涉及方向性、战略性的问题，则直接管辖的人数不宜过多。反之，若主管人员面临大量的日常事务，且已有规定的程序和解决方法，则管辖的人数宜较多一些。

(3) 工作任务的协调。工作任务相似及工作中需协调的频次较少，管理宽度可加大，组织层次也可减少。

(4) 授权。适当的和充分的授权可以减少主管与下属之间的接触次数和密度、节约主管的时间和精力，以及锻炼下属的工作能力和提升其积极性。所以，在这种情况下，管辖的人数可适当增加。不授权、授权不足、授权不当或授权不明确，都需主管进行指导和监督，效率不高，因而管理宽度也不会大。

(5) 计划的完善程度。事前有良好的计划，可使工作人员明了各人的目标和任务，可减少主管指导及纠正偏差的时间，那么管辖的人数可以多一些，反之则不然。

(6) 组织沟通渠道的状况。组织沟通渠道畅通，信息传递迅速、准确，所运用的控制技术比较有效，对下属的考核制度比较健全，在这种情况下可考虑加大管理宽度。

此外，工作对象的复杂性、下属的空间分布，以及组织的稳定程度等因素也影响着管理宽度。

近几年的趋势是朝着加大管理宽度的方向演进。加大管理宽度，与管理者力图降低成本、加快决策、增强组织灵活性、更接近顾客以及向员工授权等是一致的。管理者认识到，要是员工能掌握好自己的工作，知道与其他工作的关联，或在遇到难题时能求助于同事，那么，管理宽度就不会成为问题。

6.2.3 组织结构设计的基本原则

1. 战略目标原则

任何组织都有其特定的战略及目标。组织结构设计只是一种手段，其目的是保证战略的顺利实施和目标的实现。因此，每个组织在进行组织设计时，首先要明确组织的发展战略及目标是什么，并以此为依据，分析确定组织内应设什么机构、建立什么部门、拟定什么职务，以及选用什么人等问题。做到因事设职、因职选人，这是组织设计的前提。

2. 分工协作原则

现代组织分工细密，协作关系复杂，要实现组织目标，在组织设计中应坚持分工协作原则，即从各项管理职能的业务性质出发，在管理组织之间进行合理的分工，划清责任范围，提高管理的专业化程度与水平，以达到提高工作效率的目的。同时，应注意各项专业管理工作之间存在的内在联系，在分工的基础上加强协作，相互配合，妥善处理好专业管理和综合管理之间的关系。

3. 命令统一原则

命令统一原则，就是在组织结构设置上，按照管埋层次统一指挥、统一命令。要求下级只接受直属上级的命令和指挥并对其直接负责，下级不能越级向上级请示报告，上级也不得向下越级指挥。各级职能部门由各级领导直接指挥，没有向下级的指挥权，但有对下级的业务指导关系。这样，就形成了一条自上而下远级指挥和自下而上逐级负责的等级链，从而避免由于“多头领导”和“政出多门”所造成的下级无所适从和相互推卸责任的局面。

4. 权责对等原则

在进行组织设计时，既要明确每一部门或职务的职责范围，又要赋予其完成职责所必须的权力，使职权和职责两者保持一致，这是组织有效运行的前提，也是组织设计中必须遵循的基本原则。在管理活动中，只有责任，没有职权或权限太小，会严重束缚组织成员的积极性和主动性；反之，只有职权而无责任，或者责任程度小于职权，则会导致组织中出现滥用权力和推卸责任的现象。

5. 稳定性和适应性相结合的原则

为了保证组织的各项工作正常进行及秩序的连贯性，组织结构不应频繁调整，而要保持相对的稳定性。但组织是一个开放的有机系统，所确定的发展战略、目标、任务等都会随环境条件的变化而调整。因此，组织结构的稳定是相对的，它是为组织战略和目标服务的，应有一定的适应性，使之能够随组织环境及战略目标的变化而进行相应的调整。

6.2.4 影响组织结构设计的权变因素

组织结构是组织建立内部运行秩序，实现各项构成要素配置的组合形态，它的形式是复杂多样的。绝大多数组织的高层管理者对如何设计一个合适的组织结构都有许多不同的想法。合适的组织结构是什么，取决于四个方面的权变因素：组织的战略、规模、技术以及环境的不确定性。

1. 战略与结构

组织结构应该保证组织目标的实现。因为目标是组织战略的一个重要部分，所以，使战略与结构紧密配合，这是至关重要的，特别是结构应当服从战略。如果管理者对组织的战略进行了重大调整，那么需要修改组织结构，以适应和支持这一调整变革。战略选择的不同，在两个层次上影响组织的结构：不同的战略要求开展不同的业务活动，这会影响管理职务的设计；战略重点的改变，会引起组织工作重点的转变，从而引起各部门与职务在组织中重要程度的改变，因此要求对各管理职务以及部门之间的关系进行相应的调整。

2. 规模与结构

企业的规模往往与企业的发展阶段相互关联，伴随着企业活动的内容会日趋复杂，人数会逐渐增多，活动的规模会越来越大，企业的组织结构也应随之调整，以适应变化了的情况。例如，大型组织（那些通常聘用了2000多名员工的组织）比小型组织具有更高程度的专门化、部门化和集权化，规则条例也更多。但是，这种关系不是线性的，因为组织增长超过一定规模时，规模对结构的影响会逐渐减弱。

3. 技术与结构

任何组织都需要采取某种技术，将投入转换为产出。美国女管理学家琼·伍德沃德(Joan Woodward)首先对技术与组织设计的关系进行了调查与研究，她重点分析了企业的技术与组织结构之间的关系。按照组织的"工艺技术连续性"的程度，她把组织分为三种类型：单一和小批量的生产技术、大批量和大量的生产技术、管理连续性的流水作业生产技术。她对这三种技术类型的组织及其组织结构进行了考察和比较，并对管理的层次、管理人员的管理幅度，以及生产工人与管理人员的比例进行了分析比较。

利用这种分类技术，伍德沃德将研究发现整理如下：一方面，在连续生产方式中，技术复杂度增加，管理阶层数有明显增加，管理人员与总公司人数也有增加，这表示技术越复杂，越需要管理。另一方面，随着技术复杂度的增加，直接与间接的劳工比会降低，因为直接劳动的工作减少，而间接支持维修的劳工增加了。

伍德沃德发现：①在这些技术类型和相应的组织结构之间存在着明显的相关性，即"结构因技术而变化"；②组织的绩效与技术和结构之间的"适应度"密切相关。

4. 环境的不确定性与结构

外部环境对组织结构的影响可以反映在三个不同的层次上，即职务与部门设计层次、各部门关系层次、组织总体特征层次。这主要是由于组织作为整个社会经济大系统的一个组成部分，它与外部的其他社会经济子系统之间存在着各种各样的联系，所以，外部环境的发展变化必然会对企业组织结构的设计产生重要的影响。

环境的不确定性威胁着组织的绩效，因此，管理者都试图减小这种不确定性。组织结构的调适就是减小环境不确定性的一种措施。环境的不确定性程度越大，越需要有机化设计所提供的灵活性。全球的竞争，由竞争者推动的日益加速的产品创新，以及顾客对高品质和快速交货的要求越来越高，都是环境因素动态性的表现。机械式组织并不适合对环境的快速变化和不确定性作出反应。因此，组织设计更加需要有机化。

6.2.5　组织结构设计的具体步骤

1. 准备阶段

个人和组织一般都倾向于维持现状，只有在对现状十分不满，并确切地了解将要到来的组织设计实现的程度和方向以及为其带来的好处后，组织和个人才会投入精力支持组织设计的实现。因此，产生动力的第一步，是员工对现状产生不满意感。第二步是组织成员清楚地表述组织的未来，提供组织设计实现的正面预期。

(1) 面对现实。

① 确定基准。为了了解当前的现状，组织必须积极地依据顾客的期望、竞争者的优势以及本行业和其他行业的领先者来确定自己的基准，组织可以与之进行对比，发现自己的不足之处。

② 分析组织的优势与弱势。所有的组织都有与特定的绩效状况或系列战略目标相关联的优势和弱势。人们在收集组织运营现状，并与期望的状况进行对比的过

程中,可以发现企业已经到了必须进行重大变革的阶段,这样会产生支持变革的动力。

(2) 构建组织愿景。

准备阶段的第二项工作就是要构建一个组织愿景,传递组织设计实现带来的正面预期。愿景可以由两部分组成:一是组织的核心意识形态,二是一个生动的未来前景。

① 描述组织的核心意识形态。组织愿景的基础就是组织的核心意识形态,它描述了组织的核心价值观和目的并且在较长时期内是相对稳定的。核心意识形态能够为实施方案选择提供终极目标。

② 构建可见的未来。典型可见的未来包括以下几个基本要素:第一,有价值且鼓舞人心的目标;第二,渴望的未来状态。此要素以生动的细节具体地描绘新的组织设计方案是如何实现上述大胆的有价值的成果的,它从成员的感情方面激励他们,支持组织设计的实现。

2. 实施阶段

组织设计的实现不会自动发生,需要投入大量的精力。管理者必须清楚需要多少资源来完成组织设计的实施:资金是否充足、能够使用的时间是多少、是否拥有执行新任务的人员。在实施阶段,高层管理人员还要弄清楚谁掌握着这些资源,以便综合调度使用。另外,组织设计的实现要遵循一定的实施步骤,要按"图纸"的要求精心组织实施。

(1) 获取资源支持。这一阶段要努力辨别关键的利益相关者,并对其施加影响,使其支持组织设计的实施。

① 辨别利益相关者。组织设计实施的推动者应努力发现那些从组织设计的实现中获益或受损的重要个体和团队,获得这些信息能使实施的推动者知道应该对哪些人和哪些集团施加影响,使他们接受并支持新的设计方案。

② 影响利益相关者。常用的影响利益相关者的策略有:第一,确定特定利益相关者的需要,并提供新方案给他们带来好处的信息。第二种策略是与别的有势力的个体和集团形成联盟或联合,直接与关键利益相关者交往,以及通过各种渠道来影响关键利益相关者,使其支持实施活动。

(2) 管理组织设计的实施过程。

① 制订行动计划。推行组织设计的实施,组织要制订一个行动计划,这个计划应当包括如何帮助企业中的每个人从自己目前的位置走向目标点的机制,应当涵盖情感、认知及行为等多个维度。

② 建立协调机制。实施过程中,除了保证企业运营的各种组织和机制之外,还需要建立协调机制以协调企业各部分同时发生的变化。协调机制的另一个作用是使组织结构方面的调整尽量不要影响正在向客户提供的产品和服务,否则,组织设计的

实施也就失去了其本意。

3. 评估阶段

一旦组织设计方案开始实施，就应对其进行评估，评估不但包括实施完成后对实施效果的评估，还包括实施过程中的评估。

1）对组织设计实现的结果评价

组织设计新方案的总体效果是很难全面衡量的，我们选择了两种常用的评价方法，一种是效果的权变评价法，另一种是效果的平衡评价法。

（1）效果的权变评价法。

① 目标评价法。效果的目标评价法包括识别组织的产出目标以及测评组织在何种程度上实现了这些目标。这种方法的优点是产出目标易于衡量。其缺点是组织的目标为多重的，而且，有些是难以定量的主观指标，因此，衡量这些目标完成程度的客观性问题是这一评估方法需要注意的。

② 资源评价法。资源评价法是通过考察组织获取转换过程所需资源并成功加以整合和管理的能力来衡量组织的效能。这种评价方法的优点是当效果从其他方面的评价指标中难以取得时，这种方法就非常有用。其缺点是这种方法对组织与外部环境中顾客需要的联系考虑不清。资源评价法最适合在目标达成情况难以衡量时使用。

③ 内部过程评价法。这种方法通过组织内部的健康状况和效率来衡量组织效果。这种评价方法的优点是同时考虑资源利用率与内部功能的协调性。其缺点是没有评价总产出和组织与外部环境的关系，另外对内部健康和运行状态的评价往往带有主观性。

（2）效果的平衡评价法。

效果的平衡评价法主要有利益相关者评价法和冲突价值观评价法。

① 利益相关者评价法。这是一种综合考虑组织的各种不同活动的评价方法，把利益相关者的满意程度作为评价组织绩效的尺度。这种评价方法的优点是能够全面地反映组织的效果，特别是适应性方面，既考虑了组织内部因素也考虑了环境因素，还考虑了对社会的责任。其不足之处是，有些指标难以衡量，如员工的满意度、社区服务等，只能采取主观方法进行评价，这影响了评价结果的准确性。

② 冲突价值观评价法。它综合考虑了管理人员和研究人员所采用的各种不同的绩效标准，总结了能反映组织中持有相互冲突的管理价值观的人们对效果评价标准的各种不同点。价值观标准的第一个维度是组织的关心点，指组织的主导价值观是关注内部因素还是外部因素。价值观标准的第二个维度是组织的结构，指结构设计的主要注重面是稳定性还是灵活性。结构和关心点这两个维度结合起来，就形成了组织效果评价的四种模式。这种评价方法的主要贡献：一是它将效果的几个方面的不同认识有机地结合到一种模式中，它综合了产出目标、资源获取、人力资源开发

等思想，并把这些作为组织将要力图实现的目标。二是这种方法将效果标准提高到了价值观的高度来认识，并说明了各种看似对立的价值观是如何并存的。

2）组织设计实现的过程评价

仅对组织设计实现的结果进行评估是不够的，还需要对改革过程本身进行评估，组织设计实现过程的评估包括两个方面的内容：一是组织设计实现过程是否按原定规划进行；二是组织设计实现过程的效率和效果。组织设计实现过程中可能出现两类问题：一类是执行偏离原方案，一类是方案与实际脱节。组织设计的实施执行机构应该区分不同的问题，采取不同的办法解决这类问题。组织设计实现过程的效率和效果可以从三个方面进行评估，即组织设计实现的成本、组织设计实现的速度、未预料到的行动和事件。

3）评估中应注意的问题

（1）要正确对待组织设计实现中的“滞后”现象。

（2）与高层领导人建立协作关系，共同探讨评价体系。

（3）要善于发现优点，促进大家共同进步。

4. 建立有效的反馈机制

在整个组织设计实现的三个阶段中，为了获得有关实现进程的信息，组织需要建立超越日常经营所需的多种反馈机制。这种反馈机制能够以一种连续、及时和可靠的方式从高层领导、中层管理人员、基层管理人员、雇员以及顾客和主要的利益相关者那里获得设计实现情况的信息。企业应在各个层次设立情报收集中心和信息评审机制，以便对向目标状态过渡过程中出现的变化有充分的了解并作出及时的反应。

课堂讨论 6-1

不同类型的组织设计提供了不同的工作和管理环境。下面讨论可以让你从不同的组织中评价自己的偏好。

首先，每个人分别回答下面的问题。然后，四五个人组成一个小组，相互交流答案。最后，完成练习后面的小组讨论题，并准备好与全班同学分享小组的答案。

1. 你更喜欢在大型组织（员工人数超过 1000 人）还是小型组织（员工人数少于 100 人）工作？为什么？

2. 你更喜欢经常（几天一次）和老板沟通还是偶尔沟通（每月 1～2 次）？

3. 你更喜欢作为团队的一分子工作还是自己独立工作？

4. 你希望成为公司中的一个专业型人才（对高度专业化的职能或业务进程非常精通）还是希望成为一个多面手（对业务的不同方面都有广泛的认识，但是在任何一方面都不精通）？

5. 你喜欢不断变化、需要不断接受培训和教育才能跟上快速变化的岗位，还是希望工作内容相对稳定、在你掌握了工作技能后在可预见性的工作范围内从事常规工作的岗位?

6. 你希望与没有直线职权关系的不同职能领域的同事合作,还是希望和位于指挥链中的上下级一起工作?

讨论

● 小组组员是否同意在提供最好的工作环境方面,某一类型的设计要比其他类型的好? 在你选择工作单位的时候,公司的组织设计对你来说是否重要? 有没有某种组织设计方式是人们在找工作时应该避免的?

● 在这次讨论中,对你的职业道路和目标能得出什么样的结论?

6.3 组织结构类型

6.3.1 组织结构的定义

组织结构(organizational structure)是指工作任务是如何进行分工、分组和协调合作的,是表明组织各部分排列顺序、空间位置、聚散状态、联系方式以及各要素之间相互关系的一种模式,是整个管理系统的"框架",是组织的全体成员为实现组织目标,在管理工作中进行分工协作,在职务范围、责任、权利方面所形成的结构体系。

6.3.2 常见的组织结构类型

1. 直线型组织结构

直线型组织结构又称单线型组织结构,是最古老、最简单的一种组织结构类型,如图6-2所示。其特点是组织系统职权从组织上层"流向"组织基层。上下级关系是直线关系,即命令与服从的关系。

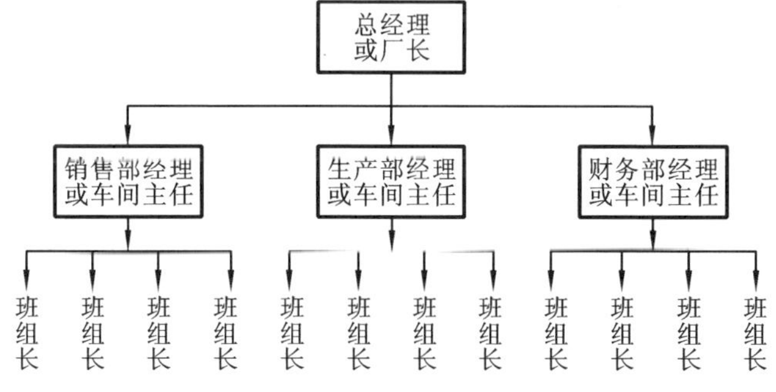

图 6-2 直线型组织结构图

其优点:结构简单,命令统一;责权明确;联系便捷,易于适应环境变化;管理成本低。

其缺点：有违专业化分工的原则；权力过分集中，易导致权力的滥用。

2. 职能型组织结构

职能型组织结构又称多线型组织结构。其特点是采用按职能分工实行专业化的管理办法来代替直线型的全能管理者，各职能部门在分管业务范围内直接指挥下属，如图 6-3 所示。

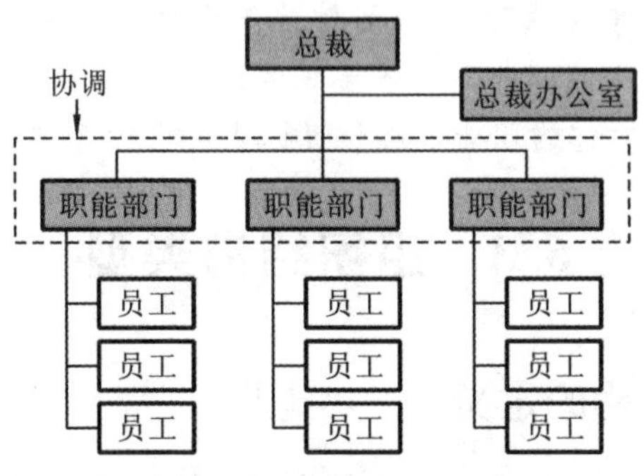

图 6-3 职能型组织结构图

其优点：管理工作分工较细；由于吸收专家参与管理，所以可减轻上层管理者的负担。

其缺点：多头领导，不利于组织的集中领导和统一指挥；各职能机构往往不能很好配合；过分强调专业化。

课堂讨论 6-2

假设你的组织采用的是职能型组织结构，若遇到如下问题，你会选择什么协调机制来解决这些问题。证明你的选择。

A. 每个部门工作场所的事故都大大增加。

B. 部门间为预算和其他稀缺资源而相互竞争，导致冲突，影响公司运转。

C. 研究部、工程部、制造部和营销部对产品规格和性能特点无法达成一致意见，导致新产品上市过慢。

3. 直线-参谋型组织结构

直线-参谋型组织结构又称直线-职能型组织结构。其特点是吸收了上述两种结构的优点，并设置了两套系统，一套是直线指挥系统，另一套是参谋系统，如图 6-4 所示。

其优点：直线主管人员有相应的职能机构和人员作为参谋和助手，能进行更有效的管理；可满足现代组织活动所需的统一指挥和达到实行严格责任制的要求。

其缺点：部门间沟通少，协调工作较多；容易发生直线领导和职能部门之间的职权冲突；整个组织的适应性较差，反应不灵敏。

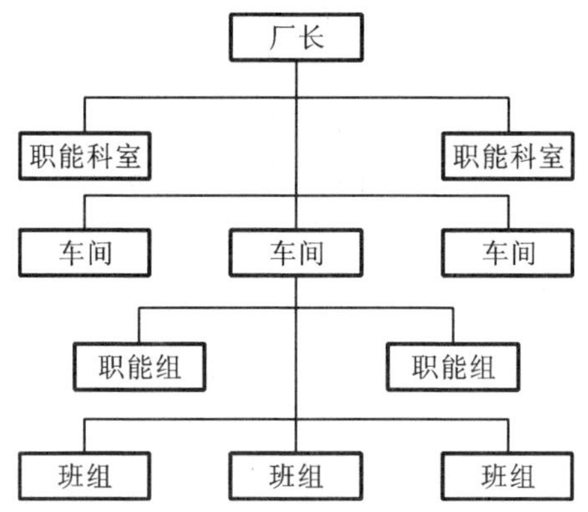

图 6-4 直线-参谋型组织结构图

4. 事业部制组织结构

事业部制组织结构又称为“斯隆模式”。其特点是在高层管理者之下，按地区或特征设置若干分部，实行“集中政策，分散经营”的集中领导下的分权管理，如图 6-5 所示。

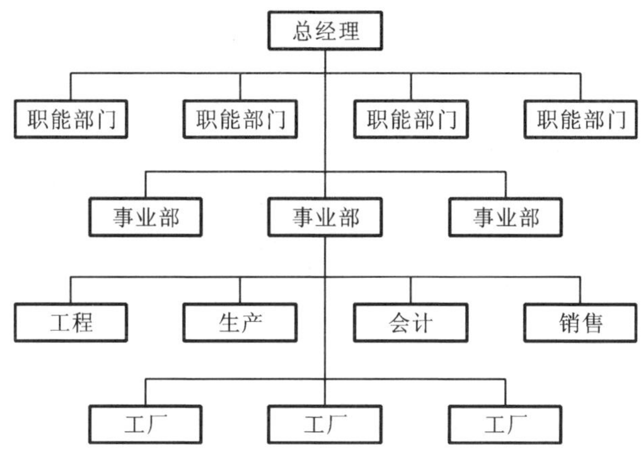

图 6-5 事业部制组织结构图

其优点：有利于高层管理者集中精力搞好全局及战略决策；有利于发挥事业部管理的主动权。

其缺点：职能机构重叠；分权不当容易导致各分部闹独立，损伤组织整体利益；各分部横向联系和协调较难。

课堂讨论 6-3

假设你是一家多元化食品公司的首席执行官，公司有四个事业部，分别以不同的品牌名称生产早餐麦片、饼干、咸点心食品和果汁。请举例说明，在什么情况下集权管理，什么情况下分权管理。证明你的观点。

5. 矩阵型组织结构

矩阵型组织结构又称规划矩阵结构或规划目标结构，它是把按职能划分的部门和按任务特点（产品或项目）划分的部门结合起来组成一个矩阵，使同一个员工既同原职能部门保持组织与业务的联系，又参加项目小组的工作，即在直线型基础上再增加一种横向的领导关系，如图 6-6 所示。

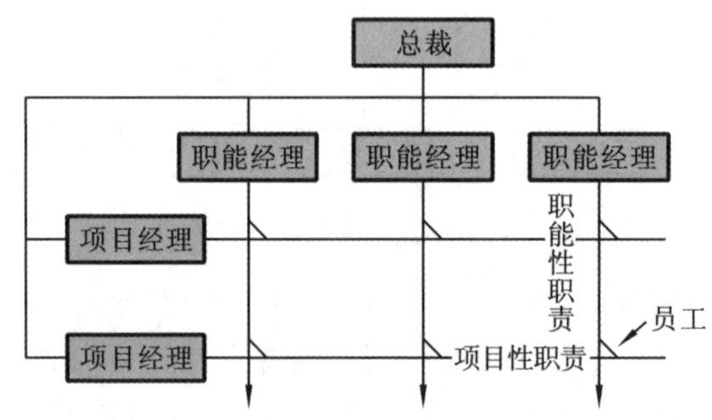

图 6-6 矩阵型组织结构图

其优点：获得了环境对企业所提出的双重职能的协调性；产品间实现人力资源的弹性共享；适于在不确定环境中进行复杂的决策和经常性的变革；为职能和生产技能的改进提供了机会；在拥有多重产品的中等规模的组织中效果最佳。

其缺点：容易导致员工陷入双重职权的困惑中，从而降低员工的积极性；对员工的人际关系技巧要求较高，需要进行全面而系统的培训；需要花费很多时间用于协调；员工需要对此种组织结构有很强的理解力，并采用一种近似大学式的管理；两种职权的平衡来自于环境提出的双重要求。

 **课堂讨论 6-4**

使用矩阵型组织结构的组织会遇到什么问题或困难？你愿意在采用矩阵型组织结构的公司里工作吗？为什么？

6.4 组织变革

组织变革（organizational change）是指组织面对外部环境和内部条件的变化而进行改革和适应的过程。组织是存在于一定环境中的生命体。组织变革是运用行为科学和相关管理方法，对组织的权力结构、组织规模、沟通渠道、角色设定、组织与其他组织之间的关系，以及对组织成员的观念、态度和行为、成员之间的合作精神等进行有目的的、系统的调整和革新，以适应组织所处的内外环境、技术特征和组织任务等方面的变化，提高组织效能。

6.4.1　组织变革的动因、认识和领域

1. 组织变革的动因

组织的外部环境和内部条件的变化构成组织变革的两大方面的力量。带来变革需要的外部力量有多种来源，包括经济体制改革、国民经济增长速度的变化、产业结构的调整、政府经济政策的调整、科学技术的发展引起产品和工艺的变革等。内部条件的变化包括组织战略的重新制定或修订、技术条件的变化、劳动力队伍的变化、员工态度的变化等。

2. 对变革过程的两种不同认识

对变革有两种典型的认识：一种认识是将变革视为偶然发生的例外，这属于变革的"风平浪静"观；另一种认识则是将变革视为一种自然的状态，这属于变革的"激流险滩"观。

库尔特·勒温(Kurt Lewin)提出的三步变革过程是"风平浪静"观的代表。勒温认为，成功的变革是可以策划的，它要求对现状予以解冻，然后变革到一种新的状态，并对新的变革再冻结，使之保持长久，现状可以看成一种平衡状态。要打破这一平衡状态，解冻是必要的。解冻可理解为对所需变革的准备。解冻一旦完成，就可以推行本身的变革。但仅引发变革并不能确保它持久。新的状态需要加以再冻结，这样才能使之保持一段相当长的时间。因此，再冻结的目的就是通过强化新产生的行为，使新的状态稳定下来。

现在越来越多的管理人员认识到，"风平浪静"观假设下的稳定性和可预见性是不存在的。对现状的打破不是偶然的，也不是暂时性的、可以返回到平静状态的。"激流险滩"观认为组织所处的是一种不确定的动态环境，变革绝非偶然的干扰事件，而是一种不可逃避的生存方式。要在这种环境中生存下来并取得成功，组织就必须有足够的适应性和敏捷性，必须对所面临的变化作出迅速反应。

课堂讨论 6-5

有计划的变革常被认为是组织采取的最好方式。无计划的变革会不会也是有效的？请解释你的观点。

3. 组织变革的领域

管理者可选择的变革领域基本上有以下三种：结构、技术和人员。结构变革包括改变职权关系、协调机制、集权化程度、职务再设计及其他结构变量。技术变革包括工作开展的方式、所使用的方法和设备的改变等。人员变革则是指员工的工作态度、期望、认知和行为(个人和群体)的改变。

6.4.2 应对组织变革中的阻力

1. 抵制变革的原因

俗话说，"唯一不变的就是变化"，但事实是，我们经常会遇到某种变化，它会打乱我们已经习惯了的东西，让我们感到非常不安，以至于要去阻碍变革。这种反应是人类正常的反应，一般来自于三个方面的原因：对于不确定性的恐惧，对于可能失去个人利益的恐惧，不认为变革符合组织的最佳利益。

变革使已知的东西变得模糊不清和不确定，人们可能会担心自己的技能、知识不再满足要求，或担心无法把握未来，对不确定性的担忧和厌恶是阻碍变革的一个重要原因。变革也有可能造成既得利益的减少或改变，使人们担心失去现在拥有的地位、权势、个人的便利或其他好处。变革的阻力有时来自人们对于变革的正当性的怀疑。人们可能会觉得变革的目的或效果对组织的利益没有好处，或认为变革的后果对组织有负面作用，这也是反对变革的原因之一。如果能够有效沟通，那么这种形式的阻力对组织就有可能是有益的。

2. 变革的力场分析

力场分析是库尔特·勒温(Kurt Lewin)发展的一种咨询分析方式，是他所提出的组织变革理念中的一部分。他指出，任何一个组织中都存在两种力量：推动变革的力量以及阻碍变革的力量。如果这两种力量的实力均衡，组织就会处于均衡状态。

勒温指出，任何一个组织中，存在以下两种力量。

(1) 推动变革的力量：顾客的要求、新管理团队、新竞争者。

(2) 阻碍变革的力量：对失业的恐惧、对能力的恐惧、同事阻碍变革的压力、对现有行为或结果的奖励。

一项变革不可能在阻力大于动力的情况下发生。许多组织碰到阻力时，第一反应通常是试图去增加更多的动力，或是增强这些力量，而实际上，若将时间和精力用于减少阻力，可能会取得更好的效果。力场分析有助于人们识别哪些力量是可改变的，哪些力量是不可改变的，从而促使人们集中精力去应付那些能够消除的阻力，或是确保朝理想方向发展的力量得到延续和支持。如果这两组力量的实力均衡，组织就会处于均衡状态。在分析工作中，要区分这两种力量以及每一个被评价力量的相对力度。两种力量不能保持平衡时，就会发生变化(例如，增加一个或多个新的力量或者增加或减少一个已经存在的力度)。当一种新的状态形成时，就会在驱动力和阻碍力之间建立一种新的平衡。为了打破企业原有的平衡，推动企业战略变革，可以从加强现有的推动力、减弱现有的抵抗力以及增加新的推动力来进行。

3. 减少阻力的策略

在管理者确定了有害的变革阻力以后，可以通过以下策略应对变革的阻力。这几种策略包括教育与沟通、参与、促进与支持、谈判、操纵与合作、挑选接受变革的员工、强制。

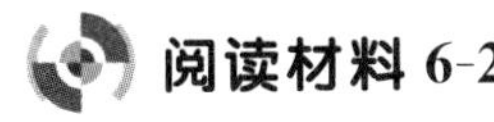

变革阻力减少策略

1. 教育与沟通

(1) 与员工沟通,帮助他们了解变革的缘由。

(2) 通过个别会谈、备忘录、小组讨论或报告会等教育员工。

(3) 这种策略适合在变革阻力来源不良的沟通或误解时使用。

(4) 要求劳资双方相互信任和相互依赖。

2. 参与

(1) 吸收持反对意见者参与决策。

(2) 假定参与者能以其专长为决策作出有益的贡献。

(3) 参与能减少阻力、赢得支持,同时提高变革决策的质量。

3. 促进与支持

(1) 提供一系列支持性措施,如员工心理咨询和治疗、新技能培训以及短期的带薪休假等。

(2) 需要时间,花费也较大。

4. 谈判

(1) 以某种有价值的东西来换取阻力的减少。

(2) 在阻力来自少数有影响力的人物时是必要的措施。

(3) 潜在的高成本,并可能面临其他变革反对者的勒索。

5. 操纵与合作

(1) 操纵是将努力转换到施加影响上,如有意扭曲某些事实,隐瞒具有破坏性的消息,制造不真实的谣言。

(2) 合作是介于操纵和参与之间的一种形式。

(3) 成本较低,也便于争取反对派的支持。

(4) 要是欺骗或利用的意图被察觉,易适得其反。

6. 挑选接受变革的员工

(1) 易于接受并适应变革的能力与人格相关。

(2) 挑选公开交流经验、对变革持乐观态度、愿意冒险且行为灵活的员工。

7. 强制

(1) 直接使用威胁或强制手段。

(2) 取得支持的花费低,也较容易。

(3) 可能是不合法的,即便合法的强制也容易被看成是一种暴力。

6.4.3 成功地进行组织变革

1. 领导者在变革中的作用

领导者在变革中的作用无疑是至关重要的。要使变革顺利进行并取得成功,变革的推动者就必须充满自信,并表现出强烈的个人动力,同时还必须足够谦逊来听取人们的忧虑和反对。他们必须有愿景、战略和指导原则,但也必须注重实效,关注问题的征兆,谋划能够导向成功的举措。他们必须坦率,能够最大限度地建立统一战线,而不至于让很多人置身于变革之外。他们必须公正,同时也要足智多谋。他们必须有耐性且持之以恒,但某些时候也必须快速而果断地行动。

 **阅读材料 6-3**

发动变革:作为变革推动的领导者

美国管理协会的一项调查考察了为什么领导比以前更重要,而"越来越具竞争性的商业环境"以压倒之势位居榜首。要想在这样的环境中生存,管理者应当成为变革的领导者。作为一名变革领导者,Crupo Modelo 公司的副总裁玛丽亚清楚地认识到了这一点。虽然她的公司掌控了墨西哥啤酒市场的 60%,但她仍然要求发动变革,以加强公司的竞争地位,特别是在今天越来越具竞争性的环境当中。

像玛丽亚这样的变革领导者靠什么来发动变革并确保变革的顺利进行呢?

以下是一些建议:

(1) 拟定一份关于需要变革的简单的、令人信服的声明。

(2) 在整个过程中进行持续和诚实的沟通。

(3) 尽量使更多的雇员参与。

(4) 尊重雇员对变革的看法,但也要鼓励他们具有灵活性。

(5) 解雇抵制变革的雇员,但必须在尝试了所有可能使他们接受变革的方法之后。

(6) 以短期变革的成功为目标,因为大范围的变革需要很长一段时间。

(7) 树立一个正面的榜样。

2. 组织变革与激发创新

当管理者要将组织变革成更富有创造性的时候,通常指的是激发和培育创新。我们可以贴切地把苹果公司、3M 公司和 Google 公司看作富有创新力的组织,因为它们能产生新颖的思想并将其转换成盈利的产品和有效的工作方法。

什么样的环境会激励组织创新?我们识别出有三类因素可用来激发组织的创新力——组织的结构、文化和人力资源。

1）结构因素

有关结构因素对创新影响的研究概括为以下五点：第一，有机式结构对创新有正面的影响。因为这类组织的正规化、集权化和专业化程度都较低，因此，采用有机式结构可以提高灵活性、应变力和跨职能工作能力，这些都是组织创新必备的。第二，拥有富足的资源能为创新提供另一重要的基石。组织资源充裕，管理当局就有能力购买创新成果，敢于投下巨资推行创新并承受失败的损失。第三，单位间密切的沟通有利于克服创新的潜在障碍。像跨职能团队、任务小组及其他这类组织设计都可促进部门之间的相互交流，从而得到创新型组织的广泛采用。第四，创新性组织试图将创新活动的时间压力最小化，而不管是否身处急流险滩型的环境中。第五，当一个组织的结构为源于工作和非工作的创造提供明确的支持时，雇员的表现会更具有创造性，像鼓励、开放式沟通、积极倾听和有用的反馈等都是有效支持。

2）文化因素

富有创新力的组织通常具有某种共同的文化。经研究表明，充满创新精神的组织通常具有以下特征。

（1）接受模棱两可。过于强调目的性和专一性会限制人的创造性。

（2）容忍不切实际。看起来似乎不可行，但往往可能带来创新性问题的解决。

（3）外部控制较少。组织将规则、条例、政策这类控制减少到最低限度。

（4）接受风险。组织鼓励员工大胆试验，不用担心可能失败的后果。错误被看成是学习的机会。

（5）容忍冲突。组织鼓励不同的意见。个人或单位之间的认同并不意味着能实现很高的经营绩效。

（6）注重结果甚于手段。注重结果意味着，对于任一给定的问题，可能存在若干种正确的解决方法。

（7）强调开放系统。管理当局时刻监控环境的变化并随时作出快速的反应。

（8）正面反馈。管理应当提供正面反馈、鼓励和支持，这样员工就觉得他们的创造性想法得到了关注和认可。

3）人力资源因素

有创造力的组织积极地对其员工进行培训和发展，以使其保持知识的更新。同时，它们还给员工提供高工作保障，以减少他们担心因犯错误而遭解雇的顾虑。组织也鼓励员工成为创新带头人。一旦产生新思想，创新带头人会主动而热情地将创意予以细化，并提供支持，克服阻力，确保创新的推行。

课堂讨论 6-6

创新要求允许人们犯错误。然而，多次犯错误会断送一个人的前程，你赞成这种观点吗？为什么？这对培育创新有什么启示？

6.5 学习型组织

6.5.1 学习型组织概述

学习型组织最初的构想源于美国麻省理工大学佛瑞斯特教授。他是一位杰出的技术专家，是 20 世纪 50 年代早期世界第一部通用计算机“旋风”创制小组的领导者。1965 年，他发表了一篇题为“企业的新设计”的论文，运用系统动力学原理，非常具体地构想出未来企业组织的理想形态——层次扁平化、组织信息化、结构开放化，逐渐由从属关系转向为工作伙伴关系，不断学习，不断重新调整结构关系。这是关于学习型组织的最初构想。

彼得·圣吉是学习型组织理论的奠基人。作为佛瑞斯特的学生，他一直致力于研究以系统动力学为基础的更理想的组织。他用了近 10 年的时间对数千家企业进行研究和案例分析，于 1990 年完成其代表作《第五项修炼》。他指出，现代企业所欠缺的就是系统思考的能力。它是一种整体动态的搭配能力，因为缺乏它会使许多组织无法有效学习。之所以会如此，正是因为现代组织分工、负责的方式将组织切割，而使人们的行动与其时空上相距较远。当不需要为自己的行动结果负责时，人们就不会去修正其行为，也就是无法有效地学习。

1. 学习型组织的定义

所谓学习型组织，是指通过培养弥漫于整个组织的学习气氛，充分发挥员工的创造性思维水平而建立起来的一种有机的、高度柔性的、扁平的、符合人性的、能持续发展的组织。组织学习是一个组织成为学习型组织的必要条件。

2. 学习型组织的五个要素

(1) 建立共同愿景(building shared vision)：愿景可以凝聚公司上下的意志力，透过组织共识，大家努力的方向一致，个人也乐于奉献，从而为组织目标奋斗。

(2) 团队学习(team learning)：团队智慧应大于个人智慧的平均值，以作出正确的组织决策，透过集体思考，找出个人弱点，强化团队向心力。

(3) 改变心智模式(improve mental models)：组织的障碍多来自于个人的旧思维，例如，固执己见、本位主义，唯有透过团队学习和标杆学习，才能改变心智模式，有所创新。

(4) 自我超越(personal mastery)：个人有意愿投入工作，专精工作技巧，个人与愿景之间有种“创造性的张力”，正是自我超越的来源。

(5) 系统思考(system thinking)：应透过资讯搜集，掌握事件的全貌，以避免见树不见林，培养综观全局的思考能力，看清楚问题的本质，有助于清楚了解因果关系。

6.5.2　学习型组织的特点

1. 组织成员拥有共同的愿景

组织的共同愿景,来源于员工个人的愿景而又高于个人的愿景。它是组织中所有员工愿景的景象,是他们的共同理想。它能使不同个性的人凝聚在一起,朝着组织共同的目标前进。

2. 组织由多个创造性个体组成

企业的工作有两类:一类是反映性的,一类是创造性的。反映就是上级来检查,下级对出现的事故进行反映,反映有什么作用?最多能维持现状,绝大多数人、绝大部分精力都用于反映,而没有用于创造。企业的发展是创造性的工作。没有创造,企业就会被淘汰。

3. 善于不断学习

这是学习型组织的本质特征。学习型组织通过不断地学习,及时铲除发展道路上的障碍,不断突破组织成长的极限,从而保持持续发展的态势。

4. 兼学别样

组织中的成员不仅要掌握本岗位上的工作技能,而且要学习了解其他岗位工作的内容。只有这样,工作才能顾全大局、相互协作、高效,做到组织精简。

5. 扁平式结构

学习型组织结构是扁平的,即从最上面的决策层到最下面的操作层,中间相隔层次极少。它尽最大可能将决策权向组织结构的下层移动,让最下层单位拥有充分的自主权,并对产生的结果负责。例如,美国通用电器公司目前的管理层次已由 9 层减少到 4 层,只有这样的体制,才能保证上下级的不断沟通,下层才能直接体会到上层的决策思想,上层也能亲自了解到下层的动态,吸取第一线的营养。只有这样,企业内部才能形成互相理解、互相学习、整体互动思考、协调合作的群体,才能产生巨大的、持久的创造力。

6. 无边界行为

无边界行为是企业组织结构的创新。无边界原理认为,企业组织就像生物有机体一样,存在各种隔膜使之具有外形或界定。虽然生物体的这些隔膜有足够的结构强度,但是并不妨碍食物、血液、氧气、化学物质畅通无阻地穿过。得益于这种现象的启发,企业各部门、上下级之间虽然存在边界"隔膜",但信息、资源、构想及能量也应该能够快捷便利地穿过企业的"隔膜",像没有边界一样。虽然企业各部分的职能和界定仍然存在,仍然有权高任重的领导,有特殊职能技术的员工,有承上启下的中层管理者,但组织作为一个整体的功能,却可能已远远超过各个组成部分的功能。可以看出,无边界原理其实是以有边界为基础的,并非对所有边界的否定,其目标在于让各种边界更易于渗透扩散,更利于各项工作在组织中顺利开展和完成。

7. 自主管理

按照学习型组织理论，现在企业管理方式有两类：一类是权力型的，一类是学习型的。权力型的基本管理模式是等级式的，一级级管下来，问题要一级级上报。这类的一个致命弱点就是任何问题都是权力大的人在做主，虽然大多是正确的，但有许多工作在基层的员工有好的想法和经验，要充分发挥员工的管理积极性，实行“自主管理”。自主管理是使组织成员能边工作边学习，使工作和学习紧密结合的方法。通过自主管理，可由组织成员自己发现工作中的问题，自己选择伙伴组成团队，自己选定改革进取的目标，自己进行现状调查，自己分析原因，自己制定对策，自己组织实施，自己检查效果，自己评定总结。团队成员在“自主管理”的过程中，能形成共同愿景，能以开放、求实的心态互相切磋，不断学习新知识，不断进行创新，从而增加组织快速应变、创造未来的能量。日本企业几乎都实行自主管理，不定期地召开会议，气氛很活跃，领导坐在后面表示支持。一个聪明的领导不仅要让员工的手动起来，还要让他们的脑动起来，给他们以自主管理的机会，肯定他们的工作成果，让他们体会到人生的价值，这样他们就乐于奉献。当然，实行自主管理，必须拥有高素质的员工，这就需要学习。

8. 员工家庭与事业的平衡

学习型组织要努力使员工的家庭生活与工作相得益彰。学习型组织承诺支持每位员工的自我发展，而员工也会承诺对组织的发展尽心。这样，个人与组织的界限变得模糊，工作与家庭之间的界限也逐渐消失，两者之间的冲突也必将大为减少，从而提高员工家庭生活的质量(满意的家庭关系、良好的子女教育和健全的天伦之乐)，达到家庭与事业之间的平衡。

9. 领导者的新角色

在学习型组织中，领导者是设计师、仆人和教师。领导者的设计工作是一个对组织要素进行整合的过程，他不只是设计组织的结构和组织政策、策略，更重要的是设计组织发展的基本理念；领导者的仆人角色表现在他对实现愿景的使命感上，他自觉地接受愿景的召唤；领导者作为教师的首要任务是界定真实情况，协助人们对真实情况进行正确、深刻的把握，提高他们对组织系统的了解能力，促进个人的学习。

学习型组织的特点可用图 6-7 表示。

6.5.3 学习型组织的建立

1. 评估组织的学习文化

要建立学习型组织，首先需评估组织本身的学习文化，良好的学习文化是构建学习型组织的基本要素。柯莱恩与桑德斯提出 36 项要点作为评估组织学习文化的依据，其中有 6 项要点极具意义，分别为在组织中有正式结构与非正式结构计划鼓舞成员彼此分享学习成果，组织为解决问题与学习而制订计划，组织每一个层级中的学习

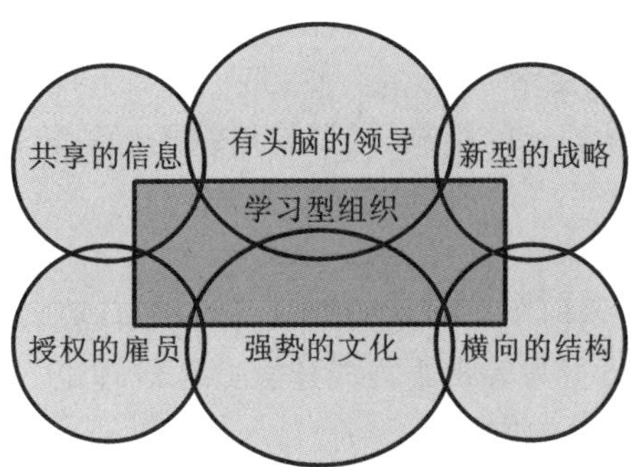

图 6-7　学习型组织的特点

是被期望且受鼓舞的，人们对组织怀有远景并能适应其工作，组织能够鼓舞成员并提供资源促使成员成为自我导向的学习者，了解自己与他们的学习形态，借以促进沟通和组织的学习。

2. 增进组织的积极性

当使用高压与逼近的方式来管理组织时，通常所带来的是成员的反抗。相反，若以温暖与和蔼的态度去对待成员，则组织将会展现出其开放性与协调性。

3. 在工作场所能安然地思考

安全是人类基本的需求，同时在每个成长与发展的阶段中不可或缺。创造安全的学习环境需具备三个必要条件：①共识的结构——组织能建立起一个完善的体制，有良好的规范，促使成员展开有影响力的活动。②教育促进成员接受教育，并且支持他们的问题。教育意味着帮助成员成功，而非帮助他们做事。③解决问题的能力，将解决问题当成是一种生活方式。

4. 奖励冒险

每一项新的危机都是学习的机会，可促使组织获得更多的成功。适当的危机是进步与成功的原料。在组织中建立冒险文化，是组织继续生存与发展的要素之一。

5. 协助成员成为彼此的学习资源

组织中的成员彼此构成了相互学习的最大资源，在组织中倘若能善加运用，则在提升组织效能上可发挥出极大的效用。这方面可先通过成员的自我评价，深入反思自身的各项能力与专长，再通过小组资源目录的建立，来帮助成员了解彼此，并据此达到相互学习、共同成长的目的。

6. 将学习运用到工作上

在工作场所中，成功的学习有三种特质：学习须与工作相结合，学习须有启发性，学习亦即发现。

7. 描绘组织的远景

在组织中要能清楚地描绘出其未来的发展远景，以作为成员共同努力的方向与目标。组织的远景需群策群力并由成员共同创建。

8. 将组织的远景融入生活

学习型组织深受行动理论的影响，强调将组织的远景转化为行动，并进一步深入整个生活中。

9. 连接系统

学习型组织强调思考，柯莱恩与桑德斯认为组织可朝历史记忆、目标、规则、继续进步、反馈、组织中的人员行为等六个方向建立其系统理论。

10. 明示组织未来努力的方向

将上述所有的步骤放在一起执行，并接受任何挑战的机会。同时对组织未来的发展有明确的方向。

综上所述，可以发现若要创造出一个现代化的学习型组织，则在组织中至少需建立起“工作学习化、学习工作化”的观念与做法。

本章小结

1. 组织是利用资源实现战略目标的过程。组织结构是建立正式的关系体系、确定职权线，并给个人和部门分配工作。

2. 组织结构设计是组织工作中最重要、最核心的一个环节，它着眼于建立一种有效的组织结构框架，对组织成员在实现组织目标中的分工和协作关系作出正式、规范的安排。

3. 常见的组织结构类型有直线型、职能型、直线-职能型、事业部制和矩阵型等。

4. 组织变革是在动力与阻力的此消彼长中推进的。管理者要采取有效的措施改进这两种力量的对比，促进组织变革的顺利进行。

5. 在学习型组织中，员工们不断获取和共享新知识，并有意愿将其知识用于制定决策或做好他们的工作，再不断地学习与工作有关的知识，从而形成持续适应和变革能力的组织。

重要概念

组织　组织结构　组织变革　学习型组织

复习思考题

1. 一个组织的结构能迅速得到改变吗？为什么？

2. 管理者要在实行项目型结构的组织中有效地工作，他需要什么类型的技能？在无边界组织中，或者在学习型组织中，又需要什么样的技能？

3. 职能型组织结构中的部门经理是什么样子的？在事业部制组织结构中呢？请比较二者的职责、技能、能力和决策权。

4. 请以你所熟悉的某家矩阵型组织结构的公司为例，分析这一结构的优点和不足之处。

5. 为什么要先制定公司战略,再设计组织结构,而不是先设计组织结构再制定公司战略?

6. 反对组织变革的原因有哪些?如何应对组织变革中的阻力?

7. 低层的员工能成为组织变革推动者吗?请说明理由。

8. 如何塑造一个学习型组织?作为领导者你该采取哪些行动?

学习拓展

[1] 斯蒂芬·P. 罗宾斯,玛丽·库尔特. 管理学[M]. 11 版. 李原,孙健敏,黄小勇,译. 北京:中国人民大学出版社,2012.

[2] 圣吉. 第五项修炼[M]. 张成林,译. 北京:中信出版社,2009.

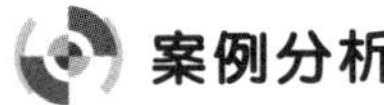

案例分析

案例 6-1　海尔集团的组织结构变迁

20 世纪 80 年代,海尔集团同其他企业一样,实行的是工厂制。该集团成立后,1996 年开始实行事业部制,集团由总部、事业本部、事业部、分厂四个层次组成,分别承担战略决策和投资中心、专业化经营发展中心、利润中心、成本中心的职能。

事业部制是一种分权运作的形式,首创于 20 世纪 20 年代的美国通用汽车公司和杜邦公司。它是在总公司领导下设立的多个事业部,各事业部有各自独立的产品和市场,实行独立核算。事业部内部在经营管理上则拥有自主性和独立性。这种组织结构形式最突出的特点是“集中决策,分散经营”,即总公司集中决策,事业部独立经营。这是在组织领导方式上由集权制向分权制转化的一种变革。

从本质上说,海尔集团的组织结构经历了从直线职能式结构到矩阵结构再到市场链结构的三次大变迁。直线职能式结构就像一个金字塔,下面是最普通的员工,最上面是厂长、总经理。它的优点就是比较容易控制到终端。直线职能式结构在企业规模小的时候,“一竿子抓到底”,反应非常快,但企业规模大时就不能采用该结构了。它的最大缺点是对市场反应太慢。为了克服这一缺点,海尔集团改用矩阵结构。横坐标是职能部门,包括计划、财务、供应、采购;纵坐标是不同的项目。对职能部门来讲,横纵坐标相互的接点就是要抓的工作。这种组织形式的企业发展多元化,就可以比较迅速地动员所有的力量来推进新项目。

在论述海尔集团组织结构的变迁时,张瑞敏再次强调了“有序的非平衡结构”:整个组织结构的变化源自组织创新的观点,就是企业要建立一个有序的非平衡结构。一个企业如果是有序的平衡结构,这个企业就是稳定的结构,是没有活力的。但如果一个企业是无序的非平衡结构,那么肯定就是混乱的。我们在建立一个新的平衡时就要打破原来的平衡,在非平衡时再建立一个平衡。就像人的衣服一样,人长大了衣服就要改,如果不改肯定要束缚这个人的成长。

问题:

1. 试论述海尔集团组织结构曾经存在的问题。

2. 张瑞敏对海尔集团组织结构的变革,你认为怎么样?这一系列的变革,顾客是如何看待的?海尔集团的员工和管理人员又是如何看待的?

3. 海尔集团的组织结构变迁说明了什么?请进行解释。

案例 6-2　微软公司重燃创业热情

2005 年,微软公司的首席执行官史蒂夫·鲍尔默(Steve Ballmer)宣布进行一次大规模的公司重组,以便与谷歌公司和 Salesforce. com 公司等新兴企业展开更激烈的竞争。微软公司进行重组的目的是整顿内部不断增长的官僚作风。作为世界上最大的软件公司——微软公司拥有 6 万名员工,面临着无法及时升级其产品的困境。微软公司最新版本的 Windows 软件的发布已经落后于计划的日程,因为新软件的性能还存在缺陷,无法达到预期的水平。

重组使微软公司的组织迅速简化。企业结构由七个产品事业部减少到三个。新组建的部门包括:①平台产品和服务事业部,其中包括 Windows 操作系统;②企业产品事业部,包括 Office 企业软件产品,如 Word、PowerPoint、Excel 等;③娱乐和设备事业部,包括 Xbox 游戏机和 Microsoft TV。每个产品事业部都新设了一个总裁职位,这也反映了事业部层次领导能力的重要性。

微软公司希望通过这次重组,能够对市场机遇作出更迅速的反应,并能充分利用其资源优势和广博的人才库。使用相似技术的产品组将归入同一个组织,由了解工作程序的主管人员领导。

问题:

1. 微软公司的一些重要软件设计师都跳槽到了谷歌公司或者其他小型软件公司。这次重组能否帮助微软公司留住其顶级技术人才?

2. 为什么微软公司把原来的组织结构中的七个事业部重组为三个事业部?

3. 像微软这样的大公司,要如何管理其组织结构才能保持创新,以及保持与客户的接触?微软公司是否应该考虑其他方法?

实践训练

实训项目

设计模拟公司的组织结构图。

实训目的

1. 增强对组织结构图的实践认识。

2. 培养设计组织结构图的初步能力。

3. 初步掌握组织结构设计的主要方法。

实训内容

1. 分析组织的特点。

2. 绘制组织结构系统图。

3. 对组织结构图进行评估。

4. 确立组织的组织结构图。

实训考核

1. 对每个模拟公司,要上交一份组织结构图。

2. 教师对各模拟公司的组织结构设计进行评估打分。

第七章 人力资源管理

学习目标

- 了解人力资源、人力资源管理的基本内涵及相关功能。
- 熟悉员工招聘的基本流程。
- 了解培训与开发的原则、内容和方法。
- 理解薪酬组成要素、薪酬管理体系的内容。
- 掌握绩效考核的基本方法。
- 合理地实现职业生涯发展。

导入案例

海底捞的成功秘诀

海底捞 40 家连锁店全年创造了 6 亿元人民币的营业收入，其中营业利润达 8000 万元，有 5000 名员工，人才流动率一直保持在 10%左右，而中国餐饮行业的人才平均流动率为 28.6%。海底捞创造了中国餐饮行业的一个奇迹，其客户回头率达 50%甚至以上，几乎每个去过的人都会再次带着不同的朋友前去，通过这样的口碑宣传，为海底捞带来了源源不断的客户。

我们可以通过下面的一些细节来了解，特别是在人才流动率很高的餐饮行业，海底捞为什么能保持这么低的人才流动率。

1. 选人

被人力资源专家当成大忌的就是亲友在同一家公司工作，可能会出现的情况包括建立小帮派、互相包庇甚至利用资源谋私等。"打仗亲兄弟，上阵父子兵"，对于海底捞的创始人张勇来说，这恰好是个可以利用的"人性优势"。首先，大多数人都关注其在亲友中间的"口碑"，一旦他愿意介绍亲友进入自己工作的公司，说明他对公司的认同度高；其次，表明他会在亲友中以更高的道德标准来要求自己，以期获得更好的"形象分"。

2. 用人

秘诀：授权。从管理层到普通员工，每个人都给予充分授权。200 万元以下的开支，副总可以签字；100 万元以下的开支，大区经理可以签字；而 30 万元以下的开支，各个分店的店长就可以签字。普普通通的一线员工，拥有免单权，而且他们可以根据客人的需求，赠送水果盘或者零食爆米花。只有极少数的员工滥用了这样的权力——毫无疑问，这将会带来惨重的代价——失去朋友的信任，甚至失去这份让人羡慕的工作。在海底捞，绝大多数特色服务的原始创意，都来自于普通员工。

3. 育人

按照海底捞的晋升制度，如果做一名技术线的员工，他会有一条清晰的上升途径：合格员工—一级员工—先进员工—标兵员工—劳模员工—功勋员工；而如果他想走一条管理者的道路，机会也就在眼前，他的路径会变成合格员工—一级员工—优秀员工—领班—大堂经理—店经理—区域经理—大区经理。当一名员工在自己的普通岗位上做到功勋员工时，他享受的待遇将和一名店长的差不多。这种公平公开的晋升途径，让每一个人，不管他来自大山深处，还是高等学府，都知道"公平"这两个字的写法，也深刻体会到被尊重的滋味。

把连锁店的流程和制度做成一个手册，用它来培养和培训员工，是每一个连锁企业必做的，海底捞也不例外。入职前，所有的员工都要经过这些严格的培训，并且死记很多内容。但接下来的工作，就要求大量的主动性和创造性了。海底捞的办法是师傅带徒弟，言传身教，加上自己对服务的理解，而大多数员工的理解，都是设身处地地把自己当成客人来看待。给披肩发的女生提供头绳，为放在桌边的手机套上塑料袋，为戴眼镜的客人免费提供眼镜布……曾有客人在就餐时不经意间夸赞了爆米花好吃，临走的时候，服务生居然主动给那一桌的七位客人每人拿了两份打包的爆米花。

4. 留人

四年开出近40家店，不疾不徐的开店速度，让每个店都能保证30%左右的老员工"压阵"，保证了服务质量的连续性和一致性。每天两班倒的员工，白班的一直会被安排白班，晚班的一直会被安排晚班。这样员工不需要隔段时间就被迫改变作息时间来适应，除非他们要求换班。这样细心的安排还包括员工的宿舍，海底捞的员工宿舍，离工作地点不会超过20分钟的路程，且都会配备空调，如果员工是夫妻，则考虑给单独房间。有专门的阿姨负责保洁，还配备了计算机上网——原因是员工外出上网可能会有潜在的风险。一名海底捞的管理者说，光员工的住宿费用，一个门店一年就要花费50万元。为了保证这些大多来自农村的员工的工作积极性，海底捞甚至考虑到了他们的孩子和家人。在张勇的家乡，他投入上千万元建立了通才学校，让员工的子女免费上学；而他们的家人一旦因为大病无钱医治，公司会负责到底。海底捞还有一个传统，是将员工奖金中的部分直接寄给他们的父母或亲人。

案例启示

海底捞的成功更大程度上是员工管理的成功，员工都把工作当成是自己的一份事业，把公司当成家一样去维护。回头看看目前的很多企业，能做到这些的有多少呢？海底捞的成功模式其实是可以复制的，特别是在相同的餐饮行业，但是有多少人能够放弃利润去培养员工？如果一切只盯着钱看，那么以上这些就做不到了。

7.1 人力资源管理

管理的本质是人的管理，组织人事工作历来是企业管理的一个重要组成部分。随着市场经济的发展、企业竞争的加剧，传统人事管理正在转变为人力资源管理。这不是概念的简单变化，而是管理原则和管理机制的根本转变。理解企业人力资源管理的性质，要从管理的本质特征入手，结合企业管理的特殊要求，分析传统人事工作在新环境下所发生的变化。

7.1.1 人力资源的基本内涵

"人力资源"一词是著名管理学家彼得・德鲁克在《管理的实践》一书中提出的。他认为，人力资源与其他资源相比，区别在于具有自觉能动性，是必须专门考虑的"特殊资产"。因此，德鲁克要求管理人员在设计工作时，充分考虑人的精神和社会需求，采取积极的行动来激励员工，为员工创造具有挑战性的工作，以及重视对员工的开发。此外，工业关系和社会学家怀特・巴克于1958年出版了《人力资源功能》一书。该书首次将人力资源管理作为一种管理职能加以系统探讨，并提出了一系列管理工作原则。1965年，雷蒙德・迈勒斯在《哈佛商业评论》上发表的论文产生了广泛影响，使"人力资源"概念引起了人们的广泛注意。

从宏观层面讲，人力资源是指能够推动特定社会系统发展进步并达成其目标的该系统的人们的能力的总和。此定义的宏观性主要是从社会系统的角度讨论人力资源，同时突出了人力资源的归属性、功能性和包容性。

从微观层面讲，人力资源是指特定社会组织所拥有的能推动其持续发展、达成其组织目标的成员能力的总和。此定义局限于在社会组织的层面讨论人力资源。

人力资源是一种特殊而又重要的资源，是各种生产力要素中最具有活力和弹性的部分，它具有以下基本特征：①生物性。与其他任何资源不同，人力资源属于人类自身所有，存在于人体之中，是一种"活"的资源，与人的生理特征、基因遗传等密切相关，具有生物性。②时代性。人力资源的数量、质量以及人力资源素质的提高，即人力资源的形成受时代条件的制约，具有时代性。③能动性。人力资源的能动性是指人力资源是体力与智力的结合，具有主观能动性，具有不断开发的潜力。④两重性。两重性（双重性）是指人力资源既具有生产性，又具有消费性。⑤时效性。人力资源的时效性是指人力资源如果长期不用，就会荒废和退化。⑥连续性。人力资源是可以不断开发的资源，不仅人力资源的使用过程是开发的过程，培训、积累、创造过程也是开发的过程。⑦可再生性。人力资源是可再生资源，通过人口总体内各个个体的不断更新和劳动力的“消耗—生产—再消耗—再生产”的过程实现其再生。人力资源的再生性除受到生物规律支配外,还受到人类自身意识、意志的支配,人类文明发展活动的影响,新技术革命的制约。

7.1.2　人力资源管理的基本内涵

美国著名的人力资源管理专家雷蒙德·A.诺伊等在其《人力资源管理:赢得竞争优势》一书中提出:人力资源管理是指影响雇员的行为、态度以及绩效的各种政策、管理实践以及制度。

美国的舒勒等在《管理人力资源》一书中指出:人力资源管理是采用一系列管理活动来保证人力资源进行有效的管理,其目的是实现个人、社会和企业的利益。

加里·德斯勒在《人力资源管理》一书中提出:人力资源管理是为了完成管理工作中涉及人或人事方面的任务所需要掌握的各种概念和技术。

迈克·比尔则提出:人力资源管理包括会影响公司和雇员之间关系(人力资源)性质的所有管理决策和行为。

我国台湾地区的著名人力资源管理专家黄英忠则指出:人力资源管理是将组织所有人力资源进行最适当的开发、维持和使用,以及为此所规划、执行和控制的过程。

我国一些著名学者则将人力资源管理界定为:对人力这一特殊的资源进行有效开发、合理利用与科学管理。

综合以上各种观点,我们认为,人力资源管理是基于实现组织和个人发展目标的需要,有效开发、合理利用并科学管理组织所需要的人力资源的过程。

7.1.3　人力资源管理的功能

人力资源管理的功能是指它自身所具备或应该具备的作用,这种作用具有一定的独特性,反映了人力资源管理自身的特点。人力资源管理的功能主要体现在四个方面:吸纳、激励、开发和维持。

1. 吸纳功能

吸纳功能是指吸引并让优秀的人才加入本企业。吸纳功能是基础,为其他功能的实现提供了条件。

2. 激励功能

激励功能是指让员工在现有的工作岗位上创造出优良的绩效。激励功能是核心,是其他功能发挥作用的最终目的,如果不能激励员工创造出优良的绩效,其他功能的实现就失去了意义。

3. 开发功能

开发功能是指让员工保持能够满足当前及未来工作需要的知识和技能。开发功能是手段,只有让员工掌握了相应的工作技能,激励功能的实现才具备客观条件。

4. 维持功能

维持功能是指让已加入的员工继续留在企业。维持功能是保障，只有将吸纳的人员保留在企业中，开发功能和激励功能才有稳定的对象，其作用才可能持久。

在企业的实践过程中，人力资源管理的这四项功能通常被概括为“选、育、用、留”四个字。这里，“选”就相当于吸纳功能，要为企业挑选出合适的人力资源；“育”就相当于开发功能，要不断培育员工，使其工作能力不断提高；“用”就相当于激励功能，要最大限度地使用已有的资源，为企业作出贡献；“留”就相当于维持功能，要采用各种办法将优秀的人力资源保留在企业中。

 **阅读材料 7-1**

中国人力资源管理者的“通病”

人力资源管理越来越受到中国企业的重视，但是相对于中国的经济腾飞和企业的迅猛发展，人力资源管理者的素质并没有得到质的提升，反而制约了企业的发展。在各大网站的调查和现实生活中，我们又不得不承认：人力资源管理者是众多从业者中最辛苦、压力最大的人群之一。这固然和我国企业的发展速度过快有关，但是我们认为人力资源管理者的自身素质是倍感压力的重要原因。当前的中国人力资源管理者有以下的不足。

(1) 被各种所谓的理念和工具迷惑，缺乏判断力。

(2) 专业知识和实践知识严重匮乏。

(3) 无法认知 HR 的双重角色。

(4) 无法准确地定位自身。

(5) 缺乏沟通能力。

(6) 缺乏对公司业务的真正了解，眼高手低。

(7) 缺乏宏观把控能力和系统思维。

7.2 员工招聘

员工招聘是组织人力资源管理的一个重要组成部分，招聘活动的实现及其效果的达成需要经过一系列的流程。一般来说，招聘过程由六个阶段组成，即制订招聘计划、确定招聘方案、发布招聘信息、员工选拔、录用决策和招聘评估。

7.2.1 制订招聘计划

招聘计划的制订，以工作分析为基础。组织通过工作分析，找出具体的岗位空缺，并形成工作描述和工作规范，包括对空缺工作岗位的性质和环境特点的描述以及空缺岗位人员需求的具体能力与素质要求。组织根据岗位空缺以及对这些岗位的具体要求制订人力资源招聘计划。组织在制订招聘计划时主要对以下几个问题进行规定。

(1) 招聘岗位需求及具体要求。

(2) 招聘时间跨度。

(3) 选择合适的渠道发布人员信息。

(4) 人员招聘程序和方法设计。

(5) 招聘预算。

(6) 招聘活动成效及其评估。

7.2.2 确定招聘方案

招聘方案是指组织进行人员招聘的时间、信息发布渠道、招聘方式、招聘程序与方法的选择,以及制定招聘预算及其评估等。这里主要介绍人员招聘的方式以及对招聘方式的选择。一般来说,组织的用人需求可以通过外部招聘和内部选择两种方式来得到满足。这两种方式有不同的优点,同时也有各自的劣势。采用不同的方案,要基于组织内外部人力资源状况而定,同时还要结合不同方案对组织招聘成本的投入与对内部团结的影响程度来选择。但不论采用哪种方式来为组织招聘人员,其最终目的都在于以最小的成本为组织招聘到最合适的人才。从严格意义上来说,外部招聘与内部选择是人力资源开发与管理中两种不同的获得人力资源的方式。外部招聘是组织人力资源的吸收,内部选择是组织人力资源的开发,这两种不同的招聘方式都是为了满足组织的用人需求。两种方案具有不同的特点,选择哪种方式满足人员需要,取决于组织内部人力资源状况和岗位要求。一般说来,内部选择主要包括内部提升、内部调用、轮岗等。外部招聘主要包括员工推荐、猎头公司、现场招聘会、媒介招聘、网络招聘以及校园招聘等。

7.2.3 发布招聘信息

制订招聘计划后,便可以公布组织的用人需求,以吸引应聘者前来应聘。发布招聘信息,即向可能前来应聘的人群告知组织将要进行人员招聘的消息。为了使招聘信息能够产生足够好的招募效应,应当解决两个问题,即招聘信息的制作和信息发布渠道的选择。组织发布招聘信息,需要注意以下几个问题:①招聘信息的制作;②信息发布渠道的选择;③信息发布要及时。

7.2.4 员工选拔

员工选拔是招聘活动中重要的一环,是组织获得所需人力资源的保障。发布招聘信息后,会吸引众多的求职者前来应聘,组织需要从中挑选出适合自身用人需求的人员。员工选拔就是通过一定的测试方法，对众多的应聘者挑出适合组织需要的人员。对员工进行选拔不仅要确定应聘者是否具备相应的工作能力，还要确定应聘者是否适合担任相应的工作。确定合理的选拔程序，并辅以科学的测试方法，对应聘者的能力与素质进行鉴定，也是人员招聘过程中公平公正原则的体现。通常使用的选拔与测试方法有知识测试、心理测试、模拟情境测试和面试等。组织应当结合自身对员工的需求，确定可以鉴别应聘者能力与潜力的方法。在测试过程中，要注重保证测试的信度与效度，以使组织能够选拔到合格的员工。

7.2.5 录用决策

通过对应聘者进行招聘测试后，可以反映出应聘者潜在的工作能力与个性特征等信息，组织应当根据应聘者的这些信息，挑选出适合企业需求的人员，并针对应聘者具备什么样的能力，应聘者有什么样的兴趣与动机，愿意做什么工作来做出录用决策，并为其分配职位。录用决策是组织招聘活动成果的反映，是组织招聘员工重要的环节。

在招聘录用阶段应当注意以下问题。

(1) 不要录用能力比职位要求高很多的人。如果能够胜任当前工作，并高出岗位要求的能力时，员工会缺乏工作动力，这样的员工不可能在当前岗位上呆太久，结果会导致组织人员流动率过高。

(2) 重工作能力，充分考虑应聘者的个性特征对工作的影响。被录用人员是能够满足组织用人需求的人员，因此，潜在的工作能力是衡量其是否可以被录用的基础，在能力相同的情况下，应聘者的个性特征成为决定因素。如对财务人员的选择，必须考察他们对待诱惑的可能反应。

(3) 由具体用人部门进行人员录用决策。最终的人员录用是要放到具体的用人部门去开展工作的，因此，录用员工时具体用人部门也应参与决策。

(4) 一旦作出录用决策，组织就应及时通知被录用的应聘者，告之录用岗位详细的工作内容、工作程序、工资等，并要求被录用人员在规定期限内作出是否接受录用的回复。

7.2.6 招聘评估

招聘评估是对组织招聘活动的投入与录用人员量和质的评价。招聘评估最重要的指标是组织的空缺岗位是否有人填补，用人需求是否得到满足。组织招聘工作是否成功，需要进行事后评估。通过对招聘过程的评估，可以了解组织在招聘活动中的投入程度，考察组织的招聘效率，总结此次招聘活动成功与否。招聘评估也可以为组织未来的招聘活动提供一定的经验。招聘评估还可以反映出招聘活动的工作成果，明确招聘活动的开支状况，充分体现组织招聘活动的绩效原则。最重要的是，通过招聘评估，评定录用人员的实际能力与绩效，从而判定组织在招聘过程中使用的测试手段是否正确地反映了员工的实际工作水平，以利于组织招聘活动的改进。

阅读材料 7-2

关于求职申请表的填写

在招聘会上、面试之前或面试之后，你所申请的公司都可能让你填写一张求职申请表。在填写这类显得简单乏味的申请表时，一定要仔细。你所表现出来的谨慎程度就告诉了阅读这张表的人很多有关你的情况。在填写申请表时，最好用黑墨水笔，找一个能写字平整干净的地方填写，避免弄脏。填表时先看看填表项，考虑好答案再写，尽量避免涂改，如果写错，宁愿重填一张(如果可以的话)。

有的表格中的有些项目要求用大写字母填写(block capitals)，切记全部填大写字母，而不仅仅是首字母。有些公司的申请表格相当长也相当复杂，如果有什么问题一定要请教他人。如果有项目对你不适用，一定要写上 not applicable(不适用)，这样阅读表格的人就不会认为你忽略了某些项目。申请表中比较常见的问题如下。

1. source of application(招聘消息来源)

如实填写消息来源，如果来自报纸，则指明是哪一天的什么报纸。

2. next of kin(最近的亲属)

公司想知道与你关系最亲密的人的姓名，有时也要知道他们的地址。如果你没有结婚，可以填写你的父亲、母亲或监护人。如果已婚，则可以填写你的丈夫或妻子。

3. dependants(受抚养的亲属)

公司想知道你是否有需要抚养的人，比如孩子等。在可能让你填写申请表的那段时间里，记住随身携带履历，这样会让你感到很方便。因为履历里包含你填表时所需要的详细而又准确的资料。这样你就不必把它们都记在脑子里。

7.3 培训与开发

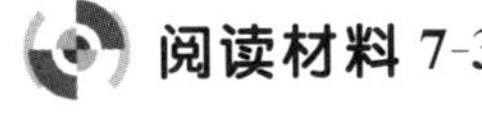

阅读材料 7-3

培训是提高企业智商的途径

企业通过最高领导人与中高层的默契配合、企业中不同人员之间的能力互补，使他们做决策和解决问题的能力达到最佳水平。我们将这种企业称为拥有“企业智商”的企业。他们总是能够聪明地做决策，从决策、解决问题之中剥离出知识和经验，形成决策系统，同时把专家、教练的能力复制到其他人身上，其他人的提升又反过来提升专家、教练的能力与经验，并不断把这些知识与经验固化、文本化。把一个大脑管多个大脑的旧管理方法变为多个大脑一起思考、一起解决问题，共同提高，能力上互补互学。企业的培训开发战略必须灌输知识管理的指导原则，才能使培训价值固化和提升，避免重复劳动，提高企业智商。

培训（training）与开发（development）在英文中是两个既相联系又相区别的词。培训是组织向员工提供工作所必需的知识与技能的过程；开发是依据员工需求与组织发展要求对员工的潜能开发与职业发展进行系统设计与规划的过程。两者的最终目的都是通过提升员工的能力实现员工与组织的同步成长。在实践中，我们往往对培训和开发不做严格的区分。同时，培训和开发对于组织的意义并不局限于对员工技能与能力的培养，更是深化组织发展、推行组织管理行为与文化实践的重要内容，作为外在薪酬表现形式的培训与开发也对激励及留住员工具有一定的积极作用。

7.3.1 培训与开发的特征

1. 常态性

当前，组织培训与开发工作表现出常态化的特征，组织只有通过及时充实和长期积累才能使组织技术人员保持技术上的先进地位，获得最大的技术开发潜能。

2. 前瞻性

区别于传统的操作训练，战略性、前瞻性的人力资源培训与开发是以一种长期的眼光来看待组织需要具有什么技能、知识和水平的员工，目的在于最大限度地培养、激发员工的创造力，为开发员工的最大潜能创造机会。虽然前瞻性的人力资源培训与开发很难像传统的操作训练那样有立竿见影的反馈效果，也可能很难用投入、产出的量化比较来进行价值评估，但是它的作用能够渗透到从组织的战略决策到产品开发等各个领域和各个时期，这种更大范围和更多样性的成效可能也是无法估量的。

3. 延展性

人力资源培训与开发的效果常常需要一定时期才能逐步直至完全显现出来。

4. 连续性

人力资源培训与开发不应该被认为是在员工个人职业生涯的不同阶段简单地提供短期的和孤立的课程。学习是一个连续的过程，人力资源培训与开发推行持续发展的政策。例如，管理人员和团队设计的人力资源培训与开发方案应该是建立在全部管理层次之间的连续性活动，这样的方案可以避免在孤立的课程结束之后，受训人员的兴趣和热情迅速消退，并且能够提高他们及时应对新挑战或条件变化的能力。

7.3.2 培训与开发的内容

1. 工作技能培训

工作技能培训是为了让员工更好地完成本岗位的工作，针对提高员工的业务工作能力而采用的培训，是现代企业培训体系中最基本的培训内容。工作技能培训以内训为主，可以依赖本企业资深员工作为培训讲师，教材以自编或操作性的形式为主，采用在职培训的形式。

2. 创新能力培训

创新能力培训旨在提高员工开拓新思想、打破成规、勇于创新的能力，是为了使员工能够创造性地开展本职工作，从而促进整个企业核心能力的培养，是现代企业培训体系中最重要的培训内容。创新能力被认为是现代社会企业生存和发展的最重要的能力，如果一个企业失去创新能力，即意味着失去市场竞争力的可能。企业创新能力的培养来源于企业员工创新能力的形成，增强员工创新能力，就是增强企业核心竞争力。小型企业决策层、管理层和技术人员的创新能力尤为重要。

3. 团队精神培训

团队精神培训是通过集体性活动，使培训者在共同生活、共同学习、协同解决问题的过程中提高对集体的认知程度，从而达到提高团队凝聚力的目的。这种集体培训也是现代企业培训体系中新开发的培训内容。近年来，团队精神越来越受到企业经营者的重视，团队工作的方式也几乎为所有企业所接受。很显然，在现代社会中，“单枪匹马”式的经营行为已经不可能存在，这是个相互合作的社会，失去团队的作用就意味着失去了在社会上经营运作的可能。为了加强团队内部的合作、增强团队的工作能力，所有企业经营者都把眼光投到了增强团队的凝聚力上，团队精神培训应运而生。

4. 形象培训

形象培训是为了保证企业和员工外在的和内在的形象而进行的培训活动，是目前企业培训体系中较为热点的培训内容。形象培训有多种功效：其一，通过形象培训使企业文化逐渐进入职工思想深处，产生对组织极强的认同感；其二，使员工的全面服务意识加强，形象本身就代表了企业对客户的尊重和自尊；其三，清晰界定本企业在行业中与其他企业的不同，差异带来竞争优势，带来更多效益。因此，形象培训就是培训市场竞争力。

5. 心理培训

心理培训基于企业员工的心理素质需要提升、企业管理者与员工间的人性化沟通需要更多的关心，因此有必要在人力资源管理中引入心理学方法，而心理培训首当其冲。心理培训的主要职责是协助全体员工设立管理的工作目标；负责全体员工之间人际关系障碍的突破，提高全体员工协同作用的层次；负责全体员工的心理素质以及创新能力的提高，负责建立能够持续发展的企业文化等。心理培训是集培训、教练、辅导三种功能于一体，能够实现企业管理者与员工间的最佳沟通，将人力资源最大限度地发掘和转化为现实生产力的有效工具。

7.3.3 培训与开发的方法

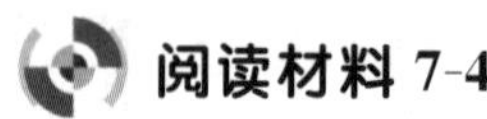

阅读材料 7-4

企业培训的八大误区

误区一：自己培训。许多企业对培训的态度是“我们自己来培训”，在企业内部培养培训师或聘请专业培训师进入企业，这种方式虽然有利于企业员工素质的提高，但存在许多弊端，这与清末的“闭关自守”有许多相似之处。

误区二：培训需求误区。企业到底需要什么样的培训，需要哪些培训才能最有利于企业发展，许多企业无从下手，感到很困惑。

误区三：名人培训。许多企业把培训的价值体现在一个培训师的身上，随便请个名师，然后在书店里买一本书做教材进行“系统”的培训，而不管这种方式是否有用。

误区四：培训课程。没有一门课程适合所有公司，课程是要针对企业的实际情况、人员素质和企业目标设置的，培训课程的设置应该有很完整的思路、方式和理念。

误区五：突发性而非前瞻性。国内企业的培训是突发性地去做，而国外企业的培训更多的是比较系统性、前瞻性地去做。

误区六：追求评估而非价值。有些企业往往会这样认为：培训的费用就是一个培训师工作日的工资。

误区七：帮你做而非教你做。许多企业喜欢把咨询机构比作医生，实际上，咨询机构最合适的角色是教练，因为病人很被动，而队员则有很大的主观能动性，教练不可能代替队员。

误区八：培训为了培训本身而非发展。国内企业更多的是为了培训而培训。

培训方法多种多样，内容十分丰富。根据这些方法的不同特点，在实践工作中要根据企业培训的需要和可能，进行合理的选择。

1. 在职培训

在职培训是指为了让下级员工有效完成工作所需的知识、技能和态度，在工作中由上级有计划地对员工进行的教育培训。这种培训很经济，不需要另外添置场所、设备，有时也需要专职教员，主要是利用现有的人力、物力来实现培训。

2. 非在职培训

非在职培训是指在专门的培训现场接受履行职务所必要的知识、技能和态度的培训。非在职培训的方法很多，可采用传授知识、发展技能训练以及改变工作态度的培训等。

3. 案例教学法

案例教学法是对某个特定的问题，向参加者展示真实背景，提供大量背景材料，参加者依据背景材料来分析问题，提出解决问题的方法，从而培养参加者分析和解决实际问题的能力。此方法是针对某一具有典型性的事例进行分析和解答，始终要有个主题，即“你将怎么做”，参加者的答案必须是切实可行的和最好的。在特定案例的分析、辩论中，受训人员集思广益，共享集体的经验与意见，有助于他们将受训的收益在未来实际业务工作中思考与应用，建立一种系统的思考模式。同时，受训人员在研讨中还可以学到有关管理方面的新知识与新原则。

4. 研讨会法

研讨会法作为一种企业培训员工的教育方法，以其显著的培训效果，在实际应用中占有非常重要的地位，它与授课法并称职业培训两大培训法。“集思广益”是研讨会法的基础。只有收集众人之智慧，并相互激发，才可达到“1＋1＞2”的创造性效果。

5. 角色扮演法

角色扮演法的关键问题是排除参加者的心理障碍，让参加者意识到角色扮演的重要意义，减轻其心理压力。此法相当于一种非正式的表演，不用彩排，它通过参加者自发地参与各种与人们有关的问题，扮演各种角色，通过这种方式去体验其他人的感情，通过别人的眼睛去看问题，或者体验别人在特定的环境中会有什么样的反应和行为。角色扮演法适用于新员工、岗位轮换和职位晋升的员工，主要目的是尽快适应新岗位和新环境。

6. 操作示范法

操作示范法是部门专业技能训练的通用方法，一般由部门经理或管理员主持，由技术能手担任培训员，现场向受训人员简单地讲授操作理论与技术规范，然后进行标准化的操作示范表演。利用演示方法把所要学的技术、程序、技巧、事实、概念或规则等呈现给学员。学员则反复模仿实习，经过一段时间的训练，使操作逐渐熟练直至符合规范的程序与要求，达到运用的目的。培训员在现场作指导，随时纠正操作中的错误。这种方法有时显得单调而枯燥，因此培训员可以结合其他培训方法与之交替进行，以增强培训效果。操作示范法是职前实务训练中被广泛采用的一种方法，适用于较机械性的工种。

7.4 薪酬管理

不同的薪酬形式适应不同组织的不同管理需要，即使在同一组织中，由于不同工作部门与不同生产环节的特点，往往也会采取不同的薪酬管理办法。但是，每个组织作为一个统一的经济组织，薪酬管理必须具有统一性，才能使薪酬管理成为经营管理体系的有机组成都分。一个组织的薪酬管理体系是否健全、合理，关系到组织能否获得合适的人员，能否有效调动员工的工作积极性，对组织的竞争力和生存发展具有重要的意义。

7.4.1 薪酬含义与构成

从广义上讲，薪酬作为等价交换的结果，包括员工由于为某一组织所作出的贡献而获得的各种形式的回报。根据是否能够以金钱来衡量，这些回报可以分为两种类型：经济性报酬和非经济性报酬。经济性报酬是指员工所获得的所有直接或间接的经济收入，包括工资、津贴、奖金与各种福利等。非经济性报酬则不能以金钱的形式来表现，如参与决策的机会、较大的职业发展空间、良好的工作氛围与工作环境等。

从狭义上讲，薪酬则仅指经济类报酬。这也是我们经常所使用的薪酬概念，即员工为某一组织工作而获得的所有各种形式的经济收入。

一般来说，薪酬主要由如下几个部分组成。

1. 基本薪酬

基本薪酬是指组织根据员工所在的工作岗位、所具备的工作技能、能力或资历，而向员工支付的稳定性报酬。它是薪酬中相对不变的那部分。对于员工来说，基本薪酬是非常重要的。因为它给员工提供了稳定的收入来源，为员工的基本生活提供了保障。基本薪酬变动主要取决于以下三个因素：一是社会经济的发展导致基本生活费用的变化，如通货膨胀的因素；二是市场薪酬水平的变化；三是技能、能力的提高，或由此导致的职位的晋升。

2. 可变薪酬

可变薪酬又称为浮动薪酬或奖金，指根据员工是否达到或超过某一事先确立的绩效标准而浮动的报酬。这里的绩效标准既可以是员工个人的绩效，也可以是某一部门、团队甚至整个组织的绩效。可变薪酬将员工所获得的薪酬与其绩效直接联系起来，因此具有很强的激励性，对于组织提高效率，实现组织目标，有非常积极的作用。因此在薪酬结构中，可变薪酬所占的比例越来越大。根据可变薪酬计划所涉及的时间，可以将其分为短期可变薪酬和长期可变薪酬两种。短期可变薪酬计划建立在员工近期绩效标准基础上，一般时间跨度在一年以内。长期可变薪酬计划则着眼于组织的长期发展，鼓励员工努力实现组织跨年度的绩效目标。

3. 福利

福利又称为间接薪酬。与基本薪酬和可变薪酬相比，福利有其明显的特点：一是一般与员工的劳动能力、绩效和工作时间等的变动没有直接联系；二是往往采取实物、服务或延期支付的方式支付。对于组织来说，福利更类似于一种固定成本。福利计划一般都具有普遍性：只要是组织的成员就可以享受。但是，为了提高福利计划的激励性，现在很多组织对组织的一些特殊人才实行特殊的福利计划，以提高福利的激励性。一般，福利可以分为国家法定福利和组织自愿福利两种。国家法定福利是由国家法律强制性规定组织必须为其员工所提供的各种保障。国家法定福利项目包括法定社会保险（养老保险、失业保险、医疗保险、工伤保险和生育保险）、住房公积金和法定休假等。组织自愿福利是组织在法定福利的基础上，自主为其成员提供的额外的保障和服务。如组织为其成员提供的企业年金计划、补充的健康保险计划、心理咨询服务、子女教育补助等。

7.4.2　薪酬管理及其主要内容

薪酬管理是指组织确定员工所应得到的报酬的过程。组织需要就以下重要问题做出决策。

1. 薪酬体系

薪酬体系的确定，需要进行下面三个方面的决策。

一是确定制定组织基本薪酬的基础。目前，国际上比较流行的薪酬体系主要有三种：职位薪酬体系以工作本身的价值来确定基本薪酬，技能薪酬体系和能力薪酬体系则分别以员工所掌握的技能水平和员工所具备的能力来确定基本薪酬。

二是确定薪酬水平。薪酬水平是指组织支付给各职位、各部门或整个组织的平均薪酬水平。薪酬水平决定了组织的外部竞争力。组织需要根据市场或竞争对手的情况，并结合本组织的支付能力来决定采取领先型、追随型、滞后型还是混合型的薪酬水平政策。

三是确定薪酬结构。薪酬结构指同一组织内部不同职位或不同技能等级所获得的薪酬之间的相互关系。薪酬结构实际上反映了不同职位或技能对于组织的价值。薪酬结构决定了薪酬的内部一致性。

2. 薪酬形式

薪酬形式指员工所得的总薪酬的组成成分，形式一般表现为基本薪酬、可变薪酬和福利。

3. 特殊群体的薪酬

在相对复杂的组织中，存在着不同的员工群体，如销售人员、技术人员、管理人员等。这些不同的员工群体之间在工作目标、工作内容和工作方式等方面都存在区别，因此，需要根据不同员工群体的工作特性制定不同的薪酬方案。

4. 薪酬管理政策

薪酬管理政策主要涉及薪酬成本的控制、薪酬预算以及薪酬沟通等问题。

7.4.3　战略性薪酬管理

战略性薪酬管理由一系列战略性薪酬决策构成，这些薪酬决策相互影响，形成组织的薪酬战略，主要包括以下几方面。

（1）薪酬目标，即薪酬应怎样支持和推动组织战略目标的实现，薪酬如何实现与外界环境如竞争环境、法律环境、社会环境等的协调。

（2）内部一致性，即本组织内部的薪酬体系如何体现工作性质、技能或能力水平之间的差异。

(3) 外部竞争性,即本组织在劳动力市场上的薪酬水平应如何定位才能赢得竞争优势。

(4) 如何认可员工的贡献,即加薪的依据是什么:是个人绩效还是团队绩效;是个人技能和能力的提高,还是职位的晋升,或仅仅是生活成本的上升。

(5) 薪酬管理政策,即谁负责设计和管理薪酬系统。对于员工而言,薪酬政策的透明度如何。

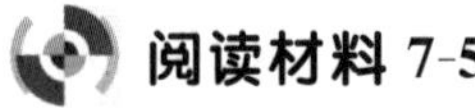

阅读材料 7-5

物价上涨时的薪酬策略

随着物价的普遍上涨,企业的工资是否上涨、涨多少要视企业的经济效益、人力成本和整体薪酬水平而定。一般情况下,企业的工资总额受物价上涨、通货膨胀影响时,采用工资普调的方式统一增加员工工资是企业合理的薪酬政策。对于核心岗位,有竞争力的薪酬可以招到、留住有竞争力的员工。对于普通的、替代性高的岗位,在市场薪酬上涨的大环境下,可适当提高员工薪酬,便于员工安心工作,但这部分岗位,员工的薪酬应该重点体现工资的保障作用,而且薪酬水平要控制在市场平均水平。同时,企业薪酬政策作用的更好发挥,只有与人员体系、规划体系、岗位体系、绩效体系等密切配合,才能体现出"1+1>2"的作用。

7.5 绩效考核

7.5.1 绩效与绩效考核内涵

绩效,也称为业绩、成效等,反映的是人们从事某一种活动所产出的成绩和成果。要给绩效下一个明确的定义是非常困难的。实际上,绩效既包括工作结果,也包括工作行为。一般来说,绩效具有以下三个特点。

1. 多因性

所谓多因性,是指员工绩效的高低是由多方面因素决定的。现代科学技术与理学的研究表明,员工绩效的影响因素主要包括四个方向,即技能、激励、机会和环境。

2. 多维性

绩效的多维性是指需要从多个方面或维度对员工的绩效进行分析与评价。比如对一名生产线上的工人绩效进行评价时,要看其产量指标的完成情况,还要综合考虑其产品的质量、原材料消耗、能源消耗、设备保养状况等,通过综合评价,得出最终的评价结果。

3. 动态性

影响员工绩效的因素是多方面的，而每个因素又处于不断变化之中。因此，员工的绩效也会随着时间的推移而发生动态变化。原来绩效较差的，可能由于能力的提高、工作条件的改善而变好，而原来绩效较好的，由于种种原因也可能变差。因此，不能以一成不变的思维来对待员工的绩效评价结果。

绩效考核是指企业在一定时期内，针对每个员工所承担的工作，根据人力资源管理的需要，应用各种科学的定性与定量方法，对员工的工作结果及影响员工工作结果的行为、表现和素质特征进行考量评估的过程。

7.5.2　绩效考核的原则

1. 客观、公正、科学、简便的原则

客观即实事求是，做到考核标准客观、组织评价客观、自我评价客观。公正即不偏不倚，无论对上司还是部下，都要按照规定的考核指标，一视同仁地进行考核。科学、简便即要求考核过程设计要符合客观规律，正确运用现代化科技手段进行正确评价，同时具体操作要简便，以尽可能减少投入。

2. 注重实绩的原则

注重实绩的原则即要求在对职工进行考核和决定奖励激励时，以其工作实绩为根本依据。坚持注重实绩的原则，要把考核的着眼点、着力点放在实际贡献上，要着重研究绩效的数量关系和构成绩效的数量因素，还要认真处理好考绩与其他方面尤其是考德方面的关系。

3. 多途径、分能级的原则

在绩效考核中对不同类型和不同能级的人员要有不同的考核标准。坚持多途径、分能级的原则能实现对不同能力的人员授予不同的职称和职权。对不同贡献的人员给予不同的待遇和奖励，做到“职以能授、助以功授”。

4. 阶段性和连续性相结合的原则

阶段性的考核是对员工平时的各项评价指标数据的积累。考核的连续性要求对历次积累的数据进行综合分析，以求得出全面和准确的结论。因此，每年应对员工进行一次全面考核，做出年度评定，逐年连续进行。

7.5.3　绩效考核的一般方法

1. 图尺度评价法

图尺度评价法也称为等级评价法，是最简单的和运用最普遍的工作绩效评价技术之一。这种方法先给出不同等级的定义和陈述，然后考核者针对每一个绩效指标、管理要项并按照给定的等级进行评估，然后再给出总的评估。这种方法的关键在于评价等级说明。常见的等级分类方式还有很多种，比如优、良、中、可、差等。不管如

何划分、如何描述,其基本的技巧和方法都是一样的。需要注意的是,这些评价等级标准也是考核者和被考核者双方充分沟通达成共识的结束,在建立指标体系的时候已经完成了。这种方法简单,容易操作,但是也容易遇到一些问题。首先,操作时容易敷衍了事。很多管理者习惯于评定比较高的等级,等级失去了真实反映绩效完成状况的意义。其次,评价等级的陈述相对而言比较模糊和抽象,比如“创造性地完成工作”“明显超出绩效标准”,不同的人在评估时标准不同。

2. 关键事件法

关键事件法是由美国学者弗拉赖根和伯恩斯共同创立的。这种方法要求考核者将被考核者在工作活动中所表现出来的非同寻常的好方式或者非同寻常的不良行为(或事故)记录下来,然后每隔一段时间,比如一个季度或者半年,考核者和被考核者根据所记录的特殊事件来讨论后者的工作绩效。

关键事件法的优点:它为考核者向被考核者解释绩效评估结果提供了一些确切的事实证据;它保持一种动态的关键时间记录,可以使考核者获得一份关于被考核者运用何种途径消除不良绩效的具体文例。

3. 排序评价法

这种方法也称为个体排序法、排队法,是根据绩效考评的要素对员工从绩效最好的人到绩效最差的人进行排序。通常来说,从被考核者中挑出最好的和最差的,要比绝对地对他们的绩效进行考评容易得多。排序法是一种运用得非常普遍的工作绩效考评方法。其操作方法如下。

首先,将需要进行考评的所有被考核者名字列举出来,再将不是很熟悉且无法对其进行评价的人的名字划去。

其次,在被评价的某个方面,挑出最好的和最差的。

然后,在剩下的被考核者中再挑出次好的和次差的。

依此类推,直到所有必须被考评的对象都排列在表格中为止。

4. 配对比较法

配对比较法,顾名思义,就是将每一个被考核对象按照评价标准亲自与其他被考核者一一配对,再分别进行比较。它的工作绩效评价比排序评价法的更加有效。每一次比较时,给表现好的员工记“+”,另一个员工就记“-”。所有员工都比较完之后,计算每一个人“+”的个数,依次对员工作出评价。谁的“+”的个数多,谁的名次就排在前面。

5. 强制比例法

强制比例法可以有效地避免由于考核者的个人因素而产生的考核误差。比如同公司内部,不同部门的负责人对员工进行考评过程中松紧程度不一,最终可能导致人为的不公平。这时就需要用强制比例法进行校正。强制比例法一般都是按照一种提前确定的比例将被考核者分别分布到每一个工作绩效等级上去。

7.6　职业生涯发展

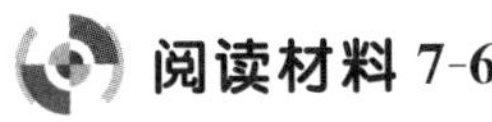

阅读材料 7-6

小心一次跳槽带来的蝴蝶效应

王伦是一家汽车公司的经理，在公司颇受器重，前途一片光明。就在他的事业蒸蒸日上的时候，他准备跳槽，因为他觉得凭自己的能力应该有更好的发展前途。很快，一家热门行业的公司邀请王伦加入，开出的条件也诱人，王伦没有犹豫，很快便加盟了新公司。

到了新公司，"蜜月期"还没过完，王伦就陷入了困境：热门行业与自己的专长相距较远，原来以为没关系，现在才知道，并没有那么简单；老板对他的期望很高，多次交给他"不可能完成的任务"；由于业绩不佳，下属也因为他没有像预期的那样出色而少了尊重……一段原本美好的"姻缘"很快就走向了末路。在一次较大的决策失误后，压力迫使他离职。

职业规划师认为，王伦因为一次不合适的跳槽，导致了后续一系列的问题。当初，王伦不了解新公司的环境、不清楚自己的工作就盲目跳槽，结果导致入职后难以适应新环境和新工作；王伦误判了工作难度，结果应付不了老板的要求，但是他又碍于面子没有向老板说明，结果老板把更重的任务分配给他，导致他在重大项目上出现大的失误，最后被迫离职。这次的被动离职势必对王伦今后的职业发展有很大的影响，严重影响王伦的职业信心。

发生职场蝴蝶效应，往往有两种情况：一是面对热门行业的高薪诱惑，忽略了个人的专长和能力。你有没有这个能力拿这个高薪？你能不能适应这种工作的生活状态？这些问题看似微小，很多人却不去考虑，只想着能争取到这个职位。然而，问题却能造成致命伤，这就是职场"蝴蝶效应"的一种起源。二是只看职位高低，忽视新公司的环境和文化。有些人只看跳槽后的职位高低，却不去考虑新公司的环境和文化。这也是我们应该注意的可能产生蝴蝶效应的情况。

在人的整个职业生涯中，职业选择是重要的一环。正如哲学家罗素所说："选择职业是人生大事，因为职业决定了一个人的未来……选择职业，就是选择将来的自己"。职业选择是劳动者依据自己的职业期望和兴趣，凭借自身能力挑选职业，使自身能力素质和职业需求特征相符合的过程。

职业的发展伴随个人的一生，这个过程包含个人所选择的工作、职业以及各种相应的活动，它受到个人家庭状况、学校教育、宗教信仰以及其他各种社会因素的影响，这就是我们所说的职业生涯。职业生涯(career)这个概念曾随着时间的推移发生过很多变化。在20世纪70年代，职业生涯专指个人生活中和工作相关的各个方面。随后，又有很多新的意义被纳入“职业生涯”的概念中，其中甚至包含生活中关于个人、集体以及经济生活的方方面面。著名学者舒伯(Super)曾将职业生涯定义为：职业生涯是生活中各种事件的演进方向与历程，统合了个人一生中各种职业与生活的角色，由此表现出个人独特的自我发展宏图。生涯是人生自青春至退休之后，一连串有酬或无酬职位的综合，除了职位之外，还包括任何和工作有关的角色，如副业、家庭和公民的角色等。

一个人所选择的职业道路、职业发展方向和事业成功程度，是与个人、家庭和社会密切相关的。总的说来，影响一个人职业生涯发展的主要因素包括以下几种。

(1) 教育因素。教育是帮助人们学习文化知识，塑造人格魅力，赋予个人才能，促进个人发展的社会活动，它奠定了一个人的基本素质对职业生涯的影响。首先，获得不同教育程度的人在个人职业选择与被选择时面临的广度和深度是不一样的。其次，人们所学的专业对职业生涯往往起着决定性的作用。此外，不同院校的教育思想不同，其学生的思维模式和意识形态也会不同，最终使得职业的选择和职业生涯的规划与设计方向不同。

(2) 家庭因素。家庭也会对一个人的职业生涯产生重要的影响。人在幼年时期就开始受到家庭的熏陶，长期的潜移默化会使人形成一定的价值观和行为模式；人还会通过受家庭的影响，学习到一定的职业知识和职业技能。这些价值观、行为模式、职业知识和职业技能，必然会影响一个人的职业理想和职业目标，影响其职业生涯管理的具体行为，如选择职业方向，对职业岗位的态度，从事具体职业中的行为等。

(3) 个人需求与心理动机因素。人们在就业时出于不同的职业评价和价值取向，要从社会众多的职业中选择一项职业，就业后也会进一步调整自己的职业生涯。不同年龄阶段的人，其选择职业的个人需求和心理动机是不同的。一般来说，年轻时，人对于事业成功的心理期望和个性需求比较大，年轻人富有进取精神，敢于冒险，愿意付出，其成功的目标和选择职业的标准比较高。到了中年，人就会变得越来越现实，因为已经有了相当多的职业实践和较为丰富的社会阅历，更容易看到社会环境的制约因素，事业成功的心理期望和个性需求减小，选择职业的标准会降低，并趋于实际，主要是适应社会与所在组织的状况，而不是努力改变这种状况，寻求职业的突变和飞跃。

(4) 机会因素。机会是一种随机出现的、具有偶然性的事物。机会既包括各种就业岗位，也包括组织提供的培训机会、发展条件和向上晋升的职业环境。

(5) 社会环境因素。社会环境通常是指社会的政治经济文化等状况，包括职业管理体制、社会文化与习俗、职业的社会评价以及社会时尚等因素。这些因素决定着社会职业岗位的数量、结构，决定着其出现的随机性与波动性，从而决定了人们对不同职业的认同和步入职业生涯、调整职业生涯的决策。社会环境的变化决定着职业结构的变迁，也决定了个人职业生涯的变动规律。

个人职业生涯的发展即是职业生涯计划的实施。职业生涯计划好之后，个人要着手实施职业生涯设计。在实施职业生涯设计的过程中，个人将沿着原来设计的发展通道，不断地从一个岗位转移到另一个岗位，从比较低的层次上升到比较高的层次，直至实现职业生涯目标。伴随着岗位和层次的变化，个人必须不断接受新的岗位和新的层次的挑战，不断提高自身素质，改善素质结构。此外，出于个人总是属于某一组织，员工个人目标与组织目标具有同步性和一致性，因此，在个人的职业生涯发展过程中，组织也会不断地为员工成长提供帮助，如提供培训的机会。

本章小结

1. 管理的本质是人的管理，组织人事工作历来是企业管理的一个重要组成部分。随着市场经济的发展、企业竞争的加剧，传统人事管理正在转变为人力资源管理。从宏观层面讲，人力资源是指能够推动特定社会系统发展进步并达成其目标的该系统的人们的能力的总和。从微观层面讲，人力资源指特定社会组织所拥有的能推动其持续发展、达成其组织目标的成员能力的总和。人力资源管理是基于实现组织和个人发展目标的需要，有效开发、合理利用并科学管理组织所需要的人力资源的过程。人力资源管理的功能主要体现在四个方面：吸纳、激励、开发和维持。

2. 员工招聘是组织人力资源管理的一个重要组成部分，招聘活动的实现及其效果的达成需要经过一系列的流程。一般来说，招聘过程由六个阶段组成，即制订招聘计划、确定招聘方案、发布招聘信息、员工选拔、录用决策和招聘评估。

3. 培训是组织向员工提供工作所必需的知识与技能的过程；发展是依据员工需求与组织发展要求对员工的潜能开发与职业发展进行系统设计与规划的过程。其特征主要包括：①常态性；②前瞻性；③延展性；④连续性。其培训内容主要包括：①工作技能培训；②创新能力培训；③团队精神培训；④形象培训；⑤心理培训。

4. 薪酬即员工因为为某一组织工作而获得的所有各种形式的经济收入，其包括基本薪酬、可变薪酬、福利。薪酬管理是指组织确定员工所应得到的报酬的过程。组织需要就以下重要问题做出决策：薪酬体系、薪酬形式、特殊群体的薪酬和薪酬管理政策。战略性薪酬管理由一系列战略性薪酬决策构成，这些薪酬决策相互影响，形成组织的薪酬战略，包括：①薪酬目标；②内部一致性；③外部竞争性；④如何认可员工的贡献；⑤薪酬管理政策。

5. 绩效考核是指企业在一定时期内，针对每个员工所承担的工作，根据人力资源管理的需要，应用各种科学的定性与定量方法，对员工的工作结果及影响员工工作结果的行为、表现和素质特征进行考量评估的过程。其原则有：①客观、公正、科学、简便的原则；②注重实绩的原则；③多途径、分能级的原则；④阶段性和连续性相结合的原则。

6. 职业生涯是生活中各种事件的演进方向与历程，统合了个人一生中各种职业与生活的角色，由此表现出个人独特的自我发展宏图。影响一个人职业生涯发展的主要因素包括以下几种：教育因素、家庭因素、个人需求与心理动机因素、机会因素、社会环境因素。

重要概念

人力资源　招聘　培训与开发　职业生涯

复习思考题

1. 简述人力资源与人力资源管理的内涵，概述人力资源管理的基本功能。
2. 概述员工招聘的方法与主要途径，分析其优缺点。
3. 概述员工培训与开发的原则、内容和方法。
4. 简述薪酬基本构成、薪酬管理和战略性薪酬管理的基本内容。
5. 概述绩效考核的基本原则与一般方法。
6. 简述员工职业生涯发展的影响因素。
7. 今天的许多公司把原来由人力资源部门负责的部分工作外包给外部的顾问。为什么会出现这种情况?
8. 未来影响人力资源的主要力量是什么? 这些因素对企业而言是威胁还是机遇? 为什么?

参考资料

[1] 加里·德斯勒. 人力资源管理[M]. 北京：中国人民大学出版社，2012.
[2] 斯旺森，霍尔顿. 人力资源开发[M]. 北京：清华大学出版社，2008.

案例分析

案例 7-1　员工为何拒签培训协议

某饭店非常重视培训工作，并经常组织员工参加培训，这些培训要么是请外部的讲师到饭店讲课，要么是派员工外出学习。为防止新员工培训完就离职，饭店决定与所有新进的大学生员工签订培训协议。该培训协议约定：员工接受培训后第一年离职的，要赔偿饭店为其所花培训费用的 80%；第二年离职的，要赔偿培训费用的 60%；第三年离职的要赔偿培训费用的 40%；第四年离职的则要赔偿培训费用的 20%；第五年离职的不需要赔偿。如不签订培训协议，将不予晋升、加薪。然而，此规定一出，在员工中就炸开了锅。很多员工认为饭店的大多数培训都是关于人生态度等虚无缥缈的内容，对自己的工作毫无帮助，以这样的培训捆绑职业的发展是不合理的，所以他们拒签协议。而饭店总经理要求人力资源部找这些“不听话”的员工谈话，并想办法让他们签署协议，不然就予以辞退。一边是员工拒签培训协议，一边是饭店总经理的强硬要求，饭店的人力资源总监陷入左右为难的境地。

问题：

1. 你认为这次培训失败的主要原因是什么？

2. 要使培训工作顺利开展，你对这家饭店管理层有什么好的建议？

案例 7-2　沃尔玛公司与交叉培训

沃尔玛公司的飞跃发展离不开其一套完整的科学的人力资源管理，也离不开其世界上独一无二的交叉培训。

优势一：有利于员工掌握新职业技能。

所谓交叉培训，就是一个部门的员工到其他部门学习、培训上岗，客观达到这位员工在对自己从事的职务操作熟练的基础上，又获得另外一种职业技能的目的。从而使这位员工在整个商场的其他系统、其他角落都能够提供同事或者顾客希望给予的帮助，促使你能够完美、快速地解决他们所面临的问题，从而避免你的同事或者顾客浪费了宝贵的时间，提高工作效率和缓解顾客的购物心理压力，让其轻松愉快地度过购物时间。用人们常说的一句话就是一才多用。

优势二：有利于员工提高积极性。

去除以往只从事一种完全没有创新和变革的单调的职务的一种不利心理因素，零售业是人员流动最大的一种职业。造成这种现象的原因是员工对本身职务的厌烦；还有一种人认为他所从事的职务没有发展前途，不利自身以后的发展，就会选择离开。

优势三：这种交叉培训可以去除员工之间的利益冲突。

在生活中，我们往往会听到有的人抱怨自己和同事一样的学历和从事一样的劳动，因为自己的工作职务低拿的工资少而低人一等，从而造成公司内的等级分化。削减员工的积极性，不利于为公司创造更多的利润，阻碍了公司更好的发展，同时也不利于员工追求新技术和探索创新。而沃尔玛公司不仅在这一点上做到了优势互补，同时处理上下之间关系也变得随意亲切。沃尔玛公司的"直呼其名"就是很好的证明：它不再有上下级之间的隔阂，让员工有一种思想认识，我和总经理是同事，所以我也就是总经理，同时我也就是老板，这家店我也就有了股份，从而全心全意地投入经营，为沃尔玛公司更加茁壮成长打下了基础。这是一个很简单的道理，没有一个人会让自己的投资付诸东流。

优势四：可以让员工在全国的任何一家店相互支援。

这种优势也就是沃尔玛公司的骄傲所在，因为它是世界零售巨头，开的店多，开新店也如家常便饭。比如要到新的城市开店，假如重新去招聘新的员工来完成开店前的准备，常常会由于新员工在处理事件上不老练，让公司的品牌贬值，同时也无法提高工作效率。而让老员工去支援就避免了这种情况。

优势五：有利于不同部门的员工能够从不同角度全盘考虑到其他部门的实际情况，减少公司的损耗，达到信息分享。假如你是采购部门的同事，而你没有从事过销售业务，就不知道哪种商品的销售好。假如你也进入销售部门，就可以为以后在采购时能够从不同角度全盘考虑，减少公司的损耗。达到信息分享。

优势六：可以快速地完成公司的“飞鹰行动”。

在周末和节假日，特别是在圣诞节到春节期间是顾客到沃尔玛公司购物最疯狂的时间，这样就会把卖场挤得水泄不通，也造成了顾客排队结算时间长的局面，所以公司就开展“飞鹰行动”，让不是前台的员工也能够从事收银业务，使顾客快速地离开超市，减少顾客的购物时间。

1. 沃尔玛公司独一无二的交叉培训有哪些特点？
2. 你认为我国企业该如何借鉴沃尔玛公司的交叉培训计划？

实践训练

实训项目

编制职位说明书并模拟招聘。

实训目的

1. 增强对人力资源管理的实践认知。
2. 培养人力资源招聘的基本能力。
3. 初步掌握人力资源招聘的主要方法。

实训内容

1. 根据公司需要制定人力资源规划方案。
2. 依据人力资源的规划方案，编制职位说明书。
3. 设计职位胜任力模型。
4. 进行模拟招聘。

实训考核

1. 对每个模拟公司，要上交一份招聘相关职位的职位说明书。
2. 老师对各模拟公司模拟招聘进行评估。

第八章 领　导

学习目标

- 理解领导的概念以及实质。
- 理解激励机制在管理工作中的重要性。
- 理解沟通的含义和沟通过程。
- 掌握领导的相关理论。
- 掌握激励的含义和过程。
- 掌握沟通的方法与分类。

导入案例

亚科卡的传奇

亚科卡是美国当代汽车行业著名的企业家,曾任美国两大汽车公司的总裁。1984 年《亚科卡自传》一书的出版轰动了美国,也引起了全世界关注。该书一出版就以每周销售 10 万册的记录发行,至 1985 年底已重印 16 次。1982 年,美国《华尔街日报》和《时代周刊》都曾刊登过亚科卡可能被提名担任总统候选人的新闻,他一时成为美国人民心目中的民族英雄。亚科卡的一生充满传奇。

(1) 一个意大利移民的后裔居然能一步步地当上福特汽车公司总裁,他凭的是什么本领?

(2) 连任福特汽车公司总裁 8 年的亚科卡,立下了汗马功劳,正当他要大展宏图时,为什么突然被解雇?

(3) 临危受命,出任美国第三大汽车公司——克莱斯勒公司总裁。当时,该公司濒临倒闭。从 1978—1981 年,克莱斯勒公司共亏损 36 亿美元,创下美国历史上亏损的最高纪录。人们普遍认为,该公司倒闭指日可待。然而,事情发展并不如人们所料,在亚科卡的领导下,经过几年的惨淡经营后,克莱斯勒公司竟奇迹般地从死亡线上活过来了。到 1982 年,其股票价格上涨 425%,11 种新车投入市场;1983 年,公司销售额增加 132 亿美元,比 1982 年增长近 30%,盈利 7.009 亿美元,并提前 7 年偿还了联邦政府 15 亿美元的贷款。克莱斯勒公司终于战胜了死神。那么,亚科卡是如何挣扎、奋斗、战胜险恶,使企业扭亏为盈的?

案例启示

亚科卡的传奇经历充分说明了领导的重要性。领导是一种重要的管理职能，也是人类社会活动的重要因素。任何一个组织都离不开领导和领导者。那么，如何做一个有效的领导者呢？本章就此进行探讨。

8.1 领导概述

8.1.1 领导的概念

马克思曾指出："一切规模较大的直接社会劳动或共同劳动或多或少地需要指挥，以协调个人的活动，并执行生产总体的运动——不同于这一总体的独立器官的运动——所产生的各种一般职能。一个单独的提琴手是自己指挥自己，一个乐队就需要一个乐队指挥。"(《马克思恩格斯全集》第 23 卷，第 367 页)就上述意义而言，指挥亦是领导，是管理过程中的"一般职能"，是人类社会群体活动的必然产物。

美国学者拉尔夫 · M. 斯托格狄(Ralph M. Stogdill)1950 年提出，领导是对组织内群体或个人施加影响的活动过程。美国管理学者乔治 · R. 泰瑞(George R. Terry)1960 年提出，领导是影响人们自动为达到群体目标而努力的一种行为。美国学者约翰 · L. 罗伯特(Johnnie L. Roberts)等认为，领导是在某种条件下，通过意见交流的过程所实行的一种为了达到某种目标的影响力。美国管理学者戴维斯(Keith Davis)则解释为，领导是一种说服他人热心于一定目标的能力。

所谓领导，就是指在一定的社会组织或群体内，为了实现组织预定目标，领导者运用其法定权力和自身影响力影响被领导者的行为，并将其导向组织目标的过程。

8.1.2 领导的实质

卡茨和卡恩(Katz & Kahn)曾提出观点，"我们认为在组织中，领导的实质是除了对组织日常指示机械服从之外的影响的扩大"。领导的实质，就是管理者根据组织的目标和要求，在管理过程中学习和运用有关的理论和方法，以及沟通、激励等手段，对被领导者施加影响力，使之适应环境的变化，以统一意志、统一行动，保证组织目标的实现。

领导的实质就是对他人施加影响力。领导的过程就是通过人与人之间的相互作用关系和过程，使被领导者义无反顾地追随他前进，自觉自愿而又充满信心地把自己的力量奉献给组织，促进组织目标的有效实现。

所谓影响力，是指一个人与他人的交往中，影响和改变他人的心理和行为的能力。领导的影响力分为两类：一类称为正式的权力或职位的权力(position power)；

一类称为个人的权力或非职位的权力(personal power)。职位的权力又分为奖赏的权力(reward power)、强制的权力(coercive power)和合法的权力(legitimate power);非职位的权力又分为专家的权力(expert power)和榜样的权力(referent power)。

1. 职位的权力

职位的权力是由领导者在组织中所处的地位赋予的,并由法律、制度明文规定的影响力。这种权力是由外界附加的,与职位有关,职位地位的高低决定其大小、拥有与丧失。

(1) 奖赏的权力是通过给予别人期望得到的东西来影响他们行为的能力。其下级为了获得奖赏而追随或服从领导。

(2) 强制的权力是管理者由于能够决定对下属的惩罚而拥有的权力。下级出于恐惧的心理而服从管理。

(3) 合法的权力是指一般人都认为主管人员有权命令或指示下属的工作。被管理者认为理所当然地要接受管理者的领导。

2. 非职位的权力

非职位的权力是指由于领导者的个人经历、地位、人格、特殊品质和才能而产生的影响力。它不是外界附加的,而是产生于个人的自身因素,与职位没有关系。这种影响力对下属的影响比职位的权力更具持久性。

(1) 专家的权力是个人通过别人需要的知识、经验或消息来影响别人行为的能力。下级会出于对管理者专业知识与能力的信任与佩服而服从领导。

(2) 榜样的权力是指利用别人对自己的认同而影响他们行为的能力。管理者的思想境界、品德修养能赢得被管理者的敬仰,下级把领导者的行为作为自己行为的榜样而追随或服从。

8.1.3 领导和管理的区别

领导与管理既相互联系,又相互区别。领导是管理的一个职能,领导和管理无论是在社会活动的实践方面,还是在社会科学的理论方面,都具有较强的相容性和交叉性。主要表现为以下三个方面。

1. 领导与管理的着眼点不同

管理强调维持目前的秩序,它的价值观建立在一个假设前提上,即现存的制度、法规是至高无上的。制度和法规的存在就是为了规范人们的行为,使其按照管理者的愿望运行,不出问题、不出差错、不折不扣地服从命令,完成组织交代的任务,这就是优秀的管理。我们常说"要加大管理力度"。其原因何在?就是害怕失去秩序。然而,秩序并不是我们追求的目标,这是管理的误区。

霍斯特·舒尔茨和凯文·戴门德认为:领导的精华在于对前景的不断关注。这说明领导不同于管理，而强调未来的发展，其价值观可以描述为通过社会经济的持续增长，更好地满足人的需求，完善人格，提升人性，实现人生的价值。所以，管理过度将会导致墨守成规，强调短期利益，侧重回避风险，从而扼杀组织的生机。只有领导积极进取的精神，才能重新给腐朽的组织注入新的活性因素，催发其生机，与时俱进。

2. 领导与管理的权力基础不同

管理是建立在合法的、强制性的权力基础上对下属的命令行为，下属必须遵循管理者的指示。而领导则可能建立在合法的、强制性的权力基础上，但更多的是建立在个人影响权和专长权的基础上。因此，一个人可能既是管理者，也是领导者，两者集于一身。也可能管理者和领导者两者相分离，此时会出现两种情况：一种情况是一个人可能是领导者但并不是管理者。如非正式组织中最具影响力的人就是典型的例子，组织没有赋予他们职位和权力，他们也没有义务去负责企业的计划和组织工作，但他们却能引导和激励，甚至命令自己的成员。另一种情况是，一个人可能是管理者，但并不是领导者。领导的本质是被领导者的追随和服从，它取决于追随者的意愿，而不是由组织赋予的职位和权力所决定。如一些没有追随和服从的有职权的管理者，也就谈不上是真正意义上的领导者。

管理者总是偏爱职权的行使，不仅在于其具有强制性，容易达到控制的目标（往往适得其反），而且在于他们本身缺乏专长权和个人影响权，还在于他们的目标就是简单维持秩序。

领导者不能偏爱职权的行使，其目的是引导人们实现共同的目标，而这个目标不可能由领导一个人实现，因为这一目标的一部分具有不可替代性，比如完善人格、提升人性、实现人生的价值等。所以，领导者只能通过专长权、个人影响权来鼓励、引导人们，激发他们内在的动机，由其自主实现他们已经认同的愿景。

由于这一差别，管理者永远只能是现有制度的守护神，而领导者则是人们的精神领袖。管理者的权力看起来十分强大，其实非常脆弱，因为它不一定得到认可，领导者的权力看起来比较被动和弱小，其实非常强大持久，因为它得到人们内心的认同。但我们不能由此产生误会，认为领导者没有掌握职位权。笔者的意思是，领导者的职位权处于潜在的状态。

3. 领导与管理的结果不同

管理者缺乏进取精神，他们充其量只能为企业守住从前的成果。最伟大、最成功的管理者会为企业创造什么呢？利润。一旦企业失去了伟大的管理者，利润也就随之而逝。

领导者的主要贡献并非利润，而是为企业创造“精神财富”。与其说张瑞敏拯救了海尔集团，使其扭亏为赢，为所有者和广大员工创造了巨额财富，不如说张瑞敏为海尔集团铸就了灵魂。可以肯定地说，如果张瑞敏现在离开海尔集团，海尔集团照样生机盎然，原因何在？因为张瑞敏的人生哲学已经转化成海尔集团的经营哲学，这就是领导者为企业创造的最大财富。

领导是为组织的活动指出方向、创造态势、开拓局面的行为；管理则是为组织的活动选择方法、建立秩序、维持运动的行为。

阅读材料 8-1

领导者和管理者

哈佛商学院的亚伯拉罕·扎莱尼克(Abraham Zalenik)指出，管理者和领导者是完全不同的人，他们在动机、个人历史及想问题、做事情的方式上存在着差异。他认为：管理者如果不是以一种消极的态度，也是以一种非个人化的态度面对目标的；而领导者则是以一种个人的、积极的态度面对目标的。管理者倾向于把工作视为可以达到的过程；领导者的工作具有高度的冒险性，他们常常倾向于主动寻求冒险，尤其当机遇和奖励很高时。管理者喜欢与人打交道的工作，他们回避单独行为，他们根据自己在事件和决策过程中所扮演的角色与他人发生联系；而领导者则关心的是观点，以一种更为直觉的方式与他人发生联系。

同在哈佛商学院的约翰·科特(John Kotter)却从另一角度指出了管理与领导的差异。他认为：管理者主要处理复杂的问题，优秀的管理者通过制订计划、设计规范的组织结构以及监督计划实施达到有序而一致的状态。相反，领导者主要处理变化的问题，领导者通过开发未来的前景而确定前进的方向，然后，他们把这种前景与其他人进行交流，并激励其他人克服障碍达到这一目标。科特认为，要达到组织的最佳效果，领导者和管理者具有同等的重要性，二者不可或缺。

美国学者斯蒂芬·P.罗宾斯(Stephen P. Robbins)则认为：管理者是被任命的，他们拥有合法的权力进行奖励和处罚，其影响力来自于他们所在的职位所赋予的正式权力。相反，领导者则可以是任命的，也可以是从一个群体中产生出来的，领导者可以不运用正式权力来影响他人的活动。也就是说，管理者应当是一名领导者，不管他们处在什么层次，都或多或少地肩负着指挥他人完成组织活动的任务。而并非所有的领导者都是管理者，这是因为除正式组织外，社会上还存在着形形色色的非正式组织。作为非正式组织的领袖，并没有得到上级赋予的职位和职权，也没有义务去负责企业的计划和组织工作，但是他们却能对其成员施加影响，起到激励和引导的作用，因此他们可以称为领导者。

8.1.4 领导的作用

领导活动对组织绩效具有决定性影响，具体体现在指挥、激励、协调、沟通四个方面。

1. 指挥作用

在组织的集体活动中，需要头脑清醒、胸怀全局、高瞻远瞩、运筹帷幄的领导者，帮助组织成员认清所处的环境和形势，指明活动要达到的目标和要达到目标的途径。

领导就是引导、指挥、指导和先导，领导者应该帮助组织成员最大限度地实现组织的目标。领导者不是站在群体的后面去推动群体中的人们，而是站在群体的前列，促使人们前进并鼓舞人们去实现目标。

2. 激励作用

组织是由具有不同需求、欲望和态度的个人所组成的，因而组织成员的个人目标与组织目标不可能完全一致。领导的目的就是把组织目标与个人目标结合起来，引导组织成员满腔热情地为实现组织目标作出贡献。

领导者为了组织内的所有人都最大限度地发挥其才能，实现组织的既定目标，就必须关心下属，激励和鼓舞下属的斗志，挖掘、增长下属积极进取的动力。

3. 协调作用

在组织实现其既定目标的过程中，人与人之间、部门与部门之间发生各种矛盾冲突及在行动上出现偏离目标的情况是不可避免的。

因此，领导者的任务之一就是协调各个方面的关系和活动，保证各个方面都朝着既定的目标前进。

4. 沟通作用

领导者是组织的各级首脑，在信息传递方面发挥着重要作用，是信息的传播者、监听者和谈判者，在管理的各层次中起到上请下达的作用，以保证管理决策和管理活动顺利进行。

8.1.5 领导者的素质

领导者是组织活动的率领者、引导者，是组织中的主要角色。在特定的条件下，领导者素质的高低、修养的好坏，决定着领导活动成效的大小。

所谓领导者的素质，就是指在一定的心理、生理条件的基础上，通过学习、教育和实践而形成的在领导工作中经常起作用的那些最基本的特征及其所达到的水平。领导者素质中的素质概念同心理学中的素质概念既有联系，又有区别。领导者素质不仅包括领导者的心理素质，还包括如思想道德素质、科学文化素质、组织能力素质等。

现代领导者的思想道德素质，是指领导者政治思想上和道德品质上应具备的基本特征。它是领导者坚持正确方向和领导成功的保证。具体包括：要具备坚实的马克思主义理论功底，有强烈的事业心和责任感，做到公正民主、严于律己。

科学文化素质指的是领导者应当具有的文化知识和专业技术水平。一个现代领导者应当具有较高的文化专业素质，包括具备扎实的文化基础和渊博的知识，精通现代科学技术的基础知识，通晓现代管理科学的基础知识，通晓心理学的基础知识，通晓部门业务专业知识和有丰富的社会生活实际知识等。

健康的心理素质也是现代领导者必备的素质。从心理学上讲，心理素质是指人们在心理过程、心理特征和心理状态方面表现出来的稳定的特点的总和。性格、气质、心智能力等都是心理素质的内容。现代领导者应该具有以下心理素质：敏锐的认知能力和卓越的思维能力、坚韧不拔的意志、健全的人格等。

组织决断能力素质是现代领导者所具有的决策、计划、组织、指挥、协调和监督的才能。对领导者的组织能力素质的要求因组织决断对象的不同而不同，具体可分为两个方面：一是对事，二是对人。组织能力素质具备统揽全局、多谋善断、灵活机变的能力，能够知人善任，善与人同。

8.2　有关领导的理论

众多管理学家和心理学家对领导问题进行了广泛的研究，提出了许多有关理论，以期解决怎么样有效领导的问题。这些理论大致可分为三类：第一类是领导特质理论，用于集中研究有效管理者应具有的个人特质，目的是要找出领导者与非领导者的区别；第二类是领导行为理论，用于集中研究领导者的工作作风和领导行为对领导有效性的影响，并将不同的领导行为进行分类；第三类是领导权变理论，用于研究各种影响领导行为成效的因素，并尝试找出各种因素与各种领导行为的最佳搭配。

8.2.1　领导特质理论

特质理论是现代西方人格构成的一种主要理论。这一理论认为，人格由许多特质要素构成，特质是构成人格的最小单位，是激发与指导个体的各种反应的心理结构。

领导特质理论主要用来研究一名优秀而成功的领导者所具有的内在品质与领导者相关行为及绩效方面的关系。领导者的主要特质包括：智力水平、自信心、决心、正直、社会交往能力等。

古代学者大多运用遗传素质的观点来分析领导者的特质。古希腊哲学家亚里士多德就说过："人从出生之日起，就决定了他们是治人还是治于人。"持有这种观点的人，完全把领导者的素质说成是与生俱来的，带有强烈的唯心主义色彩。

进入20世纪以来，对领导特性理论的有了深入研究，提出了许多不同的观点。巴纳德认为，领导者应具有活力、持久力、决断力、说服力、责任感、知识和技能。厄威克认为，领导者应具有自信心、个性、活力、潜力、表达力、判断力。行为科学家亨利认为，一个成功的领导者应具备12种品质：成就需要很强烈；干劲大，工作积极努力，希望承担富有挑战性的新工作；用积极的态度对待上级，与上级关系较好；组织能力强，并有较强的预测能力；决断力强；自信心强，对自己的目标坚定不移；思维敏捷，有进取心；竭力避免失败，不断接受新的任务，树立新的奋斗目标，驱使自己前进；讲求实际，重视现在，而不关心不肯定的未来；眼睛向上，对上级亲近而对下级较疏远；对父母没有情感上的牵挂;忠于组织,忠于职守。美国管理学家埃德温·吉赛利(Edwin E. Ghiselli)提出了影响领导效率的八种品质(个性)特征和五种激励特征。八种品质特征:才能智力高低,独创性(创造与开拓)大小,是否具备果断性,决断能力强弱,自信心强弱,指挥能力大小,成熟程度高低,是否受下级拥护和亲近,男性或女性。五种激励特征:职业成就的需要,自我实现的需要,权力的需要,金钱报酬的需要,安全(工作稳定性)的需要。吉赛得认为:影响领导效率最重要的因素有指挥能力大小、职业成就与自我实现的需要、才能智力大小、自信心强弱、决断能力强弱等;其次是工作稳定性和金钱报酬的需要、是否受下级拥护和亲近、创造与开拓、成熟程度高低等因素;至于性别则关系不大。

然而,特质理论并未取得多大的成功,因为领导特性包罗万象,说法不一,而且互有矛盾。况且任何人都不可能具备所有这些特性。同时试验还证明了领导者并不一定都具有比被领导者高明的特殊品质,实际上他们与被领导者在个人品质上并没有显著的差异。此外,特质理论并不能使人明确一个领导者究竟应在多大程度上具备某种特质。

8.2.2 领导行为理论

由于特质理论不能成功地找出有效领导者的特征,管理学家便转而研究领导者的各种行为,希望找出成功领导者的行为特征。从 20 世纪 50 年代初开始,不少学者在这方面进行了大量的研究。

1. 领导连续流理论

领导连续流理论是由美国的罗伯特·坦南鲍姆(Robert Tannenbaum)和沃伦施密特(Warren H. Schmidt)于 1958 年总结提出的。该理论把专制型的领导行为描述为一个连续统一体中的两个极端。在这两个极端之间,存在着许多种不同水平的专制型的领导行为和民主型的领导行为。从一个极端到另一个极端或从独裁到民主,从左到右,领导方式的民主进程逐渐加快,领导者运用的权力逐渐减小,下属的自由区域逐渐加大,从而构成一个连续带。坦南鲍姆和施密特在这一领导方式连续流中列举了 7 种有代表性的模式,如图 8-1 所示。

7 种有代表性的领导模式如下。

(1) 领导者作出并宣布决策。领导者发现问题后,提供各种可供选择的解决办法并从中选择一种,然后向下属宣布,要求执行,不给下属任何参与决策的机会,下属只能服从领导者的决定。

(2) 领导者推销决策。这种模式同前一种相似,由领导者作出决策并向下属宣布,说服下属来接受这个决策。这样做表明他意识到下属中可能持反对意见,通过阐明这种决策的必要性(包括给下属带来利益)以消除反对意见,争取他们的支持。

(3) 领导者提出决策并允许提出问题。领导者作出了决策,并期望下属接受这

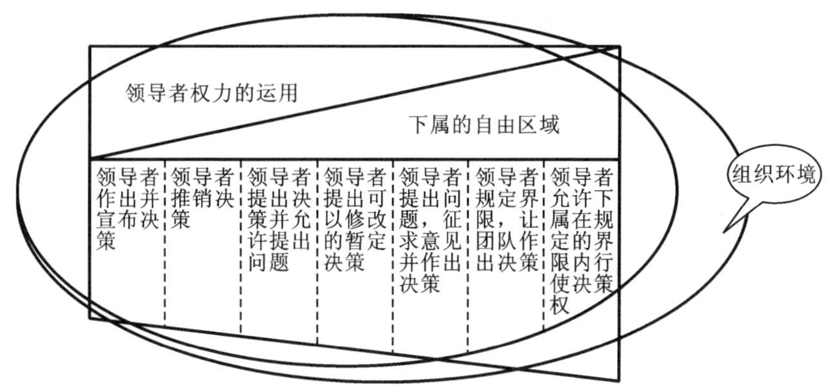

图 8-1 领导连续流示意图

个决策，但他向下属提供一个有关他的想法和意图的详细说明，并允许提出问题，这样，既可以使下属更好地了解他的意图和计划，也可使领导者和他的下属能深入探讨这一决策的意义和影响。

(4) 领导者提出可以修改的暂定决策。在这种模式中，允许下属对决策发挥某些影响作用。领导者先对问题进行考虑，并提出一个初步的计划，然后同下级交换意见，但决策的主动权仍操纵在领导者手中。

(5) 领导者提出问题，征求意见并作出决策。在这种模式中，领导者先提出需要解决的问题，下属提出各种解决问题的方案，由领导者最后作出决策。这样做的目的是充分利用下属的知识和经验。

(6) 领导者规定界限，让团队作出决策。在这种模式中，领导者先解释需要解决的问题，并给要做的决策规定了必要的界限，然后把决策权交给团队。

(7) 领导者允许下属在规定的界限内行使决策权。在这种模式中，问题的提出和作出决策都由下属自主决定，唯一的界限是上级所做的规定。在这个决策的过程中，领导者可以以普通成员的身份参与，并执行团队所做的任何决定。

坦南鲍姆和施米特认为，领导方式各式各样，很难说哪种领导方式是正确的，领导者应根据领导者、下属、环境三个方面的因素，有针对性地在一系列备选领导方式中选出最恰当的一种。应强调指出，他们还在领导方式周围放置了圆形以表示组织环境与社会环境对领导方式施加的影响。这样做，强调了领导方式具有开放系统的性质。这就对领导者的权力提出了挑战，也就是要求他们在作出决定或管辖下属时应考虑组织外部的利益。

2. 四种管理方式

伦西斯·利克特的“工作中心”与“员工中心”理论又称利克特的四种领导方式理论。1947 年以后，美国管理学家伦西斯·利克特(Rensis Likert)及密执安大学社会研究所的有关研究人员，开始使用两维理论研究“以工作为中心”和“以人为中心”的两种领导方式哪种有效。前者的特点:任务分配结构化、严密监督、工作激励、依照详尽的规定办事;后者的特点:重视人员的行为反应及问题,利用群体实现目标,给组织成员较大的自由选择的范围。

利克特观察了七个高生产效率的企业和十个低生产效率的企业,发现在高生产效率的企业中,采用“以人为中心”管理方式的有六个,只有一个采用“以工作为中心”的管理方式;而在低生产效率企业中,“以工作为中心”的企业有七个,只有三个企业采用“以人为中心”的管理方式。同时,他还对生产效率与情绪的关系进行了调查。据此,利克特倡议员工参与管理。他认为有效的领导者是注重于面向下属的,他们依靠信息沟通使所有部门像一个整体那样行事。群体的所有成员(包括主管人员在内)实行一种相互支持的关系,在这种关系中,他感到在需求价值、愿望、目标与期望方面有真正共同的利益。由于这种领导方式要求对人采取激励方法,因此利克特认为,它是领导一个群体的最为有效的方法。利克特在 1961 年发表了《管理新模式》一文,在文中,他把现行领导风格归为四类。

(1) 专权独裁式。权力集中在最高一级,由领导者作出决定,下级无任何发言权,只有执行权。上级规定严格的工作标准和方法,下级如达不到规定的目标,就要受到惩罚。在这种方式下,上下级之间缺少交流,领导者对下级缺乏信任,下级对领导者也心存恐惧。组织中如果有非正式组织群体,则对正式组织的目标通常持反对态度。

(2) 温和独裁式。权力控制在最高一级,但授予中下层部分权力。一般决策由高层管理人员制定,但下级也可作出一定限度的决策。下级也有恐惧警戒心理,交流是在上级屈就和下级畏缩的气氛下进行。组织中的非正式群体对组织的目标可能反对也可能不反对。

(3) 协商式领导。领导者对下级有一定程度的信任,但重要任务的决定权仍在最高一级。只是中下层有权制定较低层次的决策。上下级之间具有双向的信息沟通。组织中的非正式群体有时对正式组织的表示支持,有时也表示反对。

(4) 参与式民主领导。这是利克特的理想体系。上下级彼此信任、平等,让下级参与管理,有问题互相协商讨论,共同制定目标,最高领导者做最后决策。上下级之间不仅有双向沟通,还有平等沟通。对工作的进展、组织的报酬,下级有评估的效力。

利克特发现,那些用参与式民主领导方式去从事管理活动的管理人员,一般是极有成就的领导者,以此种方法来管理的组织,在制定目标和实现目标方面是最有成效的。他把这些主要归之于员工参与管理的程度,以及在实践中坚持相互支持的程度。

3. 四分图理论

美国俄亥俄州立大学的研究者们从 1945 年起也在进行关于领导方式的比较研究。他们发现,领导行为可以用两个构面(dimensions)加以描述,即关怀(consideration)维度和定规(initiation)维度,一般称为俄亥俄学派理论或二维构面理论(two dimension theory)。

关怀维度代表领导者对其下属所给予的信任、尊重以及互相了解的程度。从高关怀到低关怀之间可以有不同程度的关怀。定规维度是指领导者对下属的地位、角色与工作方式,是否都制定有规章或工作程序。这也可以有不同程度的规定。依据关怀维度和定规维度,可以构成一个领导行为坐标,大致可分为四个象限或四种领导方式,即高关怀与高定规、高关怀与低定规、低关怀与高定规以及低关怀与低定规,如图 8-2 所示。

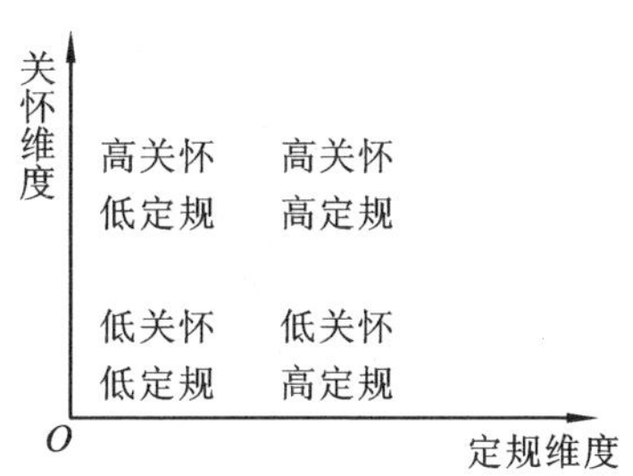

图 8-2 领导行为四分图

4. 领导方格理论

该理论是由布莱克和莫顿提出来的,主要区别于各种领导形态。这一理论用两种因素的不同程度组合来表示领导者的行为,这两种因素分别是对生产的关心度和对人的关心度。将这两种因素用二维坐标来表示,制图后就形成了领导方格图(见图 8-3)。这张方格图有八十一种领导形式,其中最具代表性的有五种。

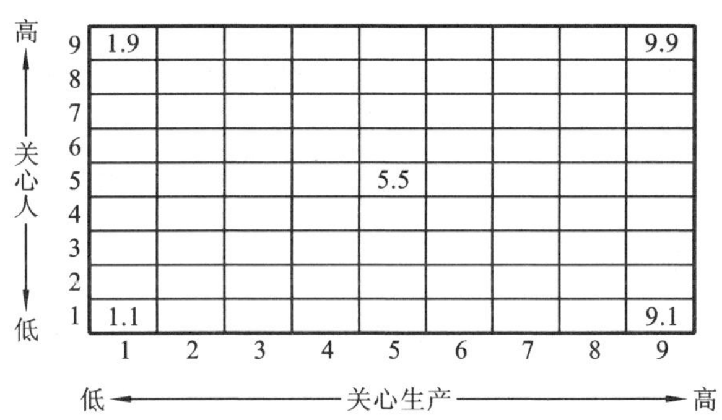

图 8-3 领导方格图

在“1.1”管理方式中,对人和对生产两个因素都很少关心,因而必然导致失败。这是很少见的一种极端情况。这可以称为“贫乏型管理方式”。

“9.9”管理方式表明在“对生产的关心”和“对人的关心”这两个因素之间并没有必然的冲突。这种管理方式将组织的目标和个人的需要最理想、最有效地结合起来。

它要求创造出这样一种工作条件，让员工了解问题，关心工作的成果。这样，当员工了解了组织的目的，并认真关心其成果时，他们就会自我指挥和自我控制，而无需用命令的形式对他们进行指挥和控制。这可以称为“战斗集体型管理方式”。

在“1.9”管理方式中，强调的是满足人的需要，认为只要员工心情舒畅，生产一定能搞好，而对指挥监督、规章制度等重视不够。这可以称为“乡村俱乐部型管理方式”。

在“9.1”管理方式中，重点放在对工作和作业的要求上，不大注意人的因素，管理人员的权力很大，负责计划、指挥和控制下属的活动，以便实现企业的生产目标。这可以称为“任务型管理方式”。

在“5.5”管理方式中，承认管理人员在计划、指挥和控制上的职责，但它主要是通过引导、鼓励而不是通过命令来实现的。这种管理方式既不过于偏重人的因素，又不过于偏重生产的因素，但缺乏革新精神，员工的创造性得不到充分发挥，在激烈的竞争中难免会失败。这可以称为“中间型管理方式”。

8.2.3 领导权变理论

权变理论的基本观点：领导的作用在于领导人们的行为，而人们的行为又受其动机和态度等因素及客观环境的影响，因此，讨论领导效能要考虑人的动机、态度和当时所处的环境。

这里主要介绍三种权变理论：费德勒模型、领导生命周期理论和途径-目标理论。

1. 费德勒模型

费德勒认为，任何领导形态均可能有效，关键是要与环境相适应。

关于影响领导效果好坏的情境因素，费德勒认为有以下三个方面。

(1) 领导者与被领导者的关系。这是指下属对其领导人的信任、喜爱、忠诚、愿意追随的程度，以及领导者对下属的吸引力。

(2) 工作任务结构。这是指下属担任工作的明确程度，是枯燥乏味的例行公事，还是需要一定创造性的任务。

(3) 领导者所处职位的固有权力。这是指与领导者职位相关联的正式职权以及领导者从上级和整个组织各方面所取得的支持程度。这一地位权力是由领导者对下属的实有权力所决定的，假如一位车间主任有权聘用或开除本车间的职工，则他在这个车间就比经理的地位权力还要大。因为经理一般并不直接聘用或开除一个车间的职工。

由于上述三种情境都有“有利”和“不利”两种状态，所以，共可组成八种情境因素，如表 8-1 所示。

表 8-1 菲德勒归纳的八种情境因素

情 境	1	2	3	4	5	6	7	8
领导者与被领导者的关系	好	好	好	好	差	差	差	差
工作任务结构	明确		不明确		明确		不明确	
领导者所处职位的固有权力	强	弱	强	弱	强	弱	强	弱

① 情境 1 的三个条件齐备，是最有利的情境，适合采用“以工作为中心”的领导方式。

② 情境 2、3 的三个条件基本齐备，也属于有利情境，适合采用“以工作为中心”的领导方式。

③ 情境 8 的三个条件都不具备，是最不利的情境，适合采用“以工作为中心”的领导方式。

④ 其余四种属于中间状态，适合采用“以人为中心”的领导方式。

费德勒模式表明，不存在单一的最佳领导方式，而是在一定的情境下，某种领导方式可能会达到最好的效果。同时，也不能只根据领导者以前的领导工作成绩来预测他现在能否管理得好，还应了解他以前的工作类型同现在的工作类型是否相同。

2. 领导生命周期理论

领导生命周期理论是一种比较新的理论，它由科曼(A. K. Korman)于 1966 年首次提出，其后由赫西(Hersey)和布兰查德(K. Blanchard)予以发展。该理论也是以俄亥俄州立大学的领导行为四分图理论为依据，并与阿吉里斯的“不成熟-成熟”理论接近，是一种三维结构的领导有效性模型。其主要观点：领导者的风格应适应其下属的成熟程度。在被领导者渐趋成熟时，领导者的领导行为要进行相应的调整。这样才能取得有效的领导效果。

生命周期理论认为，随着下属由不成熟而走向成熟，领导行为应按下列进程逐步推进：高工作与低关系→高工作与高关系→低工作与高关系→低工作与低关系。

相应的领导方式取决于下属的成熟程度，基本的领导方式分为四种。

(1) 命令型(高工作-低关系)，适用于低成熟度的情况。领导者告诉下属应该干什么、怎么干以及何时何地干。

(2) 说服型(高工作-高关系)，适用于较不成熟的情况。领导者既给下属以一定的指导，又注重保护和鼓励下属的积极性，提供指导性的行为与支持性的行为。

(3) 参与型(低工作-高关系)，适用于比较成熟的情况。领导者与下属共同决策，领导者着重给予下属以支持及其内部的协调沟通。

(4) 授权型(低工作-低关系)，适用于高度成熟的情况。领导者几乎不加指点，由下属自己独立地开展工作、完成任务，领导者提供极少的指导和支持。

3. 途径-目标理论

途径-目标理论是加拿大多伦多大学组织行为学教授罗伯特·豪斯和美国华盛顿大学管理学教授伦斯·米切尔在20世纪70年代提出的一种领导权变模型理论，该理论是有关领导者帮助下属确定挑战性目标和实现目标的最好途径的理论。基本观点：领导者的工作是帮助下属确定挑战性目标，找到实现目标的最好途径，消除在实现过程中的重大障碍，确保各自的目标与群体或组织的总体目标相一致。这一理论同时认为领导者的效率是以他人的能力来衡量的。

途径-目标理论是以期望理论和领导行为四分图为依据建立起来的。豪斯认为，领导行为一般有四种类型。

(1) 支持型。这种类型的领导者对下属友好，平易近人，关心下属的生活福利；当下属受挫和不满意时，能够对下属的业绩产生很大的影响。

(2) 参与型。这种类型的领导者在做决策时会征求、接受和采纳下属的建议，尽量让下属参与决策和管理，并以此来提高激励效果。

(3) 指令型。这种类型的领导者发布指示，明确告诉下属做什么、怎么做。决策完全由领导者做出，下属不参与。

(4) 成就型。这种类型的领导者设置具有挑战性的目标，希望下属能最大限度地发挥潜力，对下属能够达到这些目标表示出信心。

对于一个领导者而言，没有什么固定不变的领导方式，要根据不同的环境选用不同的领导方式。例如，当下属本身的能力较差，又愿意接受领导时，或者工作尚未处于程序化而较复杂时，则采用指导性方式最为有效。当任务结构程度较高，员工的能力又较强时，就不宜采用指导性方式。因此，领导者应根据环境的变化来调整自己的领导方式。

8.3 激　　励

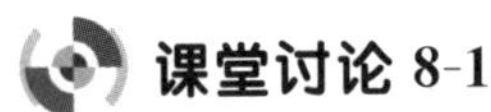

动 机 练 习

形式：集体参与　　　　　　　　　　时间：10分钟

道具：几张贴在椅子下面的一元纸币　　场地：教室

目的：

动机是内在的。

外在的奖励能激励人们的行为。

程序如下。

字典上对动机的定义:发自内心的,而非来源于外在的做某事的想法。

老师对学生说:请举起你们的右手。一会,老师谢谢大家,并问学生:你们为什么举手?学生回答:因为你要我们这么做或因为你说请。

得到3至4个答案后,老师说:请大家站起来,并把椅子拿起来。

绝大多数情况下,没有人会采取行动,老师继续说:如果我告诉你们椅子下有钱,你们会不会站起来并拿起椅子看看?

绝大多数人仍然不会采取行动,于是老师说:我告诉你们,有几张椅子底下真的有钱(通常2至3个学员会站起来,然后很快所有人会站起来)。于是有人找到了纸币并叫道:这里有一张!

分享:

为什么第二次请你做事时,要花费更多的努力?

钱是否能激励你(强调指出金钱并非总是人们的动机所在)?

激励人们的唯一正确方法是什么?

8.3.1 内容型激励理论

既然激励是通过满足人们的需求来引导人们作出预期的行为,那就意味着管理者要对下属实施激励,首先要了解下属的需求是什么,然后通过满足他们的需求,使他们的行为按照自己预期的方向来实现预期的目标。

满足人的需求为什么就能引导人们的行为呢?这是因为在心理学中,存在着一个对人类行为的基本描述,也就是心理上的一个基本假定:需要导致行为。这是对人类行为的一个最简单、最基本的描述。但是,即使有同样的需要,有时人们也会表现出不同的行为,这就说明人们的行为方式还受到人性的影响。

1. 需要层次理论

需要层次理论是由美国心理学家亚伯拉罕·马斯洛于1943年提出的。这一理论自问世以来受到管理界的普遍重视,成为研究人的需要,以及有效激励的著名理论。

(1)理论内容。马斯洛首先将人的需要归纳为五个层次,由低到高依次为生理需要、安全需要、爱与归属需要、尊重需要和自我实现需要,后来又补充了求知需要和审美需要,如图8-4所示。

生理需要,包括对食物、水、空气和住房等生存需要,这是人类为了维持个体和种群的生存发展所必需的基本需要;安全需要,主要包括对人身健康与安全、职业安全、生活稳定以及免遭痛苦、威胁或疾病等的需要;爱与归属需要,表现为对友谊、爱情以及隶属关系的需要;尊重需要,即自尊、自重,或要求被他人所尊重,包括自尊心、信心、希望有地位,受到别人的尊重、信赖以及高度评价等;求知需要,表现为好奇心、求知欲、探索心理及追求对事物的认知和了解;审美需要,表现为追求整齐、和谐、色彩、

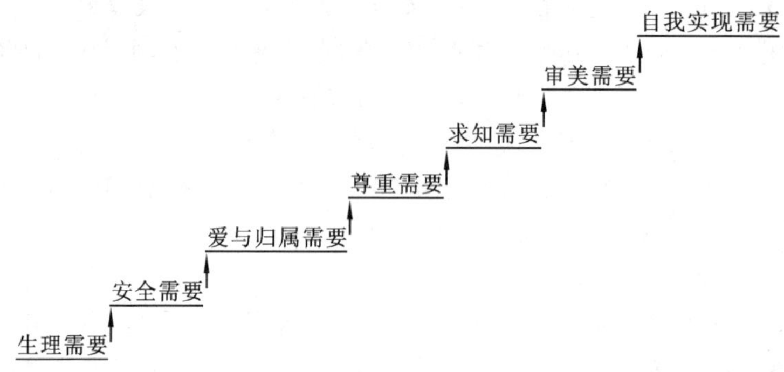

图 8-4 马斯洛的需要层次理论

美丽等事物而带来的心理满足；自我实现需要，指追求自我实现，或是发挥个人潜能实现个人理想的需要，最终成为有成就的人物。

马斯洛的需要层次理论告诉我们，人的需要不是单一的，各种各样的需要之间存在等级并可同时并存。这个理论的一个要点在于，作为人的行为的基本模式——需要导致行为，但并不是所有的需要都导致行为，人们尚未得到的那个低级的需要决定着人们的行为。马斯洛认为，任何一种满足了的低层次需要并不因为高层次需要的发展而消失，只是不再成为主要激励力量。

许多人质疑马斯洛的需要层次理论，认为此理论没有实证的支持。也有人举出很多的反例，例如在东方，当人们衣不遮体、食不果腹的时候，很多苦行僧会去追求信仰，追求自我实现。当然这些质疑有一定的道理，不过从普遍意义上来讲，马斯洛理论还是有一定意义的。

(2) 对管理实践的启示。一是要正确认识被管理者需要的多层次性；二是要努力将本组织的管理手段、管理条件同被管理者的各层次需要相联系，并满足被管理者的需要，以激励他们的士气和热忱。

课堂讨论 8-2

运用马斯洛的需要层次理论，进行自我需要分析。

阅读材料 8-2

员工的需要是否都应当满足

对于员工的需要不能一味满足，要根据不同情况，作出满足、限制、引导等选择。可以参照图 8-5 所示需要原理进行选择。

2. 双因素理论

20 世纪 50 年代后期，美国心理学家弗雷德里克·赫茨伯格（Frederick

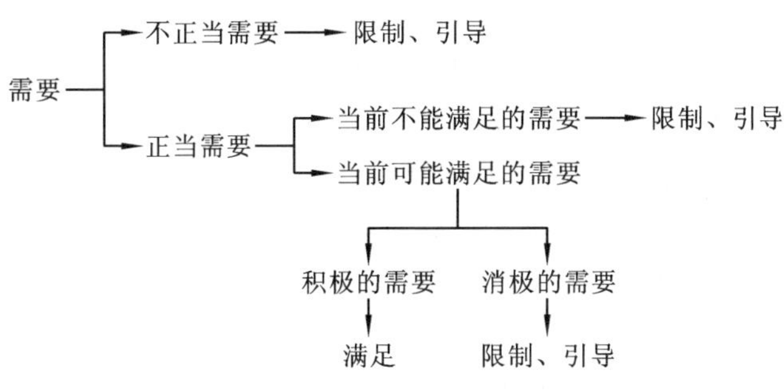

图 8-5 需要原理

Herzberg)提出了双因素理论。马斯洛关心的是人类一般意义上的动机来源,而赫茨伯格关心的则是与工作和工作成就相关的动机来源。赫茨伯格在调查中问了这样一个问题:“你希望从工作中得到什么?”赫茨伯格要求人们在具体情境下详细描述他们认为工作中特别满意和特别不满意的方面。调查结果发现,使他们感到满意的因素都是工作的性质和内容方面的,使他们感到不满意的因素都是工作环境或者工作关系方面的。赫茨伯格把前者称为激励因素,后者称为保健因素。

赫茨伯格在广泛调查的基础上,正式提出了激励的双因素理论,表明了存在两种性质不同的因素,对激发员工的工作热情、提高劳动效率起着不同的作用。

(1)理论内容。激励因素是指能调动员工的工作积极性、激发其工作热情、能从根本上激励员工的因素,属于高层次需要,涉及对工作的积极感情,又和工作本身的内容有关,如工作上的成就感、受到重视、提升、工作本身的性质、个人发展的可能性、责任。当这类因素具备时,可以起到明显的激励作用;当这类因素不具备时,也不会造成员工的极大不满。

保健因素是指防止人们产生不满的因素,大都是与工作环境或条件相关的因素,如企业的政策与行政管理、监督、与上级的关系、与同事的关系、与下级的关系、工资、工作安全、个人生活、工作条件、地位。这些因素涉及工作的消极因素,也与工作的氛围和环境有关,只能消除员工工作中的不满情绪,而不能激发员工的工作热情,不能从根本上激励员工。

阅读材料 8-3

赫茨伯格的双因素理论很容易得到证实

我们在学校做一个简单实验,问:“同学们,你对你就读的学校满意吗?”同学们的回答是“不满意”或“不太满意”。那么接着问:“什么地方不满意?”同学们回答:“住宿条件差”“食堂伙食不好”“收费太高”等。于是我们反问一句:“如果为你提供最好的条件,并免收学费,你就会努力学习了吗?”同学们的回答是:“不一定。”这显然已经印证了保健因素和激励因素的问题。

(2) 对管理实践的启示。由双因素理论我们知道,做好员工激励工作,一方面对于保健因素要给予基本的满足,防止牢骚,消除不满,如工作环境、工资与福利、住房等;另一方面要注重激励因素,强调成就感、工作价值、责任感等,产生激励效果。同时,有效的管理者要善于把保健因素转化成激励因素。

课堂讨论 8-3

在什么情况下,金钱可以成为激励因素,而不是保健因素。

赫茨伯格的双因素理论与马斯洛的需要层次理论有很大的相似性。马斯洛的高层次需要即赫茨伯格的主要激励因素,而为了维持生活所必须满足的低层次需要则相当于保健因素。可以说,赫茨伯格对需要层次理论进行了补充。他划分了激励因素和保健因素的界限,分析出各种激励因素主要来自工作本身,这就为激励工作指明了方向。

图 8-6 所示的是马斯洛模式与赫茨伯格模式的比较。

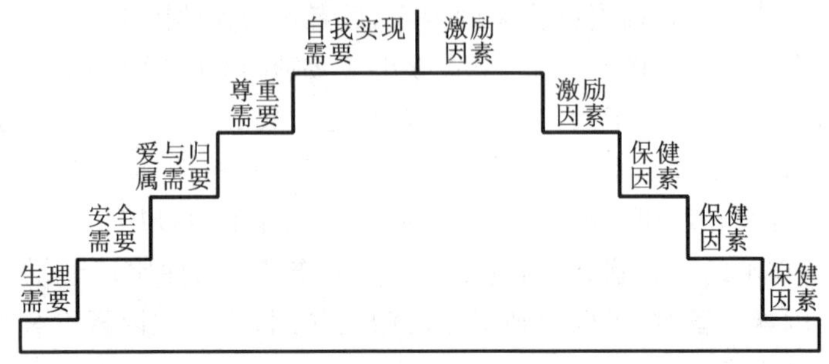

图 8-6 马斯洛模式与赫茨伯格模式比较图

3. 成就需要理论

美国哈佛大学教授戴维·麦克莱兰(D. C. Mc Clellanmd)重点研究了人的各种社会性需要,提出了成就需要理论。

(1) 理论内容。麦克莱兰认为人的社会性需要有三类:成就需要、权力需要和社交需要。这三类需要决定了人们工作行为的动机,对管理工作都有特别的联系。

社交需要,是指人们渴望与他人交往,并建立友好亲密的人际关系的需要。高社交需要者通常从友爱中得到快乐,感到被社会、集体排斥是莫大的痛苦。他们往往关心一种融洽的社会关系,努力寻求友爱,喜欢合作性的而非竞争性的环境,渴望有高度相互理解的关系。

权力需要,是指希望影响或控制他人的思想或行为的需要。麦克莱兰发现,高权力需要的人对施加影响和控制表现出极大的关心;这样的人一般追求得到领导者的地位;喜欢处于竞争性和重视地位的环境,喜欢承担责任,并且爱教训人。

成就需要,是指达到目标,追求卓越,寻求成功的欲望。高成就需要的人渴望把事情做得更完美。他们希望得到有关工作绩效的及时明确的反馈信息,从而了解自己是否有进步;他们喜欢设立有适度挑战性的目标,目标的实现能产生巨大的满足感;愿意接受挑战,并能承担成功与失败的风险。

不同的人对三种需求的排列层次和比例不同,个人行为主要决定于其中被环境激活的那些要素。有成就需求的人具有事业心强、比较实际、敢冒风险的特点,他们对企业和国家有重要作用,而高成就需求的人才可通过教育和培训来造就。

(2) 对管理实践的启示。麦克莱兰的研究表明,一般情况下,主管人员的成就需要比较强烈。因此,这一理论常常应用于对主管人员的激励。他还认为,成就需要可以通过培养、训练而提高。他指出,一个组织的成败与组织具有高成就需要的人数有关。

8.3.2 过程型激励理论

过程型激励理论研究人们选择其所要进行的行为的过程,即研究人们的行为是怎样产生的,是怎样向一定方向发展的,如何能使这个行为保持下去,以及怎样结束行为的发展过程。它主要包括亚当斯的公平理论和弗洛姆的期望理论。

1. 公平理论

公平理论是由美国心理学家、管理学家斯达西·亚当斯(J. Stacey Adams)于20世纪60年代提出的。公平理论主张人能否通过某种行为得到满足和达到满意,除了取决于自身所得到的结果的好坏之外,还取决于跟他人的对比程度。

亚当斯认为,在一个组织中,员工很注重自己是不是受到公平对待,常常以此来决定自己以后的行为。公平理论认为,员工首先应思考自己收入与付出的比率,然后将自己的所得付出比与其他相关人员的所得付出比进行比较。如果员工感觉到自己的比率与他人的相等,则处于公平状态;如果员工感到二者的比率不相同,则会产生不公平感,即他们认为自己的收入过低或过高。这种不公平出现后,员工就会采取行动试图纠正它。这可以概括为如下公式:

$$\frac{\text{自己的所得/自己的投入}}{\text{他人的所得/他人的投入}}\begin{cases}>1 & \text{比较满意}\\=1 & \text{公平合理,心态平衡}\\<1 & \text{不满意或比较不满意}\end{cases}$$

亚当斯的公平理论表明,一个人所得到的相对值比绝对值更能影响人的工作积极性。所以管理者需要更多地注意实际工作结果与个人所得之间的公平合理性。但是这在实际运用中又比较难以把握,因为人们总是倾向于过高地估计自己的付出,而过低地估计自己的所得,对别人的付出与所得的估计则正好相反。所以管理者除了制定公平的奖酬体系外,还要及时体察员工感觉的不公平的心理,并认真分析、教育员工正确认识、对待自己和他人。如果一个人的内心感受是公平的,其工作积极性即激励水平就高,反之,激励水平则低。

公平理论除了分配公平外，还存在程序公平的问题，即报酬分配程序的公平性。它会影响员工对组织的承诺、信任、流动意图等。现在越来越强调管理的透明度，其实就是要加强程序公平性，提升员工的工作动机。主管人员的主要职责就是运用各种方法和手段，使下属员工处于拥有公平感的心理状态。

2. 期望理论

期望理论是美国心理学家威克特·弗洛姆(Victor H. Vroom)在其1964年出版的著作《工作与激励》中提出来的。

(1) 理论内容。期望理论是通过考察人们的努力行为与其所获得的最终奖酬之间的因果关系，来说明激励过程并以选择合适的行为达到最终的奖酬目标的理论。这种理论认为，当人们有需要，又有达到目标的可能时，其积极性才会高。激励水平取决于期望值和效价的乘积：

$$M=E\cdot V$$

即　　激励水平的高低＝期望值×效价

激励水平的高低 M(motivation)表明动机的强烈程度，被激发的工作动机的大小，也就是为达到高绩效而努力的程度。

期望值 E(expectancy)是指员工对自己的行为能否导致所想得到的绩效和目标(奖酬)的主观概率，即主观上估计达到目标、得到奖酬的可能性。

效价 V(valence)是指员工对某一目标(奖酬)的重视程度与评价高低，即员工在主观上认为这奖酬的价值大小。

这个公式表明，激励水平的高低与期望值和效价有密切的关系。效价越高，期望值越大，激励水平也就越高；反之，亦然。如果一个人对达到某一目标漠不关心，那么效价是零。而当一个人宁可不要达到这一目标时，效价为负，激励水平当然为零。同样期望值如果为零或负值，一个人也就无任何动力去达到某一目标。因此，为了激励员工，管理者应当一方面提高员工对某一成果的偏好程度，另一方面应帮助员工实现其期望值。

(2) 对管理实践的启示。期望理论的关键在于：弄清个人目标以及三种关系，也是调动人们工作积极性的三个条件：①努力与绩效的关系。②绩效与奖励的关系。③奖励与满足个人需要的关系。

8.3.3 调整型激励理论

调整型激励理论，即行为改造理论，主要是研究如何改造和修正人的行为，变消极为积极的一种理论。该理论认为，当行为的结果有利于个人时，行为会重复出现；反之，行为则会削弱或消退。这种理论主要有强化理论和归因理论等。

1. 强化理论

关于人的需要的研究是针对需要导致行为的输入来讨论的，公平理论、期望理论等是针对需要导致行为的过程本身来讨论的。

美国心理学家斯金纳提出的强化理论，则是把需要导致行为看成一个黑箱，针对这个模式的输出，也就是针对行为来研究。一般人们倾向于去重复那些受到赞扬或者鼓励的行为，会避免或者克服那些受到惩罚或者打击的行为。这就是强化理论的基本出发点。所以，他主张可以使用正强化、负强化、自然消退和惩罚四种方式来对人们的行为施加影响。

(1) 正强化。正强化是指对希望人们表现出的某种行为加以奖励或者鼓励，以此来促使人们不断地重复该行为。

(2) 自然消退。自然消退有两种方式：一种是对某种行为不予理睬，以表示对该行为的轻视或某种程度上的否定使其自然消退；另一种是指原来用正强化手段鼓励的有利行为由于疏忽或情况改变，不再给予正强化，使其逐渐消失。

(3) 惩罚。惩罚是指当人表现出某种不希望的行为时，及时地予以一些惩治，这会使他不再重复这样的行为。

(4) 负强化。负强化是指人们由于担心行为会导致某种不好的结果，而努力避免这种行为的一种状态。正强化和负强化有一定的区别。员工努力工作并从组织中获取报酬，这是正强化；反之，员工努力工作是为了避免不希望得到的结果，如不挨上级的批评，就是负强化。

应当指出，上述四种强化类型中正强化是影响行为发生的最有力工具，它能增强或增加有效的工作行为。惩罚和自然消退只能使员工知道不应做什么，但并没有告诉员工应该做什么。而负强化则会使员工处于一种被动的、不快的环境之中，可能产生适得其反的结果。

根据强化理论，在管理中的具体应用应遵循以下原则：①要依据强化对象的不同采用不同的强化措施。人们的年龄、性别、职业、学历、经历不同，需要就不同，强化方式也应不一样。②及时反馈。所谓及时反馈就是通过某种形式和途径，及时将工作结果告诉行动者。要取得最好的激励效果，就应该在行为发生以后尽快采取适当的强化方法。③在强化手段的运用上，应以正强化为主，必要时也要对坏的行为予以惩罚，做到奖惩结合。

2. 归因理论

归因理论是说明和推论人的活动的因果关系的理论。人们用这种理论来解释、预测和控制他们的环境及随这种环境而出现的行为。因而有人把归因理论称为认知理论，即通过改变人的自我感觉、自我认知来达到改变人的行为的目的。从最后的目标来看，归因理论也是一种行为改造理论。不同的归因会直接影响人的行为和工作的绩效；现在和过去成功或失败原因的归因会影响人的将来期望和坚持努力的行为。

美国心理学家威纳(B. Weiner)1947 年的研究认为，在现实中，一般人对行为的成功或者失败常做如下四种归因：一是归因努力或不努力的程度；二是归因能力的大小；三是归因工作（学习）任务的难易程度；四是归因个人运气与机会的好坏程度。

归因理论在激发成就动机、促进继续努力的行为方面有重要作用。不同的归因对成就与持续行为有不同的影响。

如果行为者把失败归因于自己脑子笨、能力低这样一类稳定的内因，则不会增强今后的努力与坚持行为。因为他认为再努力也是起不了作用的。

如果行为者把失败归因于自己不够努力这个相对不稳定的内因，则可能增强今后的努力与坚持行为。

如果行为者把失败归因于不稳定的外因，如偶然生病或其他事故等，不一定会降低人的行为积极性，能出现努力或坚持行为。

如果行为者把失败归因于工作（学习）任务重、工作难度大等稳定性的外因，则很可能会降低行为者的自信心、成就动机、行为的努力和坚持。

总之，假若把失败归因于能力低、任务太重（或难）等稳定因素，则会降低成功的期望，失去信心，出现不再坚持、努力的行为；反之，把失败归因于自己不努力或粗心大意等不稳定的因素，就会增强人的自信心，增强努力与坚持行为，争取成功的信心。

8.4 激励的一般形式

没有适用于一切员工和一切企业的激励方法。在管理中，激励是充分显示管理者管理艺术的活动。在实际管理过程中，激励必须因时、因人、因地而异。世界知名企业通常有自己独特的激励员工的方法。

下面我们介绍的激励方法总结了国内外众多先进企业的经验，主要从内在出发，从人的精神层面的需求出发，无论是在运用艺术和实际效果上都是内涵比较丰富的，值得我们仔细深入地探讨一番。

1. 目标激励

目标就是人们通过努力所要达到的满足需要的预期结果。目标是面向未来的，是对未来状态的一种预期。

需要—动机—行为—满足需要，这是人们的心理和行为规律。通过一定的目标作为诱因，刺激人们的需要，激发人们实现目标的欲望，这是激励的基本过程。通过设置目标，激励人们的积极性，这是激励的基本方式。

阅读材料 8-4

目标的重要性

罗斯福总统夫人在本宁顿学院读书时，想在电信业找一份工作，她父亲为她约好了当时担任美国无线电公司董事长的萨尔洛夫将军。她回忆道，将军问我想做哪种工作，我说随便吧，将军郑重地对我说，没有一类工作叫随便，成功的道路是由目标组成的。

目标激励在企业管理中占有举足轻重的地位，目标激励是所有其他激励方式的基础，因为所有的激励手段都是为实现既定目标服务的。

2. 肯定激励

调查显示，激励员工的最好办法是肯定和赞美。因为人们都希望自己受到上级和同事的器重与赞美。一位管理学家说过，奖励你所希望的行为比惩罚你所不希望的行为投入的资源少，而且能取得更好的效果。这从某种意义上说明了肯定员工行为的价值所在。

阅读材料 8-5

奖励的不同方式

惠普公司的一位工程师在主管的办公室里，汇报他解决了一个困扰全组数周的问题。主管很高兴，环顾四周想找一种东西来奖励他，最后拿了本来午餐要吃的香蕉递给他，并说：干得好，恭喜！从此，金香蕉奖成为该部门奖励员工成就的最高荣誉之一。

创业老臣、高级行政副总裁贝特·福特曾因不慎使石油大王洛克菲勒在南美洲的投资经营惨败。然而，洛克菲勒的态度却使他很诧异。洛克菲勒并没有向他询问失败的详细情形，反而充满鼓励地说："好极了，贝特，我们刚刚听说了你在南美洲的事情。"贝特心想洛克菲勒一定会责怪自己的，就说："这实在是一次极大的损失，我想尽办法才保护了60%的投资。"

"这已经很不错了，要不是你处置有方，哪能保全这么多呢？你干得出色，已经在我的意料之外了。"洛克菲勒在这个本该指责的时候却一反常态，找出这些值得赞美但也十分诚恳的话来说，其效果可想而知了。

一般而言，奖励的方式有两种：一是物质奖励，比如增加工资或奖金；二是精神奖励，让员工感受到他们对于企业来说很重要，并且感受到自己所从事的工作很了不起。在迪士尼乐园发生过这样一件事：当有人问迪士尼乐园的一位道路清扫工，在这里当清扫工有什么感受时，清扫工挺直了身子，两眼正视着对方说："不，我不是清扫工，我是在从事展示事业，我是这个艺术的一部分。"朴实无华的话语，却体现了这位清扫工对自己所从事的工作的忠诚，它不是简单地扫除垃圾而已，而是展示公司的形象，是公司展示工程的一部分。有了内心的这种崇高感，对工作就一定会兢兢业业，任劳任怨。

3. 参与激励

美国一家大型保险公司 USAA，销售人员每周用 1 小时在会议室聚会，讨论提高其工作质量和生产力的方法，管理层已采纳了他们的许多建议。福特公司每年都要制订一个全年的员工参与计划，动员员工参与管理。此举引发了员工对企业的“知遇之恩”，员工的投入程度、合作意愿不断提高，合理化建议越来越多，生产成本大大减少。

让员工参与对他们有利害关系事情的决策，这种做法表示对他们的尊重及处理事情的务实态度。员工往往最了解问题的状况、如何改进的方式，以及顾客心中的想法。当员工有参与感时，对工作的责任感便会增加，也较能轻易接受新的方式及变化。

大多数人类活动都需要参与。员工参与决策和管理，是指在不同程度上让员工参加组织决策和各级管理工作的研究和讨论，是兼顾员工各种需要和企业效率要求的基本方法。其隐含的逻辑是，通过员工参与来影响他们的决策和增加他们的自我指导与自我控制，提高员工的积极性和对组织的忠诚，以此达到员工和组织的双满意。

4. 竞争激励

竞争激励是一种比较常见的激励方式，企业普遍用如下方法进行竞争激励：把每个员工的业绩进度表张贴在办公室的显眼处；每年在员工中进行评星定级，给予优胜者适当的物质奖励；同岗不同酬，重视星级员工的榜样作用等。

阅读材料 8-6

本田公司的鲶鱼效应

有竞争才会有压力，有压力才会有动力，有动力才会有创造力。企业引进竞争因素，将忧患意识注入员工的思想中，能有效地激励员工追求上进，激发他们的学习热情。

有一段时间，本田公司中一些员工出现了思想散漫、行动拖沓的现象。为了激发员工的活力，特别是企业各级管理人员的活力，总经理本田宗一郎决定应用“鲶鱼效应”。

“鲶鱼效应”出自挪威人捕沙丁鱼的故事。挪威渔民出海捕沙丁鱼，如果抵港时鱼仍活着，卖价要比死鱼高出许多倍。因此，渔民们千方百计让鱼活着返港，然而，种种努力都失败了。只有一艘渔船总能带着活鱼回到港内，其中原因一直未明。直到这艘船的船长死后，人们才揭开了谜底。原来这艘船捕了沙丁鱼后，每次都要在鱼槽里放一条鲶鱼，鲶鱼进入鱼槽后由于环境陌生，自然四处游动，到处挑起摩擦，而大量沙丁鱼发现多了一个“异己分子”，自然也会紧张起来，加速游动。这样一来，沙丁鱼就一条条活蹦乱跳地回到了渔港。

本田宗一郎认为，其实员工也一样，如果一个公司人员长期固定不变，就会缺乏新鲜感和活力，容易养成惰性，缺乏竞争力。只有施加压力，存在竞争气氛，员工才会有紧迫感，才能激发进取心，企业才有活力。

本田公司开始了人事方面的改革，时任销售部的经理的观念离公司的精神相距甚远，而且他的思想保守，必须找一条“鲶鱼”来打破销售部只会维持现状的沉闷气氛，否则公司的发展将会受到严重影响。经过周密的计划和努力，本田公司终于把年仅35岁的武太郎挖了过来。

武太郎接任本田公司销售部经理后，首先制定了公司的整体营销策略，对原有市场进行分类，制定了开拓新市场的详细计划和明确的奖惩办法，并对销售部的组织结构进行了调整，使其符合现代市场的要求。上任一段时间后，武太郎凭着自己丰富的市场营销经验和过人的学识，以及惊人的毅力和工作热情，受到了销售部全体员工的好评，员工的工作热情被极大地调动起来，活力大为增强。公司的销售出现了转机，销售额直线上升，公司在欧美及亚洲市场的知名度不断得到提升。

从此，本田公司每年重点从外部招聘一些精明强干、思维敏捷的30岁左右的生力军，有的甚至聘请常务董事一级的“大鲶鱼”，这样一来，公司上下的“沙丁鱼”都有了触电式的感觉。

5. 工作激励

工作丰富化激励是一种改进工作组织，在工作中增加激励因素，以调动员工的工作积极性的激励方法。它是以赫茨伯格的理论为依据的，通过把更负责、更受重视以及对员工成长的提升更多机会的工作加到工作任务中去，这样可以减少员工工作的单调性、增加工作的安全感，使工作本身成为激励因素。

工作激励主要有工作适应性、工作扩大化和工作丰富化等方法。

(1) 工作适应性。工作适应性是指工作的性质和特点与从事该工作的员工的条件与特征相吻合，能充分发挥其优势，激发其工作兴趣，从而使员工高度满意其工作。

(2) 工作扩大化。工作扩大化是指在横向水平上增加工作任务的数目或变化性，使工作多样化，但工作的难度和复杂程度并不增加。组织通过增加员工的工作内容，必然会提高员工的工作热情和兴趣。

(3) 工作丰富化。工作丰富化是指在纵向上赋予员工更复杂、更系列化的工作，有机会让员工参与他们所从事工作的目标制定、规划、组织和控制。工作丰富化的目的不在于花同样的钱让员工做更多的事情，而是为了让员工发挥出更大的潜力，提高公司的整体效率，而员工个人也会因此获得更多的报酬。

阅读材料 8-7

英特尔公司激励员工

为了激励员工，让员工保持最佳的工作状态，在工作中得到锻炼，英特尔公司经常让员工工作调换。1999年，公司的6.7万名员工中，有10%曾经在公司内部进行了调换工作。这种做法让英特尔的组织保持了一种流动状态，因为公司一直在超速运行，它的产品周期为6个月。每个人都必须要有极强的适应力，如果做不到这一点就无法在公司生存。

为了让新手更快地适应调整运转的工作环境，帮助新人通过公司的日常运作，了解当今科技发展的方向。公司还设有奖励先进个人与集体的专项奖金，每个员工都有公司股票的选择权，这是公司给员工的一种福利。

6. 发展激励

很多企业都很关注员工的职业生涯发展，并根据实际情况给予员工客观的建议。企业通常会帮助员工设定职业发展目标，制定具体的行动计划和措施，为每一个员工提供充分发展的空间和机会，营造与员工共同成长的组织氛围，并让员工能够清楚自己在企业中的晋升途径，使他们对未来充满信心和希望。

发展激励，简而言之就是给员工提供更好的发展机会，搭建更好的发展平台，创造更好的发展条件，从而让员工在工作中不断成长，实现自身的职业发展。

管理者对员工的工作表现给予肯定，每个员工都会心存感激。大部分员工的成长来自工作上的发展，工作也会为员工提供新的学习的机会。对大多数员工来说，得到新的机会来表现、学习与成长，是上司最好的激励方式。

7. 危机激励

危机就是潜在的危险。危机激励就是从反面激励，从关心员工的立场出发，帮助其分析和找出潜在的问题，给员工指明坚持某种观点、主张、做法可能会产生的不良后果，使员工产生危机感，从而转变自己的态度、观点和行为。

阅读材料 8-8

通用电气公司的区别化激励机制

通用电气公司每年都要对员工进行业绩评估，通过评估，将员工划分为A、B、C三级。

A级：表现最好的员工，占20%。

B级：表现较好或表现一般的员工，占70%。

C级：表现欠佳的员工，占10%。

充分发展A级员工。A级员工是通用电气公司的“超级明星”，公司会为这部分员工制订详细的培训计划，为他们提供更广阔的发展空间。

深深信赖B级员工。通用电气公司同样离不开B级员工，他们是公司的主体，也是通用电气公司业务成败的关键，B级员工数量占到总员工数量的70%。这部分员工同样可以得到培训与提升的机会，通用电气公司鼓励他们努力进入A级员工行列。

淘汰部分C级员工。每年,会有10%的员工表现欠佳,他们必须快速调整状态,找出原因并赶上,争取进入B级行列并继续进步。若他们在3~6个月中仍旧不能适应通用电气公司的前进步伐,便面临被辞退的危机。这看起来有些不近人情,但其实这正是通用电气公司尊重人才的表现。通用电气公司认为,必须为所有员工创造公平的竞争,为每一名员工提供均等的发展机会。

杰克·韦尔奇认为,10%淘汰制并不“残酷”,恰恰相反,这是对员工的“仁慈”;不将真实的情况告诉他,让员工待在一个不能成长和进步的环境里只是“假慈悲”。通用电气公司愿意尽早告诉这些员工,可能你不适合通用电气公司的文化与价值观,去其他公司会有更好的发展。

8. 关心激励

关心激励,是指企业领导者通过对员工的关心而产生的对员工的激励作用。企业的员工,以企业为其主要的生存空间,把企业当作自己的归属。如果企业领导者时时关心员工疾苦,了解员工的具体困难,并帮助其解决,就会让员工产生很强的归属感,会对员工产生激励效果。现在很多企业的领导者都非常关心员工,给员工赠送生日礼品,解决住房困难,解决员工小孩入托入学难等都属于关心激励的范畴。

阅读材料 8-9

西门子公司给员工无微不至的关怀

德国人做事严谨,表达直接,拒绝浮华,重视结果,这种风格深深体现在西门子公司的用人策略当中,西门子公司在对待员工工作与生活的平衡方面同样是认真、严谨而不失人情味的。

西门子公司认为关心员工的事业发展是关心员工生活的最好方式。为此,西门子公司给员工提供良好的工作环境,让员工能够心情舒畅地工作。西门子公司重视工作的稳定性,尊重与信任自己的员工,对员工进行长期投资、长期培养、长期任用。西门子公司从关心员工工作与事业的角度关心员工生活。员工事业稳定了,生活自然就无忧了。

西门子公司从细微之处关心每一名西门子人,这些关心表现在很多方面。

(1) 西门子公司为员工提供补充住房公积金,本来应该由员工交的部分款项也由西门子公司统一交付。

(2) 西门子公司为员工提供补充医疗保险,除了正常的社会保险、医疗保险外,西门子公司还为员工购买了生命保险。

(3) 西门子公司为员工的孩子支付许多相关费用,如小孩的医疗费用,充分体现了西门子公司对员工工作与生活无微不至的关心。

(4) 西门子公司为员工提供班车,公司设有游泳、网球、羽毛球、足球等众多俱乐部，每年都组织员工出游，通过各种渠道与方式丰富员工的业余生活。

(5) 在西门子公司，员工遇到意外的经济困难，如买房、员工亲属患病等，公司都会慷慨解囊，帮助员工渡过难关。

9. 股票期权计划

股票期权是指在一定时间内，以约定价格购买一定数量公司股份的权利。它是面向公司高级管理人员的一种长期激励计划。股票期权的激励作用来自于这样的假定，即企业的股票价格在一定程度上受企业获利能力和利润增长的影响，而公司高级管理人员在相当程度上可以影响这些因素。

股票期权计划在国外上市公司中被广泛用于对公司高级管理人员的激励。国内一些上市公司也在试行类似的长期激励计划，旨在加大对企业经营活动的灵魂人物——高级管理层的激励，将公司业绩与个人收入紧密联系，从而提高公司业绩。如微软公司造就了很多的百万富翁；惠普公司中国分公司每个员工 1000 股，1 年后，增值达 10 倍。

10. 佣金计划

佣金计划通常用于激励销售人员。佣金的支付表达了企业对员工业绩的承认，这是基本薪资所不及的。一项设计完善的佣金计划有助于提高企业员工的凝聚力，并推动员工朝着公司经营目标努力，而这种推动作用是当今处于激烈竞争环境中的每一家企业所企求的。

佣金计划是基于员工个人业绩的一种激励方式。不同于利润分享计划，佣金计划可以对明星员工实施重奖，它将员工的业绩与公司业绩区别对待，尤其当员工有出色表现时，采用佣金计划可以对其及时进行奖励。佣金计划的不足是它可能会导致员工过度追逐个人业绩，而忽视企业的整体利益。

11. 利润分享计划

利润分享计划是国外大企业运用最广泛的一种奖金支付方法。该项计划通常面向企业内大多数员工。

企业通常会在其税前利润中提取一小部分放在一个基金中，依据每位员工的基本薪资进行分配。利润分享计划通常一年实施一次。

它的好处：它将员工的利益在同一计划中体现出来，使全体员工都关注公司的利润，公司利润的大小直接影响员工的收益。

它的不足：该计划通常与员工的基本薪资挂钩，即利润分享计划没有考虑员工个人的业绩，它仅关注企业的经营目标。对于收入变化不定的小企业，利润分享计划可能会因为期望收益难以保证而导致员工不满。另外，如果小企业的利润很低，采用利润分享计划只会使员工的士气更低，难以发挥它应有的激励作用。

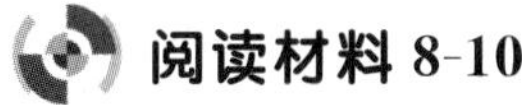

激励员工需要注意的5个方面

企业在激励员工的过程中，为了使激励真正起到应有的作用，应针对不同的情况，因人而异，因事而异，适当地解决以下5个问题。

1. 注意激励的差异性和时间性

有的员工家庭经济困难，在奖励时就可发奖金；而奖金对家庭收入很高的人，则起不到多少激励作用；有的员工思想有了进步，特别希望获得荣誉奖励，这时企业管理人员应尽量给予满足。在多数情况下，奖励应“趁热打铁”，及时兑现。

2. 坚持物质激励和精神激励相结合

物质激励与精神激励二者缺一不可，不能互相代替。企业既不能撇开物质需要，空谈解决人们的各种思想问题；也不能搞一切向“钱”看，单靠物质奖励调动起来的积极性是不巩固的。企业管理者实施激励的诀窍就在于巧妙地结合两种手段。

3. 掌握适度和公平的原则

各项奖励评定指标既不能过高也不能偏低，所定指标要使员工经过努力可以实现。典型事迹和数据要真实，要经得起时间的考验。奖励要公平合理，惩罚要宽严相济。管理人员在激励时要做到有章可依，以理服人。

4. 处理好满足需要与承担义务之间的关系

满足需要是承担义务的动因，承担义务又是满足需要的基础和前提。企业管理人员必须把握企业生产力发展的水平，兼顾企业与员工两者之间的利益关系，使奖励程度与员工的贡献相当，克服奖励中的超现实想法和分配的平均主义。

5. 保持上下沟通，认真研究员工心理变化

企业管理人员应通过个别谈心、开调查会、民意测验等方法，掌握员工的心理变化。我国有的企业采取“上班看干劲，平时看情绪，接受任务看态度，困难面前看表现，学习会上听发言，个别谈心听反映”的做法，及时了解员工的思想动态，起到了很好的激励效果。

8.5 沟　通

8.5.1 沟通的定义

沟通是管理中极为重要的部分，可以说管理者与被管理者之间的有效沟通是任何管理艺术的精髓。著名管理学大师彼得·德鲁克就明确把沟通作为管理的一项基本职能。无论是计划的制订、工作的组织、人事的管理、部门间的协调、与外界的交

流，都离不开沟通。无数实践证明，良好的企业必然存在着良好的沟通。正如美国著名未来学家奈斯比特指出的那样，“未来竞争是管理的竞争，竞争的焦点在于每个社会组织内部成员之间及其与外部组织的有效沟通上。”

沟通，是指可理解的信息或思想在两个或两个以上人群中的传递或交换的过程，目的是激励或影响人的行为。一般沟通原则上可定义为：任何一种信息交换的过程。

根据美国著名组织行为学家斯蒂芬·P.罗宾斯的观点，沟通的过程必须包括两个方面：意义的传递与理解。

群体没有沟通就无法存在，成员之间要相互传递意义。然而，沟通更重要的不仅仅是意义的传递，它还必须被理解。在一个群体中，如果其中一名成员只会说德语，而其他成员都不懂德语，则这个说德语的人就不能被彻底理解。

无论多伟大的思想，如果不传递给其他人并被其他人理解，都是无意义的。完美的沟通（如果存在），是想法或思想传递到接收者后，接收者所感知到的心理图像与发送者发出的完全一样。尽管在理论上这是很显然的，但在现实中却不可能存在这样完美的沟通。

8.5.2 沟通过程的一般模型

沟通过程是发送者将信息通过选定的渠道传递给接收者的过程。沟通过程由各种要素组成：发送者、接收者、信息1、编码、通道、译码、信息2、噪音、反馈、背景。其中信息1、编码由发送者完成，译码则是接收者的任务。管理沟通过程图可用图8-7表示。

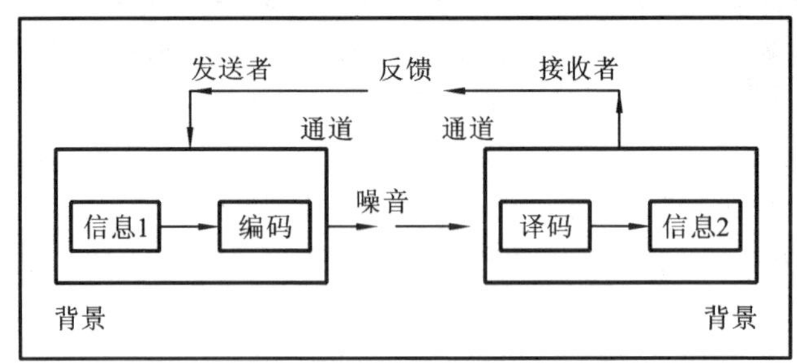

图 8-7 管理沟通过程图

从图8-7中可以看到，信息发送者为了实施管理，必须把他所需要传送的信息1进行适当编码，将其转化为某种能传递到信息接收者并能为其理解的形式，然后再经过适当的信息传送渠道或沟通渠道，传递给接收者。作为接收者，在成功收到发送者传送过来的信息载体代码后，必须先对信息载体代码进行译码或解码，即正确地将接收到的信息还原为信息2。

从理论上讲,信息1必须完全等于信息2,即发送者和接收者所处理的管理信息完全一致,整个管理沟通过程的传送过程才能被认为成功完成。为了确认接收者成功理解了发送者的意思,信息接收者也应该对所接收到的信息进行必要的信息反馈,以完成下半部分的重要沟通过程。在反馈中,原来的接收者变成了发送者,原来的发送者变成了接收者,因此,人们可以看到,沟通过程完全是一个双向的互动过程,而不是一个简单的单向信息传送过程。在大多数沟通情景中,人们是发送者—接收者,即在同一时间既发送又接收。

在沟通过程当中,还存在着沟通背景及沟通噪音这两大因素的影响。一方面,沟通的双方,如果缺乏共同的可互相理解、交流的背景,对方就会对你说的话不知所云,沟通就难以成功进行。另一方面,沟通噪音的大小强弱,同样也会强烈影响沟通的成功率。

阅读材料 8-11

沟通的三个行为:说、听、问

一家著名的公司在面试员工的过程中,经常会让10个应聘者在一个空荡的会议室里一起做一个小游戏,很多应聘者在这个时候都感到不知所措。在一起做游戏的时候主考官就在旁边看,他不在乎你说的是什么,也不在乎你说的是否正确,他是看你这三种行为是否都出现,并且这三种行为是有一定比例出现的。如果一个人要表现自己,他的话会非常多,始终在喋喋不休地说,可想而知,这个人将是第一个被请出考场或者淘汰的。如果你坐在那儿只是听,不说也不问,那么,也会很快被淘汰。只有在游戏的过程中你说你听,同时你会问,这样就意味着你具备一种良好的沟通技巧。

8.6 沟通的类型

"横看成岭侧成峰,远近高低各不同。"沟通的类别依划分的标准不同而不同。沟通的内容、形式、载体和渠道都是多种多样的。

沟通的内容可以是某一件事,某一种情感,某一项命令,某一种意见、看法,或是某一种观点或思想,也可以是某一种情绪。

沟通过程有失败与成功之分。从结果上讲,沟通存在着有效沟通与无效沟通两种沟通。如果传递、交换、分享成功,则沟通成功,该沟通是有效沟通。如果传递、交换、分享失败,则沟通失败,该沟通是无效沟通。

8.6.1 按其信息载体和渠道形式分类

根据沟通所用的信息载体和传送渠道的异同,可将管理沟通分为语言沟通和非语言沟通两大沟通形式，如图 8-8 所示。

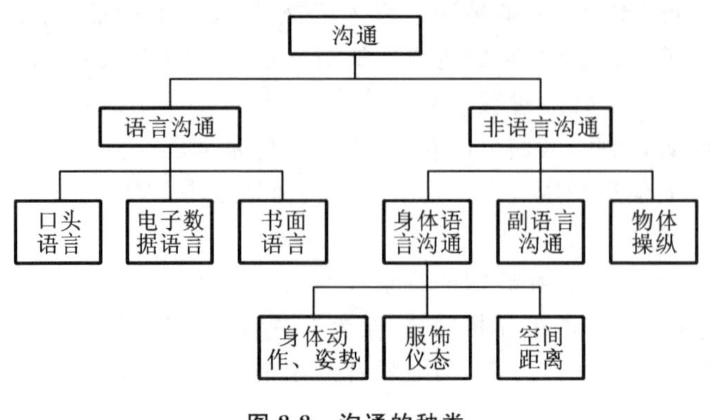

图 8-8　沟通的种类

1. 语言沟通

语言沟通形式建立在语言文字基础上，以语言文字和言语声音为其载体，即指运用语言文字来传达信息的活动。语言沟通形式又可分为口头语言、书面语言及电子数据语言三大类沟通形式。

口头语言沟通是人们最常用的一种沟通形式，语言优劣直接影响着交谈的好坏，所谓“一句话惹人笑，一句话惹人跳”“酒逢知己千杯少，话不投机半句多”。按照它产生的不同方式，口头语言沟通又可细分为演说、倾听、正式交谈、私人交谈、讨论、征询、访谈、闲聊、小组会议、小组讨论、传话即捎口信、大型会议、传闻等多种具体形式。

管理有口耳相传的传统。赫茨伯格、斯图尔特等研究发现，管理者有一半或 3/4 的时间是在做非书面形式的信息发出和接收工作，这证明了口头交流在管理工作中所起到的重要作用。管理是有声的，人们以亲身交往而不是书面往来的方式进行着指导、帮助和劝说的工作。许多人也认为“亲耳聆听”的收获要远远大于阅读书籍的收获，所谓“听君一席话，胜读十年书”。

书面语言沟通又可细分为正式文件、备忘录、信件、公告、留言便条、内部期刊、规章制度、任命书等多种具体形式。

公司里虽然没有目不识丁的文盲，阅读错误或不善阅读却会经常发生。作为一个信息的接收者，从个人利益出发，应该学会阅读备忘录和其他文件。对大多数材料，人们都可采用快速浏览的方法，但要仔细阅读重要的备忘录、文件和信函，将重点记录下来以做参考。在你作为管理者的生活里，你所拥有的和将要获得的有关管理趋势的信息中，有许多都来自于报纸、杂志和在线阅读。学会迅速而批判性地阅读这些材料是一件很重要的事情。

电子数据语言沟通是指将包括图表、图像、声音、文字等在内的书面语言性质的信息通过电子信息技术转化为电子数据进行信息传递的一种沟通方式或形式。它的主要特点是，可以将大量信息以较低成本快速地进行远距离传送。在现代社会，随着有线电技术、无线电技术与信息技术的发展，电子数据语言沟通成为企业管理沟通的重要语言沟通形式。

按照电子数据采用的具体设施和工具、媒介的不同，电子数据语言沟通又可细分为电话沟通、电报沟通、电视沟通、电影沟通、电子数据沟通、网络沟通、多媒体沟通等七种主要形式。电话沟通又可细分为有线电话和无线电话沟通形式，或电话交谈、电话会议、电话指令等多种形式。

阅读材料 8-12

先进的网络沟通

戴尔公司在内部网络上发布会议记录，以便让没有办法出席会议的人也能了解会议内容。至于庆祝的方式，戴尔公司采取亲身参与和电子传输两种模式。公司某一团队传来捷报时，大家会发布电子邮件表示祝贺，把小组胜利提升为全公司的成就。

借这个能让各小组彼此受惠的有效策略，员工能够分享彼此最成功的运作方式，也可以树立整个组织的信心。例如，当开始销售服务器时，有些销售人员无法马上接受这个概念，他们对这项技术的复杂性，以及自己为了制胜所必须施展的专业能力感到惶恐。为此，戴尔公司在公司发行的《世界电子》每周快讯中，推出“服务器的成功”专题，从公司世界各地的服务器市场中，搜集成功销售人员的故事，描述他们克服障碍、面临竞争对手及制胜的技巧。用这种事例鼓舞销售人员，让他们感到成功绝非遥不可及。

2. 非语言沟通

在现实生活中，当我们与他人沟通时，特别是面对面交流时，无须语言，你就可以通过对方的表情、姿势、装束等非语言信号得到许多有价值的信息和做出评价。在一项关于交流的研究中，梅拉拜恩(Mehrabian)测算出，一般观众把他们注意力的50%投向讲话者的说话方式，42%的注意力投向讲话者的形象，只有8%的注意力投向讲话者的内容。

阅读材料 8-13

老布什的失败

在1992年美国总统大选时期，乔治·布什和他的顾问出席了全国零售业展览会的开幕式。开幕式上展示了某一高科技的结账系统，布什看到后十分好奇，竟像小孩相中了最喜欢的玩具一般。当时，大多数旁观者的印象是，布什从未见过这么炫目多彩的奇妙景象。他的顾问感到尴尬，赶快把他簇拥离开，耳语着对布什说："那种装置已经问世大约10年了……"在整个选举期间，都流行着这些非语言传达出来的信息。许多人感觉，总统与现实生活脱节了，这种印象成了导致布什总统竞选失败的原因之一。

非语言沟通是指通过某些媒介而非讲话或文字来传递信息。

非语言沟通主要包括身体语言沟通、副语言沟通和物体操纵等。

身体语言沟通是指通过动态的目光、表情、手势等身体动作、姿势、空间距离、服饰仪态等人体形式来传递信息的沟通形式。

副语言沟通是指通过非词语的声音，如重音、声调、哭、笑、停顿、语速等来传递信息的沟通形式。心理学家称非语词的声音信号为副语言。心理学研究成果显示，副语言在沟通过程中起着十分重要的作用。一句话的含义往往不仅决定于其字面的意义，而且决定于它的弦外之音。

物体操纵即道具沟通，则是人们通过物体的运用、环境布置等方式来传递信息的沟通形式。例如，历代中国皇帝通过威严神圣的皇宫建筑和以"龙文化"为特征的日常器具来显示自己是"真龙天子"，世界各大宗教派别纷纷凭借自己独具匠心的建筑风格和宗教仪式来向世人昭示自己信仰的宗教。下面是一个很自然地利用手头之物进行非语言沟通的例子：一位车间主任，他在和工长讲话的时候，心不在焉地拾起一小块碎砖。他刚一离开，工长就命令全体员工加班半小时，清理车间卫生。实际上车间主任并未提到关于清理卫生字眼。

 **阅读材料 8-14**

不同颜色的文件

美国某汽车公司总裁莫瑞要求秘书给他呈递的文件放在各种不同颜色的文件夹中。红色的代表特急；绿色的表示要立即批阅；橘色的代表这是今天必须注意的文件；黄色的则表示必须在一周内批阅的文件；白色的代表周末时必须批阅；黑色的则表示必须由他签名的文件。

8.6.2 按是否有规定的正式的渠道方式划分

在正式组织中，成员间所进行的沟通，可因其途径的异同分为正式沟通与非正式沟通两类。正式沟通是通过组织结构或层次系统进行的，非正式沟通则是通过正式系统以外的途径进行的。

1. 正式沟通

正式沟通一般指在组织系统内，依据组织规定的原则进行信息的传递与沟通，也就是组织间的公函来往、内部的文件传达、召开的会议、传达的命令、上下级之间的定期情报交换等。正式沟通与组织的结构息息相关。

正式沟通有下向沟通、上向沟通、横向沟通、斜向沟通、外向沟通等几种形式，表现出来的具体沟通形态有以下几种，如图 8-9 所示。

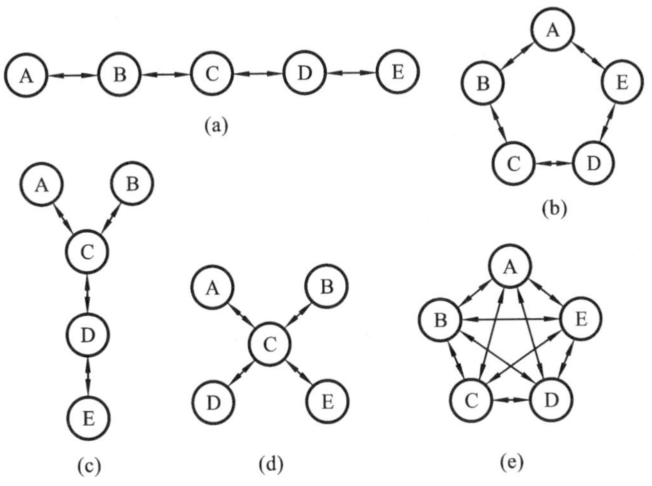

图 8-9　五种沟通形态

(a) 链式；(b) 环式；(c) Y 式；(d) 轮式；(e) 全通道式

(1) 链式沟通。这是一种串状网络，其中，居于两端的人只能与内侧的一个人联系，居中的人则可分别与相邻两人沟通信息。在一个组织系统中，它相当于纵向沟通网络，代表一个五级层次，逐渐传递，信息可自上而下或自下而上进行传递。

(2) 环式沟通。此形态可以看成是链式的一个封闭式控制结构，表示五个人之间依次进行联络和沟通。其中，每个人都可同时与两侧的人沟通信息。

(3) Y 式沟通。Y 式沟通表示两个主管均通过第二级(例如秘书)与三个下级发生联系。处于这种地位的秘书可以获得最多的信息，因此往往容易掌握真正的权力，控制组织，而第一级的主管则变成傀儡人物。实践证明，掌握信息越多者，越容易成为领导人物。

(4) 轮式沟通。轮式沟通属于控制型网络，只有其中一个是各种信息的汇集点与传递中心。在组织中，大体相当于一个主管领导直接管理几个部门的权威控制系统。

(5) 全通道式沟通。这是一个开放式的网络系统，表示组织内每个人都可与其他四个直接地自由沟通，并无中心人物，所有成员都处于平等地位，一个适合于委员会之类的组织结构。此网络中组织的集中化程度及主管人员的预测程度均很低。

上述各种沟通形态和网络，都有其优缺点。如果管理者注重解决问题的速度，那么使用轮式沟通和全通道式沟通是最好的；如果注重信息传递的精确度，那么链式沟通、Y 式沟通和轮式沟通是最好的;如果注重领导者的权威,则需要用轮式沟通模式;如果注重通过信息沟通来增加组织的满足感,则最好使用环式沟通和全通道式沟通。

正式沟通渠道是管理沟通的主渠道,大量的沟通工作有赖于正式沟通渠道。由于正式沟通带有强制性,比较规范,约束力强,沟通效果较好,因此,在组织管理中,一般的信息都要通过正式沟通渠道上传下达。正式沟通渠道的缺点:传递线路固定、呆板,沟通速度较慢;中间环节较多,信息容易衰减;对人的素质要求较高。

2. 非正式沟通

非正式沟通和正式沟通不同,因为它的沟通对象、时间及内容等各方面都是未经计划和难以辨别的。非正式组织是由于组织成员的感情和动机上的需要形成的。其沟通途径是通过组织内的各种社会关系,这种社会关系超越了部门、单位以及层次。它不受组织监督,自由选择沟通渠道。

在现代公共关系活动中,不少组织开通了“高度的非正式沟通”,利用各种场合和各种渠道,排除拘束感和谨慎感,以内部公众之间经常不断的信息沟通,从而在一个组织系统内形成一个开放的信息沟通网络。例如,美国沃特·迪士尼公司上至董事长下至一般员工都佩带一个只有各自姓名的统一标记,让大家彼此直呼其名,以减少在交往时因身份不同而造成的等级感,便于形成富有人情味的家庭式氛围。

8.6.3 按照信息流向的划分

按照信息流向的不同,正式沟通又可细分为下向沟通、上向沟通、平行沟通、斜向沟通、外向沟通等几种形式,如图 8-10 所示。

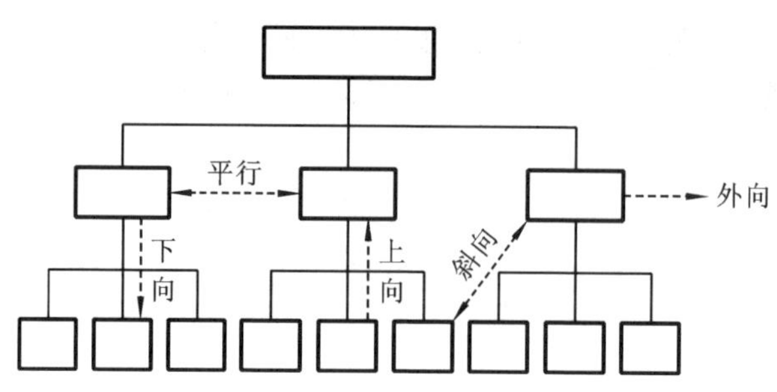

图 8-10 组织沟通类型

下向沟通是主管对员工由上而下的沟通。例如,通知组织的政策和规定,指出值得注意的问题,评价下属的绩效等。

上向沟通为员工向上级主管报告或建议的沟通。例如,员工绩效报告、雇员民意调查、投诉程序、上下级讨论。

平行沟通是组织内部同阶层工作人员的横向联系。有些同级领导之间,往往相互猜忌,彼此不合,甚至发生冲突。这种现象产生的原因是多方面的,其中之一是彼此沟通和协调不好，方法和艺术不高明。

斜向沟通是发生在跨越职能部门和权力层次的信息沟通。当一家总公司的生产主管直接与分公司的质量经理进行交流时，生产主管不仅属于组织不同的部门，而且级别上也要高许多，这样的沟通就是越级沟通。

阅读材料 8-15

企业的沟通误差

老板告诉其秘书："查查我们有多少人在上海工作，星期三的会议上董事长会问到这一情况，我希望准备得详细一点"。公司秘书打电话告诉上海分公司的秘书："董事长要一份在你们公司所有工作人员的名单和档案，请准备一下，我们在两天内需要"。分公司的秘书又告诉其经理："董事长要一份在我们公司所有工作人员的名单和档案，可能还有其他材料，需要尽快送到"。结果第二天早晨，四大箱航空邮件到了公司大楼。

分析：每一个组织中都会遇到沟通不畅的问题，从人际误解到财政、运营和生产问题，无不与沟通低效有关。沟通不良是组织低效的一个基本原因。

企业中的沟通不良主要来自于两个方面：一个是从上到下的沟通障碍(从管理者到员工)，另一个是从下到上的沟通障碍(从员工到管理者)。下向沟通容易出现信息膨胀效应。传递环节越多，越容易出现膨胀和歪曲。

上向沟通有下级提供的工作绩效报告、意见箱、员工态度调查、申诉程序等。上向沟通容易出现信息压缩效应。一般是好消息向上，坏消息被过滤。结果导致市场经理不了解下情，作出错误决定。

企业的沟通误差存在着潜在的破坏因素，它像一张无形的大网，可以让任何人深陷其中，甚至会引发极端事件。

阅读材料 8-16

道德的沟通

道德的沟通是诚实、令人满意和考虑他人权利的沟通。当沟通者讲述真相时，沟通是诚实的；当沟通者考虑听者的情感时，它是令人满意和为他人着想的。然而，有时诚实和令人满意是矛盾的。一方面，当一个朋友向你展示他的新车时说："它很漂亮吧?"即便你认为它不漂亮，你也不应该告诉他。在我们的文化中，这被称为"善意的谎言"，即一方不伤害另一方的感情，因为这不是重要的问题，从道德上讲它是能够接受的。另一方面，当你的一个朋友每天晚上出去都喝得不省人事，然后问你是否觉得他是酒鬼，你的回答应该是"是的"。诚实是重要的，因为它关系到另一个人的幸福。

8.6.4 按照主体的不同来划分

沟通按照主体的不同，可以分为人际沟通、群体沟通、组织沟通和跨文化沟通等不同类型。

1. 人际沟通

所谓人际沟通，顾名思义就是指人和人之间的信息和情感相互传递的过程。它是群体沟通、组织沟通，乃至管理沟通的基础，从某种程度上来说，组织沟通是人际沟通的一种表现和应用形式，有效的管理沟通都是以人际沟通为保障的。

组织中的人际沟通是指组织中的个体成员如何将个体目标和组织目标相联系的过程。

2. 群体沟通

当沟通发生在具有特定关系的人群中时，就是群体沟通。在企业管理，尤其是西方企业管理中，工作团队的重要性越来越明显。工作团队随着组织内外部环境的变化而变化，团队沟通是指组织中以工作团队为基础单位进行的信息交流和传递方式。

 **阅读材料 8-17**

群体沟通的优缺点

某服装公司决定加强工艺流程改造，并进行工艺重组。但是，以前在进行工艺重组时，工人的反应非常强烈，对工艺的改动持敌对态度。为了实施计划的改革，公司管理层采用了三种不同的策略。

策略一：与第一组工人采取沟通的方式，向他们解释将要实行的新标准、改革的目的及这么做的必要性和必然性，然后，给他们一个反馈的期限。

策略二：告诉第二组工人有关现在工艺流程中存在的问题，然后进行讨论，提出解决的办法，最后派出代表来制定新的标准和流程。

策略三：对第三组工人，要求每个人都讨论并参与建立、实施新标准和新流程，每个成员都参与，如同一个团队一样。

结果令人惊奇。虽然第一组工人的任务最简单，但他们的生产率没有任何提高，而且对管理层的敌意越来越大，在40天内有17%的工人离职；第二组工人在14天里达到原来的生产水平，并在以后有一定程度的提高，对公司的忠诚度也很高，没有人离职；第三组工人在第二天就达到原来的生产水平，并在1个月里提高了17%，对公司的忠诚度也很高，没有工人离职。

企业沟通模式中，只有真正地使员工参与进来，共同讨论企业发展的问题，才能获得员工的支持和信任。所以平时要注意沟通的方式和时机。

3. 组织沟通

组织沟通，简单来说就是组织之间如何加强有利于实现各自组织目标的信息交流和传递的过程。组织沟通涉及组织特质的各种类型的沟通，它不同于人际沟通，但包括组织内的人际沟通，是以人际沟通为基础的。一般来说，组织沟通又可分为组织内部沟通和组织外部沟通；组织外部沟通则可以细分为组织与顾客、股东、上下游企业、社区、新闻媒体等之间的沟通。

4. 跨文化沟通

跨文化沟通，是指发生在不同文化背景下的人们之间的信息和情感的相互传递过程。它是同文化沟通的变体。相对于同文化沟通而言，跨文化沟通要逾越更多的障碍，不同文化可能涉及种族、民族和社会经济方面的差异。

 **阅读材料 8-18**

喝 茶 事 件

一家美国公司在英国伯明翰收购了一家纺织工厂，希望把它作为进入欧洲市场的桥头堡，但在收购后不久，美国公司的管理者意识到生产上的一个主要问题——在喝茶休息上耽误的时间。

在英国，一个工人在喝茶休息上要花费半个小时的时间。工人都会沏自己所喜欢的茶，然后用 1 品脱（1 品脱＝0.568 升，下同）的器皿慢慢品尝……美国公司的管理者建议工会用美味的咖啡加快“品尝的时间”，把它改为 10 分钟，但工会的尝试失败了。其后的一个星期一早晨，工人们骚动了。因为公司进行了改进，装了一台饮茶机，只放了纸杯在龙头底下，而且只能接标准量的饮料，1 品脱的容器被 5 盎司（1 盎司＝28.3495 克）的纸杯所代替。这个公司再没有恢复生产，即使在饮茶机被取消之后，工人们联合抵制公司直到它被迫关闭。

8.7 管理组织沟通

8.7.1 有效沟通的障碍

所谓有效沟通，简单地说就是传递和交流信息的可靠性和准确性高，它表明了组织对内外噪音的抵抗能力，因而和组织的智能（organization intelligence）是连在一起的。沟通的有效性越明显，说明组织的智能越高。

影响有效沟通的障碍包括个人因素、人际因素、结构因素。

1. 个人因素

个人因素主要包括两种情况：一是信息接收者有选择地接收信息；二是信息发送

者和接收者在沟通技巧方面的差异。

所谓有选择地接收，是指人们拒绝或片面地接收与他们的期望不一致的信息。心理学研究表明，人们往往能听到或看到他们感情上有所准备的东西，或他们想听或想看的东西，甚至只愿意接受中听的或中看的，而拒绝不中听或不中看的信息。例如，在公司的成效评比会上接受评比的人，经常只听得到赞美与肯定，对于负面的批评却充耳不闻，直到上司责问他为什么不改进，他才想起有那么一回事。

有人曾做过这样的试验，请一家公司的23位主管回答“假如你是公司总裁，你认为哪个问题最重要”，结果每个主管都认为从全公司角度出发，自己所负责的部门最重要。销售主管说营销是企业中最重要的问题，生产主管认为产品是企业的生命，人事主管则回答说现代管理人是中心。

这个试验进一步表明：人们只看到他们擅长看到的事物，人们所选择的角度强烈地影响着其认识问题的能力和方法。因此，管理者应该懂得在做最后决定的时候必须从更高层次上进行沟通和协调；否则，各部门之间如果没有有效的沟通，那么冲突是不可避免的。

所谓沟通技巧的差异是由于人们知识水平、能力、性格等方面的不同，在运用沟通技巧方面的不同。例如，有的人口头表达能力较差，但文字表达能力却较强，因此，他们常常喜欢用书面语进行沟通。反之，有些人口头表达能力很强，但书面表达能力较差，这类人则喜欢用口头方式进行沟通。此外，有些人不善于听取意见，有些人文字阅读速度较慢，理解能力较差。所有这些问题都会妨碍人们进行有效的沟通。

2. 人际因素

人际因素主要包括沟通双方的相互信任、信息来源的可靠程度以及发送者与接收者之间的相似程度。

沟通是发送者与接收者之间“给”与“受”的过程。信息传递不是单方面的事情，而是双方的事情。因此，沟通双方的诚意和相互信任至关重要。上下级之间的猜疑只会增加抵触情绪，减少坦率交谈的机会，也就不可能进行有效的沟通。例如，当下级怀疑某些信息会给自己带来损失时，他在与上级沟通时常常会对这些信息作一些有利于自己的加工。大量研究表明，有些管理者自认为他们所听到的信息有偏见，为了防止“偏听偏信”，往往根据自己的想象对“偏见”进行纠正。同样，下级常常对损害自己形象的信息不屑一顾，对有利于自己的信息则大加渲染。

信息来源的可靠性由诚实、能力、热情和客观四个因素决定。信息来源可能不同时具备这四个因素，但只要信息接收者认为发送者具有就愿意接受。可以说，信息来源的可靠性实际上是由接收者主观决定的。信息来源的可靠性对个人和组织的影响都很大。对个人而言，雇员对上级是否满意，很大程度上取决于他对上级可靠性的评价。对组织而言，可靠性较大的工作单位或部门比较能公开地、准确地和经常地进行沟通，它们的工作成绩也比较出色。

沟通的准确性与沟通双方之间的相似性有直接的关系。沟通双方的特征，如性别、年龄、社会地位、价值观、能力、兴趣、爱好等越相似，沟通的有效性就越大。反之，如果沟通双方的上述特征差异较大，则信息沟通将很难有效进行。

3. 结构因素

结构因素主要包括地位、信息传递链、团体规模和空间约束四个方面。

一个人在组织中的地位很大程度上取决于他的职位。而地位的不同，对沟通的方向和频率有很大影响。例如，人们一般愿意与地位较高的人进行沟通，地位较高的人之间则更愿意进行相互沟通，地位差别越大，信息就越趋向于从地位高的人流向地位较低的人。在沟通中，地位高的人往往居于沟通的中心地位，地位低的人常常通过尊敬、赞扬和同意来获得地位高的人的重视。可见，地位是沟通中的一个重要障碍。这种沟通对于一个组织的发展十分不利。在信息沟通过程中，信息通过的等级越多，它到达目的地的时间就越长，信息失真率也就越大。这种信息连续地从一个等级到另一个等级发生的变化，称为信息传递链现象。一项研究表明，企业董事会的决定通过五个等级传递后，信息损失平均达到80%。

团体规模越大，人与人之间的沟通就越困难。这一方面是由于沟通渠道的增长大大超过人数的增加；另一方面是随着团体规模的扩大，沟通的形式将非常复杂。据测算，如果将沟通的各种形式考虑在内，那么，五人的团体中将存在$(3^n-2^{n+1})/2$，约90条渠道。

组织中的每个成员一般只能在某一特定的地点进行操作。这种空间约束往往影响了成员间的沟通。空间距离不仅不利于工人之间的交往，而且限制了他们的沟通。一般来说，两人间的距离越短，他们交往的频率就越高。

8.7.2 成功沟通的有效措施

有效沟通的障碍主要来自个人因素、人际因素和结构因素，因此，要实现有效沟通，就必须克服这些因素的影响，可以采用以下几种具体方法。

1. 正确对待沟通

管理人员往往重视执行计划、组织、领导和控制等管理职能，而容易忽视沟通的重要作用，认为信息的传递按组织系统的层级关系进行就可以，对非正式沟通中的“小道消息”常常采取压制的态度。这些都反映出沟通没有得到应有的重视。因此，要实现有效沟通，首先就要使管理者重视沟通的作用。

2. 学会“听”的艺术

对于管理者来说，“听”绝不是一件容易的事情，在实际中管理者经常出现听不进去，或只听进去一部分内容，或不正确地听，这些都会影响沟通的效果。会听别人说也是一门艺术，如全神贯注地听，对谈话内容表现出兴趣，注意非语言暗示，留出适当的时间用于辩论等，在听的过程中不要打断说话人，不要直接争辩，不要从事与谈话无关的活动，不要草率地给出结论等。

3. 相互信任

信息发送者应该创造一种相互信任，有利于沟通的小环境。因为人们往往对自己所信任的人说的一切都能够接受，而对于自己所不信任的人说的哪怕是正确的，也不愿意接受。人与人之间的相互信任，不是说出来的，而是在工作和生活中彼此坦诚相待获得的。

4. 缩短信息传递链

我们知道，信息传递链越长，信息沟通速度越慢，信息失真程度越大。因此，必须减少组织结构层次，减少组织机构重叠的现象。同时，对于一般性的信息沟通，还可以利用非正式组织的沟通渠道，加快正式组织信息的传递速度。

5. 建立特别委员会

特别委员会成员由管理人员和第一线的工人组成，定期相互讨论各种问题，加强上下级之间的沟通。国外的特别委员会通常每年召开2～6次，并且会前有正式的会议议题，会后公开讨论结果。会议期间如有问题不能解决，可上报高级管理人员。

6. 职工代表大会

一年一度的职工代表大会，是企业高层管理者与职工进行沟通的良好机会。高层管理者可以将企业在过去的一年里取得的成绩、存在的问题，以及未来的发展等重大问题通报全体员工，而职工也可以就自己所关心的问题与高层管理者进行面对面的沟通和交流。

7. 非管理工作组

当企业发生重大问题引起上下关注时，管理人员可以授命组成非管理工作组。该工作组由一部分管理人员和一部分职工自愿参加，利用一定的工作时间，调查企业的问题，并向最高管理部门汇报。同时，最高管理部门也要定期公布其报告，就某些重大问题或热点问题在企业范围内进行沟通。

8. 加强横向沟通

组织内部的沟通常以与命令链相符的垂直方式进行，部门间、工作小组之间的横向交流较少。而实际工作中，横向沟通却能促进横向交流，加强横向的合作。因此，组织可以定期举行由各部门负责人参加的工作会议，其主题是相互汇报本部门的工作，以及对其他部门的要求等，以更好地实现横向合作。

阅读材料 8-19

有效沟通的条件

沟通的目的在于相互影响、改善行为。有效沟通过程必须具备以下条件。

(1) 沟通双方对所沟通的信息有一致理解。

（2）信息反馈及时。

（3）沟通渠道适宜。

（4）双方都有一致的沟通技能和沟通愿望。

准确的个体沟通并不需要双方意见一致，双方的代表在谈判一项新合同的时候，可能意见很不一致，但是只要这些对立的观点是按照计划被传送、接收和理解的，就能准确地进行个体沟通。

本章小结

1. 本章首先介绍了领导的概念、领导的实质、领导和管理的区别以及领导的作用；其次重点讲授了领导的实质是领导者的影响力，其中包括职位的权力和非职位的权力。领导是通过施加影响力开展工作的，促使组织成员更有效地实现组织目标，这一点导致领导与管理存在着重大区别。

2. 关于领导工作及其效能的研究，可划分为领导特质理论、领导行为理论和领导权变理论三类。其中，领导特质理论主要研究有效的领导者应具备什么素质或特质；领导行为理论则将研究重点从领导者可能具备哪些特质转向领导者应当具备哪些行为的方面，并对领导方式或风格从各种角度进行了区分；领导权变理论则认为有效的领导方式是因不同情景而权变的，只有与特定情景相适合的领导方式才可能是有效的，而与特定情景不符的领导方式则往往是无效的。

3. 激励是领导工作的一个有机组成部分。有效的领导必须充分地激励，使员工的潜能最大限度地发挥出来。激励理论包括内容型激励理论、过程型激励理论和调整型激励理论。简单介绍了有效激励的一般形式。

4. 有效沟通是指发出的信息与对方收到的信息在内容上达到相互一致或基本上相接近的状态。信息沟通分为正式沟通与非正式沟通，正式沟通形态包括五种：链式沟通、环式沟通、Y 式沟通、轮式沟通和全通道式沟通。

重要概念

领导　影响力　权变　激励　需要　动机　保健因素　激励因素　沟通
有效沟通　正式沟通　非正式沟通

复习思考题

1. 什么是领导？领导和管理的区别和联系是什么？

2. 领导的连续流理论有什么特点？

3. 管理方格理论的含义及作用是什么？

4. 领导权变理论的基础是什么？

5. 理解需要层次理论的主要内涵，谈谈对实际工作的启发。

6. 需要层次理论与双因素理论有什么异同？

7. 解释公平理论的主要观点，谈谈对实际工作的启发。
8. 有效沟通的原则什么？
9. 常见的沟通方式有哪些？它们的分类标准是什么？
10. 在实际生活交往中，为达到更有效沟通的目的，你给自己有哪些建议？

学习拓展

[1] J. M. 朱兰. 管理突破[M]. 北京：企业管理出版社，2005.
[2] 斯蒂芬・P. 罗宾斯. 管理学[M]. 9 版. 北京：中国人民大学出版社，2008.
[3] 周三多. 管理学——原理与方法[M]. 5 版. 上海：复旦大学出版社，2011.
[4] 芮明杰. 管理学——现代的观点[M]. 2 版. 上海：上海人民出版社，2005.

案例分析

案例 8-1　失败沟通的启示

小 B 是一个典型的北方姑娘，在她身上可以明显地感受到北方人的热情和直率，她喜欢坦诚，有什么说什么，总是愿意把自己的想法说出来和大家一起讨论，正是因为这个特点，她在上学期间很受老师和同学的喜爱。2012 年，小 B 从西安某大学的人力资源管理专业毕业，她认为，经过 4 年的学习，自己不但掌握了扎实的人力资源管理专业知识，而且具备了较强的人际沟通技能，因此她对自己的未来期望很高。为了实现自己的梦想，她毅然只身去 S 市求职。

经过近 1 个月的面试，在权衡了多种因素的情况下，小 B 最终选定了 S 市的一家金融公司，她之所以选择这份工作，是因为该公司规模适中，发展速度较快，最重要的是该公司的人力资源管理工作还处于尝试阶段，如果小 B 加入，则她将是公司专门负责人力资源的第一人，因此她认为自己施展能力的空间比较大。

但是到公司实习 1 个星期后，小 B 就陷入了困境中。原来该公司是一个典型的中小型企业，充满了各种裙带关系，缺乏必要的管理理念，更不用说人力资源管理理念，在老板眼里，只有业绩最重要，公司只要能赚钱，其他一切都无所谓。但是，小 B 认为越是这样，就越有自己发挥空间的能力，因此在到公司的第 5 天，小 B 拿着自己的建议书走向了直接上级的办公室。

“王经理，我到公司已经快 1 个星期了，我有一些想法想和您谈谈，您有时间吗?”小 B 走到经理办公桌前说。

“来来来，小 B，本来早就应该和你谈谈了，只是最近一直忙着见客户，就把这件事忘了。”

“王经理，对于一个企业，尤其是处于上升阶段的企业来说，要持续企业的发展必须在管理上狠下工夫。我来公司已经快 1 个星期了，据我目前对公司的了解，我认为公司主要的问题在于职责界定不清;雇员的自主权力太小,致使员工觉得公司对他们缺乏信任;员工薪酬结构和水平的制定随意性较强,缺乏科学合理的基础,因此薪酬的公平性和激励性都较低。"小B按照自己事先所列的提纲开始逐条向王经理叙述。

王经理微微皱了一下眉头说:"你说的这些问题公司确实存在,但是你必须承认一个事实——公司盈利就说明目前实行的体制有它的合理性。"

"可是,眼前的发展并不等于将来也可以发展,许多中小型企业都是败在管理上。"

"好了,那你有具体方案吗?"

"目前还没有,这些还只是我的一点想法而已,但是,如果得到了您的支持,我想方案只是时间问题。"

"那你先回去做方案,把你的材料放这儿,我先看看然后给你答复。"说完王经理的注意力又回到了业绩报告上。

小B此时真切地感受到了不被认可的失落,她似乎已经预测到了自己第一次提建议的结局。

果然,小B的建议书石沉大海,王经理好像完全不记得建议书的事。小B陷入了困惑之中,她不知道自己是应该继续和上级沟通还是放弃这份工作,另找一个发展空间。

问题:

1. 小B与王经理沟通失败的原因是什么?

2. 良好的沟通要遵循的原则是什么? 针对这个案例,你对小B与王经理分别有什么建议?

案例8-2 林肯电气公司的按件计酬与职业保障

林肯电气公司年销售额为44亿美元,拥有2400名员工,形成了一套独特的激励员工的方法。该公司90%的销售额来自于生产弧焊设备和辅助材料。林肯电气公司的生产工人按件计酬,他们没有最低小时工资,员工为公司工作2年后,便可以分享年终奖金。在过去的60多年中,平均奖金额是基本工资的95.5%。近几年经济发展迅速,员工年均收入为44000美元左右,远远超出制造业员工年收入17000美元的平均水平。该公司自1958年开始一直推行职业保障政策,从那时起,他们没有辞退过一名员工。当然,作为对此政策的回报,员工也要相应做到几点:在经济萧条时他们必须接受减少工作时间的决定;要接受工作调换的决定;有时甚至为了维持每周30小时的最低工作量,而不得不调整到一个报酬更低的岗位上。林肯电气公司极具成本和生产率意识,如果工人生产出一个不合标准的部件,那么除非这个部件修改至符合标准,否则这件产品就不能计入该工人的工资中。严格的计件工资制度和高度竞争性的绩效评估系统,形成了一种很有压力的氛围,有些工人还因此产生了一定的焦虑感，但这种压力有利于生产率的提高。据该公司的一位管理者估计，与竞争对手相比，林肯电气公司的总体生产率是它们的两倍。该公司还是美国工业界中工人流动率最低的公司之一，两个分厂曾被《财福》杂志评为全美十佳管理企业。

问题：

1. 不同的激励理论是如何体现在该案例中的？

2. 林肯电气公司的激励手段是否存在不足之处？你对该公司有什么好的建议？

实践训练

实训目的

通过对企业的访问，使学生了解领导、激励、沟通理论与方法及其在企业管理中的应用。

实训内容

1. 通过对企业的走访，了解该企业所应用的激励方案及所采取的主要沟通方式。

2. 访问企业员工，了解他们对现有激励及沟通方式的态度。

实训组织

1. 把全班学生分成若干个小组，一般每个小组为 4 人比较合适。

2. 各小组首先走访企业领导，了解有关激励方案及沟通形式。

3. 在已掌握基本情况后，走访员工，考察上述措施的实际效果。

实训考核

1. 每个小组写一份走访报告供教师批阅。

2. 每个学生要填写一份实训报告，供教师考察此次实训的实际效果。

第九章 控　　制

学习目标

· 了解控制的定义、重要性以及控制的特点和目标。

· 了解控制的类型，特别是区分三种不同类型的控制。

· 掌握控制的原理和控制的过程。

· 熟悉制定控制标准的步骤。

· 掌握衡量实际工作的具体步骤和内容。

· 了解主要的控制技术和方法。

导入案例

从三鹿奶粉事件看企业内部控制的实施

2008 年，由三鹿奶粉引发的“奶粉事件”震动全国。该事件不仅引发了公众对社会道德和企业责任等问题的讨论和反思，也暴露了企业在内部控制方面的缺陷和不足。

2007 年年底前，犯罪嫌疑人耿某向三鹿集团销售的牛奶因屡次检验不合格而被拒收，但三鹿集团对这种“屡次不合格”牛奶的提供者居然没有诚信记录，在其向牛奶中添加三聚氰胺，使得问题奶进一步演化为毒奶而顺利通过检测后没有持“合理怀疑”。从事实看，三鹿集团在 2007 年前“屡次”查出耿某提供的牛奶不合格，说明企业有严格的采购验收制度并得到切实执行，但如果能对日常控制活动中发现的一些不良信息进行收集、整理，并对异常现象(屡次不合格的原料提供者后来提供的都是合格原料)寻找合理解释，以进一步提高控制活动的效率，那么发现耿某之类不法分子的伎俩并非全无可能。

案例启示

如果该企业有良好的控制环境，足够重视控制的重要作用，就有可能降低类似消极事件发生的可能性。所以，企业应加强控制过程，使企业能够提高效率和功效，防患于未然，为企业健康运行提供保障。

9.1 控制职能概述

9.1.1 管理控制的概念

法约尔认为,在一个企业中,控制就是核实发生的每一件事是否符合所规定的计划、所发布的指示以及所确定的原则,其目的就是要指出计划实施过程中的缺点和错误,以便加以纠正和防止重犯。控制对每件事、每个人、每个行动都起作用。控制应该贯穿在计划、实施的每个阶段、每个部门,故每个管理者都有控制职责。

斯蒂芬·P.罗宾斯认为,控制是对工作情况进行监督、对比并纠正的过程。所有管理者都应当承担控制的职责,即便他的部门是完全按照计划行动的。管理者对已完成的工作与计划所要达到的标准应符合要求。一个有效的控制系统可以保证各项行动朝着达到组织目标的方向行进。

我们认为,所谓控制,就是监督各项活动,以保证它们按计划进行并纠正各种偏差的过程。

从这个概念中,我们可以看到三个关键点。

(1) 控制有很强的目的性,即控制是为了保证组织中各项活动按照计划进行。

(2) 控制是通过"监督"和"对比纠偏"来实现的。

(3) 控制是一个过程。

在管理中,构成控制活动必须有三个条件。

(1) 要有明确的目的或目标,没有目的或目标就无所谓控制。

(2) 受控客体必须有多种发展可能性,如果事物发展的未来方向和结果是唯一的、确定的,就谈不上控制。

(3) 控制主体可以在受控客体的多种发展可能性中通过一定的手段进行选择,如果这种选择不成立,控制也就无法实现。

控制在管理中的作用主要表现在以下两个方面:一方面是检验作用,即检验各项工作是否按预定计划进行,同时也检验计划的正确性和合理性;另一方面是调整作用,即调整行动或计划,使两者吻合。

控制和计划是密不可分的,它们的关系主要表现在以下几个方面。

(1) 计划为控制提供衡量的标准,没有计划,控制就成了无本之木。同时,控制又是计划得以实现的保证,没有控制,计划就等于是一纸空谈。

(2) 计划和控制的效果分别依赖于对方,计划越明确、全面和完整,控制工作就越好进行,效果也越好;而控制越准确、全面和深入,就越能保证计划的顺利执行,并能更多地反馈信息以提高计划的质量。

(3) 一切有效的控制方法首先是计划方法,如预算、政策、程序和规则等,选择控制方法和设计控制系统时必须要考虑到计划本身的特点。

(4) 计划本身也必须要有一定的控制，如对计划的程序、计划的质量等实施控制；控制工作本身也必须要有一定的计划，如对控制的程序、控制的内容等都必须进行一定的计划。

总之，控制和计划是一对孪生兄弟，是相互依存的。没有计划，控制便没有目标；没有控制，计划则得不到保障。

9.1.2 控制的重要性

1. 控制可以促使管理工作过程成为一个闭环的系统

如果我们将管理工作过程简略地看成是 PDCA 循环的过程（这里，P——计划，plan；D——实施，do；C——检测，check；A——行动，action），那么，控制工作在管理循环中的地位和作用可以通过图 9-1 表示。

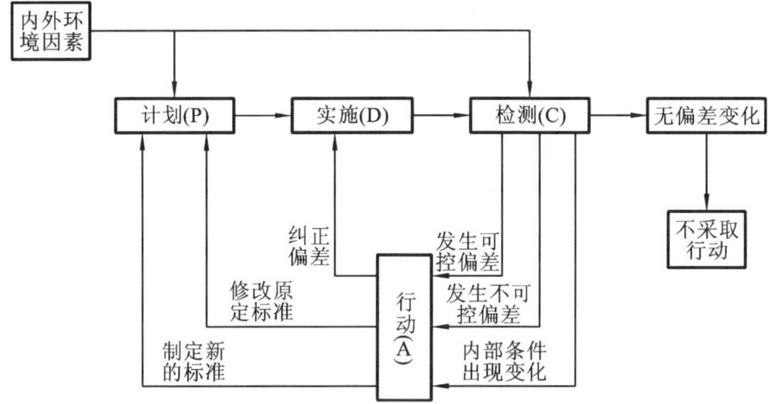

图 9-1 管理工作循环图

图 9-1 中说明，控制工作通过检查或检测计划执行中所发生的偏差以及内外环境因素所出现的变化，进而采取措施，就可以促使管理工作过程成为一个闭环的系统。例如，一家企业制订了一个 7 年计划，计划在今后的 7 年内每年要增加 2%的市场占有率。第一年年底时统计资料反映出，市场占有率增加了 2%，管理者得到这一反馈信息后认为可照原计划进行下去。第二年，市场占有率只增加了 1%，这表明管理者应采取适当的纠正措施（如加强广告宣传）来扩大市场份额。第三年年底检测出市场占有率增加了 3%，超过了原定的计划。第四年仍保持这样的势头，这样，管理者就可能要考虑对原来的控制标准做些调整。如此，计划、控制、再计划、再控制，管理工作过程就不断循环往复下去。从这个意义上说，控制是连接管理过程循环的支点。没有这个支点，管理过程就不能实现循环。

2. 控制既是一个管理工作过程的终结,又是一个新的管理工作过程的开始

从上述循环的角度看,控制职能也可以说是下一阶段管理工作过程的起点。至于管理教科书中概括的以计划职能为起点的"计划—组织—领导—控制……"模式,很明显是以组织的运行由"零"起步作为假设的。现实中,组织的运行往往是"非零"起步的,这样,上一阶段控制的结果就可能导致组织确立新的目标、提出新的计划,并在组织结构、人员配备和领导等方面进行相应的变化。控制可以说既是一个管理工作过程的终结,又是一个新的管理工作过程的开始。而且,计划与控制工作的内容还常常相互交织地联系在一起。管理工作本质上就是由计划、组织、领导、控制等职能有机地联系而构成的一个不断循环的过程。

阅读材料 9-1

罗宾斯对控制价值的理解

斯蒂芬·P. 罗宾斯认为,尽管计划可以制订出来,组织结构可以调整至使其达到目标非常有效,员工的积极性也可以通过有效领导被调动起来,但这仍不能保证所有的行动都按照计划执行,不能保证管理者和员工追求的目标一定能达到。因此,控制是重要的,因为它是管理职能环节中的最后一环,是管理者知晓组织目标是否实现及没有实现的原因的唯一办法。控制作用的价值体现在三个方面。

(1) 计划。目标或被动接受的目标并不能保证必要的行动能实现。好的计划常常偏离预计的轨道。有效的管理应该是持续的过程,作为最后步骤,控制活动应提供回到计划的关键因素(见图 9-2)。

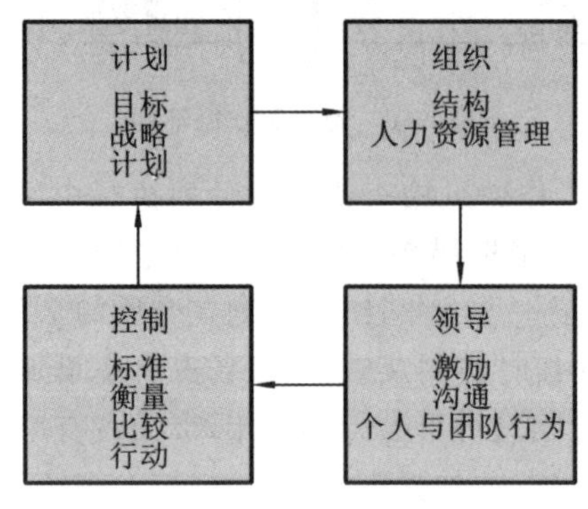

图 9-2　计划——控制链

(2) 向员工授权。许多管理者不愿意向员工授权是因为害怕下属如果犯错要由他来承担,因此许多管理者试图靠自己做事而避免向员工授权。但是,一个有效的控制系统可以提供信息并反馈员工的表现情况,从而减少一些潜在的问题。

(3) 保护工作场所。在当前环境中,自然灾害、财务丑闻、供应链中断等状况都会加大组织面临的威胁。许多组织在灾难后发现，进行全面的控制和实行支持性的计划有助于减少灾难给商业运作带来的影响。

9.1.3 管理控制的目标

由管理者作为一项重要的管理职能来开展的控制工作，我们通常称为管理控制，以便将它与物理、机械、生物及其他领域的控制区别开来。

具体来说，在现代管理活动中，管理控制的目标主要有四个。

1. 限制偏差的累积

心理学上有一个著名的"破窗效应"：一间房子如果窗户破了，没有人去修补，隔不久，其他的窗户也会莫名其妙地被人打破。同样，在日常管理中，对于违反公司程序或廉政规定的行为，有关组织没有进行严肃处理，没有引起员工的重视，会使类似行为再次发生甚至多次发生；对于工作不讲求成本效益的行为，有关领导则不以为然，(放纵)使员工的浪费行为得不到纠正，反而日趋严重。从"破窗效应"中，我们可以得到这样一个道理：任何一种不良现象的存在都在传递着一种信息，这种信息会导致不良现象的无限扩展，所以，必须高度警觉那些看起来是偶然的、个别的、轻微的过错，如果对这种行为不闻不问、熟视无睹、反应迟钝或纠正不力，就会纵容更多的人"去打烂更多的窗户"，就极有可能演变成"千里之堤，溃于蚁穴"的恶果。

防微杜渐，及早地发现潜存的错误和问题并进行处理，有助于确保组织按预定的轨迹运行下去。所以，有效的管理控制系统能够及时地获取偏差信息，及时地采取矫正偏差措施，以防止偏差的累积而影响到组织目标的顺利实现。

课堂讨论 9-1

现实管理控制中，还有哪些现象可以认为是"破窗效应"的具体表现？

2. 适应环境的变化

组织计划和目标在制定出来后总要经过一段时间的实施才能够实现。在实施过程中，组织内部的条件和外部环境可能会发生一些变化，如竞争对手可能会推出新产品和新的服务项目；新材料和新技术可能会出现；政府可能会制定新的法规或对原有的政策进行修正；组织内部人员可能会产生很大的变动等。这些变化的内外环境不仅会妨碍计划的实施进程，甚至可能影响计划本身的科学性和现实性。因此，任何组织都要构建有效的控制系统，帮助管理人员预测和把握内外环境的变化，并对这些变化带来的机会和威胁作出正确、有力的反应。这种环境预测越有效、持续时间越长，组织对外部环境的适应能力就越强，组织在激烈变化的环境中生存和发展的可能性就越大。

3. 处理组织内部的复杂局面

如果一个企业只购买一种原材料，生产一种产品，组织设计简单，并且市场对其产品需求稳定，那么管理者只需一个非常简单的系统就能保持对企业生产经营活动的控制。

（1）现实中大多数企业产品多元化，市场区域广阔，组织设计复杂并且竞争对手林立，这些需要复杂的系统来保证有效的控制。

（2）组织内部的复杂局面使得授权成为必要，这就大大提高了控制的必要性，因为控制作用的价值依赖于它与计划和授权的关系。

前面讨论授权时我们发现，许多管理者认为授权是一件非常困难的事，其中主要原因是害怕下属犯错误而由他来承担责任。因此许多管理者试图靠自己做事来避免授权。

但是，如果形成一种有效的控制系统，这种不愿授权的事情就可以大大减少。

4. 降低成本

低成本优势是企业获得竞争优势的一个主要来源，它要求积极建立起达到有效规模的生产设施，强化成本控制，减少浪费。为了达到这些目标，有必要在管理方面对成本控制予以高度重视，可以通过有效的控制降低成本，增加产出。

9.1.4 管理控制的特点

不管是管理工作中的控制活动，还是物理、生物、经济及其他方面的控制，控制的基本过程和基本原理都是一样的。然而，管理控制又不同于物理、生物、经济及其他方面的控制，管理控制有其自身的特点。

1. 目的性和反馈性

控制工作的意义就体现在：它通过发挥“纠偏”和“调适”两方面的作用，促使组织更有效地实现其根本的使命目标，因此，控制具有明确的目的性特征。控制无论是着眼于纠正执行中的偏差还是适应环境的变化，都紧紧地围绕着组织的目标进行，受到一定目标的指引，服务于达成组织特定目标的需要。而控制这种目的性要得以实现，离不开信息的反馈。没有信息反馈，就没有了赖以判断对错的对象和依据。控制系统中的信息是通过管理信息系统来实现的。

2. 整体性

整体性包含两层含义：一是管理控制是组织全体成员的职责，完成计划是组织全体成员的共同责任，参与控制是全体成员的共同任务；二是控制的对象是组织的各个方面，组织各部门、各单位彼此在工作上的均衡与协调是管理工作的一项重要任务。为此，需要了解各部门和各单位的工作情况并予以控制。

3. 动态性

管理工作中的控制不同于电冰箱的温度调控，电冰箱的温度调控是高度程序化的，具有稳定的特征。组织不是静态的，其外部环境及内部条件随时都在发生着变化，从而决定了控制标准和方法不可能固定不变。

管理控制应具有动态的特征，这样可以提高控制的适应性和有效性。

4. 人本性

与物理、机械、生物及其他方面的控制不同，管理控制不可忽视其中人性方面的因素。管理控制本质上是由人来执行的而且主要是对人的行为的一种控制。这就要求我们充分注意到人才是管理控制的关键。既要使人遵守控制的准则，又要努力使控制符合人的特性。控制不仅仅是监督，更为重要的是指导和帮助，使人在被动接受控制的同时，还能充分理解控制的必要性和方法，从而端正自身态度，提高工作与自控的能力。

5. 创新性

控制不等于管、卡、压。控制不仅要保证计划的完成，还要促进管理创新。施控过程要通过控制活动调动受控者的积极性，这是现代控制的特点。如在预算控制中实行弹性预算就是这种控制思想的体现，特别是在具有良好反馈机制的控制系统中，施控者通过接收受控者的信息反馈，不仅可以及时了解计划执行的状况，纠正计划执行中的偏差，而且可以从反馈中得到启发，激发创新。

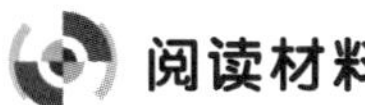

阅读材料 9-2

“创新-控制”范式的提出及其基本内容

在国外，将创新与控制联系起来的当属 J. M. 朱兰。他在《管理突破》一书中写道：“控制意味着保持原状，遵循标准，防止变化……突破意味着变化，它是一种果断而充满活力的活动，目的是为了达到更新、更高的绩效。”朱兰所说的控制比法约尔的控制概念具有更广泛的内涵，而其所说的突破实际上就是指企业创新。朱兰认为，所有的管理活动都必须以突破或控制为指向，管理者要做的就是这两件事，而不是其他。管理者必须两者兼顾，不断地执行着控制与突破这两个过程。朱兰提出这一问题之后，国外学术界对创新与控制的关系形成两种不同的观点。一种观点认为，控制的严格性和缺少弹性会严重阻碍和影响创新活动；另一种观点认为，创新与控制存在着积极的或互补的关系。

从中国的实际情况来看，随着 20 世纪 90 年代新一轮改革开放的全面展开，我国的一些企业在急剧变革中不知所措，要么因循守旧，缺乏组织创新、技术创新、市场创新的有效举措，要么在创新的同时忽视了控制问题，以致功败垂成，因而创新与控制问题由此进入理论研究的视野。因此，所谓创新-控制范式，是指企业管理中创新与控制有机统一的分析路径与理论框架。换言之，是将创新与控制作为企业管理的两大基本职能或基本行为，强调创新与控制是企业管理中的一对基本矛盾，企业管理就是对创新与控制职能的展开及平衡，从而以创新和控制有机统一的思维方式进行整个企业管理理论体系的建构，并运用于企业管理过程。

9.1.5 控制的类型

采取不同的分类方法，可以把控制划分为不同的类型。控制活动按其性质可以分为预防性控制和更正性控制；按控制所采用的手段可分为直接控制和间接控制；按控制的时点可分为前馈控制、现场控制和反馈控制；按控制的层次可分为集中控制、分层控制和分散控制。需要指出的是，上述各种分类方法并不是孤立的，有些会有交叉，有时一种控制可能同时属于几种控制类型。例如，企业招聘员工时要进行面试，这既属于预防性控制，又属于事先控制。下面重点介绍后三种分类方式下的控制类型。

1. 按控制时点划分

按控制时点可以把控制划分为前馈控制、现场控制和反馈控制三种类型。

1）前馈控制

前馈控制(feed forward control)也称为事前控制，是指在工作正式开始前对工作中可能产生的偏差进行预测和估计，并采取防范措施，将潜在的偏差消除在产生之前。它反映的是防患于未然、未雨绸缪的控制。这类控制建立在预测基础上，尽可能在偏差发生之前将其觉察出来，并及时采取防范措施，使人们在工作之前就知道如何去做。前馈控制的重点是预防对组织的人、财、物、信息等合理地配置，使它们符合预期的标准，从而保证计划的实现，如成本控制中的标准成本法、预算控制，管理部门制定的规章制度、政策和程序等，都属于前馈控制。

显然，实行前馈控制，必须建立在对整个系统和计划透彻分析的基础上，要进行有效可行的前馈控制，管理者需要熟悉以下内容。

(1) 系统的输入量和主要变量：包括行动中的各项需求因素和要求的各项条件是什么，其中波动的可能性最大，同时对行动结果影响最大的因素是哪些，计划对它们的要求是什么，等等。

(2) 系统的输入量和输出结果的关系：包括以上这些输入量是如何影响输出结果的，如果输入量发生波动，那么输出结果将会如何变化，等等。

 **阅读材料 9-3**

前馈控制高手

许多文学作品中都有前馈控制的描写。《三国演义》中诸葛亮就是一位前馈控制的高手：刘备去江东招亲，危险重重。临行前诸葛亮交给保驾的赵子龙三个锦囊，嘱咐他在不同的时间打开，赵子龙依计行事，保得刘备娶得佳人，全胜而退，让周瑜"赔了夫人又折兵"；诸葛亮料定魏延在他死后会反叛，便在临终前授马岱以秘计，并留下一条锦囊给杨仪，让其在与魏延对阵时现场拆开，使他们如愿杀了魏延。

唐朝才华出众的宰相魏征为辅佐唐太宗李世民治理国家作出了卓越的贡献。魏征政治管理的核心是“居安思危，善始克终”。他认为自古失国之主、亡国之君，皆为居安忘危，处治忘乱，所以不能长久。国家如此，企业何尝不是这样呢？

早在1984年，海尔集团总裁张瑞敏当着全体员工的面，将76台带有轻微质量问题的电冰箱砸毁，使员工产生了一种危机感与责任感，由此创造出了一套独具特色的海尔式产品服务，譬如：“用户永远是对的”；海尔卖的不是产品，而是信誉；真诚到永远等。海尔的生存理念——“永远战战兢兢，永远如履薄冰”，更给人一种强烈的忧患意识和危机意识。这是海尔集团打开成功之门的钥匙。

2）现场控制

现场控制（concurrent control）也称为同步控制，即通过对计划执行过程的直接检查和监督，随时检查和纠正实际和计划的偏差。其特点是在行动过程中，一旦发生偏差，马上予以纠正。其目的就是要保证本次活动尽可能少发生偏差，改进本次而非下次活动的质量。这是一种主要为基层管理人员所采用的控制方法，主管人员通过深入现场亲自监督、检查、指导和控制下属的活动。现场控制通常包含两种职能：一是指导职能，管理者针对工作中出现的问题，根据自己的经验指导下属改进工作，或与下属共同商讨矫正偏差的措施，以便工作人员能正确地完成所规定的任务；二是监督职能，按照预定的标准检查正在进行的工作活动，以保证目标的实现。

虽然控制的标准是计划工作确定的行动目标、政策、规范和制度等，但现场控制工作的效果依赖于现场管理者的个人素质、作风、指导方式等因素。因此，现场控制对管理者的要求较高。进行现场控制的时候，管理者要避免单凭主观意志开展工作，要“亲自去观察”，因为有效的管理者都知道亲自观察所得到的信息是唯一可靠的反馈信息，光听汇报是不够的。此外，现场控制的内容还与被控制对象的特点密切相关，对简单或者标准化程度很高的工作，严格的现场监督可能收到较好的效果。但对于高级的创造性劳动而言，管理者更应侧重创造出一种良好的工作环境和氛围，这样才有利于计划的顺利实现和组织目标的达到。

3）反馈控制

反馈控制（feed back control）又称成果控制或事后控制，是指从已经执行的计划或已经发生的事件中获得信息，运用这些信息来评价、指导和纠正今后的工作。反馈控制是一种最主要也是最传统的控制方法，反馈控制的目的并非要改进本次行动，而是力求能“吃一堑，长一智”，提高下一次行动的质量。

反馈控制的过程可以用图9-3表示。控制的过程首先从预期工作成效和实际工作成效的比较开始，指出偏差并分析原因，然后制订出纠正后的计划并开始执行，纠正的结果将改进下一次实际工作的成效或改变下一次工作成效的预期。

反馈控制的对象可以是行动的最终结果，如企业的产量、销售额、利润等；也可以是行动过程中的中间结果，如新产品样机、工序质量、产品库存等。在组织中使用反

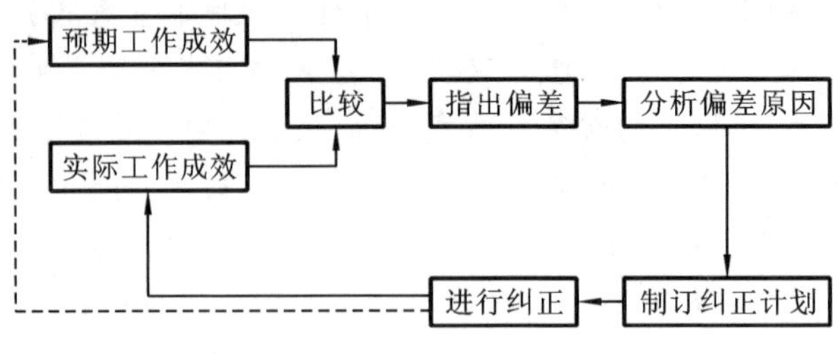

图 9-3 控制的反馈回路

馈控制的例子很多，如企业发现不合格的产品后追究当事人的责任并制定防范再次出现质量事故的新规章，发现产品销路不畅而作出减产、转产或加强促销的决定，以及学校对违纪学生进行处罚等都属于反馈控制。这类控制对组织营运水平的提高发挥着很大的作用。但反馈控制最大的弊端就是它只能在事后发挥作用，对组织已经发生的危害却无能为力。它的作用类似于"亡羊补牢"，而且在反馈控制中，偏差发生和发现并得到纠正之间有较长的时滞，这必然对偏差的纠正效果产生很大的影响。

传统管理主要关注现场控制和反馈控制，而忽视前馈控制。现代管理更为关注前馈控制，在重视前馈控制的基础上实行全方位控制。优秀的管理者应能在防患于未然之前，更胜于治乱于已成之后。由此观之，企业问题的预防者，其实是优于企业问题的解决者的。

课堂讨论 9-2

未雨绸缪的前馈控制效果最佳。但在现实管理中，进行有效的前馈控制通常是比较困难的，为什么？

2. 按控制的手段划分

按照控制的手段可以把控制分为两种类型，即直接控制和间接控制。

1）直接控制

直接控制是指控制者与被控制者对象直接接触的控制形式，通常可以理解为通过行政命令和手段进行的控制。直接控制的办法往往不能使整个系统的效果最优，这是因为直接控制忽略了对人尊重的需要，不利于下级发挥积极性和主动性。同时，由于能力的限制，面对众多的信息，管理者无法全面、科学、及时地处理。因此，直接控制有一定的局限性。

2）间接控制

间接控制是指控制者与被控制者对象并不直接接触，而是通过中间媒介进行控制的形式。间接控制在企业中可以表现为将奖金和绩效挂钩的分配制度，以及通过推广企业文化来形成良好风气以控制人们的行为等。间接控制在企业内部减少了需要处理的信息量，调动了人员的积极性，有利于整个组织实现更好的绩效。

3. 按控制的层次划分

按照控制层次可以把控制分为三种类型，即集中控制、分层控制和分散控制。

1）集中控制

集中控制是指在组织中建立一个相对稳定的控制中心，由控制中心对组织内外的各种信息进行统一的加工处理，发现问题并提出问题的解决方案。在集中控制中，信息处理、偏差检测、纠偏措施的拟订等都是由控制中心统一完成的。

集中控制最大的优点是能够保证组织的整体一致性。但是，由于各种信息都要集中到控制中心，各种措施都要由中心统一拟订，容易造成官僚主义、组织反应迟钝、下层管理人员缺乏积极性等问题。控制中心的决策一旦出现失误，将给组织造成巨大损失。一般来说，集中控制只适用于规模较小的组织，或者必须时刻保持上下高度一致的组织。

2）分层控制

分层控制是指将管理组织分为不同的层级，各个层级在服从整体目标的基础上，相对独立地开展控制活动。在分层控制中，各个层级都具有相对独立的控制能力和控制条件，能对层级内部子系统实施控制。整个组织区分为若干层次，层次内部实施直接的控制，上一个层级对下一个层级实施指导性的间接控制。

3）分散控制

分散控制是指组织管理系统分为若干相对独立的子系统，每一个子系统独立地实施内部直接控制。分散控制对整个组织集中处理信息的要求相对比较小，容易实现。由于反馈环节少，因此，整个组织系统反应快、时滞短、控制效率高。在分散控制中，由于各个子系统各自独立控制，即使个别子系统出现严重失误，也不会导致整个系统出现混乱。分散控制的问题是各个子系统独立地进行控制，不同系统之间协调性较差，难以保证子系统目标和系统整体目标的一致性，有可能影响到整个系统的优化，甚至导致系统整体失控。

9.2 控制原理与控制过程

9.2.1 有效控制的原则

组织要实现计划设定的目标，必须有一个适宜有效的控制系统做保证，构造这个系统应遵循以下基本原则。

1. 反映计划要求原则

既然控制的目标是实现计划，那么控制是实现计划的保证。因此，计划越明确、全面、完整，控制系统越能反映计划，控制就越有效果。在设计控制系统时，每个管理者都必须紧紧围绕着计划进行，要根据计划的特点确定控制标准、衡量方法和纠偏措施。

2. 组织适宜原则

控制必须适应特定的组织结构。计划要人执行，控制也需要人来执行，组织结构决定了其职责和分工。因此，控制必须符合组织结构的要求。组织结构的设计明确、完善，控制系统符合组织结构的职责分工，才能充分发挥控制的效用。例如，如果产品成本不按照制造部门的组织结构进行核算和累计，每个车间主任都不知道该部门所生产产品的成本目标，那么他们就不可能知道实际成本是否合理，也就不可能对成本负责，更谈不上成本控制了。

3. 控制关键点原则

关键点的"关键性"在于该因素对整个衡量工作过程和结果影响力的大小。它可能是经营活动中的一些限定因素，也可能是使计划更好发挥作用的因素。显然，企业不同部门、不同层次的计划关键点是不一样的。管理者应对不同计划和控制工作进行个别分析，同时还要考虑到控制条件、控制技术对控制工作的要求等因素，在此基础上确定控制的关键点。

4. 例外原则

有效的控制不仅要对关键点进行控制，还要对超出一般情况的特殊点给予足够的关注。例如，质量管理中就广泛运用例外原则。工序质量是反映生产过程是否稳定的指标，如果影响产品质量的主要因素如原材料、工具、设备、操作工人等没有明显变化，那么产品质量也不会有大的差异，这时我们可以认为工序质量处于可控制状态。反之，如果生产过程出现违反规律性的异常状态，则表明某些因素可能有问题，应立即查明原因，采取措施使之稳定。

5. 直接控制原则

直接控制就是控制有关管理控制人员和执行人员的素质，通过提高有关人员的工作能力和业务水平，使出行偏差的概率下降，同时由于人员素质的提高，其自觉控制能力将大大增强，能够在出现偏差时自觉迅速采取行动，使损失降到最低。

6. 控制趋势原则

有时候控制现状比较容易，但控制现状所预示的变化趋势则比较困难。一般来说，趋势是多种复杂因素综合作用的结果，是在一段时间内逐渐形成的，并对管理工作成效有长期的影响。趋势往往容易被现象掩盖，不易被察觉，也不容易控制和扭转，而且当趋势已经明朗时，再进行控制就晚了。

阅读材料 9-4

为什么诺基亚公司会败给苹果公司

为什么拥有强大财力和市场份额的诺基亚公司会败给苹果公司？论技术，诺基亚公司拥有最顶尖的研发团队;论设计,诺基亚公司的设计人员是苹果公司的好几倍,它甚至还有专门的流行色彩分析师。问题在于设计秩序本身——它过于关注细节,拒绝对本质的重新思考,也缺乏统揽全局的决策者。不论如何创新,手机设计像不可摆脱的咒语般牵制着每个产品的开发,即使像 N8 这样的产品仍然脱不了通信工具的影子。

苹果公司的成功,某种意义上源于对传统设计秩序的打破。它把产品的本质放到一切工作的起点进行思考,而不急于进行细节上的创新。苹果公司所开创的领域是市场调研中所找不到的。如果我们看看苹果公司的产品逻辑,一切就一目了然了:iPod 把音乐和网络联系了起来,iPhone 建立了通信、娱乐、网络三者的联结,iPad 在此基础上加入了创作的体验,并把这种体验放大到方便与舒适的极致。苹果公司的"生产一个带有通话功能的娱乐设备"的理念也许是手机制造商从来没有思考过的。

9.2.2 有效控制的要求

要使控制工作发挥作用,取得预期的成效,无论哪种控制,都应力求满足下列几项要求。

1. 控制系统应切合主管人员的个别情况

控制系统的建立必须符合每个主管人员的情况及其个性,使他们能够理解它,进而能信任它并自觉运用它。

2. 控制工作应确立客观标准

管理难免有许多主观因素在内,但是对于下属工作的评价,不应仅凭主观来决定。在需要凭主观来控制的那些地方,主管人员或下级的个性也许会影响对工作的准确判断。客观标准可以是定量的,也可以是定性的,问题的关键在于,在每一种情况下,标准都应是可以测定的和可以考核的。

3. 控制工作应具有灵活性

在某种特殊情况下,一个复杂的管理计划可能失常。控制系统不仅应当报告这种失常的情况,还应当含有足够灵活的要素,以便在出现失常的情况下,都能保持对运行过程的管理控制。这就要求在制订计划时,要考虑各种可能的情况而拟定各种抉择方案。

4. 控制工作应讲究经济效益

由于控制系统效果的一个限定因素是相对的经济效益,因此可以断言,如果控制技术和方法能够以最小的费用或其他代价来探查和阐明偏离计划的实际原因或潜在原因,那么它就是有效的。

5. 控制工作应有纠正措施

一个正确的有效的控制系统,只有通过适当的计划工作、组织工作、人员配备、指导与领导工作等方法，来纠正那些已显示出的或所发生的偏离计划的情况，才能证明该控制系统是正确的。

6. 控制工作要有全局观点

在组织结构中，各个部门及其成员都在为实现其个别的或局部的目标而活动着。因此，对于一个合格的主管人员来说，进行控制工作时，不能没有全局观点，要从整体利益出发来实施控制，将各个局部的目标协调一致。

7. 控制工作应面向未来

一个真正有效的控制系统应该能预测未来，及时发现可能出现的偏差，预先采取措施，调整计划，而不是等出现了问题再去解决。

阅读材料 9-5

搁浅的撤职令

1999 年 4 月 23 日，中央电视台《新闻调查》栏目播出了《搁浅的撤职令》，报道了某省的一件处理违纪干部的事件。1995 年，该省的一局长因违反土地法被省纪检部门撤职，相当简单明了的事情由于上级纪检部门没有按规定将处理意见行文下达，市有关部门在长达三年的时间里没有对相关人员进行处理，上级纪检部门也没有过问，在大家认为相安无事的时候，有关报纸登出了《三年撤不掉一个局长》的文章，曝出局长撤职三年未下台的新闻，引起多方领导的关注，搁浅的撤职令终于再度被提上议程，相关部门还专门成立了调查组。然而，不久后又无端遭搁浅，直至该节目播出时还没有进行处理。这是典型的管理控制失效的案例。

9.2.3 控制过程

控制的对象一般都是针对人员、财务、作业、信息及组织的总体绩效，虽然控制的对象各有不同，控制工作的要求也各不一样，但无论哪种控制对象，其所采用的控制技术和控制系统实质上都是相同的。控制的基本过程都包括三步：一是确定标准；二是测量实绩与界定偏差；三是分析原因与采取措施。

1. 确定标准

控制始于工作标准的建立。标准必须从计划中产生，计划必须先于控制。换言之，计划是管理者设计控制工作和进行控制工作的准绳，所以控制工作的第一步是制订计划；同时，计划的详尽程度和复杂程度各不相同，管理者也不可能事事都亲自过问，所以就得制定具体的标准。

事实上，标准的制定应该属于计划工作的范畴，但由于计划的详细程度和复杂程度不一，它的标准不一定适合控制工作的要求，而且控制工作需要的不是计划中的全部指标和标准，而是其中的关键的全部指标和标准。所以，管理者实施控制的第一步是以计划为基础，制定控制工作所需要的标准。

1）标准的概念

所谓标准，就是评定成效的尺度。根据标准，管理者无须亲历工作的全过程就可以了解整个工作的进展情况。标准是控制的基础，离开标准就无法对活动进行评估，控制工作也就无从谈起。

计划方案的每个目的、每个目标、每种活动、每项政策、每项规程以及每种预测，都可成为衡量实际业绩或预期业绩的标准。但实际上，标准大致有以下几种。

(1) 实物标准。这是一类非货币衡量标准，在耗用原材料、雇用劳力、提供服务以及生产产品等操作层中运用。例如，单位产品工时数、轴承的硬度等，它们可以反映数量，也可以反映品质。

(2) 费用标准。这是货币衡量标准，与实物标准一样通用于操作层。这些标准以货币价值形式来表示经营费用。如每小时的人工成本、每百元销售额的销售费用等。

(3) 资本标准。资本标准是用货币计量实物的项目，但它们只与企业投入的成本有关，而与经营费用无关。对于一笔新的投资和总体控制而言，使用最为广泛的标准就是投资报酬率。

(4) 收益标准。收益标准是用货币标准应用于衡量经济活动的收益，例如，公共汽车乘客每公里的收入、每名顾客的平均购货额、在某市场范围内的人均销售额、每治愈一个病人的收入等。

(5) 计划标准。计划标准是以由企业计划管理人员编制的计划质量作为衡量标准，如计划的完成时间、可行性程度以及实际执行情况的吻合程度等。

(6) 指标标准。指标标准指以可以考核的数量或质量目标作为标准，如在工商企业中，目前的趋势是要在各级管理部门建立一个指标标准的整体网络，以实施有效控制。

(7) 无形标准。无形标准又称定性标准，是指既不能以实物量化又不能以货币来衡量的标准，如劳动环境的改善带来的效果标准。通常衡量管理人员工作能力的指标都很难量化，属于无形标准。

在实际工作中，不管采取哪种类型的标准，都需要按照控制对象的特点来决定。

2）标准的制定要求

制定控制标准是一个过程。这一过程的展开，首先要选择好控制点，并从时间、实力、质量和成本等方面制定科学的控制标准。所制定的控制标准应该满足以下几方面的要求。

(1) 应便于对各部门的工作进行衡量。当出现偏差时，能找到相应的责任单位。成本控制，不仅要规定总生产费用，而且要按成本项目规定标准，为每个部门规定费用标准等。

(2) 应有利于组织目标的实现。对每一项工作的衡量必须有具体的时间幅度、具体的衡量内容和要求。

(3) 应与未来的发展相结合。一个企业生产了某种产品后,就要密切注意该产品第一个月的销售量,是可以长期发展这种产品,还是要等到时机成熟再大量生产。只有考虑了这些因素,才能制定有效的衡量标准。

(4) 应尽可能体现一致性。管理工作中制定出来的控制标准实际上就是一种规章制度,它反映了管理人员的愿望,也为人们指明了努力的方向。控制标准应是公平的,如果某项控制标准适用于每个组织成员,那么就应该一视同仁,不允许个别人搞特殊化。

(5) 应是经过努力后可以达到的。建立标准的目的是用它来衡量实际工作,并希望工作达到标准要求。所以,控制标准的建立必须考虑到工作人员的实际情况,包括他们的能力、使用的工具等。如果标准过高,人们将因根本无法实现而放弃努力;如果标准过低,人们的潜力又会得不到充分发挥。

(6) 应具有一定的弹性。标准建立起来后,可能在一段时期内保持不变。但环境却在不断变化,所以,控制标准应对环境变化有一定的适应性,特殊情况能够做到例外处理。

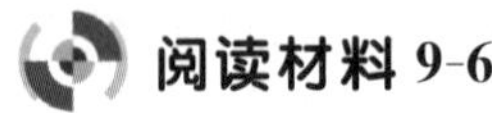

阅读材料 9-6

麦当劳严格控制体系中的标准

中国号称有博大精深的饮食文化,是个饮食王国,但洋快餐"麦当劳""肯德基"等却大举进攻国内市场,取得节节胜利,同时,有多家中式快餐如"荣华鸡""红高粱"等却节节败退,甚至全军覆没。为什么?原因很多,但主要原因就是管理问题,尤其是控制问题。以麦当劳为例,它实行的是特许经营,形成一套计划周密、有条不紊的筛选程序来选择特定的经营者,而且经营者必须通过"汉堡包大学"的专门培训。一本几百页的操作手册规定了严格的标准,其中包括食物配置、烹饪程序、店堂布置甚至是职员的着装。为了实现经营上的"质量、服务、清洁、价值"宗旨,制定的工作标准是:1 磅(1 磅=0.4536 千克,下同)肉的脂肪含量必须少于 19%,小面包的宽度只能是 3.5 英寸(1 英寸=2.54 厘米,下同),每个汉堡包中的洋葱不能超过 1/4 盎司;每种食品制作的时间有明确规定,而且食品出炉后的存放时间也有详细规定,油炸食品 7 分钟,汉堡包 10 分钟,咖啡 30 分钟,超过规定时间,所有食品都要扔掉;95% 以上的顾客进餐馆后 3 分钟内,服务员必须迎上前去接待顾客;事先准备好的汉堡包必须在 5 分钟内热好供应顾客;服务员必须在就餐人员离开 5 分钟内把餐桌打扫干净。所有这些标准都要严格执行,并有严密的监督体制,每家分店有审查员,公司有不定期的暗访调查,发现不符合规定的坚决查处。这一整套严密控制体系让消费者能在世界各地熟悉、洁净的店堂里吃到相同质量、口味的食品，享受到相同、周到的服务。

课堂讨论 9-3

试进一步从控制的角度讨论中国快餐业应如何发展。

3）标准的制定方法

在实际工作中，标准的制定方法通常有以下三种。

(1) 统计方法，即根据企业历史数据记录或对比同类企业的水平，用统计学的方法确定标准。这种方法常用于拟定企业经营活动和经济效益有关的标准。

(2) 工程方法，即以准确的技术参数和实测的数据为基础制订的标准。这种方法主要用于生产定额标准的制订上。

(3) 经验估算法，即由经验丰富的管理者来制订标准。这种方法通常是以上两种方法的补充。

2. 测量实绩与界定偏差

在建立标准以后，就要衡量实际绩效。所谓衡量绩效，就是找出实际工作情况与标准之间的偏差信息，根据这种信息来评估实际工作的优劣。在衡量之前，首先应明确衡量什么以及如何衡量两个核心问题。

1）需要衡量什么

衡量什么是比如何衡量更关键的一个问题。如果错误地选择了标准，则会导致严重的不良后果。衡量什么还会在很大程度上决定组织中的员工追求什么。

有时，并不是计划实施的所有步骤都要进行控制，而是选择一些关键点作为控制点。控制了关键点，就控制了全局。

确定关键点的过程是一个分析决策的过程，它需要丰富的经验和敏锐的观察力，准确地确定关键点是有效控制的保证。管理者应该知道，你衡量什么决定了人们追求什么，它是一个导向。例如，现在人们都有一个共识，中国的教育改革势在必行，要实施素质教育，但中小学仍在搞应试教育，学生苦不堪言，教师苦不堪言，家长苦不堪言，为什么？就是因为衡量学习的好坏是高考成绩，一次考试定终身，学校的教学水平以升学率衡量，高考这根指挥棒不改革，千军万马挤独木桥的局面不会改观，应试教育还将继续下去。

课堂讨论 9-4

就你熟悉的企业或部门提出你认为控制的关键点。

有些控制准则是在任何管理环境中都通用的。比如，营业额或出勤率可以考核员工的基本情况；费用预算可以将管理者的办公支出控制在一定的范围之内。

但是必须承认内容广泛的控制系统中管理者之间的多样性，所以控制的标准也各有不同。例如，一个制造业工厂的经理可以用每日的产量、单位产品所消耗的工时及资源、顾客退货率等进行衡量；一个政府管理部门的负责人可用每天起草的文件数、每天发布的命令数、电话处理一件事务的平均时间等来衡量；销售经理可用市场占有率、每笔合同的销售额、属下的每位销售员拜访的顾客数等来衡量。

2）如何衡量

管理者常用四种方法来衡量绩效，即个人观察、统计报告、口头汇报、书面报告。这些方法分别有其优点和缺点，但是，将它们结合起来，可以大大丰富信息的来源并提高信息的准确度。

（1）个人观察。

个人观察提供了关于实际工作的最直接和最深入的第一手资料，这种方法提供的信息不是过滤后的信息。这种观察可以包括非常广泛的内容，因为任何实际工作的过程总是可以观察到的。个人观察的显著优势是可以获得面部表情、声音语调以及怠慢情绪等，它是常被其他来源忽略的信息。个人观察本身存在一些缺点，它受个人偏见的局限。一位管理者看到的问题，在另一位管理者的眼中可能看不到。此外，个人观察需要耗费大量时间。随着公司不断地再造和管理者控制范围的持续增大，这种缺陷越来越显著。最后这种方法还需要承受贸然闯入的嫌疑，员工可能将管理者的公然观察解释成对他们缺乏信心或不信任的痕迹。

（2）统计报告。

这是经由书面资料来了解工作情况的常用方法。这种方法可节省管理者的时间，但所获资讯是否全面、准确则取决于这些报表和报告的质量。

计算机的广泛应用使统计报告的制作日益方便。这种报告不仅包括计算机输出的文字，还包括许多图形、图表，并且能按管理者的要求列出各种数据。尽管统计数据可以清楚有效地显示各种数据之间的关系，但它们对实际工作提供的信息是有限的。统计报告只能提供一些关键的数据，它通常忽略了其他许多主观方面的重要因素。

（3）口头汇报。

信息也可以通过口头汇报的形式来获得，如会议、一对一的谈话或电话交谈等。这种方式的优缺点与个人观察的相似。尽管这种信息可能是经过过滤的，但是它快捷、有反馈，同时可以通过语言词汇和身体语言来扩大信息，还可以录制下来，像书面文字一样能够永久保存。

（4）书面报告。

书面报告与统计报告相比速度要慢一些，但显得正式一些。这种形式比较精确和全面，且易于分类存档和查找。

衡量工作绩效信息的一般来源如表 9-1 所示。

表 9-1 衡量工作绩效信息的一般来源

信息来源	优点	缺点
个人观察	(1)获得第一手资料； (2)信息没有过滤； (3)工作活动的范围集中	(1)受个人偏见影响； (2)浪费时间； (3)有贸然闯入的嫌疑
统计报告	(1)易于直观化； (2)有效显示数据之间的关系	(1)提供的信息有限； (2)忽略了主观方面的因素
口头汇报	(1)获得信息的快捷方式； (2)获得口头或非口头的反馈	(1)信息被过滤了； (2)信息不能存档
书面报告	(1)精确、全面、正式； (2)易于存档和查找	(1)需要更多的准备时间

正确的衡量方法是产生正确结论的可靠保证，在实际运用时应注意以下几点。

(1) 注重事实，加强调查研究。确定实际活动的效果是控制活动的基础，必须坚持系统检查、实事求是的原则。防止文过饰非、虚报瞒报。得到的资料要进行认真、科学的鉴别，为科学合理地进行控制活动提供保证。

(2) 具体问题具体分析。为了能准确地认识事物的本质和规律，必须对掌握的材料进行深入的分析研究。不仅要分析现有的信息资料，还要分析事物发展的历史过程，分析事物在发生、发展过程中所处的具体环境。如企业的销售业绩下降，除了分析销售人员本身的问题以外，还要分析整个市场的竞争情况、国民经济发展状况等，这样才能作出公正、客观的评价。

(3) 找出问题的关键点。衡量工作绩效时只有分清主次，找出问题的关键点，才能对工作进行正确的判断。这样既抓住了管理的重点，又可以防止在次要问题上花费太多精力，从而提高管理效率。

3) 界定偏差

测量到实际工作结果后，就可以将之与标准进行比较，确定有无偏差发生及偏差的大小。

所谓偏差，是指实际工作情况或结果与控制标准要求之间的差距。例如，某部门负责生产滑雪板，制定的工时标准是每对 10 小时，实际上共耗用了 12000 个工时，产量为 1000 对。经过简单的计算和分析，可以确定该部门生产每对滑雪板多用了 2 个工时，即

工时差距＝实际工时－标准工时＝(12000/1000－10)小时＝2 小时

通过偏差的确定，就容易发现计划执行中的问题和不足。但并非所有偏离标准的情况均需作为问题来处理，这里有个容限的幅度。

所谓容限,准许偏差存在的上限与下限范围。在这个界限范围内,即便实际结果与标准之间存有差距,也被认为是正常的。只有超出该容限范围,才需要采取控制行动。

质量统计控制就是这样的例子,质量控制图(见图 9-4)的使用就是为了这个目的。

在图 9-4 中,我们设定管道直径的预定标准为 5 厘米。由于机器的情况和其他因素,根据统计数据,可接受的偏差范围被设定在 5.05 厘米(上限)和 4.95 厘米(下限)之间。当管道直径超出这些范围时,被认为是失控,这时,作业过程停止,并在外界干预下进行必要的调整,从而使整个系统再回到控制之中。

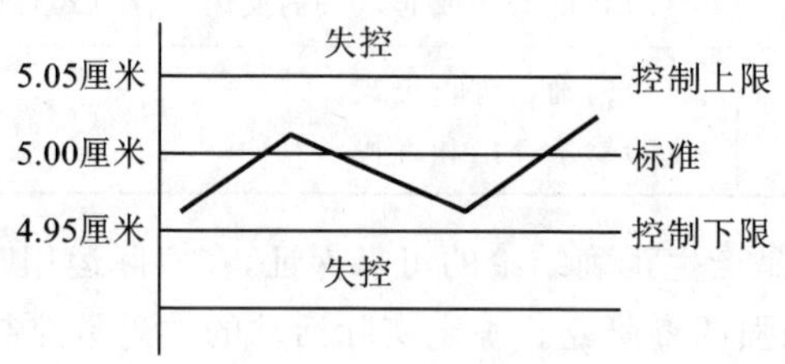

图 9-4 质量控制图

表 9-2 所示的是某公司设立的控制标准与容限示例。如果计划执行中没有偏差发生,或偏差在规定的容限之内,则该控制过程暂告完成。若执行中出现了不能容许的偏差,则控制过程进入下一步。

表 9-2 某公司控制标准与容限示例

标　准	容　限
员工上班必须做到全勤	每月允许请 2 天病假
午间休息在 30min 以内	允许多加 5min 的转换时间
成品返修率每月不得超过 50 台	在使用高峰期可放至 55 台
接线员 1min 内应作出应答	可以再加 10s

3. 分析原因与采取措施

利用科学的方法,依据客观的标准,对工作绩效的衡量,可以发现计划执行中出现的偏差。纠正偏差就是在此基础上,分析偏差产生的原因,制定并实施必要的纠正措施。这项工作使得控制过程完整,通过纠偏,使组织计划得以遵循,使组织结构和人事安排得到调整。

1) 分析原因

一般造成偏差的原因有三大类。

(1) 计划操作原因:如工作不认真、责任心不强,或能力不够,不能胜任工作等。

(2) 外部环境发生重大变化:如国家政策法规发生变化,国际政治风云突变等。

这些因素往往是不可控的。

(3) 计划不合理。有时制订计划时不切实际,好高骛远,盲目乐观,把目标定得太高,根本达不到;有时制定目标时过于保守,低估自己的实力,把目标定得太低,不能起到激励作用。

阅读材料 9-7

新口味的可口可乐为何不受欢迎

20 世纪 70 年代中期以前,可口可乐一直是美国饮料市场的霸主。然而,70 年代中后期,它的老对手百事可乐迅速崛起,对手的步步紧逼让可口可乐感到了极大的威胁,它试图尽快摆脱这种尴尬的境地。1985 年 4 月,可口可乐在纽约举办了一次盛大的新品发布会,邀请 200 多家新闻媒体参加,依靠传媒的巨大影响力,新可口可乐一举成名。

看起来一切顺利,但让可口可乐的决策者们始料未及的是,噩梦正向他们逼近——很快,越来越多的老可口可乐的忠实消费者开始抵制新可口可乐。对于这些消费者来说,传统配方的可口可乐意味着一种传统的美国精神,放弃传统配方就等于背叛美国精神,"只有老可口可乐才是真正的可乐"。有的顾客甚至扬言将再也不买可口可乐。

迫于巨大的压力,决策者们不得不作出让步,在保留新可乐生产线的同时,再次启用有近 100 年历史的传统配方,生产让美国人视为骄傲的老可口可乐。

仅仅 3 个月的时间,新可口可乐就以失败告终。尽管公司前期花费了 2 年时间、数百万美元进行市场调研,但可口可乐忽略了最重要的一点——对于可口可乐的消费者而言,口味并不是最主要的购买动机。

2) 采取措施

对偏差原因进行彻底分析后,管理者就要确定该采取什么样的纠偏行动。

管理者应该在下列三种控制方案中选择一种:维持原状、纠正偏差、修订标准。当衡量绩效的结果比较令人满意时,可采取第一种方案。下面重点讨论后两种方案。

(1) 纠正偏差。

针对偏差的主要原因,可能要制定改进工作或调整计划与标准的纠正方案。纠正偏差,不仅可在实施对象上进行选择,而且对同一对象的纠偏也可采取多种不同的措施,所有这些措施,其实施条件和效果要大于不采取任何行动、使偏差任其发展可能给组织造成的损失,有时最好的方案也许是不采取任何行动,如果行动的费用超过偏差带来的损失,这是纠偏方案过程中的第一重优化。在此基础之上,通过对各种经济可行方案的比较,找出其中追加投入最少、解决偏差效果最好的方案来组织实施。

具体纠偏措施有两种。

其一是立即执行的临时性应急措施。对于那些迅速、直接影响组织正常活动的急性问题，多数应立即采取补救措施。例如，某一种规格的部件在加工过程中出现了问题，1周后如不能生产出来，其他部门就会受其影响而出现停工待料。此时不应花时间考虑该追究什么人的责任，而应采取措施确保按期完成任务。管理者可凭借手中的权力，采取如下行动：一是要求工人加班加点，短期突击；二是增添人工和设备；三是派专人负责指导完成，等等。

其二是永久性的根治措施。危机缓解以后，则可转向永久性的根治措施，如更换车间管理人员，变更整个生产线，或者重新设计部件结构等。现实中，不少管理者在控制工作中常常局限于充当“救火员”的角色，没有认真探究“失火”的原因，并采取根治措施消除偏差产生的根源和隐患。长此以往，必将自己置于被动的境地。作为一个有效的管理者，对偏差进行认真的分析，并花时间永久性地纠正这些偏差是非常有益的。1998年夏天，中国长江流域和松花江流域发生严重洪涝灾害，许多大堤发生险情，这时只能采取应急措施，哪里有险情，就补救哪里，有时甚至需要拆东墙补西墙，以确保控制险情；但在冬季，人们对大堤进行了彻底修整，有的提高防洪标准，有的重新修建，以做好日后防大汛的准备。

课堂讨论 9-5

两种纠偏方式的本质差别是什么？

(2) 修订标准。

工作中的偏差也可能来自不合理的标准，也就是说，指标定得太高或太低，或者是原有的标准随着时间的推移已不再适应新的情况。这种情况下，需要调整的是标准而不是工作绩效。

应当注意的是，在现实生活中，当某个员工或某个部门的实际工作与目标之间的差距非常大时，其往往首先想到的是责备标准本身。比如，学生会抱怨扣分太严而导致他们的分低；销售人员可能会抱怨定额太高导致他们没有完成销售计划。也许确实是因为定额太高才导致了工作中的显著偏差，并促使员工反对这个标准。但是应该记住，不论是普通雇员还是经理，当他们没有达到这个标准时，首先想到的是责备标准本身。人们不大愿意承认绩效不足是自己努力不够的结果，作为一个管理者对此应保持清醒的认识。如果你认为标准是现实的，就应该坚持，并向下属讲明你的观点，并保证将来的工作是会得到改进的，然后采取一些必要的行动使期望变成现实，否则应进行适当的修改，如图9-5所示。

阅读材料 9-8

降低乳品安全标准是在自毁长城

乳品安全国家标准的降低引起了业内人士的争论。广州奶协会长称，标准降低是从国情出发的说法站不住脚，而是照顾了乳品企业低价收购奶源来占据市场。内蒙古奶协秘书长称，乳业标准的降低不会损害民众健康，而是从国情出发保护奶农。(2011 年 6 月 22 日《人民日报》)

按照我国最新奶业安全标准，蛋白质含量由原标准中的每 100 克含 2.95 克下降到了 2.8 克，远低于发达国家 3.0 克以上的标准；而每毫升牛奶中的菌落总数标准却由原来的 50 万上升到了 200 万，比美国、欧盟 10 万的标准高出 20 倍！

为什么在中国乳业不景气时期，我们反而主动降低乳品安全标准？按照内蒙古奶协秘书长的说法，若执行高标准，七成奶农会因为奶源不达标而不得不杀牛。

在这样一场有关奶业安全标准的争论当中，并没有去征求和考虑消费者的意见。但消费者的意愿不能也无法被忽视。在孩子吃的奶粉这个问题上，相对于价格，中国的家长更在乎安全和质量。消费者会用手里的钞票来投票，主动降低奶业的安全标准，非但救不了中国乳业，反而会加速国人对中国乳业信心的流失。

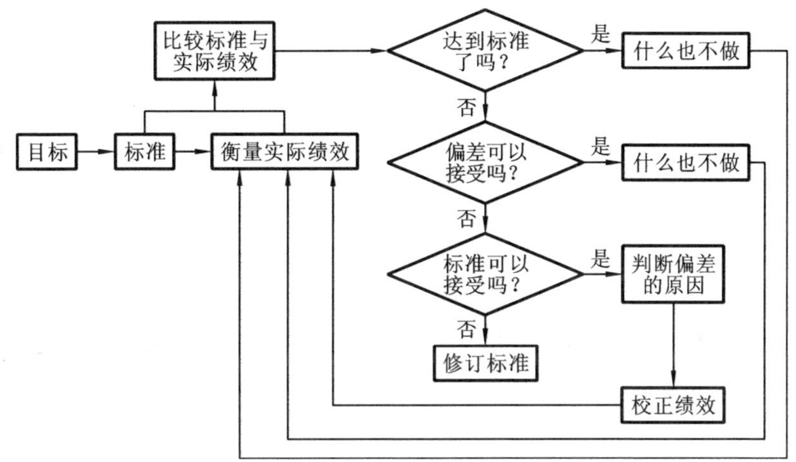

图 9-5 控制过程

9.3 控制技术与方法

控制的最终目的是要保证组织目标的实现。找出偏差采取矫正措施并不是控制的目的，在偏差发生之前，采用各种控制手段和方法来避免或减少偏差的发生才是控制者追求的目标。常用的控制方法包括预算控制方法、非预算控制方法和综合控制方法。

9.3.1 预算控制方法

1. 预算的概念

预算就是以数字，特别是以财务数字的形式来陈述组织中的短期活动计划，它预估了在未来特定时期内的收入，也规定了各部门指出的额度。预算控制是将事实和计划进行比较，确认预算的完成情况，找出差距并进行弥补，以实现对组织资源的充分合理利用。预算结合了前馈控制、现场控制和反馈控制，被广泛运用于组织的各种不同层次的控制中。利用预算，管理者可以准确衡量部门生产经营情况和效益好坏，有利于管理者对各部门的工作进行评价和控制。

2. 预算的作用

1）实施战略计划

战略是组织长期的发展计划，战略制定中面对很多不确定因素。预算则是考虑在年度内特定情况的约束下，组织以何种方式来落实战略计划，提高绩效。以货币表示的预算，往往传递了利润的获取、资本的使用等组织关键性资源的信息。它可以使管理者了解组织状况的变化方向和组织中的优势部门和问题部门，为调整组织活动指明了方向。

2）指定责任

预算的编制明确了每个管理者的责任，预算也授权责任中心的管理者支配一定数额的开支。

3）确定业绩评估的基础

由于预算用货币单位为企业各部门的各项活动编制计划，因此它使得企业在不同时期内的活动效果在不同部门的经营绩效具有可比性，用数量形式的预算标准来对照企业活动的实际效果，大大方便了控制过程中的绩效衡量工作，也使之更加客观可靠。

4）协调作用

通过为不同的职能部门活动编制预算，也为协调企业活动提供了依据，更重要的是，预算的编制及执行始终与控制过程联系在一起。编制预算是为了使企业的各项活动确立财务标准，在此基础上，很容易测量出实际活动对预期效果的偏离程度，从而为采取正确措施奠定了基础。

3. 预算的局限性

由于这些积极的作用，预算手段在组织管理中得到了广泛运用，但在预算的编制和执行中，也有一些局限性。

(1) 只能帮助企业控制那些可以计量的，特别是可以用货币单位的业务活动，而不能促进企业对那些不能计量的企业文化、企业形象、企业活力的改善予以足够的重视。

(2) 编制预算时通常参照上期的预算项目和标准,从而会忽视本期活动的实际需要,因此会导致这样的错误:上期有的而本期不需的项目依然沿用,本期必需而上期没有的项目却不能增设。

(3) 企业活动的外部环境是不断变化的,这些变化会改变企业获取资源的支出或销售产品实现的收入,从而使预算变得不合时宜。因此,缺乏弹性、非常具体,特别是涉及较长时间的预算可能会过度束缚决策者的行动,使企业经营缺乏灵活性和适应性。

(4) 预算,特别是项目预算或部门预算,不仅对有关负责人提出希望他们实现的结果,而且为他们获得这些成果而有效开支的费用规定了限度。这种规定可能使得主管在活动中精打细算,小心翼翼诺守不得超过支出预算的准则,而忽视了部门活动本来的目的。

4. 预算的种类

预算的种类很多,概括地可以分为以下几种。

1) 收支预算

这是以货币来表示组织的收入和经营费用支出的计划。收入预算主要是在某个计划期的有关收益及其来源。一般来说,企业的主要收入是销售收入,可单独编制预算。支出预算即计划期各种费用支出的预算,企业可根据会计科目中的某些费用编制单独或综合的预算。由于公司主要是依靠产品销售或提供服务所获得的收入来支付经营管理费用并获取利润的,因此销售预测是计划工作的基石,销售预算是预算控制的基础,是销售预测的详细的和正式的说明。表 9-3 所示的是一个简单的销售预算的例子。

表 9-3 销售预算表

产 品	地 区	销售量/件	单位销售价/元	总销售额/元
产品 A	东北	2500	80	200000
	华北	1500	80	120000
	其他	2000	80	160000
	总计	6000		480000
产品 B	东北	3000	110	330000
	华北	2000	110	220000
	其他	2400	110	264000
	总计	7400		814000
总销售营业收入				1294000

2）现金预算

根据收支预算确定计划期内现金的收支情况，让管理者清楚他有多少现金，够不够一些设想的开支，从中也可以发现是否有多余的现金库存或不适合的开支。由于任何组织的运营都需要一定的现金，如企业需要给职工发工资、购买原材料、缴纳各种税费及临时开支，所以都比较重视现金预算。

3）投资预算

一般包括建新厂、买房产、购买机器设备等扩大固定资产投资以及其他方面的投资预算，这些费用的数目一般比较大，且短期内难以收回，需慎重对待，应用一定的时间做调查和论证工作，并列出专项预算。

4）总预算

通过编制预算汇总表，可以用于公司的全面业绩控制。它把各部门的预算集中起来，反映了公司的各项计划，从中可以看到销售额、成本、利润、资本的运用、投资利润率及其相互关系。总预算可以向最高管理层反映出各个部门为了实现公司总的奋斗目标而运行的具体情况。

5. 预算的编制

在编制预算之前，应首先建立一套预算制度。通过规章制度的建立，为预算的制定和执行提供保障；同时，选择出预算的类型，确定预算的期限、分类等。在此基础上，可以参考下述步骤来编制预算。

(1) 深入了解企业在过去财政年度的预算执行情况和企业在未来年度的发展战略规划，并以此作为企业制定预算的重要依据。

(2) 围绕企业的发展战略规划和企业内外部环境条件，制订企业的总预算，主要包括收入总预算、支出总预算、现金流量总预算、资金总预算、主要产品产量和销量总预算等，并粗略编制企业的预算资产负债表。

(3) 将企业总预算中确定的任务层层分解，由各部门、基层单位以及个人参照制定本部门、本岗位的预算，上报企业高层管理部门。

(4) 企业高层决策者在综合企业各个部门的上报预算后，调整部门预算，甚至调整总预算，最终确定预算方案，并下发各部门。

(5) 组织贯彻落实预算确定的各项目标，在实施过程中予以监控，及时发现问题并采取相应的措施。

6. 有效预算控制的要求

如果要使预算控制很好地发挥作用，那么，管理者必须明确：预算仅仅是管理的手段，而不能代替管理的工作；预算具有局限性，而且必须切合每项工作。另外，预算不仅是财务人员和总会计师的管理手段，而且是所有管理者的管理手段。有效的预算控制必须注意以下几个方面。

1）高层管理部门的支持

要使预算的编制和管理最有效果，就必须得到高层管理部门的全力支持。一方面，要给下属编制预算的工作提供在时间、空间、信息及资料等方面的条件。另一方面，如果公司的高层管理部门积极地支持预算的编制工作，并将预算建立在牢固的计划基础之上，要求各分公司和各部门编制和维护其各自的预算，并积极地参与预算审查，那么预算会促使整个公司的管理工作完善起来。

2）管理者的参与

要使预算发挥作用的另一种方法就是高层管理部门的直接参与，也就是希望那些按预算从事经营管理的管理者都置身于预算编制工作中。多数预算负责人和总会计师都认为，即真正地参与预算编制工作是保证预算成功的必要条件。但在实际中，参与往往变成迫使管理者去接受预算而已，这是不可取的。

3）确定各种标准

提出和制定各种可用的标准，并且能够按照这种标准把各项计划和工作转换为对人工、经营费用、资本支出、厂房场地和其他资源的需要量，这是预算编制的关键。许多预算就是因为缺乏这类标准而失效的。一些管理者在审批下属的预算计划时之所以犹豫不决，就是因为担心下属供审查的预算申请额度缺乏合理的依据。如果管理者有了合理的标准和适用的换算系数就能审查这些预算申请，并提出是否批准这些预算申请的依据，而不至于没有把握地盲目削减预算。

4）及时掌握信息

如果要使预算控制发挥作用，管理者需要获得按照预算所完成的实际业绩和预测业绩的信息。这种信息必须及时向管理者表明工作的进展情况，应当尽可能地避免因信息迟缓导致发生偏离预算的情况发生。

9.3.2 非预算控制方法

上面介绍的预算控制是一种传统而又广泛使用的控制方法。随着社会的发展和科学技术的进步，组织的规模越来越大，劳动分工越来越细，管理活动越来越广泛且复杂，信息量也越来越大，控制的技术和方法在传统的基础上也得到了极大丰富和发展。在这里，我们根据管理对象的不同，简要介绍几种其他的控制方法和技术。需要指出的是，不管采用哪种控制方法和技术，都必须有一个管理系统作为保障，而且在实际管理活动中，必须随机灵活应用。

1. 审计法

审计是一种常用的控制方法，财务审计与管理审计是审计控制的主要内容，近来推行以保护环境为目的的清洁生产审计。所谓财务审计，是以财务活动为中心内容，以检查并核实账目、凭证、财物、债务以及结算关系等客观事物为手段，以判断财务报表中所列出的综合会计事项是否正确无误、报表本身是否可以信赖为目的的控制方法。通过这种审计还可以判明财务活动是否符合财经政策和法令。所谓管理审计，是检查一个单位或部门管理工作的好坏，评价人力、物力和财力的组织及利用的有效性。其目的在于通过改进管理工作来提高经济效益。此外，审计还有外部审计和内部审计之分，外部审计是指由组织外部的人员对组织的活动进行审计；内部审计是组织自身专门设有审计部门，以便随时审计本组织的各项活动。

审计工作有一些公认的原则，以保证审计的有效性。这些原则具体包括以下几方面。

(1) 政策原则，即审计工作必须符合国家的方针政策。

(2) 独立原则，审计监督部门应能独立行使职权，不受任何干涉。

(3) 客观原则，审计一定要实事求是地进行，客观地作出评价和得出结论。

(4) 公正原则，审计工作必须站在客观的角度上，不偏不倚，公正地进行判断。

(5) 群众原则，审计工作要走群众路线，依靠群众才能解决许多困难问题。

(6) 经常性原则，审计工作应经常化、制度化。

2. 财务报表分析法

财务报表是用于反映企业经营的期末财务状况和计划期内的经营成果的数字表。财务报表分析，也称经营分析，就是以财务报表为依据来判断企业经营的好坏，并分析企业经营的长处和短处。它主要包括三种分析：第一，利润率分析，指分析企业收益状况的好坏；第二，流动性分析，指分析企业负债与支付能力是否相适应，资金的周转状况和收支状况是否良好等；第三，生产率分析，指分析企业在计划期间内产出多少新的价值，又是如何进行分配，即将其变为人工成本、应付利息和净利润的。

财务报表分析法主要有实际数字法和比率法两种。实际数字法是用财务报表分析中的实际数字来分析，但有时这种绝对的数字不能准确地反映企业的不同时期或不同企业间的实际水平，因为企业在不同的时期以及在不同的企业之间条件不同，规模大小不同，行业标准不同。比率法是求出实际数字的各种比率后再进行分析，更好地体现出了相对性，所以比较常用。

3. 计划评审法

计划评审法也称网络技术，主要功能是帮助管理人员在众多的有着时间顺序联系的单个活动中找到对整个计划的按期完成或在最短时间内完成有重大影响的关键活动，并提供各活动运行的时间区间和机动时间，将杂乱无序的繁多的活动安排得井井有条。各项活动只需在规定的时间内完成，管理控制人员对整个项目的完成时间可以做到心中有数，并知道应对哪些关键活动重点控制。它是一种计划方法，也是控制方法，而且是预先控制方法，系统越复杂，越能显示出它的效率。

4. 线性规划法

线性规划法是在系统的各项现有资源的约束条件下，为某一预定目标提供最优方案的方法。例如，一个企业，在一定时间内，它的一些资源如厂房、机器设备、生产效率、职工人数、产品品种等，要么是个定数，要么有一个限度。那么，在现有条件下，要达到利润最大，它的各项资源如何配置？应用线性规划法，即能找到最优方案。

线性规划法是预先控制方法，它能根据现有的资源状况，提供最优的资源配置方案，以充分利用各项资源，获得最大效益。

此外，还有一些控制方法，如现场亲自观察、统计数据资料、鉴定式评价等。

本章小结

1. 所谓控制，就是监督各项活动，以保证它们按计划进行并纠正各种偏差的过程。因此，控制和计划是密不可分的。由于计划很难一帆风顺地实施，因此控制在管理工作中处于重要地位。

2. 控制的目标主要是限制偏差的累积、适应环境的变化、处理组织内部的复杂局面以及降低成本。

3. 与其他领域中的控制相比，管理中的控制更具目的性和反馈性、整体性、动态性、人本性、创新性等特点。

4. 控制种类的划分标准有很多，其中，最重要的是根据控制的时点进行划分，可将控制分成前馈控制、现场控制和反馈控制。

5. 有效控制的原则包括反映计划要求原则、组织适宜原则、控制关键点原则、例外原则等。

6. 控制的基本过程包括三个步骤：一是确定标准，二是测量实绩与界定偏差，三是分析原因与采取措施。

7. 预算是一种计划技术，它把计划分解成以货币或其他数量单位计量的预算标准；预算也是一种控制技术，它把预算指标作为控制指标，用来衡量其计划的执行情况。

8. 预算控制包括收支预算、现金预算、投资预算、总预算等。

9. 非预算控制方法包括审计法、财务报表分析法、计划评审法、线性规划法等。

重要概念

控制　前馈控制　PDCA　预算控制

复习思考题

1. 什么是控制？在管理中，控制的作用是什么？

2. 请描述控制和计划的相互关系。

3. 试举例说明生活或工作中前馈控制、现场控制和反馈控制的使用。

4. 管理控制有什么特点？你是如何理解这些特点的？

5. 控制过程包括哪些阶段的工作？

6. 有效的控制应遵循什么原则？怎样才能进行有效的控制？

7. 什么是预算控制？预算控制的方法有哪些？

8. 常用的非预算控制方法有哪些？

学习拓展

[1] 彭星闾.企业管理中创新力与控制力统一问题的探讨[J].市场营销导刊，2006,3 期.

[2] J.M.朱兰.管理突破[M].北京：企业管理出版社，2005.

[3] 斯蒂芬·P.罗宾斯.管理学[M].9 版.北京：中国人民大学出版社，2008.

[4] 周三多.管理学——原理与方法[M].5 版.上海：复旦大学出版社，2011.

[5] 芮明杰.管理学——现代的观点[M].2 版.上海：上海人民出版社，2005.

[6] 王宁，陈志军.文化控制——管理控制手段的新发展[J].山东社会科学，2007,11 期.

[7] 陈松.论现代企业机制下如何加强内部控制[J].辽宁行政学院学报，2005,4 期.

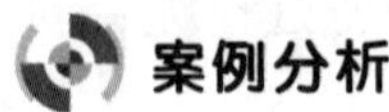

案例分析

案例 9-1　治理酒驾带给我们的启示

随着社会经济的发展，汽车越来越多地进入了平常百姓家庭，由此而引起的道路交通事故也越来越多，其中酒后驾驶又是交通事故的罪魁祸首。酒后驾驶行为到底有多普遍？中国青年报社会调查中心所进行的调查显示：96.6%的人承认身边有酒后驾车现象。而在造成酒驾的原因中，70.0%的人首选“司机有侥幸心理”，69.8%的人认为是“违法成本过低”，64.1%的人表示“公众安全意识和法制意识薄弱”，59.2%的人表示“公众普遍缺乏尊重生命的责任意识”，22.0%的人选择了“代驾市场没有形成规模”。

治理酒后驾驶，我国并非没有相关的法律条文。刑法中明确规定，酒后、吸食毒品后驾驶机动车辆的，以交通肇事罪定罪处罚。同时，地方政府也积极出台相关的行政条例。早在 2004 年，江苏省就出台了《江苏省道路交通安全条例》，2008 年 5 月 1 日，杭州市也正式实施了修订后的《杭州市道路交通安全管理条例》。然而，从 2008 年年底开始，几起恶性酒后驾驶导致的交通肇事使得舆论的焦点重新集中到了看似普遍的酒驾上来。2008 年 12 月 14 日下午，成都孙伟铭酒后驾车肇事造成 4 人死亡、1 人重伤；2009 年 6 月 30 日，南京重大酒后交通事故，造成 5 死 4 伤；2009 年 8 月 4 日，杭州魏姓司机酒后驾车，撞死 17 岁少女；2009 年 8 月 5 日，黑龙江鸡西一男子酒后驾车造成 2 人死亡、10 人受伤。资料显示，我国拥有全世界 1.9%的汽车量，而汽车引发的交通死亡事故却占全球的 15%，死亡率排名世界之首。

为保障人民群众生命财产安全，打击酒后驾车严重交通违法行为，公安部决定于2009年8月15日开始，在全国范围内开展为期2个月的集中整治酒后驾驶交通违法行为专项行动。在酒后驾车事故频发的浙江，杭州交警队展开“蓝盾”行动，对酒驾实行“零容忍”，统计数据表明，从2009年8月7日至8月31日，浙江省共查获酒后驾车11592起，因醉酒后驾驶拘留1453人。

但这毕竟是治标之策，如何才能治本？一线工作的交警总结出以下经验。

一是加大教育宣传力度。通过教育宣传提高驾驶人的安全意识，是预防道路交通事故的根本。让每个驾驶人都认识到酒后驾驶不仅仅是不文明的行为，更是严重危害人身安全的违法行为，从而提高驾驶人的安全意识，自觉抵制酒后驾车行为，从而在根本上减少酒后驾驶的发生。

二是加大打击处罚力度。对酒后驾驶要做到“零容忍”，法律法规规定有处罚的，要一律从重处罚。对酒后驾驶违法行为不处罚、从轻处罚或者为酒后驾驶违法人说情的，要严肃追究民警和有关领导的责任。

三是加大举报监督力度。提高广大交通参与者的交通安全意识，使酒后驾车的陋习时时处处陷于人民群众的监督之下，形成“过街之鼠，人人喊打”的氛围，坚决杜绝酒后驾驶交通违法行为。

问题：

1. 在治理酒驾过程中，控制的重要性如何体现？

2. 不同类型的控制在案例中如何表现？你认为哪种类型的控制实施效果最佳？为什么？

案例9-2　控制的流程

一家生产微型印刷电路板的电子产品制造公司对产品质量的要求非常高。在新的一年里，公司明确了更高的目标，那就是狠抓产品质量，提高合格率，以减少退货，增加顾客满意度。奇怪的是，在全员上下按计划执行生产的时候，产品质量在某一天忽然急剧下降，不合格率大幅增长，次品异常增多了。公司管理者杰克很快得到了紧急反馈，随后便进入车间，与技术人员一同查找原因。他们认为，可能是溶解槽内的温度过高导致的，于是降低了温度。不料一星期后，次品率却更高了。于是员工们依据之前的判断，将溶解槽的温度反复调整，却仍不见改善。如此下去，目标的实现必定大受影响，而温度问题显然已经不是原因所在。接着又有技术人员认为是厂内清洁没有达到应有的标准，抑或是酸度引起了不良反应。经过对这两个疑点的检修，问题却仍旧存在。技术人员甚至还仔细检查了作业人员手指的污染情况，并在周三、周四和周五三天连续检查了水质纯度，但结果表明关键的问题并不在这。

后来，杰克直接找到了检测产品合格率的领班，询问次品有哪些异常。检测员工们纷纷反映，印刷电路板的酸洗步骤并不均匀，似乎酸洗溶液中有某种水溶性杂质。

杰克又要求领班清查了检测记录,发现次品数在周一早上最高,周一午后降低了,到了周二中午便不再有次品了。

于是大家都将注意力集中在了周一早晨的异常问题上。实际上,每个人都能意识到,周一的早晨是周末之后的第一个工作时段,那时候唯一不同的地方就在于生产用水是在水管内停留了一个周末的。然而生产开始后,一旦打开水龙头,这些储存了一个周末的水便会直接流进印刷电路溶解槽内。而其他时段的生产用水,都是经过高度净化过程,并且不曾在水管中储存的。

从这个疑点出发,公司还很快查出,某些水龙头的开关,是几个月前刚刚换过的,这批新开关使用的是一种硅质材料,这种材料在周末期间会溶解到停留于管线内的高纯度净水中,从而使水质恶化。这就是次品在周一早晨最多,下午便得以减少,而至周二下午却能完全消失的原因。果然,在更换了那批不合适的水龙头后,产品质量迅速提升,次品率显著降低了。

问题:

1. PDCA 循环过程在案例中的具体体现是什么?

2. 结合本案例说明控制的程序,计划目标和控制的关系。

实践训练

实训项目

编制生产作业或经营管理的控制方案。

实训目的

1. 增强对生产计划或经营计划控制的感性认识。

2. 培养编制生产作业或经营管理控制方案的初步能力。

3. 初步掌握控制的主要方法。

实训内容

1. 确立方案控制标准,衡量实际成效。

2. 进行偏差分析,明确采取纠正措施的方法。

3. 运用和确定控制方法。

4. 对企业进行调研,了解该企业生产作业的控制情况。

5. 运用掌握的控制方面的知识,结合企业的实际情况,模拟编制一份生产作业控制方案。

实训考核

1. 对每个模拟公司,要上交一份企业生产作业或经营管理控制方案和所搜集的资料。

2. 教师对各模拟公司的控制方案进行评估打分。

第十章　创　　新

学习目标

- 掌握创新的概念、特点、意义。
- 重点掌握管理创新的内容和过程。
- 理解创造性思维和创新技法。
- 了解管理创新的实施与控制。

导入案例

创新是海尔的灵魂

近年来，“海尔现象”一直是我国企业界和经济学界的热门话题，几乎每天都有许多来自全国各地的人到海尔集团参观、考察。众所周知，海尔集团是于 1984 年引进德国利勃海尔电冰箱生产技术的并在青岛电冰箱总厂基础上发展起来的集科研、生产、贸易及金融等领域于一体的国家特大型企业。在张瑞敏总裁提出的“创海尔世界知名品牌”的思想指导下，海尔集团从一个亏空 147 万元的集体小厂迅速成长为拥有白色家电、黑色家电和米色家电的中国家电第一品牌，产品包括 42 大门类 8600 多个品种，企业销售收入以平均每年 82.8% 的速度持续、稳定增长，产品批量出口到欧美、中东、东南亚等世界十大经济区域共 87 个国家和地区，1997 年 8 月，海尔集团被国家经贸委确定为中国六家首批技术创新试点企业之一，重点扶持其冲击世界 500 强，这一切都源于创新。

海尔集团多年来的稳步发展，靠的就是“变化”加“速度”。沙尘暴来了，海尔集团几天内就推出了能够抵御沙尘暴的空调。世界杯足球赛来了，有的球迷正看得上瘾，有人敲门或打电话，精彩的场面漏掉了。于是，海尔集团在很短的时间内开发出了一款电视机——追时 DTR(data terminal ready，数据终端就绪)，只要按一下按钮就暂停转播，再次按一下按钮就接着转播。“非典”来了，海尔集团迅速开发出一系列适应非典时期需求的产品，比如中央空调病毒防火墙、抗菌消毒洗衣机，等等。这些都给海尔集团带来了高额的回报，也正是因为有这样一种有效的创新机制，海尔集团才能在如此激烈的竞争中占领一席之地。

案例启示

如果海尔集团没有这种敢于挑战、敢于变化的精神，会有今天海尔集团的成功吗？正如美誉国内外的海尔集团CEO张瑞敏把海尔集团成功的秘诀概括为“第一是创新，第二是创新，第三还是创新”。海尔集团的创新就是将原有的成功经验统统打破，不断地重塑自我、超越自我。

10.1 创新职能概述

组织、领导和控制是保证计划目标实现所不能缺少的。从某种意义上说，它们同属于管理的维持职能，其任务是保证系统按照预定的方向和规则运行。但是，管理在动态环境中生存的社会经济系统，仅有维持是不够的，还必须不断地调整系统活动的内容和目标，以适应环境变化的要求——这就是管理的创新职能。

美国管理学大师德鲁克说：“企业管理的根本任务只有两条——创新和营销。”

最近几十年来，由于科学技术迅猛发展，社会经济活动空前活跃，市场需求瞬息万变，社会关系日益复杂，企业间的竞争更加激烈，每位管理者每天都会遇到新的情况，面临新的挑战。因此，接受挑战，大胆创新，是每一位成功的管理者必须研究的新课题。更是每一位管理者必须具备的可贵品质。

10.1.1 创新的含义

无论是国家还是企业，创新都是至关重要的。虽然大多数人都同意这种说法，但是创新的论题仍然是一个经常引起争议的话题，这主要是因为在理论上还没有形成一个关于创新的比较一致的含义。不同的研究者从不同的角度或从与创新有关的不同因素出发，对创新下了具有特定含义的定义。有代表性的定义有如下几种。

创新是开发一种新事物的过程。这一过程从发现潜在的需要开始，经历新事物的技术可行性研究阶段的检验，到新事物的广泛应用为止。创新之所以被描述为一个创造性过程，是因为它产生了某种新的事物。

创新是运用知识或者相关信息创造和引用某种有用的新事物的过程。

创新是对一个组织或相关环境的新变化的接受。

创新是指新事物本身，具体来说就是相关使用部门认定的任何一种新的思想、新的实践或新的制造物。

中国企业界曾经流传过一句顺口溜：“人无我有，人有我优，人优我廉，人廉我转，人转我快”，它从差异化的角度阐释出了创新的本质。

由此可见，创新概念包含的范围很广，就目前来说，大多数专家学者都同意和接受美籍奥地利著名经济学家熊彼特于1912年在其名作《经济发展理论》中首次提出关于创新的定义，即创新是指新产品的开发、新市场的开拓、新生产要素的发现、新生产经营方式的引进和新企业组织形式的实施。这也是创新的五种形式。

在现代市场经济组织下，创新往往是一种新的组合，如新技术和新产品的组合、新技术与新生产过程的组合、新技术和新原料的组合、新技术和新市场的组合等。可见，熊彼特所说的“创新”是一个经济概念，而不是一个技术概念。它主要是从经济上引入某种新的东西，与技术上的新发明并不是一回事。一种新的发明只有在被应用到经济活动时，才成为创新。而要使创新成为可能，既要依靠银行贷款，又要企业履行其职能。所以，创新是一个内在的因素，经济发展也就是这种来自内部自身创造性的关于经济生活的一种变动。

 **阅读材料 10-1**

熊彼特的学说

熊彼特(Joseph Alois Schumpeter，1883—1950)，美籍奥地利著名经济学家，当代资产阶级经济学代表人物，出生于奥匈帝国摩拉维亚省特利希镇的一个织布厂主的家庭，就读于维也纳大学，1906 年获法学博士学位，曾游学伦敦，先后在奥地利几所大学、德国波恩大学、美国哈佛大学任教，曾任经济计量学会、美国经济学会会长。

熊彼特对资本主义的长期发展趋势和经济学说发展史等方面进行了广泛的研究，主要著作有《经济发展理论》《经济周期：资本主义过程的理论、历史和统计分析》《资本主义、社会主义和民主主义》《从马克思到凯恩斯十大经济学家》《经济分析史》等。熊彼特运用创新理论解释资本主义的本质及其发生、发展和灭亡。他认为，创新是把生产要素和生产条件重新组合引入生产体系，创新包括：新产品的开发，即消费者不熟悉的具有新特征的产品；一种新的生产方法的采用；一个从未进入过的新市场的开辟；新生产要素的发现；工业新组织形式的形成。企业家的职能就是创新，而经济发展就是整个资本主义社会不断实现新组合。创新通过扩散，刺激大规模投资，引起高涨，一旦投资机会消失，经济就转入衰退，从而创新产生资本主义生产的经济周期。经济进步会使资本主义自动进入社会主义。随着科学技术的进步，熊彼特的学说在当前受到了更多学者的重视。

发明创造有别于创新。发明创造只是一种新概念、新设想或者至多表现为试验品，哪怕为人类知识宝库做出了巨大贡献的伟大发明也不例外。创新则是将发明或其他科技成果引入生产体系，利用那些原理制造出市场需要的商品，从而使生产系统产生震荡效应。因此，创新和经济发展相联系，推动创新的是企业家，而不是发明家和革新者。

10.1.2 创新的特点

美国福特汽车公司创始人亨利·福特曾说：“不创新，就灭亡。”创新是企业在激烈市场竞争中生存和发展的必然选择，是经济发展和生产率提高的根本动力。为了更积极地致力于创新，更合理有效地组织创新，我们有必要了解创新的特征，以便因势导利。作为人类特有的一种活动，创新具有以下几方面的特性。

1. 创造性

创新是创造性的思维观念及其实践活动，照抄照搬不是创新；创新活动及其成果是创造性的劳动及其结晶，它是前人或者别人没能够认识或做到的，没有加以更好利用。即使是同类活动及其成果，创新也意味着有质的改进、提高或得到了更好的利用。不具有创造性的创新是原有技术的低级重复，难以生产出满足变动中的市场需求的商品，难以提高企业的竞争能力。只有具有创造性的创新，才能使创新者占领竞争的制高点，赢得竞争的胜利。因此，创新者应解放思想，开拓进取，勇于变革，勇于实现创造性的思维及其实践活动。

2. 高风险性

创新活动的创造性也决定了其风险性。实践证明，创新是否成功以及在多大程度上获得成功，存在高度的不确定性，因而具有高风险性。从总体上讲，创新获得成功并收到预期的效果，往往不是多数而是少数，有些创新活动甚至是极少数。创新一旦失败，不仅创新过程的大量投入无法收回，而且会错过发展机会，损害企业的市场竞争力。

在企业中，创新的风险性主要有市场风险和技术风险。市场风险是指难以把握市场需求的基本特征以及将这些特征融入创新过程，因而创新的决策和最终结果很难说是否为用户所接受、为市场所欢迎，是否能超越竞争对手。技术风险能否克服研究开发、商品化过程的技术难题和高成本问题，因此有技术上成功与否的不确定性。同时，创新也存在管理上的风险。当然，创新充满风险并不是说它比守旧的风险还大，因循守旧、故步自封存在使组织萎缩甚至被淘汰的风险。因此，只有创新组织才有希望，才有生机和动力。认识创新的高风险性，充分考虑到创新成功的不确定性，其目的是要采取多方面的措施减少风险，增大创新的成功率，这是管理的创新职能所在。

 **阅读材料 10-2**

创新是企业的生命

在20世纪二三十年代，福特汽车公司以大规模生产黑色轿车独领风骚数十载，但随着时代的变迁，消费者的消费需求也发生着变化，人们希望有更多的品种、更新的款式、更加节能省耗的轿车。而福特汽车公司的产品，不仅颜色单调，而且耗油量大、废气排放量大，完全不符合日益紧张的石油供应市场和日趋严重的环境状况。此时，通用汽车公司和其他几家公司则紧扣市场脉搏，制定出正确的战略规划，生产节能省耗、小型轻便的汽车，在20世纪70年代的石油危机中，跃然居上，使福特汽车公司濒临破产。所以福特汽车公司前总裁亨利·福特深有体会地说："不创新，就灭亡。”可见，创新已经成为企业生存和发展的源泉，是企业的生命。

3. 高效益性

一般来说，在经济活动中，高风险和高效益是并存的，创新活动亦是如此，其高风险性和高效益性呈正相关关系。尽管创新的成功率难以估计，但一旦成功，可获得的利润还是相当可观的。创新不仅可使企业在市场中具有竞争优势，而且可使它在一定范围、一定时间、一定程度上处于垄断地位。正是因为创新具有高回报率，同时又具有高风险性，所以世界上很多国家相继创立了风险投资公司，向创新者提供风险性贷款，以促进创新。现在许多企业，也正是看到了创新可以获得高额收益而进行着各种创新，以求得到持续发展。

4. 时效性

创新的时效性，一方面表现在不同创新类型的时序分配上，另一方面反映在产品的替代过程中。

企业创新一般总是从产品创新开始的。一种新的市场需求总是表现为产品需求，因此，在创新初期，企业的创新活动主要是产品创新。一旦新产品被市场接受，随之而来的，企业将把注意力集中在过程创新上，其目的是降低生产成本、改进品质、提高生产效率。当产品创新和过程创新进行到一定程度时，企业的创新注意力会逐渐转移到市场营销创新上，其目的是提高产品的市场占有率。

当新产品投放市场一定时间后又会被更新的产品所替代，其原因可能有两方面：一是消费者的偏好发生了变化；二是生产产品的技术得到了更新。

正是因为创新具有时效性，所以创新者在进行创新决策时，就有必要识别市场对创新产品需求的持续时间，该产品被替代的可能性以及创新所处的时期。

5. 动态性

事物是发展变化的，不仅组织的外部环境和内部条件在不断变化，而且组织的创新能力也要不断积累、不断提高，决定创新能力的创新要素也要进行动态调整。从企业间的竞争来看，随着企业创新的扩散，企业竞争优势将会消失，这就要不断推动新的一轮又一轮的创新，不断确立企业新的竞争优势。因此，创新绝不是静止的，而是动态的。不同时期组织的创新内容、方式、水平是不同的。从组织发展的趋势来看，前一时期低水平的创新总是要被后一时期高水平的创新所替代，创新活动的不断开展和创新水平的不断提高，正是推动组织发展的动力。

6. 综合性

创新的综合性特点表现在创新活动是许多人共同努力的结果，即众多人的投入产出活动。创新既需要企业家的冒险精神和经营管理能力，也需要科学技术工作者的理论知识和技术，还需要创新活动的具体执行者密切配合。同时，只有科技工作者和生产技术人员及生产者共同联合、协作，才能使创新达到预期的目的。

10.1.3 创新的意义

在经济一体化的今天，企业的发展离不开创新，很多企业把创新工作提升到关系企业生死存亡的高度，认为“不创新，就死亡”，创新已成为时代的主旋律。越来越多的知名企业，如微软、惠普、三星、海尔、宝钢都已经转向创新型企业的实践探索。创新正日益成为企业在激烈竞争中制胜的法宝，缺乏创新精神的企业，很难在当今社会生存和发展。

1. 创新是企业持续生存和发展的必要保障

任何组织作为社会大环境中的一个有机体，必须面对可能到来的种种变化。要在变化的环境中求得生存和发展，只有不断改变自我，在创新中新生。如果组织所处的内外部环境发生变化，组织的制度、机制、观念还是一成不变，组织就不可能可持续发展。创新行为不仅是组织面对变化时的一种必然反应，也是组织生存和发展的基本保障。任何因循守旧、抱残守缺的行为都会将组织推向消亡的深渊。因此，组织不论大小，不管什么性质，唯有创新才不致被不断变化发展的世界所遗弃。

2. 创新是企业核心竞争力的主要来源

核心竞争力是企业所特有的、能够经得起时间考验的、具有延展性的，并且是竞争对手难以模仿的技术或能力，是一个组织能够长期获得竞争优势的能力。企业取胜的关键在于核心竞争力，有没有核心竞争力是企业未来生存和发展的关键。组织要提高核心竞争力，必须把创新作为基本发展战略，实施由资源驱动向创新驱动的战略性转变，不断进行自主创新、技术创新、管理创新、文化创新，全面提高组织的核心竞争力。同时，企业核心竞争力的培育过程就是一个无止境的创新过程。只有持续不断地创新，才能确保企业长久地拥有核心竞争力。

3. 创新是企业解决发展瓶颈的有力武器

创业容易守业难。通常，企业在经历创业、成长、成熟之后，往往会进入一种相对停滞的状态，这就是所谓的发展瓶颈。此时企业停止不前甚至难以维持现状，若不加以解决，则生死攸关。这是众多企业都要面对的共性问题。如果组织无法安然渡过此时期，那么组织很可能走下坡路甚至难以为继。组织只有不断地变革创新才是解决发展瓶颈的根本途径。

 **阅读材料 10-3**

管 理 定 律

1. 舍恩定理

新思想只有落到真正相信它、对它着迷的人手里才能开花结果。提出者：美国麻省理工学院教授舍恩。毛泽东的“自信人生二百年，会当水击三千里”是对舍恩定理最哲理性的诠释。

2. 吉宁定理

真正的错误是害怕犯错误。提出者:美国管理学家 H. 吉宁。

点评:不怕错误的人,错误往往也离他最远。

3. 卡贝定理

放弃是创新的钥匙。提出者:美国电话电报公司前总经理卡贝。

点评:在未学会放弃之前,你将很难懂得什么是争取。

4. 达维多定律

达维多定律是以英特尔公司副总裁达维多的名字命名的。他认为,一个企业要想在市场上总是占据主导地位,那么要做到第一个开发出新产品,又第一个淘汰自己的老产品。这一定律的基点是着眼于市场开发和利益分割的成效。因为人们在市场竞争中无时无刻不在抢占先机,只有先入市场才能更容易获取较大的份额和较高的利润。

10.2 管理创新的内容与过程

10.2.1 管理创新的内容

管理创新是指企业把新的管理要素(如新的管理方法、新的管理手段、新的管理模式等)或要素组合引入企业管理系统,以更有效地实现组织目标的创新活动。管理创新的内容主要包括管理观念创新、经营思路创新、制度创新、组织结构创新等几个方面。

1. 管理观念创新

观念是世界观范畴,属意识形态。观念是行为的先导,一定的观念决定一定的行为。世界观的转变是根本的转变,观念的创新是彻底的创新。观念创新,也就是创新观念,就是要改变人们对某种事物的错误的、过时的或不利于实践的既定看法和思维模式,及时、科学地构建新思维、新理念和新思路的过程。它是对陈腐观念的突破,是对未知领域的探索。在创新系统中,观念创新是其他一切创新的前提。企业观念创新对其他创新活动具有根本的促进作用。企业创新活动要求组织的管理者首先从观念和理论上超越,并辅以组织结构和体制上的创新,以确保整个组织采用新技术、新方法,使创新成为可能,最终通过决策、计划、组织、领导、控制等管理职能活动,为社会提供新产品和服务。

创新实质上就是一个“变”字,在当前急剧变化的时代,“变”是唯一不变的真理。但不是被动的变而是主动的变,创新很大程度上取决于人们观念上能否允许、接受这种变革。观念不创新,则谈不上技术、制度、管理等其他创新。观念落后,抱残守缺,企业的发展无从谈起。因此,管理的任何创新,其核心都是观念的创新。观念的创新在整个创新过程中至关重要,它是一切创造活动的逻辑起点和基本前提。

1) 企业观念创新的内容

企业观念创新主要包括以下几个方面的内容。

(1) 价值观创新。价值观是人们对客观事物的是非、善恶和重要性的评价。企业价值观,是指企业在追求经营目标成功的过程中所推崇的基本信念和奉行的理念。简单来说,企业的价值观就是企业决策者对企业性质、目标、经营方式的取向所做出的选择,是为员工所接受的共同观念。企业价值观经历了多种形态的演变,其中最大利润价值观、经营管理价值观和社会互利价值观是比较典型的企业价值观。不同的社会时代和市场环境孕育不同的价值观,不能笼统地认为此价值观正确,彼价值观错误。随着时代的变迁,企业价值观需要不断地发展与完善。如今我国已从商品稀缺阶段进入物资充裕阶段,商品销售也从卖方市场变为买方市场。在外部环境发生如此巨大变化的形势下,企业要适应社会的变革要求,重视价值观的创新,准确把握市场脉搏,树立适合现代社会的企业价值观。如 CS(customer satisfaction,顾客满意)价值观、"绿色"价值观等。无数例子证明,企业价值观建设的成败,决定着企业的生死存亡。因此,成功的企业都很注重企业价值观的建设,并要求员工自觉推崇与传播本企业的价值观。

(2) 思想变革。一个时代的进步,总是以实践基础上的思想变革、理论创新为先导。思想的变革是经济社会发展的重要推动力量。发展永无止境,思想变革也永无止境。人类社会取得的成绩和进步得益于思想的不断变革。改革开放已 30 多年,仍然还存在着一些不合时宜的体制和做法,影响和制约着企业工作的开展、事业的推进。当今社会,企业若想在激烈的竞争中脱颖而出,必须不断进行思想变革,用先进的思想来武装自己。

(3) 思维创新。创新性思维是指具有发现性和开拓性的思维,是区别于传统思维、定势思维、顺向思维、线性思维的新型思维方式。它具有首创性、广阔性和前瞻性的特点。目前比较提倡的创新性思维有聚合思维、发散思维和归零思维。牛顿从苹果落地发现了万有引力,瓦特看见炉子上烧水的壶盖被水汽顶起而受到启发,发明了蒸汽机。苹果与万有引力、水壶盖与蒸汽机,在一般人看来是风马牛不相及的事物,牛顿和瓦特却能够从这些不同的事物中揭露客观事物的本质及其内部联系,并且在此基础上发现新颖、独创和有价值的思维成果,这就得益于创新性思维的运用。国外近年来出现的"思维空间站",其目的就是进行思维创新训练。有目的地进行思维创新方面的训练,可以帮助企业更好地实现观念创新。也有的企业采取"不换脑筋就换人"的办法,不断招募新的人才。重要原因之一就是期望能带来新理念、新思维,不断创新。若思维成定势,就会严重阻碍观念创新。

21 世纪是不连续性发展的时代,跳跃性的变化要求企业必须用"创造性的破坏"

颠覆已有的思维定势，才能以不断的创新思维谋求企业的生存和发展。

2）企业观念创新的途径

无数企业的实践证明，企业发展过程中最关键、最艰难的就是观念创新。因为想不到，所以做不到。因为想不通，所以做不通。观念创新本质上是一场意识形态上的变革。观念创新的过程是一个自我否定、自我超越的过程，它既要超越传统的思维方式和模式，又要超越已形成的利益格局和习惯做法，这意味着企业观念创新是艰难和痛苦的。

课堂讨论 10-1

结合身边实际，谈谈如何创新？

（1）善于解放思想、自我否定。解放思想是推动一切工作的“总开关”，解放思想的程度决定改革的深度和创新的速度，解放思想永无止境，是永恒的主题。否定自我，就是否定已经落后的观念，突破旧有的工作方法和思维定势，树立新的观念，不墨守成规，不东施效颦。只有敢于自我否定，自我完善才能有所突破、有所创造，才能不断“脱胎换骨”。改革开放之初，温州人不等不靠，认为“无明文禁止即自由”，积极开拓市场，赢得了市场。温州人为何在捕捉发现商机上能够独具慧眼、先知先觉？根本原因在于其思想不保守，观念更新快。观念超前，就能够想别人之不敢想，为别人之不敢为，发现别人视而不见的商机也就不足为奇了。

（2）增强终身学习的意识。21 世纪，人类社会进入了知识经济时代，在这个信息技术高度发达的时代，社会生活的信息化、网络化程度越来越高，知识的总量急剧增加，知识“更新周期”越来越短，人们原有的知识和技能已经远远不能满足现实工作和学习的需要。自从美国学者彼得·圣吉在《第五项修炼》一书中第一次提出学习型组织的概念之后，全世界从国家、社会到企业、个人掀起了一场创建学习型组织、树立终身学习理念的浪潮。常言道：“活到老学到老”。只有不断地用新知识来武装头脑，用新思想来涤荡心灵，才能敢于打破旧思想、旧观念、旧传统，才能全面提高自身素质，提高思想认识，更新工作观念，掌握工作方法，把握工作技巧，从而创新工作思路，以更好地适应工作的需要。在我国，一些企业的中高层领导，特别是高层领导面对新时代的挑战和压力，缺乏明显的危机意识、管理意识和创新意识。企业一般管理人员缺乏必要的培训教育，对新理论、新思想和新方法知之甚少。这无疑制约了人们观念的转变，束缚了企业的观念创新，使得企业难以引入先进的管理思想和管理技术，如企业资源计划（ERP）、供应链管理（SCM）、企业重组（ER）和信息技术（IT）等，造成企业无法真正实现全面创新。

（3）营造良好的企业观念创新氛围。要使企业始终保持旺盛的创新能力，必须有先进的观念创新机制做保证。观念创新，不光是企业少数几个领导人的观念创新，更是整个企业以至于每个人的观念创新。企业观念创新，不可避免地会遇到企业内外部消极因素的影响。要积极主动地营造一种有利于企业观念创新的良好氛围,变消极为积极,变被动为主动。就企业内部而言,要激发企业员工的创新灵感,除加强创新教育外,还必须作出合理的评价和建立奖惩制度。创新的原始动机也许是个人的成就感、自我实现的需要,如果创新的努力不能得到企业的承认,不能得到公正的评价和合理的企业奖酬,则继续创新的动力会渐渐失去。奖励的对象不仅要包括成功的创新者,而且应包括那些没有成功的努力者。就企业的发展而言,重要的不仅是创新的结果,还包括创新的过程。如果奖酬制度能促使每个成员都积极地去思考、探索和创新,还是会有利于企业的发展的。就企业外部而言,为尽可能消除消极因素的影响,企业应采取灵活多样的形式广泛宣传其创新观念。如把企业观念的核心内容用箴言、警句的形式印刷成标语,向外界传播,使外界公众在有形无形中受到熏陶,从而加深对企业观念的认可,还可以将企业观念的核心内容通过厂歌、厂旗、厂徽等这些生动形象的宣传手段反映出来,感染外界,增加外界的关注和理解。

在当代经济全球化、信息化、网络化、一体化的趋势下,科学技术日新月异,生活瞬息万变,每个企业和企业家,都应当放眼世界,随时发现自己的弱点和缺点,以新的思维和观念不断改革和创新,不断追求卓越,方能不断超越,否则随时都有被淘汰的可能。“不破不立”,要想实现又快又好的发展,必须不断打破长期禁锢在人们思想观念上的层层枷锁,做到勇于创新、善于创新,这样才能在残酷的市场竞争中站稳脚跟。

2. 经营思路创新

美国钢铁大王安德鲁·卡内基有句名言:“所有的成功起初只不过是个想法罢了。”思路创新常常是其他创新行为的开端和引导。中国经济改革的巨大成就首先得益于像贫穷不是社会主义、市场经济并不等于资本主义、让一部分人先富起来、科学技术是第一生产力、竞争和开放会带来活力、招商引资发展更快、打入国际市场等一系列思路的创新。

经营思路创新主要表现为核心经营理念的创新。常见的、最简单的企业核心经营理念可以表述为:企业是赚钱的工具,什么赚钱就应该做什么。但从世界上许多成功经营的公司那里不难发现,核心经营理念并非如此简单。比如,沃尔玛公司带有创新性的核心经营理念:我们存在的目的是为顾客提供等价商品——通过降低价格和增大选择余地来改善他们的生活,其他事情是次要的;逆流而上,向传统观点挑战;与雇员成为伙伴;满腔热情地工作,把全身心都投入进去;薄利多销;不断追求更高的目标。这是沃尔玛公司作为一家零售企业而发展成为世界第一大公司的首要前提。美国强生公司创新性的核心经营理念:公司存在的目的是“解除病痛”;我们把义务和责任分成等级,即顾客第一,雇员第二,整个社会第三,股东第四。视贡献不同,个人机遇和报酬也不同;权力下放=创造力=生产率。

核心经营理念是企业主要经营决策者或高级管理层所信奉的一套有特色的经营

思想，是他们制订具体业务发展计划的指导思想，是他们评价下属制订更具体业务计划和行为表现的简约。有效的价值标准，是倡导和引导企业员工行动方向的指路明灯，特别是对于那些刚创办或进入新业务领域的企业而言，它们必定存在一个探索、尝试的阶段。在这一阶段，完整的、详细的业务发展战略一般无从谈起，指引它们的只能是核心的经营理念。这样，核心经营理念的创新就起着一个企业发展路径选择的作用。

阅读材料 10-4

观念决定命运

两个乡下人外出打工，张三准备去上海，李四准备去北京。可是在候车室等车时，两人都改变了主意，因为邻座的人议论说，上海人精明，外地人问路都收费；北京人质朴，见吃不上饭的人，不仅给馒头还送旧衣服。

准备去上海的张三想，还是去北京好，挣不到钱也饿不死，幸亏车还没到，不然真掉进了火坑。

准备去北京的李四想，还是去上海好，给人带路都能挣到钱，还有什么不能挣钱的？我幸亏还没有上车，不然就失去了一次致富的机会。

于是他们在退票处相遇了，他们互换了票。张三来到北京后发现，北京果然好。他初到北京的1个月，什么也没有干，竟然也没饿着。李四到上海后发现，上海果然是一个可以发财的城市。带路可以赚钱、擦洗招牌可以赚钱，只要想点办法、花点力气就可以赚钱。1年后他开办了一个清洗公司，如今他的公司已经有几百个员工，而且业务也由上海发展到杭州和南京。前不久，他坐火车去北京考察清洗市场，在北京站，一个衣衫褴褛的人伸手向他要一个空矿泉水瓶子，就在递瓶时，两人都愣住了，因为5年前他们曾换过一次票。

这就是观念带来的差异！因为观念的不同，所以产生了不同的行动，最终也得到了不同的结果。张三认为上海人太精明，而将上海视为火坑，而李四则将上海人的精明视为致富的机会，通过努力终于获得成功。影响一个人的最大因素就是一个人的观念和思想意识，所以观念创新是一切创新的灵魂和指挥棒。

3. 制度创新

规章制度是组织用以规范和约束行为主体的工作规程和行为准则。制度创新是指引入一项新的制度安排代替原来的制度，以适应制度对象的新情况、新特性，并推动制度对象的发展。制度创新可以进一步调动和发挥组织成员的积极性和创造性，可以使组织及其成员的行为更加合理，从而提高组织的效率和效益。制度创新和各种创新是相互联系、相互促进的，在一定条件下，制度创新起着决定性的作用。企业制度创新的内容非常广泛，主要包括产权制度、经营制度和管理制度等三个方面的内容。

产权制度是决定企业其他制度的根本性制度，它规定着企业最重要的生产要素的所有者对企业的权利、利益和责任。不同时期，企业各种生产要素的相对重要性是不一样的。在主流经济学的分析中，生产资料是企业生产的首要因素，因此，产权制度主要是指企业生产资料的所有制。目前存在的相互对立的两大生产资料所有制——私有制和公有制，在实践中都不是纯粹的。私有制正越来越多地渗入“共有”的成分中，公有制正或多或少地添进“个人所有”的因素。企业产权制度的创新也许应朝向寻求生产资料的社会成员“个人所有”与“共同所有”的最适度组合的方向发展。

经营制度是有关经营权的归属及其行使条件、范围、限制等方面的原则规定。它表明企业的经营方式，确定谁是经营者，谁来组织企业生产资料的占有权、使用权和处置权的行使，谁来确定企业的生产方向、生产内容、生产形式，谁来保证企业生产资料的完整性及其增值，谁向企业生产资料的所有者负责以及负何种责任。经营制度的创新方向是不断寻求企业生产资料最有效利用的方式。

管理制度是行使经营权、组织企业日常经营的各种具体规则的总称，包括对材料、设备人员及资金等各种要素的取得和使用的规定。在管理制度的众多内容中，分配制度是最重要的内容之一。分配制度涉及如何正确地衡量成员对组织的贡献并在此基础上如何提供足以维持这种贡献的报酬。由于劳动者是企业诸要素的利用效率的决定性因素，因此，提供合理的报酬以激发劳动者的工作热情对企业的经营有着非常重要的意义。分配制度的创新在于不断地追求和实现报酬与贡献的更高层次的平衡。

因此，企业制度创新的方向是不断调整和优化企业所有者、经营者、劳动者三者之间的关系，使各个方面的权力和利益得到充分的体现，使组织的各类成员的作用得到充分的发挥。

4. 组织结构创新

企业系统的正常运行，既要求具有符合企业及其环境特点的运行制度，又要求具有与之相适应的组织形式，因此，企业制度创新必然要求有组织形式的变革和发展。组织机构是组织内各构成要素、部门、单位及相互间发生作用的联系方式。组织内各要素、部门之间的关系有两类：一是纵向关系，即领导与下属，上级与下级的关系；二是横向关系，即平级机构和人员之间的相互关系。这种纵向和横向的关系，实质上是管理劳动的分工与合作关系。由于组织结构受多种因素的影响，这些因素的变化必然要求组织结构不断调整和变革。组织结构创新的目的和要求，是充分发挥职工的主动性和创造性，提高管理劳动的效率。

组织结构创新的主要内容：机构设置和人员配备的调整；机构、人员责权的重划；信息沟通渠道的重建；工作流程的重新安排等。

20世纪90年代以来，美国和其他工业发达国家掀起了企业流程再造运动。这被认为是继全面质量管理运动之后的第二次工商管理革命。企业流程再造是从根本上对原有基本观念与业务流程进行深刻反思和重新设计，以期在衡量绩效的重要指标方面获得大幅改善。

课堂讨论 10-2

以上创新，哪种更难？为什么？

企业在重新整合业务流程的同时，还必须重新塑造企业的价值观，如顾客至上、以人为本、抛弃官僚体制、重新设计工作方式、重新设计考评体系。与此相适应，企业组织结构趋于扁平化，要建立学习型组织、网络型组织等。

阅读材料 10-5

美国通用电气公司的零层管理

美国通用电气公司是由托马斯·阿尔瓦·爱迪生(Thomas. A. Edison)于1892年创建的，通用电气公司的航空发动机厂在辛辛那提市的北面，现有员工8000人左右。在这家8000人左右的发动机总装厂里，只有厂长和职工两个阶层，中间没有任何管理层。在一般工厂里常见的车间、班组、工会、人事、财务、计划、技术等部门在这里全部被取消，而代之以各种工作团队。在生产过程中必需的管理职务，如财务管理、班组长等由工人轮流担任。临时性工作则由各部门临时抽调老工人完成，完成以后即解散。

通用电气公司原来从董事长到基层工人之间大约有26个层级。实行“零层管理”方法后，通用电气公司的层级减到5至6层。这样做至少有两个优点：一是大大减少了工厂的组织机构；二是生产过程中的所有员工都是平等的。“零层管理”是20世纪80年代由扁平化运动的创新带来的，通过扁平化运动，打破了公司内部各负其责的工作方式，代之以事件来贯穿各部门的工作。例如，营销部门接到一张订单，那么，有关这张订单的所有工作，从接待、生产制造到运输、安装调试都由该部门负责。这样，便减少了部门之间的矛盾，也缩减了机构和人员。

通用电气公司原总裁杰克·韦尔奇说：“一个公司就像一座大楼，企业为若干层，而每一层又开了许多小房间，我们就是要把这些隔层尽量打掉，让整个房子变成一个整体。”

综上所述，国家创新体系应该是以技术创新为基础，以多方面行为主体构成的综合性创新网络体系，企业技术创新应该是其中的关键环节，它的组成和功能体现出知识的生产、扩散和应用全过程。同时，由于世界经济一体化进程的加快，这个系统还应该是一个开放的系统，与国内外大环境不断进行知识和信息的交换。在此系统中，国家的政策起到尤为系统的作用，应充分发挥政府对知识网络的支持和推动作用，为创新的各类行为主体的交流提供良好的条件。只有充分认识到国家创新系统的重要性，致力于国家创新系统的建设，才能使我国在知识经济时代激烈的知识和技术竞争中始终处于主动地位。

10.2.2 管理创新的过程

创造性活动是人类智能活动的最高体现，世界上一切创新成果都是人类创造性思维和劳动的结果。创新思维是一个极为复杂的多因素交互作用的过程。日本创新学家高桥浩说："创造性思维的过程是一种身心的综合性劳动，因而单是掌握方法是不能解决问题的，这里既要具备发现问题的自觉性，又不能缺少信息的积累，更重要的是身心健康且斗志旺盛。"由此可见，创新方法只是应该掌握的知识的一小部分，要更好地开发，促进创新思维，更好地从事创新工作，还应该了解创新工作的过程。一般而言，创新工作大体可以分为以下几个阶段。

1. 准备阶段

创新不是纯粹的偶然的突发奇想，在偶然的背后有必然的因素在起作用，也就是说，创新需要具备一定的前提条件。

1）要有广博的知识和经验的积累

知识和经验的积累是人们进行创新的基本条件。不管你要从事哪种创造和革新，你首先要具备相关对象的知识和经验。创新不是无中生有的，而是在已有知识和经验基础上的升华。一个对发明对象一无所知的人，发明不可能从天而降。这就是说，一个人的发明创造不可能超过他的知识范畴。著名发明家爱迪生曾说："天才是百分之一的灵感加百分之九十九的汗水。"这百分之九十九的汗水就是知识和经验的积累，并且这种知识和经验的积累要形成合理的结构，既要有扎实的专业知识，又要有较广博的相关知识。因为创新在某种意义上说是对知识和信息的重组，仅在本专业知识领域重组是不够的，还要到相关领域甚至完全不同的领域去重组，才能获得创新所需要的灵感。

2）要有创新的愿望和动机

人的行为是受自己的愿望和动机驱使的。如果没有创新的主动性、积极性和自觉性，就不会有创造性。对创新来说，始终需要的是身心健康和斗志旺盛，只有这样才能在创新过程中不畏艰险，知难而进，不屈不挠地去争取最后的成功。

3）要有强烈的好奇心

真正的好奇心常会带来一些意想不到的创新。当你已经在某一领域研究甚深，强烈的好奇心会驱使你去思考一些在别人看来司空见惯的现象和现有理论无法解释的现象。如果你能顺着这些现象深入地探究其背后的原因，往往会有令人惊奇的新发现。

4）敢于推陈出新的心理勇气

创新者在世界观上应该认识到一切事物是不断向前发展的，人类对世界的认识是在不断否定中不断变化和提高的。不敢否定旧的，新的就不可能出现。因此，在事实的基础上要敢于质疑旧有的金科玉律，要敢于突破甚至否定那些被一般人视作神圣不可侵犯的所谓“理论”。要知道，真理永远只是相对的，在创新者眼里没有不可突破的禁区。如果爱因斯坦不敢触动牛顿的力学理论体系，就不可能有后来的质能方程。总之，敢于推陈出新的心理勇气是创新者必须具备的心理条件。

2. 寻找创新的机会和时机

创新是对原有秩序的破坏，原有秩序之所以要打破，是因为其内部存在着或出现了某种不协调。这些不协调对组织的发展提供了有利的机会或造成了某种不利的威胁。创新活动正是从发现和利用旧秩序内部的这些不协调开始的，不协调为创新提供了契机，例如，企业生产过程的污染与环境保护运动兴起的不协调，企业发展的需要与利润大幅度下滑的现实之间的不协调，社会上科技的发展与企业生产技术的现实以及产品的技术水平之间的不协调，等等。旧秩序中的不协调既可存在于系统内部，也可能产生于对系统有影响的外部。组织的创新往往是从密切地注视、系统地分析社会经济组织在运行过程中出现的不协调开始的。

3. 提出构想

在觉察到不协调现象后，要透过现象探究其原因，并据此分析或预测这种不协调的未来的变化趋势，估计它们可能给组织带来的积极性或消极性后果，然后设法利用机会或者将威胁转换为机会。在这方面，可以采用头脑风暴法、特尔非法、畅谈会法等多种方法，提出消除不协调和解决问题的办法，使系统在更高层次上实现新的平衡。

4. 实施构想

组织内外环境瞬息万变，不协调的构想提出后必须立即付诸行动。由于外部环境的不确定性以及决策时掌握的信息有限，人们决策时提出的构想可能还不完善，甚至可能很不完善，但是这种构想毕竟是考虑了在变化的内外环境的基础上提出来的，所以要把组织所面临的新情况、新问题迅速付诸行动。因为没有行动的思想会自生自灭，如果苛求构想的完美以及减少失败的风险，而迟迟不能对内外环境的变化作出反应，必将坐失良机，把创新的机会拱手让给竞争对手或丧失创新的大好时机，导致创新的失败。

5. 不断完善

构想经过尝试才能成熟，而尝试是有风险的，是可能失败的。创新的过程是不断尝试、不断失败、不断完善、不断提高的过程。因此，创新者在开始行动以后，必须坚定不移地坚持下去，绝不能半途而废。不断地探索，不断地总结行动中的经验教训，对当初的构想不断地修正、不断地完善，否则便会前功尽弃。要在创新中坚持下去，创新者必须有足够的自信心，有较强的忍耐力，能正确面对尝试过程中的失败，善于及时从失败中总结经验教训，不因暂时或者局部的受挫而气馁。

6. 形成模式

模式是一种在某种环境下组织发展过程中形成的从工作程序到行为方式、管理方式、思维习惯和价值观念都成为某种内在一致的特定类型的状态。特定的模式要经过一定的时间积累才可能形成。它是组织内部各方面经过反复探索、学习、调整和适应才形成的。对某种特定环境而言，组织的模式化是管理水平提高、效率提高、资源浪费和内耗减少的结果。模式的形成意味着相对于某种环境条件而言，组织对它的适应到达了较高的层次。就创新而言，经过在实践中的不断完善，组织将形成一整套适应新环境的新观念、新方法、新体制，但创新往往是从组织的某个局部开始的，所以组织还需要把它由点到面地推广开来，以使组织能够最大限度地适应新环境。

10.3 创造性思维和创新技法

10.3.1 创造性思维

关于创造性思维的定义，不同研究者因研究的角度不同，提出了有关创造性思维定义的不同表述方式。主要有以下几类代表性的观点。

1. 代表性观点综述

(1) 强调“思维方式”的观点。美国心理学家科勒斯涅克提出：“创造性思维就是指发明或发现一种新方式用以处理某件事情或表达某种事物的思维过程。”我国有的研究者也指出，“创造性思维是指一种用新颖的独特的方式解决某个问题的思维活动”。这些观点倾向于把创造性思维规定为新颖的思维方法或思维形式。

(2) 强调“主观努力”的观点。也有一些研究者强调创造性思维形成过程中思维者的努力，如有人提出“创造性思维是思维活动的高级过程，是个人在已有经验的基础上，从某些事实中寻找新关系，找出新答案的思维过程”。袁张度则认为，创造性思维是“人类心理的高级活动过程”。

(3) 强调“思维结果”的观点。较多的研究者在给创造性思维定义时强调思维的结果。如认为“创造性思维是指认识史上第一次产生的、前所未有的、具有社会意义和社会价值的思维活动”，是“创造新形象或新事物的思维”，是“开拓认识新领域的一种思维”，是“产生前所未有的思维成果的思维”等。

2. 本书的观点

创造性思维被恩格斯誉为“地球上最美丽的花朵”，也是人类区别于动物的最根本的特征。创造性思维是人类所特有的最高级、最复杂的心理活动过程。具体来讲，创造性思维是指思维主体利用已掌握的知识和经验，从某些事物中寻找新关系、新答案，创造新成果的高级的、综合的、复杂的思维过程。

创造性思维是在一般思维基础上发展起来的，是人类思维的最高形式，是以新的方式解决问题的思维活动。创造性思维的目的是要创造出前所未有的、有价值的精神或物质产品。

3. 创造性思维的特征

一般来说，创造性思维具有以下特征。

1）独创性

创造性思维的独创性是指按照不同寻常的思路展开思维，达到标新立异效果的性质。

创造性思维贵在创新，它或者在思路的选择上，或者在思考的技巧上，或者在思维的结论上，具有"前无古人"的独到之处，具有一定范围内的首创性、开拓性。因此，具有创造性思维的人，对事物必须具有浓厚的创新兴趣，在实际活动中善于超出思维常规，对"完善"的事物、平稳有序发展的事物进行重新认识，以求新的发现，这种发现就是一种独创，一种新的见解、新的发明和新的突破。

2）灵活性

创造性思维的灵活性是指能产生多种设想，通过多种途径展开想象的特质。思维突破"定向""系统""规范""模式"的束缚。创造性思维并无现成的思维方法和程序可循，所以它的方式、方法、程序、途径等都没有固定的框架。进行创造性思维活动的人在考虑问题时可以迅速地从一个思路转向另一个思路，从一种意境进入另一种意境，多方位地试探解决问题的办法，这样，创造性思维活动就表现出不同的结果或不同的方法、技巧。

创造性思维不是思想方法上的单行道，而是一种多回路、多渠道，四通八达的思维方式。正是这种灵活性，使创造性思维左右逢源，生动活泼，体现出无穷的魅力。

3）联想性

面临某一种情境时，思维可立即向纵深方向发展；觉察某一现象后，思维立即设想它的反面。这实质上是一种由此及彼、由表及里、举一反三、融会贯通的思维的连贯性和发散性。

4）超越性

超越性是指创造性思维的结果使思维者的认识超越以往水平，达到一个崭新的高度。由于创造性思维产生的总是新想法，通常表现为有所发现、有所发明或有所创新，必然在认识上突破原有的范围，或者在原有认识的基础上进一步深化。不管是哪种情况，都将使思维者在认识上超越原有的水平。

5）风险性

由于创造性思维活动是一种探索未知的活动，因此要受多种因素的限制和影响，如事物发展及其本质暴露的程度、实践的条件与水平、认识的水平与能力等，这就决定了创造性思维并不能每次都能取得成功，甚至有可能毫无成效或者得出错误的结论。

6）综合性

思维调节局部与整体、直接与间接、简易与复杂的关系，在诸多的信息中进行概括、整理，把抽象内容具体化、繁杂内容简单化，从中提炼出较系统的经验，以理解和熟练掌握所学定理、公式、法则及有关解题策略。

4. 创造性思维的表现形式

1）发散思维

发散思维又称辐射思维、放射思维、扩散思维或求异思维，是指大脑在思维时呈现的一种扩散状态的思维模式，它表现为思维视野广阔，思维呈现出多维发散状。思维的发散性，是指它从某一点出发，既无一定方向也无一定范围地任意发散。不少心理学家认为，发散思维是创造性思维的最主要的特点，是测定创造力的主要标志之一。其目的是打开人们的思路，扩展人们的视野而不至于受传统思想、观念和理论的限制与束缚。

2）逆向思维

逆向思维又叫反向思维。逆向思维是指与一般的思维方向相反，是与传统的、逻辑的或群体的思维方向完全相反的一种思维方式。哲学研究表明，任命事物都包括对立的两个方面，这两个方面又相互依存于一个统一体中。人们在认识事物的过程中，实际上是同时与其正反两个方面打交道，只不过由于日常生活中人们往往养成一种习惯性思维方式，即只看其中的一方面，而忽视另一方面。如果敢于“反其道而思之”，往往能够获得出其不意的效果，如管理中的“鲶鱼效应”、需改变传统的“对固定路径的依赖”。

实践证明，个人的逆向思维能力，对于管理者的创造能力及解决问题的能力具有非常重大的意义。

 **阅读材料 10-6**

托尔斯泰“分牛”

据说俄国大作家托尔斯泰设计了这样一道题：从前有个农夫，死后留下了一些牛，他在遗书中写道：妻子得全部牛的半数加半头；长子得剩下牛的半数加半头，正好是妻子所得牛的一半；次子得再剩下牛的半数加半头，正好是长子的一半；长女得最后剩下的半数加半头，正好等于次子所得牛的一半。结果一头牛也没杀，也没剩下，问农夫总共留下多少头牛？

3）侧向思维

侧向思维又称“旁通思维”，是指思维的方向既不与一般思维方向相同，也不与之相反，而是从旁侧向外延伸开拓出新思路的一种创造性思维。通俗地讲，侧向思维就是利用其他领域里的知识和资讯，从侧向迂回地解决问题的一种思维形式。世界万物是彼此联系的，从别的领域寻求启发、方法，可以突破本领域常有的“思维定势”，打破“专业障碍”，从而解决问题，或者对问题作出新颖的解释。

《诗经》中所说的“它山之石，可以攻玉”就是思维侧向性的生动写照，当我们在一定的条件下解决不了问题或虽能解决但只是用习以为常的方案时，可以用侧向思维来产生创新性的突破。

4）联想思维

联想思维是指由某一事物联想到另一种事物而产生认识的心理过程，即由所感知或所思的事物、概念或现象的刺激而想到其他的与之有关的事物、概念或现象的思维过程。联想能够克服两个不同的概念在意义上的差距，并在另一种意义上把它们联结起来，由此可产生一些新颖的思想。因此，联想思维是创造性思维的一种重要表现形式，创造技法中的联想构思发明法就是利用联想思维进行创造的一种发明创造的方法。研究表明，对任何两个毫不相干的概念，一般最多只需要经过 4～5 步的联想即可将它们建立起联系。作为创造性思维本身来说，它更加提倡的是思想奔放、毫无拘束地自由联想，进行联想一定要有打破砂锅问到底的精神，联想的范围越广，深度越大，对创造活动就越有益。事实上，古往今来，人类一直是在无意、有意中通过各种联想，不断从自然界中得到启迪，从而创造无数的工具、方法等成果，为自己的生存和发展创造条件。正如日本发明家高桥浩所说，联想是打开沉睡在头脑深处记忆的最简便和最适宜的钥匙。

以上四个要素并非互不相关、彼此孤立地拼凑在一起，也不是平行并列地、不分主次地结合在一起，而是按照一定的分工，彼此互相配合，每个要素发挥各自不同的作用。对于创造性突破来说，有的要素起的作用更大一些(甚至起关键性作用)，有的要素起的作用相对小一些，但是每个要素都是必不可少的，都有各自不可替代的作用，从而形成一个有机的整体的创造性思维结构。

 **阅读材料 10-7**

向和尚推销梳子

有四个营销员接受任务，到庙里找和尚推销梳子。

第一个营销员空手而回，说到了庙里，和尚说没头发不需要梳子，所以一把都没销掉。

第二个营销员回来，销了十多把。他介绍经验说，我告诉和尚，头皮要经常梳梳，不仅止痒，头不痒也要梳，可以活络血脉，有益健康。念经念累了，梳梳头，头脑清醒。这样就销掉了一部分梳子。

第三个营销员回来，销了百来把。他说，我到庙里去，跟老和尚讲，您看这些香客多虔诚啊，在那里烧香磕头，磕了几个头起来头发就乱了，香灰也落在他们头上。您在每个庙堂的前面放一些梳子，他们磕完头烧完香可以梳梳头，会感到这个庙关心香客，下次还会再来。这一来就销掉百来把。

第四个营销员说销掉了几千把，而且还有订货。他说，我到庙里跟老和尚说，庙里经常接受人家的捐赠，得有回报给人家，买梳子送给他们是最便宜的礼品。您在梳子上写上庙的名字，再写上三个字"积善梳"，说可以保佑对方，这样可以作为礼品储备在那里，谁来了就送，保证庙里香火更旺。这一下就销掉了几千把。

课堂讨论 10-3

"向和尚推销梳子"给你什么启发？

10.3.2 创新技法

自21世纪初开始发明创造技法研究以来，国外已有300多种方法问世，我国也有几十种方法研究成功。但是其中最常用的有10多种，如智力激励法、列举法、设问法、检核表法、联想法、组合法、形态分析法、信息交合论法、等价变换法和物场分析法等。此外，缺点逆用法、废物利用法、反相法、相反相成法、归纳法……应用也较广泛。各种创造技法内容很丰富，有些技法个人可以施用，有些技法是在发挥集体智慧的情况下运用。下面仅按个人或集体运用的几种主要创造技法做一介绍。

1. 综摄法

综摄法又称类比创新法、提喻法。综摄法是一种新颖独特比较完善的创新技法，1944年由美国麻省理工学院教授威廉·戈登(W. J. Gordon)提出。它是一种利用外部事物启发思考、开发创造潜力的方法。戈登教授认为，联想与类比是实现从已知到未知的有效办法。他主张，为了摆脱旧框框的束缚，开阔思路，在探索新的设想时，要有一段时间暂时抛开原来想要解决的问题，通过类比探索得到启发。综摄法的特性要求亲身体验，设身处地换个角度想问题，从中求得对事物的新感觉或新认识。

这是以心理学上所谓"垃圾箱理论"为基础发展起来的一种创新方法。这个理论认为，人脑从客观世界中反映来的意识有两种存在状态：一种是有规则排列的，一旦需要，就可按其在头脑中的排列顺序进行查找；另一种是偶尔到人脑中的，是无序排列的，是个"垃圾箱"，一旦需要这类知识，只能靠在"垃圾箱"翻检来获得。然而，在后者基础上组合或综摄起来的知识，往往带有"独创性"，可收到意想不到的效果。综摄法的具体实施步骤如下。

(1) 召开特别会议。根据要研究的问题，选择有代表性的会议参加者，以形成合理的知识结构。

(2) 综合并详细介绍问题，使与会者了解问题及与其相关的信息，做到心中有数。

(3) 重新表述问题,即把问题进行分解,使大家进一步了解其实质。

(4) 排列问题,即对用不同形式表述的问题加以分析、比较并进行系统的排列,以确定哪些问题才是创新的关键。

(5) 用类比的方法到陌生的领域尽力搜索那些看似与问题无关,实则有类似之处的因素,以扩大解决问题的思路,给原问题的解决注入新因素。

(6) 强行出台,即在陌生领域中受到启发,将投入的类比因素与原来的情况强行结合起来,或称为"嫁接",以形成一种具有创造性的初步设想或成果。

(7) 完善设想。即通过进一步的分析、论证发现经强行结合的初步设想、成果的不足之处,采取措施加以改进,直至满意为止。

阅读材料 10-8

接吻青蛙

美国的3M公司,不仅鼓励工程师也鼓励每个人成为"产品冠军"。3M公司鼓励每个人关心市场需求动态,希望他们成为关心新产品构思的人,并让他们做一些家庭作业,以发现开发新产品的信息与知识、公司开发的新产品销售市场在哪里,以及可能的销售与利益状况等。如果新产品构思得到了3M公司的支持,就能相应地建立一个新产品开发试验组,该组由R&D部门、生产部门、营销部门和法律部门等的代表组成。每组由"执行冠军"领导,负责训练试验组,并保护试验组免受官僚主义的干涉。一旦研制出"式样健全的产品",试验组就一直工作下去,直到产品成功地推向市场。有些开发组经过3～4次的努力,才使一个新产品构思最终获得成功;而在有些情况下,却十分顺利。3M公司知道千万个新产品构思可能只能成功一两个。一个有价值的口号是"为了发现王子,你必须与无数只青蛙接吻"。与青蛙接吻意味着失败,但3M公司把失败和走进死胡同作为创新工作的一部分。其哲学是"如果你不想犯错误,那么什么也别干"。

2. 分项检查法

分项检查法是根据要研究问题的目标要求,先将创新对象分解为若干个问题,列入检查表内,然后由集体或个人逐项加以讨论、研究,以从个体获得创造发明的设想。以产品创新为例,它的分项检查法主要包括以下内容。

(1) 产品品种,即能否通过创新增加新品种。

(2) 产品性能,即能否通过对本产品的改进使其功能增强。

(3) 产品成本,即能否通过去掉不必要的功能,改用更便宜的材料,提高机械化、自动化程度,改善组织功能等措施,降低产品成本。

(4) 产品营销,即能否通过改进包装来让产品升值使之更有竞争力等。

分项检查表经过改变项目和每项中要分析检查的具体内容,就会获得各式各样的变形,引用各种创新问题进行分析。因此,这一方法在实践中有广泛的应用。

3. 特性列举法

这是指通过对事物提出"缺点""希望"或"要求"等特性,并针对这些特性提出新构思,采取可行性措施进行创新的一种方法,又可分为缺点列举法和希望列举法。

(1) 缺点列举法。它是先把事物的缺点列出,然后通过适当形式,分析和找出存在这些缺点的原因,提出克服缺点的目标、设想和使设想变为具体行动的措施,最后使事物得以改进或改造。如果这一事物是指产品,通过应用缺点列举法,使其功能发生根本性的变化,它就成为创新产品。让其性能发生较大变化,它就成了更新换代产品的基础。

缺点列举法的变形是缺点逆用法。这就是通过缺点的利用,将缺点转化为优点,将不利因素转化为有利因素的方法。应用缺点逆用法应特别慎重,要深入了解事物缺点的性质、产生原因等。

(2) 希望列举法。缺点列举法把着眼点放在消除某事物的缺点上,这会限制人们的思路和解决问题途径的选择领域。受经济和技术条件的限制,消除事物的各种缺点并非都是划算和可行的。因此,在某些情况下,主旨是提出新目标、新希望,开创新事物,希望列举法正是基于这点而发展起来的创新方法。

4. KJ 法

KJ 法的创始人是东京工业大学教授、人文学家川喜田二郎,KJ 是他的姓名的英文缩写。他在多年的野外考察中总结出一套科学发现的方法,即把乍看上去根本不想收集的大量事实如实地捕捉下来,通过对这些事实进行有机的组合和归纳,发现问题的全貌,建立假说或创立新学说。后来他把这套方法与头脑风暴法相结合,发展成包括提出设想和整理设想两种功能的方法,这就是 KJ 法。这一方法自 1964 年提出以来,作为一种有效的创造技法很快得以推广,成为日本最流行的一种方法。KJ 法的主要特点是,在比较分类的基础上由综合求创新。在对卡片进行综合整理时,既可个人进行,也可以集体讨论,下面介绍 KJ 法的实施步骤。

(1) 准备。主持人和与会者 4～7 人,并准备好黑板、粉笔、卡片、大张白纸、文具。

(2) 头脑风暴会议。主持人请与会者提出 30～50 条设想,并将设想依次写到黑板上。

(3) 制作卡片。主持人同与会者商量,将提出的设想概括为 2～3 行的短句写到卡片上,每人写一套。这些卡片称为"基础卡片"。

(4) 分成小组。让与会者按自己的思路各自进行卡片分组,把内容在某点上相同的卡片归在一起,并加一个适当的标题,用绿色笔写在一张卡片上,称为"小组标题卡”。不能归类的卡片,每张自成一组。

(5) 并成中组。将每个人所写的小组标题卡和自成一组的卡片都放在一起,经与会者共同讨论,将内容相似的小组卡片归在一起,再给一个适当标题,用黄色笔写在一张卡片上,称为“中组标题卡”。不能归类的自成一组。

(6) 归成大组。经讨论再把中组标题卡和自成一组的卡片中内容相似的归纳成大组,加一个适当的标题,用红色笔写在一张卡片上,称为“大组标题卡”。

(7) 编排卡片。将所有分门别类的卡片,以其隶属关系按适当的空间位置贴到事先准备好的大纸上,并用线条把彼此有联系的连接起来。如编排后发现不了有何联系,可以重新分组和排列,直到找到联系。

(8) 确定方案。将卡片分类后,就能分别暗示出解决问题的方案或显示出最佳设想。经会上讨论或会后专家评判确定方案或最佳设想。

10.4 管理创新的实施与控制

10.4.1 投入创新资源

管理创新的首要条件是资源的投入。从管理的角度分析,创新资源的投入既包括人力、物力、财力的物质性投入,也包括信息、组织管理及技术基础水平等非物质性投入。

1. 资金

资金是影响创新的基本要素,它反映组织创新的经济实力,直接影响创新的规模和强度。创新对资金的需要,既包括研究开发活动所需要的资金,也包括生产经营所需要的资金,但首先是从事研究开发活动所需要的资金。国外研究认为,研究、开发、生产三个环节的资金投入比例大体为1∶10∶100,企业研究开发经费投入的总量及其在销售收入中的比重越大,创新能力就越强。国外研究认为,一个企业技术研究开发经费占销售收入的1%,则难以生存;占2%才能勉强维持;占5%才具有较强的竞争能力。世界著名的大企业,研究开发经费一般要占销售收入的5%~10%,从事高新技术项目,这一比重更大。

2. 人员

所有的创新,都离不开人。人是创新的决定性因素,是企业实现创新发展的根本所在,是获取竞争优势最宝贵的战略资源。人员素质和结构决定着创新能力的大小及其水平的高低。

(1) 创新参加者的素质。组织的每个成员都应该而且可能成为创新机会的发现者和创新活动的参加者。企业中各类人员的素质对创新活动的有关方面都有直接影响,例如,工人,特别是生产第一线的技术工人,在寻找创新机会、提出创新建议、减少创新活动矛盾、运用和扩大创新成果等方面都起着重要作用。但是,这需要他们具有强烈的创新意识、高度的创新责任感和较高的科学技术水平等。

(2) 创新组织者的素质。创新活动的组织者是指组织中负责创新活动的专门机构的负责人、各创新活动小组的负责人。他们负有促进创新活动有效运行和成功的责任,其素质要求更高,应是多才的实干家,不仅要具有强烈的创新意识、丰富的专业知识,而且要有很强的创新思维能力和组织协调能力。

(3) 创新领导者的素质。领导者是创新主体的核心,其素质高低是创新能否兴起的关键。领导者应具有积极开拓进取的精神、洞察和把握创新机会的能力、果断决策的魄力和坚忍不拔的毅力、发动引导和组织协调的能力等。

(4) 人员结构。人员的结构状况决定着组织中人员的整体素质和创新能力。例如,在企业技术创新中,工程技术人员是创新机会的主要发现者、创新设想的主要提供者、创新成果的主要发明者、新技术知识的主要传播者,这不仅要求有高素质的工程技术人员,而且要求提高工程技术人员所占的比重、提高研究开发人员所占的比重,并改善人员结构。工程技术人员在企业人员中的比重、研究开发人员在企业工程技术人员中的比重,已经成为衡量企业创新能力的主要指标之一。

3. 科技成果或知识

科技成果是科研活动的产出,又是技术创新研究开发活动的投入。作为投入,这是对科技成果的产业化开发也就是创新。创新的科技成果资源包括应用性科技论文、技术专利、技术诀窍、图纸资料等。其来源有内部来源和外部来源,它既可来自企业自身,又可来自国内大学、科研机构和其他大学等;既可来自国内,又可来自国外。企业获得科技成果的数量、种类、水平及其选择能力,影响着创新能力。

4. 信息资源

信息是创新的资源和成果,创新过程也就是信息运动过程。作为资源的信息,一方面来源于组织外部;另一方面来源于组织内部。越能掌握外部信息,组织的创新能力就越强。

组织创新所需要的信息主要有:社会需要、市场需求和市场竞争的信息,科技进步和其他新知识的信息,经济、社会发展信息,政府政策法令和计划的信息等。掌握外部信息,包括对外部信息的搜集整理、分析研究、消化吸收。只有灵敏地掌握外部信息,才能把握创新的外部机会和约束条件,以便制定正确的创新决策,并加快组织实施。同时,创新机会也可以来自内部信息。随着创新的实施,内部信息包括内部产生的信息和由外部信息转化的内部信息,其作用程度逐步增强。要通过各种沟通方式,加强内部信息的流动,确保信息成为职工的共享资源,有效增强创新活动各环节的相互联系和整体协调,取得创新的最佳效果。

5. 组织管理

组织管理也是创新的一个要素,其作用在于把创新的动力因素和资源要素并入创新过程，使各种动力因素有序化、协同化，使资源要素投入的配置最佳化，从而促进创新活动的顺利进行，并实现合理化、高效化。

创新活动同组织的整个组织管理体系有密切联系。就组织机构而言，由于创新活动与常规活动不同，创新机构一般需要单独设立，抽调专门人员，具有相对独立性。在创新机构设置和人员配备中，应注意规范与非规范、统一性与分散性、稳定性与灵活性的适当结合。例如，既可允许通过自由组合方式成立职工革新小组，开展群众性的创新活动，又可根据专业研究的特点，组建单独的研究开发单位，从事重点研究开发工作。

6. 技术基础水平

组织特别是生产企业这类组织，现有技术基础水平包括物质技术水平和管理技术水平，是影响创新能力的重要因素。

在物质技术方面，投入研究开发的物质技术手段的水平高，创新的水平也高，创新进程可以缩短；生产装备水平优良，能有效地吸收和转化科技成果，迅速达到创新下的规模生产。在管理技术方面，水平越高，越有能力掌握市场动态，及时发现创新机会，也越有能力加快创新过程，提高创新水平，增强创新产出的市场实现能力。

10.4.2 激发创新精神

管理者的责任是既要把人“管住”，又要把人“激活”。21 世纪，科学技术迅猛发展，国际竞争日趋激烈，社会信息化、经济全球化使创新精神与创新能力成为影响我国企业生存状况的基本因素。创新精神是一种勇于抛弃旧思想旧事物、创立新思想新事物的精神。创新是一种对新思想、新变化、风险乃至失败都持欢迎态度的组织行为方式，这种行为方式必须渗透于组织各层面才能发挥作用。在许多组织的发展历程中，就是因为创新精神成为其主流价值，才取得巨大的成功。所以，创新精神是进行创新活动的出发点和内在动力，是创新思维和创新能力的前提，也是形成创新能力的基础。没有创新精神，企业便不能打破僵化、过时的东西，开创企业乃至社会生产和生活方式的新局面；没有创新精神，既不可能产生企业的核心能力，也不可能产生企业高效率的组织形式、管理方法和先进制度，更不能产生新的市场机会。

 **阅读材料 10-9**

激发员工创新力

通用公司 CEO 韦尔奇推出新的会议制度。会议规定，大家穿着可以随意，可以穿短袖，目的是让经理和工人能打成一片。起初，这两种人之间的无形壁垒十分森严，自由对话受到阻碍。后来，他们逐渐开始讲话，工人发现经理不但耐心地倾听，而且富有同情心，坚冰逐渐消融。有一次，一位工人在会议上说道：“我在通用公司工作已经有 20 年，我的考勤记录无可挑剔，我获得过厂里颁发的奖。我热爱这个公司，但是公司也有些不合理的地方，我想指出来。”这个人的工作是操作一台十分昂贵的设备，工作时要求戴手套，一个月要磨坏好几幅手套。为了领取新手套，他必须叫一个人替工，或把机器关掉，然后走到另一座楼里，在供应处填写一张表格，在这之后，他还得找一位管理人员在申请单上签字才能领到一双新手套。为此，他常常耽搁 1 个小时的工作。他觉得这是不合理的。总经理说：“我也觉得不合理，我们为什么要这么做呢？”后排有人回答：“1973 年我们丢了一箱手套！”会议上总经理当场决定，把手套放在地板上，放在离人们近的地方。

10.4.3 建立创新机制

管理与创新是企业持续发展的永恒主题。管理是企业持续发展的基础，而创新是企业持续发展的动力。企业的不断成长、规模的不断壮大客观上都要求进行与之相适应的管理机制创新。管理创新作为管理的职能之一，贯穿于管理活动的整个过程。管理创新成功的关键是形成一套有效的管理创新机制。

1. 动力机制

企业创新动力机制是企业创新的动力来源和作用方式，是推动企业创新实现优质、高效运行并为达到预定目标提供激励的一种机制。企业创新动力机制的作用，就是激发企业和职工创新的积极性，推动企业创新的有效运行。

管理创新是一项全员活动，为调动广大职工人人参与管理创新活动的积极性，保证管理创新深入有效地开展，必须建立健全一整套动力机制。这有效调动了员工学习管理、研究管理、创新管理的积极性和创造性，在全公司范围内形成了全员管理创新、技术创新格局。

2. 运行机制

企业创新运行机制主要包括创新管理的组织机构、运行程序和管理制度。一个良好的创新运行机制，能够使企业的创新活动在正确的决策下持续不断地高质量、高效率地运行。管理创新是一项具有创造性、开拓性和群众性的工作，也是一项系统工程，它必然触及过去或现行的旧的管理思想、管理体制、管理方法和管理手段，没有领导的重视、严密的组织、规范的管理是难以落实的。

3. 发展机制

企业创新发展机制是在创新利润的驱动下，企业充分挖掘利用和发展内部资源并广泛吸纳外部资源，加强人才、技术、资金、信息等资源储备，不断谋求创新发展的机制。现代企业处于科学技术飞速发展和竞争十分激烈的环境中，企业若不能不断地更新自己并有所发展，就会在市场竞争中处于不利地位。

10.4.4 构建创新组织

所谓创新型组织，是指组织的创新能力和创新意识较强，能够源源不断地进行技术创新、组织创新、管理创新等一系列创新活动。彼得·德鲁克在谈到创新型组织时说："创新型组织就是把创新精神制度化而创造出一种创新的习惯。"

提高创新能力的重要途径，就是建立学习型组织，促进企业的个体知识向组织知识的转化。设立扁平式组织和网络式组织，选择适宜的组织构架，以提高企业创新的效率。

管理是一门艺术，必须创新，创新是管理的灵魂。只有创新，管理才有生命力。在知识经济的背景下，管理工作者只有不断地追求新知，只有不断地优化各种资源，管理的创新使命才能完成。

本章小结

1. 熊彼特首次提出关于创新的定义，即创新是指新产品的开发、新市场的开拓、新生产要素的发现、新生产经营方式的引进和新企业组织形式的实施。这也是创新的五种形式。

2. 作为人类特有的一种活动，创新具有创造性、高风险性、高收益性、时效性、动态性、综合性等特点。

3. 企业的发展离不开创新。创新对于企业发展意义深远。创新是企业持续生存和发展的必要保障、是企业核心竞争力的主要来源、是企业解决发展瓶颈的有力武器。

4. 管理创新的内容极为广泛。大体可以归纳为管理观念创新、经营思路创新和组织结构创新。

5. 一般而言，创新工作大体可以分为准备阶段、寻找创新的机会和时机、提出构想、实施构想、不断完善和形成模式。

6. 创造性思维是人类所特有的最高级、最复杂的心理活动过程。一般来说，创造性思维具有独创性、灵活性、联想性、超越性、风险性等特征。

7. 创造性思维的表现形式主要有发散思维、逆向思维、侧向思维以及联想思维。

8. 创新技法内容非常丰富，常见的有综摄法、分项检查法、智力激励法、特性列举法和 KJ 法。

9. 管理创新的实施与控制主要包括投入创新资源、激发创新精神、建立创新机制、构建创新组织等几个方面。

重要概念

创新　观念创新　制度创新　产权制度　要素创新　创造性思维　科技成果

组织结构创新　创新技法

复习思考题

1. 你如何理解管理职能的创新？现在人们为什么越来越强调创新的重要性？
2. 如何理解创新的风险性和效益性的关系？两者有无联系？
3. 什么是制度创新？它包含哪些方面的内容？
4. 观念创新包括哪些内容？
5. 管理创新的内容是什么？
6. 简述企业创新的过程。
7. 简述创造性思维的特征及内容。
8. 常见的创新技法有哪些？
9. 如何实施与控制管理创新？

学习拓展

[1] 杨文士. 管理学[M]. 北京：中国人民大学出版社，2014.
[2] 罗宾斯. 管理学[M]. 北京：清华大学出版社，2011.
[3] 汪克夷，刘荣，齐丽. 管理学[M]. 北京：清华大学出版社，2010.

案例分析

案例 10-1　小天鹅企业的“末日管理”

无锡小天鹅企业是一个以国有资本为主体的股份制企业。几年来，在企业内部推行“末日管理”，以建立全球性“横向比较”的信息体系为手段，以全员化、立体化、规范化的营销管理体系为支柱，以强有力的人才开发机制为保证，从追求卓越到追求完善，小天鹅人的危机意识已成为全体员工的共同意识。

1. 竞争就是争取消费者

小天鹅企业运用特殊的比较法参与竞争，将传统的“纵向比较”改为“横向比较”，比出了“危机”：其一，与国际品牌比，找出与世界水平的差距，争创国际品牌；其二，与国内同行比，学习兄弟企业的长处，保持国内领先；其三，与市场需求比，目光紧紧瞄准用户，把握市场命脉；其四，以己之短比人之长，努力避免一得自矜，警钟长鸣。

2. 参与竞争就是提高市场占有率

市场占有率既是企业成功的条件，又是企业成功的标志。占有了市场就是争取了消费者。小天鹅企业认为，企业生产的不仅是产品，是质量和信誉，而且是广大消费者给我们发了工资和奖金。今天的小天鹅企业不仅完成了这个观念上的转变，而且实现了按订单生产，成了“无仓库企业”。小天鹅企业又提出“24 小时、365 天运行才是真正经营”的经营理念。实行双班制生产，推行 24 小时热线服务，进一步提高了小天鹅企业的市场应变能力和效率，确保了市场占有率。

3. 建立面对市场的全员化、立体化、规范化的营销管理体系

全员化就是多让职工参与营销。立体化就是企业内部在生产、科技、营销、人事等方面面对市场时发扬团队精神，参与市场竞争。规范化就是把行之有效的营销方式制度化，主要包括以下几方面内容。①小天鹅企业的企业精神是，“为国贡献，团结拼搏，进取敬业，全心服务，文明礼貌”。②小天鹅企业的规范管理：人事管理推行《职工就业规则》，对职工的权利和义务都进行了详尽而明确的规定；财务管理实行《裁决顺序和签字原则》，明确总经理、副总经理和部长的权限，对市局日常事项的决定进行了详细规定。③实行成品零库存的制度，如果产品三天卖不掉，宁可停产。

4. 注重服务

小天鹅企业在服务上推出了“金奖产品信誉卡”的承诺，将服务监督权交给用户，把服务公约公布于众，坚持做到“1、2、3、4、5”的特色服务，即“上门服务带一双鞋，进门两句话，带好三块布（一块修机布，一块垫机布，一块擦机布），做到四不准（不准抽用户一根烟，不准喝水，不准乱收费，不拿用户礼品），五年保修，随叫随到，如有逾期甘愿受罚”，并为用户办理了责任保险。坚持“名品进名店”，与全国经联会、贸联会、新联会、华联和交电系统的一百多家商界台柱子商场建立正常友好的业务往来。

5. 实施品牌战略，扩大经济规模，提高竞争力

经营只是今天，创新才是明天。随着市场经济的深入，末日管理又有了新的拓展，推行战略联盟，壮大销售同盟军，也壮大了小天鹅企业自己。为了实现自己的“旭日目标”，小天鹅企业的做法是：①与同行联盟。小天鹅企业只有波轮全自动，没有滚筒，也没有双缸，从这点看，小天鹅企业要抢占市场份额，确有难度，偏偏上海惠而浦、长春罗兰、宁波新乐有设备、有产品也乐于接受定牌，扩大批量，小天鹅企业紧紧抓住了这个机遇，与它们成功地进行了战略联盟，达到了双赢。②与相关产品联盟。洗衣机和洗衣粉休戚相关，小天鹅企业与广州宝洁公司建立了伙伴式的营销联盟。宝洁公司在其生产的“碧浪”洗衣粉包装袋上印上了“一流产品推荐”的字样，并标明了小天鹅企业的商标。小天鹅洗衣机为宝洁公司分发碧浪洗衣粉试用样品。③与国外大公司联盟。小天鹅企业与德国西门子公司双方投资，组建了博西威家电有限公司来生产滚筒洗衣机，又与松下公司合资生产绿色冰箱，与 MOTOROIA、NEC 分别结盟成立实验室，使小天鹅企业生产的产品始终与世界先进技术保持同步。

问题：

1. 管理的创新职能在这个案例中体现在什么地方？

2. 小天鹅企业推行的“末日管理”的最大特点是什么？

案例 10-2 谷歌公司的创新管理

仔细观察谷歌公司的系列新产品，会发现一个特点：这些产品之间似乎没有相互

协调和配合，甚至互不支持。Chrome 发布时，人们惊奇地发现，它不仅没有带 Google 工具栏，没有预置任何谷歌应用的链接，甚至不支持用 Gmail 发送网页和实时取词翻译，管理哲学也无法用谷歌笔记本记录网页，而所有这些在其他浏览器里都可以做到。其实，谷歌公司执行董事长施密特早先也反对 Chrome 和 ChromeOS 项目，这让它们看上去更不像是谷歌管理哲学经过深思熟虑的整体战略的一部分。像谷歌公司这样十分松散、时而有些凌乱、有时甚至冲突的产品发布序列，实际上恰恰体现了其独特的创新管理哲学模式，要看清谷歌公司的产品路线和发展战略，便需要对这一模式加以细究。

每个谷歌工程师可以把 20％的工作时间用于自己感兴趣的项目。重要的是，20％的工作与常规任务之间，并非泾渭分明，谷歌公司的许多产品，最初便是从这 20％中萌生，当然，更多的项目还停留在实验室里或者已经夭折。这一模式的精髓并不在于 20％的自由时间，而在于 20％自发项目向正式项目发展和筛选的机制。一位工程师在构思了一个想法并作出了初步尝试之后，常常需要建立更大的团队、获取更多的资源来推进项目，按通常做法，这时候他就要写报告去说服上级部门，如果得到支持，计划部门会帮他拟订开发计划、调配资源、建立团队。谷歌公司最大的改变是在这一环节，20％项目的发起者需要说服的不是上级，而是他的同事和用户。

这样一来，在项目发展和筛选过程中，资源配置不再完全取决于当事者的职位、资历和级别，于是，传统企业中基于等级化组织体系的集中式资源计划，部分被一个模拟市场机制所取代了。这一机制使得谷歌公司更像一个风投，它把 20％的劳动资源用作无特定目标的种子基金，四处撒播管理哲学，看到哪棵苗长得不错，就追加投入，随着苗的长势，结合企业的战略方向，逐级追加投资并提升项目优先级。与风投不同的是，谷歌公司为创新提供了一个平台，并制定了一套规范，管理哲学前者包括其搜索引擎所创造的庞大无比的数据库，后者包括 BigTable、MapReduce、AJAX 和 AppEngine 等数据结构、语言和接口标准，以及全局统一的技术框架和服务平台。

问题：创新的思想是如何体现在谷歌公司管理工作中的？

实践训练

调查某个工商企业创新某一领域的内容。

实训目的

1. 通过了解工商企业创新某一方面的内容，进一步深入理解创新的含义、企业创新的内容等。

2. 在此基础上，着重了解企业创新要素、企业创新过程，初步培养及锻炼学生的创新思维能力和分析创新问题的能力。

实训内容

1. 该企业创新涉及哪几个方面？

2. 企业创新的特点、模式和方式是什么?

3. 该企业管理创新思维方法有什么优缺点?

4. 通过对该企业创新的调查、访问,你得到什么启示?

实训考核

1. 每位学生应完成调查、访问报告及心得体会,优良者在全班交流。老师对每一份报告予以批示。

2. 每位学生需填写实训报告。报告内容包括实训项目、实训目的、本人承担任务及完成情况、实训小结、实训评语(由老师填写)。